蓝庆新 郑学党 彭一然 编 著

Contemporary World Economy

当代世界经济

（第二版）

东北财经大学出版社 大连

Dongbei University of Finance & Economics Press

图书在版编目（CIP）数据

当代世界经济 / 蓝庆新，郑学党，彭一然编著. —2版. —大连：东北财经大学出版社，2017.8（2018.8重印）
ISBN 978-7-5654-2668-1

Ⅰ. 当… Ⅱ. ①蓝… ②郑… ③彭… Ⅲ. 世界经济–经济概况
Ⅳ. F112

中国版本图书馆CIP数据核字（2017）第009755号

东北财经大学出版社出版
（大连市黑石礁尖山街217号　邮政编码　116025）
网　　址：http://www.dufep.cn
读者信箱：dufep@dufe.edu.cn
大连东泰彩印技术开发有限公司印刷　东北财经大学出版社发行
幅面尺寸：170mm×240mm　　字数：338千字　　印张：17.25　　插页：1
2017年8月第2版　　　　　　　　　　　　2018年8月第4次印刷
责任编辑：蔡　丽　　　　　　　　　　　责任校对：蓝　海
封面设计：冀贵收　　　　　　　　　　　版式设计：钟福建
定价：36.00元

教学支持　售后服务　　联系电话：（0411）84710309
版权所有　侵权必究　　举报电话：（0411）84710523
如有印装质量问题，请联系营销部：（0411）84710711

↘ 第二版前言

在世界日益平坦的今天，各国之间的经济联系日益密切，经济全球化成为世界经济最显著的特征。国内外各界对世界经济的关注热情日趋高涨。不过，微观经济学、宏观经济学、国际经济学等以独立国家为基本前提，无法解释越来越多的经济现象跨越国界的现实。在西方国家，国际经济学主要讲国际贸易、国际投资与国际金融等跨越国界的几种具体的经济现象，从学科分类方面还没有形成完整系统的世界经济学理论体系，这为中国学界在世界经济学科创建方面提供了机遇。世界经济学主要研究在主权国家影响下的资源全球范围内配置、在各国市场经济基础上的全球经济运行和发展规律，以及由此产生的各种经济活动和经济关系。世界经济学有自己的特点，同时与经济学其他分支也有着密切的联系，其理论内容随着全球经济发展的实践不断充实和完善。可以说，在全球经济日益融合的今天，世界经济已不再是简单的国家经济集合体，而成为有着千丝万缕的内在联系的有机体，因而开放的中国面临不同的外部环境。为了反映这种现实环境的变化，满足研究生教学需要，本书编写组根据多年的世界经济理论研究基础以及研究生教学实践，认真系统地对研究生世界经济学课程进行了教材建设。本书的主要内容涵盖了世界经济的理论框架，国别与地区经济，区域经济合作，世界经济关系与经贸体制，当代世界经济的发展趋势、特点、热点与问题等。

具体而言，本书共分为十章：

第一章为"绪论"，主要对世界经济学的研究对象，世界经济的形成、发展与行为主体，世界经济学的理论问题与本书特色进行介绍。

首先，对世界经济进行了概念定位，认为世界经济是一个根基于并超越于各国国民经济之上的，并由各国经济相互联系而成的有机的统一整体，这个整体是一个以自身物质生产为基础而不断进行再生产运动的体系；基于对世界经济概念的认识，认为世界经济学的研究对象就是主权国家影响下的资源全球范围内配置、在各国市场经济基础上的全球经济运行和发展规律，以及由此产生的各种经济活动和经济关系。

其次，世界经济的形成、发展与行为主体是与资本主义生产方式的出现和发展紧密相联的。其形成的前提条件可归纳为：生产力发展到机器大工业时代，资本主义生产方式得到确立和巩固，国际商品交换极大地发展，国际分工形成，以及世界市场形成。

再次，世界经济学的理论体系包括微观、中观和宏观三个层次经济系统以及在这三部分基础上建立的共同理论基础；世界经济学基础理论包括世界经济的基础理论和研究意义与研究任务；微观世界经济学以独立的国家和地区经济系统为考察对象，主要研究国际贸易、国际投资、国际金融以及跨国公司等；中观世界经济学以世界经济中的主要国家和区域集团为考察对象，主要研究区域集团的形成、经济运行及内部协调等区域经济合作问题，以及主要国家的国别经济；宏观世界经济学将世界经济作为一个统一的有机整体来考察，研究这个有机整体的运动变化规律，主要研究世界经济增长与危机问题、世界经济发展中的重大问题，如科技革命、一体化、人口、粮食、能源、环境等问题，以及世界经济的发展热点、特点与趋势。

最后，明确本研究生教材的目的、特色。本教材坚持与时俱进的特色，反映最新世界经济发展问题与特征，力图使学生了解世界经济的发展过程、现状和未来趋势，掌握世界经济领域的特殊矛盾和特有规律，能够正确分析与科学判断发展中国家谋求发展的得失以及发达国家发展的态势和矛盾，正确理解、掌握和拥护中国的外交政策和国际战略，并能根据中国经济的实际环境和条件恰当地运用这些基本原理和方法，提出中国经济发展的对策和思路。

第二章为"第二次世界大战后世界经济发展及影响因素"，主要对第二次世界大战后世界经济的发展阶段、发展原因以及全球化背景下的世界经济发展趋势进行研究。

首先，将第二次世界大战后世界经济发展分为三个阶段：第一阶段为战后初期到20世纪60年代末的美国在世界资本主义经济体系中霸权确立的阶段；第二阶段为20世纪70年代后世界经济向多极化方向发展阶段；第三阶段为20世纪80年代末区域经济集团化的发展阶段。第二阶段与第三阶段在20世纪80年代后实际上是交织进行的。

其次，分析第二次世界大战后世界经济发展的原因。科技的进步、全球化下贸易门槛的降低、和平的国际环境、市场规模扩大等因素是促进第二次世界大战后世界经济发展的重要原因。

最后，经济全球化是第二次世界大战后世界经济发展的总特征和大背景。在此背景下，世界经济呈现出全球化与信息化融合发展、跨国公司全球化并购升温、直接投资全球化趋势明显、金融市场全球化先行、服务贸易大幅增长、全球产业分工和转移加快、国家间两极分化加深、全球经济不确定因素增加、世界中心城市主宰经济全球化初见端倪、最不发达国家存在边缘化危机等特征。

第三章为"国际贸易关系与国际贸易体制"，主要研究国际贸易的内涵及理论发展、基本政策、贸易措施、贸易条约与协定、国际贸易摩擦与中国的对策等问题。

第一，国际贸易理论经历了从传统到现代的发展过程，基于传统贸易理论的现代贸易理论能够更科学地解释当前国际贸易发展趋势。

第二，国际贸易基本政策包括自由贸易政策和保护贸易政策。自由贸易政策是世界经济发展的主流和基本方向，但是保护贸易政策对贸易自由化进程的反制和影响不能忽视。

第三，国际贸易措施分为关税措施、非关税措施以及鼓励出口和出口管制措施。伴随着环保、健康和绿色经济的发展，非关税措施中的技术性贸易措施对贸易的影响越来越大。

第四，世界贸易组织（WTO）是协调国际贸易的重要机构，其成立后发起的多哈回合谈判取得了一定的成果，但是由于在农产品贸易、市场准入等问题上存在分歧，并没有达成全面协议，其原因在于世界经济新格局和全球旧经济体制的矛盾以及农业问题的政治敏感性。中国在WTO中的地位和形象在不断提升。

第五，21世纪以来，国际贸易摩擦出现了新的特点，尤其对于中国这样一个经济和贸易快速发展的新兴经济体，面临的贸易摩擦越来越严重，呈现出复杂化、多样性和深度化特征。在中国与主要国家之间，贸易摩擦的差异化也比较明显，为此中国应采取系统的应对策略。

第四章为"国际货币体系与国际金融发展"，主要研究国际货币体系、国际金融市场、金融全球化与中国的对策等问题。

首先，第二次世界大战后国际货币体系发生了巨大变化，现行体系存在诸多缺陷，亟须改革建立更加多元化的、合理而稳定的国际货币新秩序，中国人民币的国际化将不断被推进。

其次，国际金融市场不断发展，金融创新不断加强，直接影响了国际金融关系的发展与调整。

最后，金融全球化一方面为世界经济的发展带来了活力，另一方面也对各国特别是发展中国家的金融安全造成严峻的挑战。中国作为正在崛起的经济大国，金融业正处于重要的转型时期，需要采取系统策略进行金融体制的塑造，最大限度地利用金融全球化的机遇，并将金融风险控制到最小。

第五章为"跨国公司与国际直接投资发展"，主要研究跨国公司、国际直接投资概述、全球国际直接投资趋势及中国国际直接投资发展等问题。

首先，跨国公司作为生产国际化和资本国际流动的载体，其数量和规模持续扩大，组织形式和经营方式不断表现出新的特征；跨国公司促进了国际资本流动，推动了国际贸易的发展，加速了生产国际化，加快了科技研究与开发的国际化，推进了世界经济一体化进程。

其次，21世纪国际直接投资在金额、形式、地区流向、产业选择上都展现出新的特点。

再次，中国对外直接投资蓬勃发展，面临着机遇和挑战，在企业发展战略和国家推进战略上应采取有效措施。

最后，"一带一路"战略下，中国对外直接投资蓬勃发展，将促进世界治理格局改变。

第六章为"第二次世界大战后主要发达国家经济发展"，主要研究美国经济、日本经济、西欧经济的发展问题。

首先，分析了第二次世界大战后美国经济发展的四个阶段，认为自由经济制度的积极影响、政府对经济实施有效调控、新科技革命的有力推动、充足的技能劳动力的支撑、国际环境的变化所提供的历史机遇是促进美国经济发展的动力。

其次，分析了第二次世界大战后日本经济发展的进程，认为美国的扶植政策、相对稳定的政局、政府强有力的经济干预、教育的发展、高效率的技术引进和自主开发、高额的投资和储蓄、有效的企业管理制度等是日本经济复苏和发展的动力。

再次，分析了第二次世界大战后经济发展的历程以及英、法、德、意的经济发展特点，认为西欧经济一体化进程的推进直接促进了西欧经济的发展。

最后，发达国家在全球经济体系中仍占据主导地位。

第七章为"第二次世界大战后发展中国家经济发展"，主要研究第二次世界大战后发展中国家经济概述、新兴工业化国家和地区经济发展、金砖国家崛起等问题。

首先，同第二次世界大战前相比，发展中国家的贫穷落后面貌发生了较大改变，一部分国家获得了较大发展，因此，又是一个发展的世界。发展中国家的经济发展，对发达资本主义国家、对整个世界经济有着十分重要的意义；但是发展中国家发展存在诸多问题，在国际经济体系中的总体非主导地位并没有发生根本改变。

其次，新兴工业化国家和地区发展存在"中国香港模式""中国台湾模式""韩国模式""新加坡模式"，需要我们加以研究借鉴。

最后，金砖国家崛起是21世纪世界经济发展一个重要现象，由于相对有利的外部环境、强有力的加速发展措施、资源禀赋优势与后发优势、相互合作等原因，金砖国家在世界经济中的地位越来越明显；伴随金砖国家合作机制的逐渐形成，作为全球新兴经济体代表的金砖国家的全球影响力也日益增强，其发展前景也相对比较乐观。

第八章为"区域经济一体化与区域经济合作"，主要研究区域经济一体化的理论分析与发展实践、区域经济一体化典型案例分析、经济全球化与区域经济一体化的关系等问题。

第一，世界各国为了加强相互间经济贸易关系，普遍热衷于缔结区域贸易协定，国际区域经济一体化正向更高层次和更广范围发展，并已成为当代世界经济发展的主要趋势之一。

第二，区域经济一体化理论包括关税同盟理论、自贸区理论、共同市场理论、协议性国际分工理论、综合发展战略理论，这些理论指导了区域经济一体化的实践。

第三，从各区域经济组织的发展进程分析，区域经济一体化首先涉及商品贸易自由化，然后是服务贸易自由化，再是资本、劳动力的自由流动；区域贸易协定是当今世界经济一体化重要方式，在各地区呈现出不同发展特征。

第四，中国参与区域经济一体化，有利于推进中国经济的改革开放，有利于加速与世界经济的接轨，有利于国内经营管理模式的改革；应当注意制定符合中国国情的 RTA 战略，寻求建立全面的高质量的 RTA，突破合作瓶颈，加强政策实施和宣传，减少交易成本等。

第五，欧盟（EU）、北美自由贸易区（NAFTA）和亚太经济合作组织是区域经济一体化的重要发展案例，它们的运作各有经验和问题值得借鉴。

第六，经济全球化与区域经济一体化是并存的世界趋势，区域经济一体化是经济全球化的一种表现形式。

第九章为"世界经济增长周期与危机应对"，主要研究经济周期理论、第二次世界大战后世界经济周期与危机、国际金融危机及其对中国的启示、后危机时代世界经济格局的特点及中国的对策等问题。

第一，分析经济周期理论，不同理论在不同时期有不同的表现和应用。

第二，第二次世界大战后资本主义的再生产周期和经济危机的性质、主要特征、基本原因等并没有改变，但由于战后资本主义经济以及世界形势发生了重大变化，从而使经济周期的发展进程、经济危机的表现形式等方面出现了新的特征。

第三，20世纪90年代以前，经济危机大多发生在实体经济中，出现生产的阶段性相对过剩，但在20世纪90年代以后，危机更多表现在金融等虚拟经济领域，往往是虚拟经济领域先发生问题，然后再蔓延到实体经济，造成区域性或全球性的经济衰退，由此，危机被称为金融危机。

第四，亚洲金融危机、世界金融危机、欧债危机各有爆发原因和内在发展机理，其中的一些教训给中国经济发展带来了诸多启示。

第五，在后金融危机时代，世界经济格局有所改变，中国应当采取制度改革、转变增长方式、调整外贸战略等措施加以应对。

第十章为"世界经济发展热点与发展趋势"，主要研究世界经济热点问题、世界经济发展趋势及中国的战略对策等问题。

首先，世界经济热点比较多，但针对全球气候问题的关注与博弈，人民币汇率贬值，跨太平洋伙伴关系协定，中国入世以来的成就、问题与展望等是对中国影响较为深远的世界经济热点问题。

其次，世界经济的主要发展趋势表现为：国际经济伴随全球化进程普遍走好，但其发展趋势仍为发达国家所主导；产业结构面临剧烈调整，各国之间及国内收入水平分化；技术进步速度逐步提高，企业及国家之间技术创新竞争激烈；人口结构产生重大变化，高素质劳动力供给日益趋紧；资源消耗量越来越大，环境保护承受巨大压力等。

最后，中国应当更加主动融入经济全球化进程，提高宏观经济的稳定性，积极实施创新型国家建设，推动经济增长方式转变，普遍提高劳动者技能，完善环境治理框架等，以应对世界经济形势的变化。

相对于已有研究，本书的特色在于结合当代世界经济新特征、新趋势，反映当代世界经济的新发展、新变化，特别是进入 21 世纪后呈现的新趋势，并与世界经济中飞速发展的中国经济有机结合在一起，偏重于中国经济在世界经济体系中的问题与策略研究，使本书既有一定的科学体系和对基本理论的探索，又具有较强的时代特色。

感谢北京师范大学教授韩晶在本书的结构和观点方面作出的贡献，感谢对外经济贸易大学博士研究生韩羽来，硕士研究生侯珊、陈芳树、何沐黎、童菲、刘宏兵、北京师范大学博士后宋涛，博士生朱兆一，硕士研究生陈超凡、李晓丽、王嘉实、张新闻、王赟在资料搜集和文字整理中作出的贡献。

编写组成员将在今后的研究中进一步跟踪世界经济发展趋势，调整、补充和修改相关内容，力争对研究生世界经济课程体系建设、对世界经济学科的建设与发展、对研究生人才培育工作作出应有的贡献。

编著者

2017 年 6 月

↘ 目 录

第一章

绪　论

　　世界经济学是一门建立在经济学基本理论基础上的经济学分支学科。它主要研究在主权国家影响下的全球范围的资源配置、在各国市场经济基础上的全球经济运行和发展规律，以及由此产生的各种经济活动和经济关系。世界经济学有自己的特点，同时与经济学其他分支学科也有着密切的联系，其理论的内容随着全球经济发展的实践不断充实和完善。

第一节　世界经济学的研究对象

要理解世界经济学的研究对象，必须先明确世界经济的概念。

一、世界经济的概念

　　从表象上看，世界经济可以被看作世界各国经济在国际领域里共同活动的一个产物。各国的经济活动越出了本国范围，突破国内既定的经济运动的界限，到世界领域里寻找它们的活动场所，各国经济在世界范围内相互产生了经济联系，由此构成了世界经济。从这个意义上讲，只是当各国经济运动在一定程度上产生了某种相互作用和互相影响的经济联系时，世界经济作为一种新的经济现象才显现出来，并为经济学研究提出了新课题。可见，世界经济首先是各国经济在世界范围内的延伸并相互发生关系的一种综合现象。在这里，首先要将世界经济这种表象认识和那种把世界经济视为各国经济简单相加的看法区别开来。

　　我们所要强调的是各国经济在运动中的广泛联系和相互作用。世界经济表现为一个由各国经济活动广泛联系起来的综合体，它把构成这种互相联系的各国经济当作自己的单个组成部分。由于当今世界任何国家在经济上都或多或少、或强或弱相互发生着联系，因而在观念上人们容易把世界经济仅作为世界各国经济简单相加来认识，这显然是不确切的。因为世界经济是一个历史范畴，它是人类历史发展到一定阶段由于各国经济在国际广泛地联系而逐渐出现的事物。世界各国并不是一开始就存在这种广泛的经济联系，所以我们不能抽象掉历史，把世界经济概念纯粹从地理的角度去认识。

同时，我们也要避免另一种错误观点，认为构成世界经济的各国经济，其一些经济活动一定是离开自己的母国而与他国发生联系，这同样是一种狭隘地从地理角度上对世界经济概念的理解。我们认为，任何经济成分和经济活动，只要其能对国际经济社会产生影响并与国际经济社会发生联系，不管这种经济成分和经济活动是在国内还是国际进行的，它们都应包括在世界经济的概念中。

以上对世界经济概念的认识，还只是表象的认识，在很大程度上还是把世界经济当作各国经济的附属物来理解。而世界经济概念远比它的表象具有更丰富的内容。

构成世界经济的各国经济，它们之间的联系和作用总是通过各国经济中的某些部分在国际领域里进行的，并不是各国整个经济都延伸出去与别国经济产生联系和相互作用。构成世界经济组成部分的各国经济，在它们本国内存在大量的仅属国内经济的部分，这些部分只是间接受世界经济的影响，本身并不参与世界经济活动。而各国参加到世界经济活动中去的那部分国民经济，既是一国国民经济的组成部分，与本国经济相联系，同时它又是世界经济实体的构成部分，与世界经济密不可分。我们认为这部分经济在运动上和经济职能上都主要是在世界经济舞台进行活动并发挥作用的，其在很大程度上并不依据国内经济而运行，更主要的是依赖国际经济社会变化发展而运行，而且它们在国际经济社会活动中由于相互依赖和相互作用已构成了一个有机的整体，形成了一套独特的运动方式。对于它们之间的这种相互依存的紧密的经济关系，我们完全有理由将它们作为世界经济自己内在的经济要素或成分来看待，这样世界经济本身也就有了实际的内容。有了这种认识，我们可以说，世界经济本身也是一个相对独立的实体，其有自己的经济内容，并以其特有的方式构成自己的经济运行系统。世界经济在受到各国经济影响和制约的同时，也以自身的力量反过来影响各国经济，并对各国经济形成约束力。随着生产力的迅速发展，世界经济这个已具有相对独立性的经济实体，其稳定性也在不断增强，因此它对各国经济的影响力和制约力也将愈来愈大。这种情况已在当代西方资本主义世界里表现得非常充分。我们相信，当世界各国在经济发展中都能明显地感到这种影响力和制约力，并积极作出对策时，世界经济具有相对独立性的这一概念将完全被人们所理解、接受。

还需要进一步说明的是，世界经济不仅是一个相对独立的经济实体，而且还是一个统一的经济整体。在整体上具有的统一性，是世界经济另一个重要的本质特征。世界经济作为一个经济整体而存在，是以其物质生产为客观基础的。离开了物质生产来谈世界经济的客观统一性，那显然是虚无缥缈的事情。就像一国国民经济没有物质生产就不存在一样，如果世界经济没有物质生产也是不可能存在的，因此也就根本谈不上什么客观的统一性了。所以，如果承认世界经济是一个客观存在的统一整体，也就必须承认世界经济以其客观的物质生产为基础。那么如何来看待世界经济的物质生产呢？这主要可以从两个方面来认识。一方面，其是由一般国际分工所决定的物质生产。其通过国际市场的作用，把各国生产者的劳动联系起来，从而构成了世界经济的物质生产基础。另一方面，其是国际的专业化协作和跨国公司全球性的生产活动，这种物质生产都直接表现为世界性的物质生产。世界各国经济之间所发生的任何关系都是以这种物质生产为前提的。离开了这个前提，各国经济中所产生的交换关系、分配关系和消费关系也就无从存在，因此世界经济无论是作为客观实体还是统一的经济整体也都不存在了。世界经济正是因为有了这个基础，才可能通过各国间发生的各种经济关系统一起来。这种物质生产基础在商品社会就表现为商品生产，世界范围里的这种商品生产运动机制将世界经济这个统一的经济实体生动地展现出来。在这里，国际贸易只是作为它的表现形式而存在的，但作为国际贸易本身却不能视作世界经济统一性的基础。对于把世界经济的统一性直接看成是生产关系的结果的观点，我们也不能同意。我们知道，世界经济的物质生产基础以及在这种基础上的各国间的经济关系，归根到底是社会生产力发展到一定阶段才产生的。只要人类社会的生产力发展到了一定的程度，世界性的物质生产就一定要出现，因此作为统一整体的世界经济也就一定会产生。所以我们认为世界经济的统一性绝不是一种生产关系的结果。在这里生产关系只是表明在一种什么样的生产力水平下，哪种生产关系能使世界经济这个整体运行得更好，组织更合理、更科学。但生产关系对世界经济这个整体的产生形成本身不能起决定作用。不管构成世界经济统一整体中的各个组成部分，它们所代表的生产关系如何不同，由于生产力的力量，不同社会经济制度的国家的物质生产都必将不断向世界领域中发展，并在国际经济社会中相互联系起来，这已是既成事实。总之，世界经济作为一个统一整体，它的统一基础，既不是世界经济这种物质生产的表现形式——国际贸易，也不是某种生产关系的结果。这个统一基础正是这种物质生产本身，它在商品社会表现为世界性的商品生产。

世界经济作为一个完整的科学概念还应该从它的运动上来考察。如果我们从运动的角度来认识世界经济，世界经济概念将更趋丰满和完善。需要说明的是，我们这里所指的世界经济运动，既包括世界经济作为整体的生产过程、交换过程、消费过程的相关经济运动，也包括这个整体自身的历史运动。前者表现为世界经济的再生产过程，后者表现为它的历史进程。

世界经济的再生产运动，首先是从它的物质生产阶段开始的。这个物质生产不但是构成世界经济统一的基础，同时也是世界经济运动的历史的和逻辑的起点。在这个基点上生长出来的交换、消费都是由它决定的。世界经济就是在这个由生产、交换、消费，又到生产、交换、消费的不断再生产运动中体现它自身的。没有这种不断循环的再生产运动，世界经济本身也就消失了。世界经济本身的一切性质和特点都只有从这个运动中来考察才能得到正确的符合实际的认识。我们也只有从运动中来认识世界经济，才能获得对它的规律性的认识，才能把握世界经济的发展方向和前景。在现实的世界经济运动中，它表现出的复杂性远远超过一国国内的经济活动，这就往往使我们容易把注意力放在这个运动所表现出的交换等现象上，而忽视对其整个运动的深入考察，尤其是对物质生产这一阶段，这样我们对世界经济运动的本质特点就缺乏认识，因此对世界经济的再生产运动及其规律就难以理解。

从世界经济的历史发展来看，它本身也是在人类社会生产力的推动下不断由低级向高级、从简单到复杂地向前运动：由最初简单的国际分工发展到今天的国际领域里的专业化协作；由最初的简单交换到今天的各种形式的国际贸易；由各自决定的经济活动发展到在国际范围内互相协调经济政策等。世界经济正是在运动中不断发展、完善自己。整个世界经济史将充分反映这一过程。可见，世界经济不仅是一个客观实体和统一整体，而且还是一个不断运动、发展的经济体系。

通过上述几个方面的分析，我们可以给世界经济下一个比较完整的定义了。世界经济是一个植根于并超越于各国国民经济之上的，并由各国经济相互联系而成的有机地统一整体，这个整体是一个以自身物质生产为基础而不断进行再生产运动的体系。在这个定义中，我们力图强调的是：第一，世界经济是在各国国民经济基础上形成的；第二，世界经济以物质生产为基础，将各国经济有机地联系起来，形成一个统一的整体；第三，世界经济不是静止的，它在不断地进行生产和再生产的循环运动，且在运动中不断变化和发展。我们认为全面而完整地确立世界经济概念，这三个方面的内容都是不可忽视的。从这三个方面来掌握世界经济概念，对我们下面分析世界经济学的研究对象具有重要意义。

二、世界经济学的研究对象

世界经济学是研究世界经济的学问。基于对世界经济概念的认识，世界经济学的研究对象就是主权国家影响下的全球范围内资源配置、在各国市场经济基础上的全球经济运行和发展规律，以及由此产生的各种经济活动和经济关系。

在这个定义下，我们对世界经济的研究应该包括两方面内容：

第一，是在世界范围内各国经济发生联系、从事国际经济活动所必需的生产条件和交换条件。具体地讲：生产条件是指世界范围内的劳动力、劳动对象、劳动手段、科学技术、生态环境等。世界经济学要研究它们的量的状况和质的情况；分析它们的内部构成和它们的相互关系，以及研究它们将来的变化和发展。交换条件具体指国际市场、国际价格、世界货币等。世界经济学要研究它们的产生和发展；分析它们的规模和运动形式，研究它们变化的原因，分析它们的性质和特点；同时研究它们之间的关系以及对世界经济发展的影响和作用。世界经济学之所以要研究生产条件和交换条件，是因为这两者是构成世界经济的内在要素，它们决定着世界经济的现状及变化和发展。

第二，是研究各国经济和交换中产生的关系和作为整体的世界经济的运动及其规律。该内容涉及的问题非常广泛，有国际分工、国际专业化协作、商品的国际化、资本的国际化、生产的国际化、经济一体化、区域经济以及区域之间的经济关系，如南南合作、南北对话、东西方经济合作等，还包括各种世界性、区域性的经济机构和组织的研究。总之，对于世界经济这个整体，我们要从它的生产过程、交换过程、消费过程整个再生产运动进行考察分析，并且我们还要掌握在这个运动中出现的各国或集团的经济政策和措施。从这一系列问题中，我们寻找出世界经济的运动规律。

第二节 世界经济的形成、发展与行为主体

世界经济是人类社会生产力发展到一定历史阶段的产物。世界经济的形成与发展是与资本主义生产方式的出现和发展紧密相联的。在资本主义生产方式出现之前，人类社会由于生产力水平低下，自然经济占据统治地位，虽然有一定程度的国际经济交往，但只是偶然的、个别的、局部的现象，不能形成真正的世界经济。

一、世界经济的形成

世界经济的形成始于18世纪中叶。18世纪60年代到19世纪中期，英、法、美、德等欧美国家相继发生并完成了以蒸汽机的改进和推广为代表的第一次工业革命。蒸汽动力和机器的广泛应用，不仅推动了工业生产的大幅增长，而且引起铁路、轮船等交通运输业的迅速发展，从而扩大了国际商品流通，社会分工也日益超越了一国的范围，资本主义生产方式获得了世界范围内的胜利。生产力的发展和世界市场的扩大，把各种不同经济发展水平的国家和地区卷入了资本主义国际分工的范围，这就是初步的各国之间相互依赖的经济联系。

随着机器大工业的建立，工业从农业中彻底分离出来，工业内部的分工越来越细，新的生产部门不断出现。大规模专门化生产要求社会分工超越民族经济的狭窄范围，以满足其不断增长的原料和市场的需要。于是社会分工迅速向国际领域扩展，过去一国范围内的城乡分离和对立的状况，开始在更大规模和世界范围内再现出来，形成以先进技术为基础的工业生产的中心，亚非拉地区的国家则成为工业品销售市场和原料产地。

随着资本主义生产方式的确立和国际分工的发展，以国际分工为基础的各种商品交换关系和世界市场随之出现。此后，贸易规模不断扩大。随着国际分工的发展

和世界市场的形成，世界倾向也随之出现。它是国际商品流通广泛发展的必然产物，在国际商品流通中发挥一般等价物的作用。世界货币的出现又大大地促进了国际商品流通，扩大了国际贸易规模，加强了国家间的经济关系。

19世纪后期，资本主义国家开始了以电力应用为标志的第二次工业革命。内燃机和电动机代替了蒸汽机，社会生产力获得了更大发展，一系列重工业部门如电力工业、电器工业、石油工业、化学工业、冶金工业、机械工业等迅速成长，工业结构发生变化，重工业比重急剧增加。与此同时，生产更加集中，股份公司和联合企业不断涌现，出现了垄断销售市场、原料产地和投资场所的组织，资本主义生产关系进入了一个新阶段，垄断取代自由竞争，并成为经济生活的主要现象。

进入垄断资本主义后，在工业垄断和银行垄断融合基础上形成的金融资本实现了对各个经济部门的控制。金融资本不仅扩大了商品输出，而且开始大量输出资本。各国的垄断集团为了追求高额利润，不但从经济上分割世界，而且从领土上将世界瓜分完毕，建立起帝国主义殖民体系。20世纪初，帝国主义殖民体系的形成意味着世界经济的最终形成。

综上所述，世界经济的前提条件可归纳为：

第一，生产力发展到机器大工业时代。生产力发展是人类社会的动力。机器大工业的出现极大地促进了分工、交换的发展和生产力的发展，为国际商品交换和世界市场的形成创造了条件。

第二，资本主义生产方式的确立和巩固。资本的原始积累加速了资本的集中，促进了资本主义的发展。资本主义社会取代封建社会是人类历史上的一大进步。它空前地解放了生产力，推动了机器大工业的发展，从而将国际商品交换和国际分工推向历史上未曾有过的高度，形成了世界市场，建立了人类历史上第一个统一的世界经济——资本主义的世界经济。

第三，国际商品交换极大地发展。一方面，资本主义生产方式确立以后，机器大工业释放出巨大生产力，生产出的商品远远超出一个国家、一个地区的消费能力，需要在国外寻找销售市场；另一方面，机器大工业发展所需要的原料以及城市人口增长需要的粮食和其他日用品的消费，又是一国生产能力在一定历史时期和空间所难以满足的，这就使得各国资本家竞相去国外寻找原料和粮食等产品来源，致使国际商品交换的范围扩大成为不可避免的现象。国际商品交换的极大发展推动了平均化的国际价值、世界价格的形成，也使货币发展成为世界货币，从而为世界经济的形成创造了条件。

第四，国际分工的形成。国际分工是一国分工超出国界在世界范围内的延伸。机器大工业不仅使先进的资本主义国家内部工业从农业和其他产业中完全分离出来，形成了独立的生产部门，而且使工业、农业间的分工和对立超出民族经济的狭小范围，向世界扩展，形成世界范围内工业国和农业国之间的分工和对立。

第五，世界市场的形成。经历近一个世纪的资源掠夺和工业品倾销，到19世纪中期，世界五大洲的多数国家和地区被殖民主义国家在不同程度上强行卷进了分工和商品交换之中，形成了统一的世界市场。统一的世界市场的形成标志着世界经济的基本形成。世界大多数国家的生产、交换、分配和消费已经具备了世界性。

二、世界经济的发展

世界经济从出现至今经历了三个发展时期：

第一个时期，是从18世纪中叶到第一次世界大战，也是统一的无所不包的资本主义世界经济体系形成时期。在这个时期，一方面表现出资本主义与其殖民地、半殖民地相互之间的经济联系日益密切；另一方面，明显地表现出未开化的国家从属于文明的国家，东方从属于西方，宗主国与殖民地之间存在极度不平等的国际经济贸易关系。

第二个时期，是从20世纪初期俄国十月革命到20世纪80年代。由于出现了新社会主义经济，统一的资本主义世界体系被打破，世界经济一分为二，形成两个对立的经济体系。在不到100年间，世界经济前后经历了两个不同的发展阶段：（1）十月革命到1945年第二次世界大战结束为第一阶段。在这个阶段，苏联社会主义经济同资本主义经济相互并存、相互斗争。（2）从第二次世界大战结束到20世纪80年代末为第二阶段。在此期间，社会主义从一国发展到多国，形成了社会主义世界经济体系，大批新兴的民族国家经济开始兴起，它们同资本主义世界经济体系相互渗透、相互斗争，世界经济关系错综复杂。

第三个时期，20世纪90年代初"冷战"结束之后，世界经济进入到一个新的发展时期。随着世界范围内"冷战"的结束和科技革命向纵深发展，经济体制改革和经济结构调整成为世界经济发展的潮流，各国经济按照其自身的规律向全球化、集团化的方向发展，建立在知识和信息的生产、分配和使用之上的知识经济初见端倪。

三、世界经济的行为主体

世界经济的行为主体主要有主权国家和非国家行为主体两大类，其中非国家行为主体又可分为国际经济组织（包括世界经济组织和区域性经济组织）和跨国公司。迄今为止，主权国家依然是世界经济运行的基本主体，构成世界经济的最主要部分。

在主权国家仍然是国际社会主要行为主体的今天，国家利益仍然是国际关系行为的基本动因，不同的国家利益必然导致国与国之间的经济摩擦和矛盾；同时，世界经济的相互依存程度也大大提高。因此，为了避免国家间经济矛盾发展到激烈对抗的地步，同时避免由于一国经济危机或政策失误对别国造成危害，国际社会产生了加强协调与合作的共同要求。有关国家或国际机构为实现世界经济的稳定，对国际经济活动进行联合磋商和调节，逐步建立并完善了世界经济的协调机制，重点就是建立了各种世界经济组织和区域性经济组织。其中，主要世界经济组织是指在当今具有较大影响的全球性经济组织，主要包括世界贸易组织、国际货币基金组织（IMF）和世界银行（WB）等。

第三节　世界经济学的理论问题与本书特色

作为研究一国全球范围的经济运动变化和发展规律的科学，它所涉及的是对世界经济有机整体的内在特殊矛盾及发展形式、结构功能、运动过程内部联系的系统化整体逻辑研究。

一、世界经济学的理论体系

如果我们把独立的国家或地区看作世界经济中的微观系统，把地区集团、发达国家和发展中国家经济系统看作世界经济中的中观系统，把整个世界经济整体看作世界经济的宏观经济系统，那么，相应地就可把对这三个层次经济系统的研究分别叫作微观世界经济学、中观世界经济学和宏观世界经济学。在它们之前，应该有世界经济学的基础理论部分，这一部分是以上三部分建立的共同理论基础。整个世界经济学就是由这四部分构成，各部分研究的主要内容和思路大致如下：

1.世界经济学的基础理论

其主要内容包括：（1）世界经济的概念以及世界经济学的研究对象；（2）世界经济学的理论体系和理论创新；（3）世界经济学的研究意义和研究任务。

2.微观世界经济学

其以独立的国家和地区经济系统为考察对象，主要研究这类经济系统如何与外部进行物质、信息的交换，以促进自身整个国民经济的发展。如何使本国国民经济打破国界限制，建立在国内资源、市场与国外资源、市场有机结合的基础之上，形成更大规模、更高效率的经济循环，包括从微观企业的营运到整个对外经济的发展。其主要内容有：（1）国际贸易研究；（2）国际投资研究；（3）国际金融研究；（4）跨国公司。

3.中观世界经济学

其一部分以世界经济中的区域集团为考察对象，主要内容有：（1）区域集团的产生和本质；（2）区域集团经济的运行；（3）运行中的内部协调和管理；（4）区域集团与其他国家和集团的经济关系；（5）区域集团经济的发展理论。中观世界经济学的另一部分是以发达国家与发展中国家为考察对象，主要内容包括：（1）这两大体系的本质规定；（2）各自的运行特点；（3）内部合作与协调；（4）两大体系相互间的经济关系；（5）各自的经济发展理论。

4.宏观世界经济学

宏观世界经济学将世界经济作为一个统一的有机整体来考察，研究这个有机整体的运动变化规律。这一点是大家普遍强调的，并认为是世界经济学赖以建立的客观基础。要考察世界经济这个整体的运动变化，不仅要研究生产方式的性质和特点，还必须研究整个人类经济的运行、平衡、协调和发展。世界经济发展不平衡、南北差距扩大、不合理的国际经济秩序阻碍了世界经济的发展。宏观世界经济学应运用马列主义观点去批判、揭露这些不合理、不公正的世界经济运行体制，为建立公正、合理的国际经济新秩序，促进世界经济的发展，尤其是为促进发展中国家经济迅速发展和发展中国家在国际经济领域的斗争提供了理论武器。很显然，这一领域是宏观世界经济学所特有的研究对象。其主要研究内容包括：（1）世界经济的运行，包括世界经济的生产、分配、交换和消费；（2）世界经济的发展，包括世界经济发展理论、发展中的重大问题（如科技革命、一体化、人口、粮食、能源、环境等问题）。

二、世界经济学的逻辑起点范畴、逻辑中心范畴及逻辑结构顺序

1.商品及其国际价值是世界经济学的逻辑起点范畴

第一，商品及其国际交换，既是世界生产的前提，又是世界生产的结果。商品及其国际交换作为世界生产的前提和结果，具有历史和现实的双重含义。它既是世界生产的历史前提和结果，又是世界生产的现实前提和结果。

第二，商品是世界经济的"细胞"形态，商品的国际价值形式具有最抽象、最一般的直接规定和最普遍、最基本、最简单的元素特征。

第三，商品的国际价值包含世界经济的一切矛盾，是世界经济矛盾自身运动的逻辑起点。

2.民族资本国际化形成的国际资本是世界经济学的逻辑中心范畴

第一，国际资本是占统治地位的世界生产组织形式，是整个世界经济所围绕旋转的轴心和主体。

第二，国际资本贯穿和支配世界经济运行的全过程，成为世界再生产运动的起点和终点。

第三，国际资本是世界经济的主体和主要矛盾，决定着其他一切世界经济、其他一切成员和矛盾的地位和作用。

3."生产过程—流通过程—生产总过程"是世界经济学的逻辑结构顺序

第一，国际生产过程是通过不同国家之间的国际直接投资，形成以跨国公司为载体和主体的国际生产过程系统。这是一种由各个国家民族资本构成的国际资本的国际生产和再生产运动，因而具有资本的生产过程内在的整体组织构成系统化、结

构关联功能化、功能耦合机制化的一般特征和内容。

第二，国际流通过程是通过民族资本的国际循环和国际周转形成的国际生产部门之间的流通过程系统。这是一种国际资本的流通过程，因而具有资本的流通过程内在的整体组织构成系统化、结构关联功能化、功能耦合机制化的一般特征和内容。首先，在整体组织构成系统化上，它具体表现为国际资本三种循环运动形式在空间上并存和时间上继起的结构与资本构成不同部分周转结构，以及国际资本在国际再生产中的生产部门结构和流通结构。其次，在结构关联功能化上，它具体表现为国际资本的国际循环三种循环运动形式的功能、周转运动功能，以及国际资本国际再生产的整体部门结构和流通实现条件。最后，在功能耦合机制化上，它具体表现为国际资本的国际循环机制和周转机制，以及国际资本在国际再生产部门结构之间流通的实现条件和机制。

第三，国际生产总过程是在国际生产和国际流通基础上由各种民族资本具体形式的国际运动所形成的世界生产总过程系统。这是一种国际资本的生产总过程，因而具有资本的生产总过程内在的整体组织构成系统化、结构关联功能化、功能耦合机制化的一般特征和内容。首先，在整体组织构成系统化上，它具体表现为各个民族国家的产业资本、商业资本、银行资本的国际运动结构，世界各国在世界生产总过程中的收益结构及国际均衡的组织和协调，以及世界各国整体利益的发展。其次，在结构关联功能化上，它具体表现为各个民族国家的产业资本、商业资本、银行资本的国际增值功能。最后，在功能耦合机制化上，它具体表现为各个民族国家的产业资本、商业资本、银行资本的国际增值运动机制，世界各国在世界生产总过程中的收益决定机制及国别利益之间国际均衡的组织和协调机制，以及世界各国整体利益的发展机制，即世界经济有机整体的可持续发展机制。

三、世界经济学的任务与逻辑整合

1.研究的性质和任务是世界经济学逻辑整合的根本出发点

世界经济作为市场经济、资本经济、知识经济三位一体的世界生产组织体系和再生产系统，在市场经济、资本经济、知识经济三位一体的经济规律和机制的共同作用下，以高度的开放性、激烈的竞争性和内在的有机组合性，不断开拓世界各国经济活动的空间，深化和扩展国际分工的领域，优化资源的国际配置，增大世界市场的规模，加速经济的国际交融和相互依存，推进全球经济的现代化发展与结构性变革。随着当代世界多极化和经济全球化，当代世界经济发展运动显现出三个基本特点：一是世界各国作为世界再生产组织体系的行为主体，参与和发展国际经济活动的出发点和根本目的是追求国家经济利益的最大化；二是世界各国的国家经济利益的最大化，取决于各国综合实力和国际竞争力基础上的经济发展利益之间的国际均衡；三是国家经济利益的最大化和各国经济利益之间的国际均衡，取决于世界整体经济利益的发展与效率。这三个基本特点既是世界经济发展运动存在的三个基本问题，又构成世界经济主体活动的三个基本规则和主要矛盾。

在这种条件下，科学认识和准确把握世界经济有机整体的发展运行机理、系统模拟和整理世界经济发展运行的规则和秩序、全面揭示世界经济发展运动的客观规律和作用机制，不仅是每个国家和地区有效参与世界经济活动、谋求社会经济增长和繁荣的前提和基础，而且成为人类社会改善自身的生存环境、维护和促进共同发展的重要条件。我们只有科学认识和系统把握世界经济有机整体的发展运行机理，才能适应经济全球化和加入世界贸易组织的新形势，在更大范围、更广领域和更高层次上参与国际经济技术合作和竞争，充分利用国际、国内两个市场，优化资源配置，拓宽发展空间，实施"引进来"与"走出去"相结合的对外开放战略，走新型工业化道路，实现跨越式发展，完成全面建成小康社会的奋斗目标。

在当代，世界经济学科学理论的发展和实现程度，同样取决于它满足中国改革开放和现代化建设的需要程度，实现全面建成小康社会战略目标的需要。能否满足这种需要，则完全取决于世界经济学能否在理论上提供一把系统理解全部世界生产组织体系和再生产系统发展运动机理的钥匙。这既是这门新兴学科的性质和任务，也是它的科学价值根本之所在。

2.马克思的科学方法论是世界经济学理论研究的根本方法

今天与马克思所处的时代相比，已经发生了翻天覆地的变化。毫无疑问，经济全球化和世界经济一体化使世界各个国家的社会生产由单纯国别资源配置方式转变为国际资源配置方式，由以自然资源的开发利用为主体的国别生产转变为以科学技术知识的生产创造为主体的世界生产，由国别经济独立分散发展进入世界各国经济相互协调发展的统一过程，人类社会的生产和消费真正成为世界性的生产和消费了。

但是，马克思在《资本论》中所揭示的三位一体的社会生产组织体系和再生产系统的生产方式、特殊矛盾、发展形式、结构功能及内在联系，以及与它相适应的生产关系和交换关系、有机体制和规则秩序，不仅没有从根本上消失，反而进一步以不断发展变化的新形式，发展成为全球统一的三位一体世界生产方式、特殊矛盾、发展形式、结构功能及内在联系，以及与它相适应的国际经济体制、规则和秩序；商品经济的规律和机制、资本经济的规律和机制、技术经济的规律和机制，不仅在各个国家的国民经济中保持着全部效力，而且以各种国际经济规律的新形式和新内容、国际经济机制的新规则和新方法，支配着世界经济发展运动的全过程，调节着每个国家利益最大化的经济行为，协调着世界各国经济利益的国际均衡，决定着世界经济有机整体的发展与效率。因此，马克思为我们提供的进一步研究的出发点和供这种研究使用的科学方法，仍然是建立现代科学理论逻辑构造规则和方法的前提和基础，也是世界经济学创建中进行科学的逻辑整合的根本方法。

3.与时俱进是世界经济学理论创新的根本途径

在21世纪，我们必须面对的和必须置身于其中的世界经济，就只能是这种三位一体的世界生产组织体系和再生产系统；我们必须面对的和必须采用的世界生产方式，就只能是这种三位一体的世界生产方式；我们必须面对、采用和遵循的国际经济体制、规则和秩序，也就只能是这种三位一体的国际经济体制、规则和秩序。我们只有通过并且充分应用和发展市场经济、资本经济、知识经济三位一体的世界生产组织体系和再生产系统，在更大范围、更广领域、更高层次上参与国际经济竞争与合作，才能更加有效地发展自己、壮大自己，全面建设和谐社会，到21世纪中叶基本实现现代化，把中国建设成为富强、民主、文明、和谐的社会主义国家，走出一条社会主义现代化发展的新道路。发展先进的生产力是发展先进文化和实现最广大人民的根本利益的前提条件，这样才能推动社会全面进步，促进人的全面发展。

与此同时，我们只有通过并且充分参与和发展市场经济、资本经济、知识经济三位一体的世界生产组织体系和再生产系统，才能创造出进行国际生产和国际交换并相应地进行国际产品分配的新条件和新形式，有效推进国际经济体制、规则和秩序的重大变革，有效地维护世界和平与促进共同发展，并且为向更高级形态的世界生产方式以及与它相适应的国际经济体制、规则和秩序的历史演进，创造出必要的和充分的世界物质基础和社会经济技术条件。这就是世界经济发展的历史辩证法。

因此，世界经济学的逻辑构造，不仅需要我们对当代世界经济从市场经济、资本经济、知识经济三位一体的特殊性质、结构功能和发展运动进行综合分析，而且需要我们科学认识和准确把握这种三位一体的世界生产组织体系和再生产系统、三位一体的世界生产方式，以及与其相适应的国际经济体制、规则和秩序，系统揭示国别价值与国际价值之间、生产国际化与国别资本所有者之间、科学技术创新的主导性与不同国家技术创新能力国际差异之间的三类特殊矛盾结构，以及这三类经济矛盾之间的相互关系、发展趋势和解决方法；系统揭示以国际必要劳动时间决定商品的国际价值、国际等价交换原则为内容的国际价值规律及机制，以资本价值的增值生产、等量资本获取等量利润为内容的国际资本经济规律及作用机制，以取得预期有用效果的科学技术的有计划生产和系统分类应用、生产技术进步规则和比例关系为内容的国际技术规律及创新机制，以及这三类经济规律和机制之间的相互关系、综合作用、实现形式和发展的基本趋势。

而要达到这些要求，就需要我们把研究重点进行重大调整，紧紧围绕世界经济内在特殊矛盾及其发展运动，抓住国别利益发展的最大化、各国利益发展的国际均衡、世界整体利益的发展与效率这一世界发展主题的中心内容，从一般社会经济制度分析转向运行机理分析，从一般规律分析转向现代化发展机制分析，从国家地位、作用关系分析转向国际竞争和合作分析，从根本利益矛盾对立分析转向国际利益均衡协调组织分析，从历史必然趋势目标分析转向发展方式、发展阶段和任务实现条件分析，从理论描述性分析转向规则和秩序的整理和模拟性分析，从国际吸收借鉴分析转向国际参与组织分析，从发现积极因素分析到利用和发展积极因素分析，从局部问题专题性分析转向有机整体系统分析等。要有效地进行这种分析，显然，我们需要按照市场经济、资本经济、知识经济三位一体的世界经济所具有的特殊性质、结构及发展运动的客观逻辑，从结构系统化、关联功能化、功能机制化的内在逻辑上，科学选择逻辑起点范畴、逻辑中心范畴、范畴逻辑顺序，从而用范畴及范畴逻辑体系的整体组织构成系统化、结构关联功能化、功能耦合机制化的内在逻辑，展示世界经济有机整体的特殊性质、结构及发展运动的客观逻辑。

实践发展没有止境，理论创新也没有止境。世界经济学各种理论结构模式的建立本身就是一种理论创新，它们在逻辑构造上的重大分歧和问题，不仅为解决这些关键性难题提供了十分宝贵的经验和基础，而且也显示出逻辑整合和理论创新的发展方向。要把这种发展方向变为新的理论创新，就必须按照体现时代性、把握规律性、富于创造性的根本要求，应用马克思的科学方法，从世界经济作为三位一体和一体化的世界生产组织体系和再生产系统这个历史和现实的基本逻辑规定出发，深入研究世界生产和再生产机理，系统模拟和整理世界生产方式结构及与此相适应的国际经济体制、规则和秩序，科学揭示世界经济的运动规律、机制和发展趋势，创造世界经济学的系统化整体逻辑构造，用科学理论打造出一把系统理解全部世界生产组织体系和再生产系统发展运动机理的钥匙，从而完成历史赋予世界经济学这门新兴经济学科的根本任务。

四、本书的编写特色

作为世界经济专业的研究生教材，本书力图使学生了解世界经济的发展过程、现状和未来趋势，掌握世界经济领域的特殊矛盾和特有规律，能够正确分析与科学判断发展中国家谋求发展的得失以及发达国家发展的态势和矛盾，认清霸权主义和强权政治的实质；认识当代世界经济、政治、科技及社会生活的巨大变化和飞速发展，正确理解、掌握和拥护中国的外交政策和国际战略，树立为国家富强和民族振兴、为人类的进步繁荣而奋斗的信念；能根据中国经济的实际环境和条件恰当地运用这些基本原理和方法，提出中国经济发展的对策和思路，推动中国经济的不断发展。

中国对世界经济的研究起步较晚。20世纪60年代初，学术界提出关于世界经济学科建设的问题，并就世界经济学的研究对象、范围及具体内容展开了讨论。直到20世纪80年代初，在钱俊瑞先生的倡导下，中国才全面展开该领域的学科建设。经过 80 年代的努力，到 90 年代初，世界经济学的研究水平得到了提高，已形成对学科体系的几种不同的看法，对推动国内关于世界经济学科的建设起了重要的作用。

讲授世界经济课程的时间不是很长。最初各学校的世界经济课程的讲授与"国际经济学"相混淆，或者就是讲授各个国家的经济。有的学校开设"世界经济学"课程，有的学校开设"世界经济概论"课程，目前重点经济类院校都开设的是"世界经济概论"。

改革开放以来，中国以"世界经济概论""世界经济""世界经济学"为名称，或与此名称相近的教材有几十部。这些教材构建的体系都有其特点和优点，它们都从不同角度为中国读者展现出世界经济的历史和现状，都在探索形成自己独特的、完整的理论体系方面作出了不懈的努力，从而推动了世界经济的学科建设。但目前国内外学术界对世界经济的理论体系仍然没有形成统一的认识。最近几年，在中国世界经济学会教学与研究协调委员会每年一次的工作会议上，要求作为该委员会成员单位的全国各高校和研究机构在这方面作出积极的努力。

已经出版的各种相关教材，为本书提供了大量的编写思路。这些教材的课程体系有的以不同社会制度的不同经济形态作为划分篇章的依据，有的偏重于地区、国别经济的论述，有的强调国际经济关系的研究，有的以当代世界经济全球化为线索构建课程体系。

相对于已有教材，本书的特色在于结合当代世界经济的新特征、新趋势，反映当代世界经济的新发展、新变化，特别是进入 21 世纪后呈现的新趋势，并与世界经济中飞速发展的中国经济有机结合在一起，偏重于中国经济在世界经济体系中的问题与策略研究，使教材既有一定的科学体系和对基本理论的探索，又具有较强的时代特色。

第二章

第二次世界大战后世界经济发展及影响因素

第一节　第二次世界大战后世界经济的发展阶段

世界经济是不同发展水平的国家与国家集团所组成的相互联系、相互依赖、共同运动的经济有机整体，也是在世界市场与国际分工的基础上形成的世界范围的生产力、生产关系及与其相适应的国际交换关系的总和。第二次世界大战后世界经济格局的发展大致经历了三个阶段。

一、第二次世界大战后世界经济格局发展的第一阶段——战后初期到 20 世纪 60 年代末美国称霸世界经济领域的阶段

第二次世界大战结束时，西方主要国家的经济实力发生了重大变化。德国、意大利、日本等战败国几乎成了废墟，而作为战胜国的英国、法国也是遍体鳞伤，唯独美国在战争中实力大大膨胀起来。到 1945 年，美国独占资本主义世界工业产量的 60%、对外贸易的 32.5%、黄金储备总量的 59%，并成为世界上最大的资本输出国。与此同时，美国还享有其他任何国家不可企及的经济规模和市场，科技上遥遥领先于别的国家，人均国民生产总值大大高于其他老牌资本主义国家。美国正是凭借这种经济上的巨大实力和强大优势，一步一步地夺取了世界经济霸权。其基本步骤是：第一，建立以美元为中心的国际货币体系。第二，建立以贸易自由化为基本原则的贸易体制，成立关税及贸易总协定。第三，推行一系列"援助"计划，如马歇尔计划，以及通过提供"两个安全网"（"军事安全网""经济安全网"），加强对欧洲、日本经济的控制，推行"第四点计划"，对亚非拉民族独立国家实行新殖民主义政策。第四，对社会主义国家实行经济和技术封锁。

二、第二次世界大战后世界经济格局发展的第二阶段——20世纪70年代后世界经济向多极化方向发展的阶段

进入20世纪70年代，世界经济发生了巨大的变化。引起这种变化的主要原因有：第一，国际金融体系在20世纪70年代初受到了巨大的冲击，1971年12月、1973年3月美国政府两次宣布美元贬值，标志着布雷顿森林体系的瓦解。第二，发展中国家的石油斗争引发的能源危机打乱了国际贸易旧有的价格体系。第三，美国逐渐陷入了经济增长缓慢、通货膨胀和失业问题严重的困境，日本、西欧的经济发展比美国快，美、日、欧的经济实力消长明显。伴随着美国经济霸主地位的衰落，欧共体和日本成为资本主义世界两大新的经济中心，世界经济中美国一国独霸的局面开始向美国、欧共体、日本三足鼎立的局面过渡。1975年召开的第一次西方七国首脑会议是三足鼎立局面形成的标志。

在20世纪60年代，苏联的经济实力大幅增强。这个时期，在拉丁美洲和亚洲出现了一些新兴工业国家和地区，并形成了一支新兴的经济力量。新兴工业化国家和地区的兴起对世界经济格局产生了重要的影响，进一步加强了世界经济多极化的发展趋势。新兴工业化国家和地区，是指获得较快发展的一些发展中国家和地区，它们的工业化取得了重大的进展，已处于由发展中国家向发达国家转变的过渡阶段。这些国家和地区的国民生产总值的平均年增长率，不仅高于本国历史上的任何时期，而且明显高于西方发达国家同一时期的增长率，如"亚洲四小龙"，即韩国、新加坡、中国台湾、中国香港。另外，拉美的巴西、阿根廷，南亚的印度等，也都在快步发展。但是，另一些发展中国家的经济状况却面临更加"边缘化"的危险。

三、第二次世界大战后世界经济格局发展的第三阶段——20世纪80年代末以来三大区域经济集团化加快发展的阶段

20世纪80年代，在世界经济不稳定、低速增长的大背景下，各种不同类型的国家普遍进行了经济调整和改革。这种调整和改革促使世界经济格局在20世纪90年代进一步发生变化。从目前看，美国将会在相当长的时期内处于优势地位，日本、欧盟等的经济实力要赶上美国还须时日，中国的进一步发展有可能使自己成为全球性的经济大国。

20世纪80年代末以来，美、日、欧三大区域经济中心的较量越来越复杂激烈，直接推动了西欧、北美、亚太经济区域化的发展，形成了三大区域组织相互依赖、矛盾斗争的新格局。

首先，欧盟。相比较而言，欧盟是经济一体化程度最高的一个区域性集团，至2016年11月30日，共27个成员国，其一体化程度仍在逐步提高。自1958年1月

《罗马条约》生效、欧共体成立以来，经过几十年的努力，西欧经济一体化取得巨大成就。1993年1月建立了欧洲统一市场。1993年11月《马斯特里赫特条约》生效，成立欧洲联盟。1995年1月，瑞典、芬兰、奥地利加入，使联盟由12国扩大为15国。1999年1月1日欧元如期启动，这是布雷顿森林体系崩溃以来国际货币体系中最重大的变革。2002年1月1日起，除英国、瑞典、丹麦外的欧盟的12个国家开始使用共同的货币——欧元，实现了经济货币联盟计划。同时，欧洲联盟同欧洲自由贸易联盟建立了欧洲经济区，在经济区内做到商品、资本、服务、人员的自由流动，创建了以德国为主体的、由西欧18个国家组成的内部大市场，人口达到3.8亿。欧洲一体化步伐的加快，大大促进了其他地区一体化的发展。

其次，北美自由贸易区。1987年10月美国与加拿大签订了自由贸易协定。1994年起，在美加两国的基础上吸收了墨西哥参加，形成了北美自由贸易区。北美自由贸易区拥有3.63亿人口，年国民生产总值和进出口贸易额占世界首位。它是世界上第一个由发达国家和发展中国家组成的经济集团，具有重大意义。根据协议，贸易区分三个阶段取消关税及其他贸易壁垒，实现商品、服务、资本等的自由流通。

最后，亚太经济合作组织。亚洲经济一体化的步伐显然落后于前两个地区。这是因为亚洲情况比较复杂，各国经济发展水平不同，政治经济制度不同，民族宗教传统不同等，一时难以建成一体化集团。但是东亚是世界上经济最具活力且经济增长率最高的地区，有着巨大的经济潜力。在1997年金融危机之前，东亚区内贸易的比重已超过40%，区内贸易投资异常活跃，成为推动东亚各国经济增长的强大动力。东亚地区主要依靠自然形成的非制度化的经济联系，其合作程度达到相当的水平。1989年成立的亚太经济合作组织原是一个政府间的联络和论坛式的组织。1991年中国政府正式参加。1993年增加了亚太经合组织非正式首脑会晤，1994年进入制度化合作阶段。亚太经合组织已承诺以多样化为前提，不推行一种模式，而是多形式、多结构并行的办法，在促进地区经济贸易合作方面发挥着重要作用。截至2017年6月，其成员数为21个成员和3个观察员。

当前，世界经济正朝着北美自由贸易区、欧洲统一市场、亚太经济贸易区这三大地区集团化方向发展。21世纪初，以美、日、欧三大经济中心为核心的北美自由贸易区、亚太经合组织、欧盟三大区域化组织加快发展的态势将继续深化。除了这三大区域化组织外，还有众多的经济集团遍布世界各地。跨洲的集团之间的联系也更为密切。自1996年起，每两年一届的亚欧首脑会议的成功举行，为建立亚欧新的平等伙伴关系奠定了基础。所有这些情况表明，世界经济多极化趋势正加速发展。

第二节　第二次世界大战后世界经济发展的原因

第二次世界大战后，世界经济的发展有了很大的变化。一方面，由于世界大战的推动，军事科学技术有了长足的进步与发展；战争结束后，大量的军事科学技术被运用于民用生产，从而大大推动了经济的增长。此后，科学技术的发展更加迅速。在科学技术加速发展的推动下，航空运输业迅速发展，家用电器业异军突起，信息产业后来居上，生物工程、海洋工程、宇航工程等方兴未艾。科学技术的发展引起了产业结构的重大变化，不断开发出巨大的新市场，有力地推动了国民经济的发展，社会生产力得到了迅速而巨大的提高。另一方面，战争与危机也推动了社会生产关系的变化。社会生产关系的变化在一定程度上适应了社会生产力发展的要求，缓和了生产关系和社会生产力的矛盾，从而使各国经济乃至世界经济能够较为顺利地向前发展。

一、科学技术在第二次世界大战时期的大量积累

残酷的战争促使先进国家高度重视科学技术的创新，这导致战争时期科学技术发展较快。新的科学技术主要运用在军事方面，在经济方面运用得比较少。因而，第二次世界大战后，科学技术在经济方面的运用有较大的提升空间，这也促使第二次世界大战后世界经济迅速发展。

（一）科技进步与第二次世界大战后资本主义新发展

在第二次世界大战后的半个多世纪里，世界经济的年平均增长率接近4%，世界国民生产总值达30万亿美元，其中西方发达国家所占比重为3/4；同20世纪初相比，资本主义世界社会生产率提高了约100倍。现代资本主义取得的成就及优势地位，主要是通过科技进步和技术创新实现的，据统计，西方发达国家第二次世界大战以来经济增长的70%~80%得益于科学技术创新。战后发达资本主义国家充分利用现代科技成果，强化军事和政治，发展经济和教育，争夺科技人才，抢占科技制高点，使战后资本主义社会出现了新的变化。这主要表现在以下几个方面：第一，现代科技的发展提高了生产力水平，改变了生产力的规模和结构，使战后资本主义社会生产力诸要素及结构、产业结构、经济形态发生了根本性变化，出现了经济区域集团化趋势。第二，现代科技革命的发展促使战后资本主义生产关系进行了重大调整，出现了国际垄断资本主义、垄断资本国际化、中产阶层队伍扩大、劳资关系缓和等一系列新现象、新特点。第三，战后资本主义社会的上层建筑在现代科技革命的影响和作用下，在军事、国家职能、民主形式、阶级结构、政权结构及运行机制等方面都发生了一系列新的变化。第四，现代科技革命促使战后资本主义世界中的发达国家之间、发达国家与发展中国家之间、资产阶级与无产阶级之间、失业和

经济危机等社会矛盾呈现出新特点和新形式。

（二）科技进步与战后社会主义的发展

第二次世界大战后，新科技革命对当代社会主义提出了严峻的挑战。20世纪40年代末，美国等资本主义国家率先掀起了以原子能和电子信息技术的发明与应用为先导的第三次科技革命。战后新科技革命的发展极大地改变了世界社会主义发展的外部条件，从而既向世界社会主义提出了严峻的挑战，也为世界社会主义的发展提供了新的契机和动力。在第三次科技革命到来之初，由于历史的原因，主要资本主义国家走在了前列，社会主义国家暂时落后。但到了50年代中期，社会主义国家普遍感受到了这次科技革命的挑战，纷纷发起"向科学进军"，进行改革调整的尝试，初期颇见成效。但在1957年以后，欧洲许多社会主义国家的执政党领导人开始从"右"的方面背离科学社会主义基本原则，而中国等其他一些社会主义国家也一度忽视经济建设，特别是放松了科技的发展，而以"阶级斗争""路线斗争"为纲，结果走进了"左"倾教条主义的死胡同。他们都没有实现社会主义理论和制度同第三次科技革命的新联盟。到了70年代末80年代初，在第三次科技革命的基础上，全世界范围内的新科技革命再次掀起高潮。这场新技术革命使任何一个国家或地区都难以脱离科技和经济发展的潮流，国与国之间的竞争，日益从军事对抗和较量转入经济领域，尤其是高科技方面的竞争日趋激烈和重要。面对这样的新挑战，欧洲社会主义国家在80年代不仅没有找到加速经济发展尤其是科技革命的路子，而且经济出现了全面衰退。80年代中期以后，在没有实现经济稳定发展的情况下，又转而搞没有限度的"公开性""民主化"，以所谓的"政治改革"为中心，结果使加速经济、科技和社会的发展成为一句空话，从经济衰退发展到经济危机，又从经济危机发展到政治危机、政治动荡，最后导致社会危机的总爆发。而中国的社会主义建设却一枝独秀，经受住了狂风巨浪的吹打，呈现出欣欣向荣的局面。以邓小平为代表的中国共产党人抓住了世界新科技革命再次来临的时代大机遇，进行了为期30多年的改革开放，使社会主义制度增添了活力和吸引力，发展了社会主义理论，形成了建设有中国特色的社会主义理论，从而使科学社会主义焕发了青春。

二、世界各国贸易门槛降低

全球自由贸易系统的形成对世界各国的经济发展意义重大。全球自由贸易不但可以减少战争动力，而且可以提高各国经济发展速度。世界经济联系的程度大大增强，国际贸易以超越物质生产发展的速度迅猛增加，达到空前水平。在战前的1900—1938年，世界出口额从101亿美元增至227亿美元，仅增长了1.2倍；在战后的1948—1985年，资本主义国家出口额则从539亿美元增加到17 525亿美元，增长了31.5倍。1990年世界出口额增加到33 978.8亿美元。1913—1938年，资本主义世界工业生产平均每年增长 2.2%，出口贸易量平均每年仅增长 0.7%；战后，1948—1980 年，资本主义工业生产平均每年增长 5.1%，出口贸易量则以年平均 6.5% 的速度增长。1950 年美国、日本、法国、联邦德国、英国等主要资本主义国家的出口额在其本国国民生产总值中所占比重分别为 3.5%、7.5%、11.3%、9.2%、18.9%，到 1990 年分别提高到占国内生产总值的 16.9%、17.7%、37.4%、49.6%、42.4%。

国际资本贸易空前发展，已成为世界经济联系的重要潮流。1984—1989 年，国际金融市场净融资额从 1 450 亿美元猛增至 4 450 亿美元，年递增率达 25.2%。目前国际货币市场上的年成交额是世界商品和服务年贸易总额的数十倍。

世界经济联系的内容发生较大变化，进出口商品的结构出现了新特点。发达国家与发展中国家在战前工业国与农业国的国际分工基础上，分别转向资本密集型产业与劳动密集型产业。在国际贸易商品结构中，初级产品比重下降，制成品比重上升。各大类商品的种类不断增多。商品越来越多样化、高级化、优质化、综合化、整体化。技术贸易发展扩大，世界经济联系形式日益多样化，如生产合作和装备业务、许可证技术转让、补偿贸易、合资贸易、合资经营、国际分包合同、来料加工以及联合投标等。

三、较为和平的国际环境

和平与发展不仅是世界各国人民的共同要求，更是世界各国人民所面临的严峻问题。从和平的角度看，虽然世界大战有可能避免，但导致战争的因素仍然存在。由于世界正在向多极化方向发展，各种力量重新分化组合，新的格局尚在形成之中，各种新矛盾、新冲突的产生，民族矛盾、领土争端和宗教纷争在一些国家和地区不断凸显，有的还直接演化为局部战争。世界仍然很不安宁，人类面临许多挑战。从经济发展的角度看，由于各种历史的、社会的、经济的、政治的原因，许多发展中国家不但未能得到发展，经济状况反而更加恶化，富国更富、穷国更穷的矛盾更加突出，国与国之间的差距越拉越大。所以说，和平与发展是当今世界两大全球性的战略问题，是东西方之间、发达国家与发展中国家之间矛盾全局化的集中体现。和平与发展两大问题密切相关。发展问题不解决，和平问题的解决就会受到影响，因为许多矛盾和冲突往往是由经济发展的不平衡引起的；经济要发展又要求有和平的国际环境，发展还意味着和平力量的增强，世界越发展，和平的力量就越强。

四、发达国家人口数量增多

发达国家数量在增多，其内部的人口数量也在迅速增多。这导致发达国家市场规模增大、科学技术发展速度提高。市场扩大可以促进经济发展，也可以促进科学技术进步。人口增长本身也可以导致经济增长。比如，日本从一个对世界科学技术没有贡献的国家，变成对世界科学技术有着重大贡献的国家。发达国家人口数量的增多，必然导致世界科学技术发展速度的提高。

第三节　全球化背景下的世界经济发展趋势

国际货币基金组织《世界经济展望》认为："全球化是指跨国商品与服务贸易及国际资本流动规模和形式的增加，以及技术的广泛迅速传播，使世界各国经济的相互依赖性增强。"21世纪经济全球化将继续迅速向纵深方向发展。虽因国家利益、民族经济、就业等问题，反全球化的势力会有相当程度的反弹，但日益密切的全球经济使全球化的潮流势不可挡。在经济全球化背景下，世界经济发展呈现七大趋势。

一、全球化与信息化相互交集发展，数字鸿沟日趋扩大

当前经济全球化已开始步入知识经济新阶段，推动知识经济发展的主要动力来自信息技术革命。信息技术革命正把全球变成一个"村庄"，它所形成的各种"网络"使从前阻止全球化趋势的地理、语言及文化因素在很大程度上得以消除。目前，世界各国都希望在知识经济社会中占据有利地位，纷纷投巨资发展信息技术。2015年，全球电子商务市场规模达22.1万亿美元。一个真正的全球化"网络经济"即将形成。《2016年全球信息技术报告：数字经济时代推进创新》以"网络就绪指数"为依据，对139个经济体的信息通信技术发展状况进行了全面评估并排出名次，新加坡名列榜首，中国的排名比2015年上升了3位，列第59位。全球所有地区的网络就绪成效不断提高，各经济体的平均排名明显上升，但欧亚、新兴欧洲、中东、北非等地区一些国家的排名依然分化严重，各经济体间的数字鸿沟依然很大。各国都看到缩小信息技术差距对解决国家内部和国际上的贫富差距扩大问题和保持社会稳定都具有重要的战略意义。

二、跨国公司全球化并购继续升温，直接投资全球化趋势明显

近些年来跨国公司之间的合并或兼并愈演愈烈。2016年全球并购总额为3.6万亿美元，比2015年创纪录的4.37万亿美元降低了17%，但足以使2016年交易总额达到自2007年以来第二高的水平。中国企业在2016年成为跨国并购领域的一股重要力量，在交易总额中占到2 200亿美元，几乎是2015年的2倍。推动并购活动的因素包括置身于不断整合的行业中的企业寻觅增长，以及企业能够以有吸引力的利率获得借款。在重要的发展中国家寻找并购对象，也成为跨国公司的全球化战略之一。迫于全球化竞争的压力，跨国公司全球化经营已上升到资本运营阶段。自20

世纪90年代以来，跨国公司国际直接投资保持着强劲的增长势头，同时为了进一步实施"全球战略"，跨国公司相互之间结成了新型"战略联盟"，以减少竞争带来的损失，增加研究与开发实力，寻找更多的全球性投资机会。发展中国家的跨国公司数量也在不断增加，这为全球化的国际直接投资增添了一股平衡力量。跨国公司的投资流向也发生了新变化，跨国公司开始对包括基础部门在内的各个产业和领域进行多元投资，并且不断增加对发展中国家的投资。

三、金融市场全球化领航先行，国际服务贸易大幅增长

由于信息技术的支持，国际金融市场全球化正领航先行，货币、资本在全球范围内流动、配置已日趋成为现实。目前，全球外汇市场外汇资本的流动可在瞬间完成。国际借贷市场和国际证券市场更增加了全球资本的流速，证券市场的资本多集中在新兴市场国家，其中以亚洲最为集中。随着世界各国相继开放国内的金融市场，资本全球化的速度不断加快。服务贸易大幅增长是国际贸易的新趋势。随着经济全球化步伐的加快，各国经济交流和民间交流的不断增强，促使服务贸易快步增长。这表明经济全球化已进入以技术、信息、服务贸易为主体的新阶段。

四、全球产业分工和转移加快，全球化中西方国家就业问题突出

经济全球化推动下国际分工已发展为全球性劳动分工和战略性经营分工，国际分工进一步发展为垂直型、水平型、混合型等多种形式。比较利益的发现已不再局限于一个国家和地区，而是在全球范围内寻找，生产的分工遵照世界市场的需求，深入到无形服务领域。产业层次上，世界许多新产业都处于相近的竞争水平上，几乎不存在明显的比较优势，使更多的产业内部分工得到充分发展；产品层次上，现代高科技产品日趋精密、复杂，许多产品很难靠一个国家单独开发和生产，于是产品在零部件生产乃至工艺上的全球分工合作日益紧密。发达国家向发展中国家产业转移在进入20世纪80年代后出现了第三次高潮。

随着以美国为首的西方发达国家正经历工业经济向知识经济过渡，它们再一次进行了大规模的产业结构调整，将重点放在发展知识、技术密集型的高科技产业上，除继续转移劳动密集型产业外，还将一部分资本密集型产业向发展中国家转移。目前，这种转移仍然方兴未艾。快速的产业分工和产业转移导致激烈的全球化竞争，结果是企业利润上升，劳动生产率提高，工人被解雇。在过去几十年，美国的制造商经历了巨大的增长，更具有全球竞争力。但是，1980—2010年，美国就业人口中，制造业就业比例从19.4%下降到8.5%。2014年，美国传统制造业所需就业岗位数量仅占总制造业就业人数的52%；2015年，美国制造业就业人数仅占美国就业总人数的9%。随着知识经济的兴起，信息、通信技术及自动化技术的发展，每一个行业和领域的工作机会都在急剧减少，而全球化的分工又加剧这一减少

的过程。2016年12月，欧盟失业率为8.2%，美国失业率为4.7%。1994年世界经济论坛（达沃斯会议）发表的国际竞争力报告就曾宣称："现代技术向新兴工业化国家的传播对高工资国家有反工业化的作用：资本流入第三世界，而这些国家的低成本生产者以低廉的制成品洪水般地涌入世界市场。这种趋势将逼迫高工资国家未来只有在降低工资与增加失业之间作出选择。"

五、国家间两极分化加深，全球经济不确定因素增强

全球化确实使世界经济的"蛋糕"做大了，但分配却更不公平了。联合国贸易和发展会议在《1997年贸易和发展报告》中指出：经济全球化带来的消极影响是两极分化扩大。不仅发达国家和发展中国家之间出现两极分化，而且发展中国家内部之间的贫富差距也在不断扩大。2013年世界经济总量达到75.5万亿美元，其中发达国家为46.1万亿美元，发展中国家为29.4万亿美元。照此计算，二者占世界经济的比重分别为61.1%和38.9%。2013年，发达国家人均GDP达到40 186美元，相当于发展中国家平均水平的8.2倍，远高于总量差距。近年来，新兴经济体成为世界经济增长的重要引擎，其中较具代表性的中国、俄罗斯、印度、巴西、南非、印尼和马来西亚1990—2013年人均GDP由627美元提高到4 555美元。尽管如此，新兴7国人均GDP目前尚不及美国、日本、德国、法国、英国、意大利和加拿大平均水平的1/10。从国别来看，经济发展的不平衡更为显著。2010年美国的人均GDP相当于印度的34.1倍，2013年进一步上升到35.4倍。据联合国统计，最不发达国家截至2015年为44个。发展中国家为了适应全球化、市场化的需要，在经济结构调整中，增加技术层面的投资和削减大量的工作岗位，其结果必将导致国内失业率的增加和贫富差距的拉大。经济全球化使全球经济蕴含着极大的不确定性，发展中国家因其在全球化中的被动地位，面临的风险更大。由于各国经济相互依赖性增强，经济危机的"传染性"急剧增强。建立金融秩序，以遏制金融市场失控的危险势头成为必然。跨国公司的急剧膨胀也增加了不确定因素，这样一种缺乏制约的力量本身就意味着全球市场被垄断的危险。

六、世界中心城市主宰经济全球化初见端倪，最不发达国家存在边缘化危机

第二次世界大战结束以来，世界范围内的经济重构不仅形成了全球新的经济空间结构，而且形成了新的空间权力结构，使全球经济实体多层次化，出现了国际货币基金组织、世界贸易组织、世界银行、北美自由贸易区、欧盟等全球经济组织或跨国经济组织。这些经济实体所在的城市，在全球经济中扮演着越来越重要的角色。约翰·弗里德曼（John Friedmann）认为，这些中心城市社会经济功能的建设，实际上正一步步替代国家的职能，使国家权力空心化。经济全球化促进了社会

经济活动最高层管理和控制的进一步集聚，其运行机制只需要为数不多的强有力的城市中心来完成。一方面，在经济全球化扩散过程中，经济活动、公司、市场和基础设施在一些重要的中心城市发挥着积极的作用；另一方面，经济全球化促进了资本和技术的全球转移，其在地理空间和机构框架上重塑着世界城市新的网络体系，一些中心城市加重了金融贸易中心和权力中心的筹码。若干首位度极高的中心城市左右和主宰国际或区域经济社会事务的趋势已见端倪。当前的经济全球化依然是在旧的国际政治经济秩序背景下形成的经济自由化和一体化，发达国家主导和操纵着全球化的游戏规则。事实上，目前要达到真正理论意义上的全球化还有相当遥远的距离。从目前趋势看，最不发达国家在全球化和自由化进程中几乎无法逆转越来越被抛离的境地，其边缘化的危机正在加深。

第三章

国际贸易关系与国际贸易体制

第一节　国际贸易的内涵及理论发展

国际贸易作为世界各国间商品和服务的交换过程、世界资源在各国间进行重新配置的重要渠道，是发展世界各国经济关系的基础，是各国之间实现经济交往、经济分工和经济合作的基本手段，也是经济全球化和一体化的重要内容。

一、国际贸易的内涵

国际贸易（international trade）是指世界各国或地区之间商品和服务交换的活动，是世界各国在国际分工的基础上进行相互联系的主要形式。由于国际贸易是一种世界性的货物和服务交换，因此又称为世界贸易或全球贸易。

国际贸易是世界各国对外贸易的总和。对外贸易是指一国或地区与其他国家或地区之间商品和服务的交换活动。国际贸易与对外贸易既有联系又有区别。联系表现在国际贸易与对外贸易都是跨越国界的商品和服务的交换；区别表现在国际贸易主要是从世界范围来考察国家与国家之间的货物和服务的交换活动，而对外贸易则是从一个国家的角度来研究的。

国际贸易是属于一定历史范畴的事物，它是在人类社会生产力发展到一定的阶段才产生和发展起来的。国际贸易产生必须具备两个基本条件：一是有剩余的产品可以作为商品进行交换；二是商品交换要在各自为政的社会实体之间进行。因此，从根本上说，社会生产力的发展和社会分工的扩大，是国际贸易产生和发展的基础。

随着生产力的发展，国际贸易的内容也不断扩大，除了商品贸易外，还包括服务贸易。20世纪的国际贸易是世界各国经济在国际分工的基础上相互联系、相互依赖的主要形式。第二次世界大战后，特别是20世纪80年代以来，在科学技术进步和世界生产力增长的推动下，各国间的经济联系更加密切，经济全球化趋势不断加强，国际贸易规模、范围、形式都得到了空前的发展。同时，国际贸易的发展反过来又促进了社会生产力的发展，加速了整个社会财富的增长。

二、国际贸易形式的分类

国际贸易活动种类繁多，性质复杂，从不同的角度进行科学的分类是认识和研究国际贸易非常重要的基础工作。

（一）按商品形态划分

（1）有形贸易（visible trade），是指在进出口贸易中进行的实物商品的交易，因这些实物商品看得见、摸得着，故称为有形贸易，也叫实物贸易。例如，机器、设备、家具等都是有实物形态的商品，这些商品的进出口称为有形贸易。有形贸易的进口和出口都要办理海关手续，并在海关的进出口贸易统计中反映出来，从而构成一个国家一定时期的对外贸易额。

（2）无形贸易（invisible trade），是指在国际贸易活动中所进行的没有物质形态的商品交易，主要指服务、技术、旅游、运输、金融、保险等。无形贸易通常不办理海关手续，在海关的进出口统计中反映不出来，而在国际收支中体现出来，是国际收支的重要组成部分。

（二）按商品移动的方向划分

（1）出口贸易（export trade），是指将本国的商品或服务输往国外市场销售。

（2）进口贸易（import trade），是指将外国的商品或服务引进本国市场销售。

（3）转口贸易（interpret trade），是指商品生产国与商品消费国不直接买卖商品，而是通过第三国参与进行的商品买卖。第三国对此类商品的买进，是专为销往消费国的。第三国参与了这笔买卖的商品价值转移活动，但不一定参与商品的实体运动，即这批货物可以由出口国运往第三国，在第三国不经过加工（改换包装、分类、挑选、整理等不作为加工论）再销往消费国；也可以不通过第三国而直接由生产国运往消费国，但生产国与消费国之间并不发生交易关系，而是由中转国分别同生产国和消费国发生交易。

（4）过境贸易（transit trade），是指商品生产国与商品消费国之间进行的商品买卖活动，其实物运输过程必须通过第三国的国境或关境。第三国要对此批货物进行海关监管，并把此类货物作为过境贸易额加以统计。

（5）复出口贸易（re-export trade），也称再输出贸易，是指从国外输入的商品，未在本国消费又未经本国加工而再次输出国外的商品贸易活动。

（6）复进口贸易（re-import trade），也称再输入贸易，是指输往国外的商品未经消费和加工又输入本国的贸易活动。这种情况对出现此类活动的国家和商人都是不利的。

（三）按生产国和消费国在贸易中的关系划分

（1）直接贸易（direct trade），是指商品生产国与商品消费国不通过第三国进行商品买卖的行为。贸易的出口国方面称为直接出口，进口国方面称为直接进口。

（2）间接贸易（indirect trade），是指商品生产国与商品消费国通过第三国进行商品买卖的行为，间接贸易中的生产国称为间接出口国，消费国称为间接进口国，第三国从事的是转口贸易，故而称为转口贸易国。

（四）按贸易政策划分

（1）自由贸易（free trade），是指一些国家的贸易政策中不过多地干涉国与国之间的贸易往来，既不对进出口贸易活动设置种种障碍，也不对本国的出口商品活动给予各种优惠，而是鼓励和提倡市场交易活动的自由竞争。

（2）保护贸易（protect trade），是指一些国家的贸易政策中广泛地使用各种限制措施去保护本国的国内市场免受外国企业和商品的竞争，主要表现在限制外国商品的进口；同时，对本国的出口商所从事的出口本国商品的活动给予各种优惠甚至补贴，以鼓励本国出口商更多地从事出口贸易。

（3）统制贸易（control trade），是指一些国家设置专门的政府机构，利用其政府的力量，统一组织和管理进出口贸易活动的行为。

（4）管理贸易（management trade），是西方经济学家对克林顿政府时期美国经济政策特点的一种概括。政府一方面通过签订大量的协议和条约来处理和协调国与国之间的贸易关系，另一方面又颁布大量的法律和法规来管理和约束本国商人的进出口贸易行为。

（五）按国境与关境划分

（1）总贸易（general trade）。许多国家以国境为标准划分进出口，凡进入国境的商品一律列为总进口，凡离开国境的商品一律列为总出口。总进口额加总出口额为一国的总贸易额。日本、英国、加拿大、澳大利亚等90多个国家和地区采用这种划分标准进行统计。

（2）专门贸易（special trade）。许多国家以关境为标准划分进出口。只有进入关境的外国商品才列为进口，称为专门进口；对于从国内运出关境的本国商品以及进口后未经加工又运出关境的商品，则列为专门出口。专门进口额加专门出口额为专门贸易额。美国、德国、意大利、瑞士等国采用这种划分标准进行统计。

（六）按参与贸易活动的国家数量划分

（1）双边贸易（bilateral trade），是指由两国参加，双方的贸易以相互出口和相互进口为基础进行，贸易支付在双边交易的基础上进行结算，自行进行外汇平衡。这类方式多适用于外汇管制的国家。现在有时也泛指两国间的贸易关系。

（2）多边贸易（multilateral trade），是指三个或三个以上国家之间相互进行若干项目的商品交换，相互进行多边清算的贸易行为。此类方式，有助于若干个国家相互进行贸易往来时，用对某些国家的出超支付对某些国家的入超，从而寻求外汇平衡。当贸易项目的多边结算仍然不能使外汇平衡时，也可用非贸易项目的收支来进行多边结算。

三、国际贸易理论的发展

国际贸易理论，是指从资本原始积累一直到当代各国积极开展国际贸易的整个历史阶段的思想发展和实践经验的总结，是各国制定对外贸易政策的重要依据之一。它与资本主义生产方式同时发生和发展，经历了各个不同的历史阶段。国际贸易理论的发展大致可以分为传统与现代贸易理论。第一阶段是从重商主义或绝对成本论开始一直到第二次世界大战前，被称为传统国际贸易理论。它以完全竞争市场为假设前提，主要分析产业间问题，属于静态或比较静态的国际贸易模型。这些理论被称为国际贸易的纯理论，是国际贸易理论的基石，但它不能解释国际贸易中的所有问题。第二阶段从第二次世界大战以后至今，称为现代国际贸易理论。由于在各国的海关统计中有很多现象是传统理论无法解释的，特别是列昂惕夫之谜所引起的讨论是空前的，各种新理论便应运而生。它们以不完全竞争市场为假设前提，开始分析产业内贸易，模型力求动态化。

（一）传统贸易理论

传统的国际贸易理论是在批判重商主义的基础上，对国际贸易发生的原因与影响的进一步解释，最早表现为英国古典学派经济学家亚当·斯密与大卫·李嘉图在劳动价值学说基础上，从生产成本方面分别提出的绝对优势学说与比较优势学说。之后，约翰·斯图尔特·穆勒和阿弗里德·马歇尔按照两国对某一商品相互需求的程度提出了相互需求论。20世纪初出现的生产要素禀赋理论是继李嘉图比较成本论之后，贸易理论史上的又一里程碑。

1.亚当·斯密的绝对成本论

英国著名的经济学家亚当·斯密（Adam Smith，1723—1790）处于工场手工业向机器大工业的过渡时期，被尊为古典经济学派的创始人。他在1776年发表的《国民财富的性质和原因的研究》（以下简称《国富论》）一书中提出了著名的绝对成本理论（Theory of Absolute Cost），批判了重商主义，是国际分工与贸易理论的源头和基础。

绝对成本论的主要观点为：（1）分工可以提高劳动生产率。（2）分工的原则是成本的绝对优势。（3）国际分工的基础是有利的自然禀赋或后天获得的某种生产技术优势。因此，斯密认为甲国有此优势，而乙国无此优势，乙国向甲国购买，总比自己制造有利。如果各国按照各自的有利条件去进行分工，然后彼此进行交换，实行自由贸易政策，将会使各国的资源得到最有效的利用，从而大大提高劳动生产率和增加物质财富，并使各国从贸易中获利。

斯密通过英国、葡萄牙两国的贸易实例来进一步说明绝对成本论（见表3-1）。假定世界上只有英国和葡萄牙两个国家，两国都生产葡萄酒和毛呢两种产品。

表3-1　　　　　　　　英国和葡萄牙在分工前后葡萄酒和毛呢的生产情况

	国家	葡萄酒产量（单位）	劳动投入（人/年）	毛呢产量（单位）	劳动投入（人/年）
分工前	英国	1	120	1	70
	葡萄牙	1	80	1	110
分工后	英国	—	—	2.7	190
	葡萄牙	2.375	190	—	—
交换结果	英国	1	—	1.7	—
	葡萄牙	1.375	—	1	—

英国和葡萄牙两国在分工的情况下，产量比分工前都提高了。这说明通过国际贸易，两国居民的消费都增加了。

斯密以绝对成本论为基础的自由贸易理论成为英国工业资产阶级反对封建残余、发展资本主义的有力工具，在历史上起过进步作用。按照绝对成本论，每个国家通过国际分工，专门生产绝对优势大于其他国家的产品，然后彼此进行国际贸易，这对双方都有利，这是十分正确的。但是，斯密认为，交换是人类固有的天性，交换是出于利己心，主观私利、客观为社会的活动；交换产生分工，分工是人类交换倾向自发产生的等。这些都是资产阶级人性论和利己主义在经济学上的集中体现，是错误的。国内、国际的分工和交换的产生是社会生产力发展的结果，其性质是由生产关系决定的，斯密受时代的局限，未能正确地认识到这一点。另外，绝对成本论还包含了一个理论假定，即在生产上处于绝对优势的国家参与国际分工与国际贸易，才能获得利益。而这不能解释事实上存在的几乎在所有产品上都处于绝对优势的发达国家和几乎所有产品都处于绝对劣势的不发达国家之间的贸易现象。

2.大卫·李嘉图的比较成本论

大卫·李嘉图（David Ricardo，1772—1823）是英国著名的经济学家、资产阶级古典政治经济学的完成者。在李嘉图所处的时代，西方国家经济正处于上升阶段，生产方式的巨大变革带来了生产力的迅速发展。当时，英国经过产业革命，生产急剧扩张，产业资本迫切需要从国外取得原材料与销售市场，斯密的绝对成本论已不能适应新的形势，这就要求找到与之相适应的国际贸易理论。同时，伴随着机器大工业的发展，英国人口膨胀，对粮食的需求不断增加，国内粮价不断上涨。但是，这时英国实行的关税保护政策严重地阻碍了其经济的外向发展。在这种情况下，围绕《谷物法》的存废问题，英国工业资产阶级与土地贵族、金融贵族和大垄断商人展开了激烈的斗争。李嘉图代表工业资产阶级在其主要著作《政治经济学及赋税原理》（1817）中提出了比较成本理论（Comparative Cost Theory），主张实行谷物自由贸易。

李嘉图认为国际贸易与分工的基础不限于绝对成本差异，只要各国之间产品的生产成本存在相对差异，即"比较成本"差异，就可以参与国际分工并获得贸易利益。"两优取其重，两劣取其轻"，生产优势较大或劣势较小的商品，同样会增加社会财富，而且交易双方都能获得利益。

比较成本差异存在两重含义：（1）同一国家内部生产不同种类商品的成本差异。（2）不同国家之间生产同一商品成本的差异。一国在特定产品生产上的比较优势取决于相对成本差异。为了进一步分析比较优势论，李嘉图引用了英国和葡萄牙的例子（见表3-2）。

表3-2　　　　　　　英国和葡萄牙在分工前后生产葡萄酒和毛呢的情况

	国家	葡萄酒产量（单位）	劳动投入（人/年）	毛呢产量（单位）	劳动投入（人/年）
分工前	英国	1	120	1	100
	葡萄牙	1	80	1	90
分工后	英国	—	—	2.2	220
	葡萄牙	2.125	170	—	—
国际交换	英国	1	—	1.2	—
	葡萄牙	1.125	—	1	—

从表3-2中可看出，葡萄牙生产葡萄酒和毛呢，所需劳动人数均少于英国，英国在这两种产品的生产上都处于不利地位，按斯密的绝对成本论，两国之间不会进行国际分工。而李嘉图认为，葡萄牙生产葡萄酒所需劳动人数比英国少40人，生产毛呢所需劳动人数比英国少10人，即分别少1/3和1/10，显然，葡萄牙在葡萄酒的生产上优势更大一些，虽然它在毛呢生产上也具有优势；虽然英国在两种产品的生产上都处于劣势，但在毛呢生产上劣势较小一些。按照李嘉图的"两优取其重，两劣取其轻"原则，英国虽然都处于绝对不利地位，但应取不利程度较小的毛呢来生产；葡萄牙虽然都处于绝对有利地位，但应取有利程度较大的葡萄酒来生产。按照这种原则进行国际分工，两国的产量都会增加，都会从国际贸易中受益。从表3-2中可以看出，分工后投入的劳动人数虽然没有变化，但葡萄酒的产量却从2个单位增加到2.125个单位，毛呢从2个单位增加到2.2个单位。如果英国以1个单位

毛呢交换葡萄牙1个单位葡萄酒，则两国都从这种国际分工——国际贸易中获利。

李嘉图的比较成本论深刻地反映了当时西方国家经济外向发展的客观要求，为国际分工和贸易理论提供了比较完整的理论体系。该理论对国际贸易理论的最大贡献是，首次为自由贸易提供了有力证据，并从劳动生产率相对差异的角度成功地解释了国际贸易发生的一个重要原因。直到今天，这一理论仍然是许多国家，尤其是发展中国家制定对外经济贸易战略的理论依据。

但是比较成本论也存在明显的理论缺陷：

首先，没有分析各国贸易利益不均的现象，由此导致的自由贸易会使落后国家的生产力长期处于低水平，称为"比较利益陷阱"。

其次，该理论假设条件过多，导致理论与现实不符。李嘉图提出了9个假定条件：①只考虑两个国家两种商品。②以英、葡两国的真实劳动成本的差异建立比较成本说，假定所有的劳动都是同质的。③生产是在成本不变的情况下进行的。④没有运输费用。⑤包括劳动在内的生产要素都是充分就业的，它们在国内完全流动，在国际不能流动。⑥生产要素市场和商品市场是完全竞争的市场。⑦收入分配没有变化。⑧贸易按物物交换的方式进行。⑨不存在技术进步和经济发展，国际经济是静态的。

最后，比较成本论可解释各国交换替代性商品的情况，但难以解释交换互补性商品的情况。在商品具有互补性的情况下，各国之间的贸易并不是出于对生产成本的考虑，而是因为各国内部缺乏某种资源，不得不相互依赖进口。

另外，李嘉图只是对比较优势作了静态分析，而没有进一步揭示这种利益的具体来源及形成机制。

3.穆勒和马歇尔的相互需求理论

约翰·斯图尔特·穆勒（John Stuart Mill，1806—1873）和阿弗里德·马歇尔（Alfred Marshall，1842—1924）提出了相互需求论（Reciprocal Demand Theory）。

穆勒是李嘉图的学生，英国著名经济学家。他在1848年出版的《政治经济学原理及其在社会哲学上的应用》一书中对李嘉图的比较成本理论进行了重要的补充，提出了"国际交换条件"决定"国际价值"的学说。这被当时的学术界认为是一项重大贡献。相互需求论亦称国家价值论或国际方程式，其主要观点可以归纳为以下两个方面：（1）交换比例的上下限——互惠贸易的范围。穆勒依据比较成本论，用两国商品交换比例的上下限明确了国际贸易参与国共同获利的范围。（2）贸易条件的决定和贸易利益的分配。他认为，贸易条件及其变动主要由两国对贸易对象国商品的相互需求强度决定。在国际商品交换比例的上下限范围内，一国对另一国出口商品的需求越强，而另一国对该国出口商品的需求越弱，则贸易条件对该国越不利，该国通过对外贸易获取的利益就越少；反之，则对该国越有利，该国的获利就越多。国际交换比例越接近于本国国内的交换比例，对本国越不利，本国获取的贸易利益就越少，因为越接近本国国内交换比例，说明本国在国际上换回的商品量就越接近于分工和交换前的国内的生产量；反之亦然。

穆勒的相对需求理论虽然解释了均衡的国际交换比例，但只是一般陈述，不够精确。英国著名经济学家、新古典学派的创始人马歇尔用提供曲线这一几何图形的方式说明了商品供给和需求如何共同决定贸易条件及其变动情况。提供曲线表示一国想交换的进口商品数量与愿意出口的本国商品数量之间的函数关系。这条曲线一方面可以看作供给曲线，它集中反映了一国国内技术、生产效率和资源禀赋的情况，也表明一国出口产品相对价格上升时供给量将扩大，相对价格下降时供给量将减少；另一方面也可以将其看成需求曲线，它反映了一国消费者的偏好及选择情况，表明进口产品相对价格下降则需求量将上升；反之，则需求量下降。马歇尔运用几何图解的方法使穆勒的相互需求理论前进了一步，表达也更加清晰明确。

4.赫克歇尔–俄林的要素禀赋理论

以李嘉图为代表的比较成本理论是以劳动价值论为基础的，该理论是单一生产要素理论推断，产生比较成本差异的原因是各国劳动生产率的差异。但是，如果假定各国之间的劳动生产率相同，那么产生比较成本差异的原因是什么呢？解释这个问题的是要素禀赋理论，又称资源禀赋理论（Resource/Factor Endowment Theory）。

瑞典著名经济学家伊·菲·赫克歇尔（Eli F. Heckscher，1879—1952）发表了题为《对外贸易对收入分配的影响》的著名论文，提出了要素禀赋论的基本论点。1929—1933年，由于资本主义世界经历了历史上最严重的经济危机，贸易保护主义抬头，各国都力图加强对外倾销商品，同时提高进口关税，限制商品进口。对此，瑞典人民深感不安，因为瑞典国内市场狭小，一向对国外市场依赖很大。在此背景下，伯蒂尔·俄林（Bertil Ohlin，1899—1979）继承了其师赫克歇尔的论点，于1933年出版《域际贸易和国际贸易》一书，对要素禀赋理论作了进一步的补充和完善。

要素禀赋理论的主要内容是：通过对相互依存的价格体系的分析，解释了贸易发生的原因及条件；阐述了商品价格与要素价格的关系。该理论认为，一国应出口那些密集使用、该国相对充裕、便宜的生产要素的商品，进口那些密集使用、该国相对稀缺、昂贵的生产要素的商品。换句话说，劳动力充裕的国家出口劳动密集型产品，进口资本密集型产品；反之，资本充裕的国家出口资本密集型产品，进口劳动密集型产品。

李嘉图、穆勒和马歇尔都假设两国交换是物物交换，国际贸易起因于劳动生产率的差异。赫克歇尔、俄林是用等量产品不同货币价格（成本）比较两国不同的商品价格比例，两国的交换是货币交换，两国的劳动生产率是相同的，寻求用生产要素禀赋的差异解释国际贸易产生的原因和国际贸易商品结构以及国际贸易对要素价格的影响，研究更深入、更全面，认识到了生产要素及其组合在各国进出口贸易中的重要地位。但是，赫克歇尔−俄林理论同李嘉图的比较成本理论一样，所依据的一系列假设条件都是静态的，忽略了国际、国内经济因素的动态变化，难免使理论存在缺陷。就技术而言，现实是技术不断进步，而进步能使老产品的成本降低，也能产生新产品，因而会改变一国的比较利益格局，使比较优势产品升级换代，扩大贸易的基础。

（二）新贸易理论

1953年，美国经济学家瓦西里·里昂惕夫（Wassily Leontief，1906—1999）用投入−产出模型对美国20世纪40年代和50年代的对外贸易情况进行分析，考察了美国出口产品的资本−劳动比和美国进口替代产品中的资本−劳动比，发现美国参加国际分工是建立在劳动密集型专业分工基础之上的（即出口产品中的资本−劳动比低于进口替代产品的）。这一结果恰与赫克歇尔−俄林的要素禀赋论相悖，引起了经济学界和国际贸易界的巨大争议。里昂惕夫之谜是西方国际贸易理论发展史上的一个重要转折点，它推动了战后国际贸易理论的迅速发展。对于里昂惕夫之谜，西方经济学界给出了各种解释，实际上是从不同侧面对要素禀赋理论假定前提的修正，为以后一系列国际贸易新理论的产生奠定了基础。

产业内贸易、发达国家之间的水平分工与贸易的迅速增长成为当今国际贸易的主要现象，新贸易理论认为这是因为产生国际贸易的动因与基础发生了变化，不再仅仅是因为技术和要素禀赋的差异带来了贸易。新贸易理论从供给、需求、技术差距论等不同角度分析了国际贸易的动因与基础。

1.从供给角度：规模经济理论

新贸易理论从供给角度揭示了规模经济性和不完全竞争市场结构下企业的垄断竞争行为成为贸易产生的重要动因与基础。1977年，迪克希特和斯蒂格利茨建立的D-S模型，阐述了在不完全竞争市场结构下消费者需求多样化和企业生产规模经济的两难冲突问题。在具有规模经济的条件下，企业倾向于扩大生产规模，对生产者来说，产品差别越少越好；消费者则要求产品具有多样性，即产品差异。国际贸易可以解决这一矛盾：各国专业化大规模生产具有某一方面差异的同种产品并进行贸易，既利用规模经济性获得了比较优势，又满足了消费者对差异产品的需求。

克鲁格曼看到了D-S模型解释贸易问题的潜力，首先将它应用到国际贸易分析中，建立了规模经济理论，即一个由规模经济引致贸易的模型。通过采用张伯伦垄断竞争分析方法，得出结论为：贸易并不是技术或要素禀赋差异的结果，而可能仅仅是扩大市场和获取规模经济的一种途径。国际贸易的意义就在于能够形成一个一体化的世界市场，厂商可以打破单一狭小的国内市场限制，在世界范围内扩大产品销售市场，并从别国进口其他差异性产品，以满足消费者需求。

综上所述，关于贸易发生的原因，新贸易理论从供给角度分析，认为在不完全竞争的市场结构下，规模经济就成了引发专业化与国际贸易的重要原因。即使在各国的偏好、技术和要素禀赋都一致的情况下，也会产生差异产品之间的产业内贸易，并且国家间的差异越大，产业间的贸易量就越大，而国家间越相似，产业内的贸易量就越大。

2.从需求角度：需求相似理论

新贸易理论还强调需求因素对贸易产生和贸易结构的影响，从需求角度进行探索，填补了贸易动因研究视角上的一大空白。瑞典经济学家斯戴芬·伯伦斯坦·林德（Staffan B. Linder）于1961年在其论文《论贸易和转变》中提出需求相似理论（Preference Similarity Theory），将需求与产品差异结合起来解释了产业内贸易产生的原因。

需求相似理论又称偏好相似理论（Preference Similarity Theory）或重叠需求理论（Overlapping Demand Theory），认为重叠需求是国际贸易产生的一个独立条件。两国之间的需求结构若是越接近，则两国之间进行贸易的基础就越雄厚。当两国的人均收入水平越接近时，则重叠需求的范围也就越大，两国重复需求的商品都有可能成为贸易品。如果各国的国民收入不断提高，则由于收入水平的提高，新的重复需求的商品便不断地出现，贸易也相应地不断扩大，贸易中的新品种就会不断地出现。所以，收入水平相似的国家，相互间的贸易关系就可能越密切；反之，如果收入水平悬殊，则两国之间重复需求的商品就可能很少，贸易的密切程度也就很小。

需求相似理论对于解释第二次世界大战以来迅速发展的发达国家之间的产业内贸易具有特别的意义，解释了要素禀赋理论不能解释的里昂惕夫之谜，发展和完善了要素禀赋理论。

3.技术差距论

技术差距论（Technological Gap Theory）以不同国家之间的技术差距为分析前提，认为技术差距和模仿时滞决定了现实的贸易格局。1961年，美国经济学家迈克尔·V.波斯纳（Michael V. Posner）在《国际贸易与技术变化》一文中提出了国际贸易的技术差距模型。由于技术变动包含了时间因素，技术差距理论被看成是对赫克歇尔-俄林理论的动态扩展。该理论在解释发达国家与发展中国家贸易时，即著名的生命周期理论。其也可解释发达国家之间的贸易：即使两个发达国家在技术开发方面具有相同的能力，所开发出的技术与产品仍会有差异，从而促成国际贸易的产生。因此技术水平接近的国家会因为追求产品的差异性而产生贸易，从而解释了发达国家之间的产业内贸易。

（三）新新贸易理论

新贸易理论主要研究的是规模报酬递增和不完全竞争条件下的产业内贸易，虽然赫尔普曼-克鲁格曼（Helpman-Krugman）差别产品模型对企业的规模作出了限定，但为了简化起见，选用的是典型企业，也不考虑企业间的差异。近期的实证研究表明，考虑企业间的差异对于理解国际贸易至关重要，同一产业部门内部企业之间的差异可能比不同产业部门之间的差异更加显著，而且现实中并非所有的企业都会从事出口，无论在企业规模还是企业的生产率方面，企业都是异质的。新新贸易理论将研究重点放在异质企业上，通过企业层面的异质性来解释更多新的企业层面的贸易现象和投资现象。

新新贸易理论与传统贸易理论、新贸易理论的区别在于，无论是"传统贸易理论"还是"新贸易理论"，都将"产业"（industry）作为研究单位，而"新新贸易理论"，则将分析变量进一步细化到企业层面，研究企业层面变量（firm-level variations），从而开拓国际贸易理论和实证研究新的前沿。新新贸易理论更关注企业的异质性与出口和对外直接投资（foreign direct investment，FDI）决策的关系，关注企业在国际生产中对每种组织形式的选择。新新贸易理论有两个分支：一个是以梅里兹（Melitz）为代表的学者提出的异质企业贸易模型；另一个是以安特拉斯（Antras）为代表的学者提出的企业内生边界模型。异质企业贸易模型主要解释为什么有的企业会从事出口贸易，而有的企业则不从事出口贸易；企业内生边界模型主要解释是什么因素决定企业会选择公司内贸易、市场交易还是外包形式进行资源配置。二者同时都研究了什么决定了企业会选择以出口方式还是FDI方式进入到海外市场。

第二节　国际贸易的基本政策

国际贸易政策是各国在一定时期内对进口和出口贸易所实行的政策，是各国政府为了某种目的而制定的对对外贸易活动进行管理的方针和原则。从一国或地区的角度看，国际贸易政策就是对外贸易政策。一个国家的对外贸易政策是这个国家的经济政策和对外政策的重要组成部分，它随着世界政治、经济形势的变化，国际政治、经济关系的发展而改变，同时它也反映各国经济发展的不同水平，反映各国在世界市场上的力量和地位，另外它也受一国内部不同利益集团的影响。一国的对外贸易政策有两种基本类型：自由贸易政策和保护贸易政策。

一、自由贸易政策

自由贸易政策（free trade policy）是指国家取消对进出口贸易和服务贸易等的限制和障碍，取消对本国进出口商品和服务贸易等的各种特权和优待，使商品自由进出口，服务贸易自由经营，在国内外市场上自由竞争。

从历史上看，自由贸易政策盛行的时期主要有两个阶段；第一个阶段是在19世纪中叶至第一次世界大战前的资本主义自由竞争时期，英国带头实行自由贸易政策；第二个阶段为20世纪50年代到70年代初期，出现了全球范围的贸易自由化。

（一）资本主义自由竞争时期的自由贸易政策

在资本主义自由竞争时期，资本主义生产方式占据统治地位，自由贸易政策是在这一时期国际贸易政策的基调。自由贸易的政策主张是从18世纪末开始形成的，在19世纪70年代达到高峰。但由于各国经济发展的不平衡，西方国家在这一时期的对外贸易政策也不相同。最早完成工业革命的英国和航海业发达的荷兰是全面实行自由贸易政策的国家。英国最先完成产业革命，是19世纪最强大的工业国家，1850年其工业产量占世界30%。英国又是最大的殖民帝国，从版图上看，占地球陆地面积的1/4，殖民地面积超过本土10倍。英国成为世界工厂，商品销向全世界，原料、食品购自全世界。这就决定英国必须冲破国内保护贸易的限制，积极推行自由贸易政策。其主要措施有：

（1）废除谷物条例。该条例是当时重商主义保护贸易的重要立法，为保持国内粮食价格处于较高水平，用征收滑准关税的办法，限制谷物进口。经过工业资产阶级与地主贵族之间的长期斗争，该条例终于在1846年废除，工业资产阶级从中获得降低粮价、降低工资的利益，被视为英国自由贸易的最大胜利。

（2）改革关税制度。1842年英国进口项目共有1 052个，1859年减至419个，1860年减至48个，以后又减至43个。英国把极复杂的关税税则简化，绝大部分进口商品不予征税，并基本上废除出口税。

（3）签订自由通商条约。1860年英法通商条约以及后来的英意、英荷、英德等通商条约，相互提供最惠国待遇，放弃贸易歧视，意味着英国自由贸易政策在国际上的胜利。

（4）取消对殖民地的贸易垄断。解散特权贸易公司，开放殖民地市场，把殖民地贸易纳入自由贸易体系。东印度公司对印度和中国贸易的垄断权分别于1813年和1814年被废止，此后，对印度和中国的贸易向所有英国人开放。18世纪，英国对殖民地的航运享有特权，殖民地的货物输入英国享受特惠关税的待遇。1849年航海法废止后，殖民地已可以对任何国家输出商品，也可以从任何国家输入商品，通过关税法的改革，废止了对殖民地商品的特惠税率。英国准许殖民地与外国签订贸易协定，殖民地可以与任何外国建立直接的贸易关系，英国不再加以干涉。

19世纪中叶，在英国的带动下，欧美的其他一些资本主义国家也相继降低了关税，推行自由贸易政策。法国是当时第二个工业强国，从19世纪中叶起也逐渐倾向于自由贸易。1853—1855年，法国曾降低煤、铁、钢材、羊毛、棉花的进口税。1860年，法国全部取消禁止进口货单，接着又废除出口奖励金，降低原料进口税，并同一些国家签订旨在推进自由通商的条约。德国工业落后，直到19世纪60年代才逐渐放松以关税为主要工具的保护政策，出现自由贸易倾向。

（二）20世纪50年代至70年代初期的贸易自由化

第二次世界大战后，随着资本主义各国经济的迅速恢复和发展，从20世纪50

年代到70年代初期，在全球范围内出现了贸易自由化浪潮。

这段时期贸易自由化的表现主要有两个方面：一是关税大幅度降低。《关税及贸易总协定》（General Agreement on Tariffs and Trade，GATT）（以下简称《关贸总协定》）的缔约方内部关税大幅度降低，平均进口税率从第二次世界大战后初期的50%左右下降到1979年的5%；欧共体对内取消关税，对外通过谈判达成关税减让协议，使关税大幅度降低；从1971年开始，20多个发达国家对170多个发展中国家实施制成品和半制成品的普惠制优惠关税待遇。二是非关税壁垒逐渐减少。随着经济的恢复和发展，发达国家在不同程度上放宽了进口数量限制。到20世纪60年代初，西方主要国家间的进口自由化率已达90%以上。

第二次世界大战后，促使贸易自由化浪潮出现的主要原因有：

（1）主要国家发展自由贸易的需要。经过两次世界大战，美国发展成为世界头号经济强国。为了对外进行经济扩张，美国积极主张消减关税、取消数量限制，成为贸易自由化的积极倡导者和推行者；西欧和日本的经济迅速恢复与发展，也有降低贸易壁垒的要求；发展中国家为了发展民族经济，扩大资金积累，也愿意通过降低贸易壁垒来扩大出口。

（2）《关贸总协定》的签订有力地推动了贸易自由化。《关贸总协定》以实行自由贸易为己任，在20世纪50年代和60年代，通过多边贸易谈判的进行和贸易规则的实施，不仅大幅度地削减了关税，而且在一定程度上限制了非关税壁垒的使用。

（3）经济一体化组织的出现加快了贸易自由化的进程。各种区域性的自由贸易区、关税同盟、共同市场均以促进商品自由流通、扩大自由贸易为宗旨。

（4）跨国公司的大量出现和迅速发展促进了资本在国际的流动，加强了生产的国际化，客观上要求资本、商品和劳动力等在世界范围内的自由流动。

（5）国际分工的广泛和深入发展、分工形式的多样化，使商品交换的范围扩大，在一定限度上促进了贸易自由化的发展。

二、保护贸易政策

保护贸易政策（protective trade policy）是指国家广泛利用各种措施对进口和经营领域与范围进行限制，保护本国的产品和服务在本国市场上免受外国产品和服务的竞争，并对本国出口的产品和服务给予优待与补贴。国家对于贸易活动进行干预，限制外国商品、服务和有关要素参与本国市场竞争。

从历史上看，保护贸易政策主要盛行于以下四个阶段：

（一）15—17世纪重商主义的保护贸易政策

重商主义是在资本主义生产方式准备时期西欧国家所普遍实行的一种保护贸易政策。它产生于15世纪，16—17世纪达到鼎盛时期，18世纪后走向衰落。重商主义可分为早期的重商主义和后期的重商主义。早期的重商主义又称重金主义，主张禁止货币（金、银）的出口，由国家垄断全部货币贸易，规定本国商人外出进行贸易活动必须保证有一部分金银或外国货币带回国内，外国商人来本国贸易必须把销售所得全部用于购买本国商品，注重货币差额。早期的重商主义在对外贸易上奉行绝对的少买多卖原则，主张限制进口，鼓励出口，以增加货币的流入。但是，由于各国都防止金、银外流，都想少买多卖，结果反而限制了对外贸易。17世纪下半叶开始的后期重商主义注重贸易差额，从管制货币进出口转为管制商品进出口。其主张通过奖励出口，限制进口，保证贸易出超，以达到金、银货币流入的目的。与早期重商主义不同，后期重商主义不反对某些与别国的贸易存在逆差，主张国家应保证全国总的贸易有顺差，也不绝对禁止金、银的外流。

重商主义加速了当时西欧各国货币资本的积累，促进了资本主义工场手工业生产的发展，在一定的历史时期内起到了进步作用。但是，它仅仅从理论上考察了流通领域，而没有进入到生产领域，到自由竞争资本主义时期它就成了资本主义经济进一步发展的障碍，从而为自由贸易政策所代替。

（二）18—19世纪的幼稚工业保护政策

18世纪中叶至19世纪末，资本主义进入自由竞争时期。在资本主义的经济基础上建立了适合工业资产阶级利益的对外贸易政策。但由于各国工业发展水平不同，所采取的贸易政策也不完全相同。英国在产业革命之后，工业迅速发展，"世界工厂"的地位确立并巩固，其产品具有强大的国际竞争力。而当时，美国、德国等后起资本主义国家的工业处于刚刚起步的幼稚阶段，经济实力和商品竞争力都无法与英国抗衡。于是，这些国家的政府代表工业资产阶级利益，为发展本国工业，实行保护贸易政策。保护的方法主要是建立严格的保护关税制度，通过高关税削弱外国商品的竞争能力；同时采取一些鼓励出口的措施，提高国内商品的竞争力，以达到保护民族幼稚工业发展的目的。

（三）19世纪末至第二次世界大战期间的超保护贸易政策

超保护贸易政策（ultra protective trade policy）是19世纪末至第二次世界大战期间资本主义垄断时期各资本主义国家普遍实行的保护贸易政策。在这一时期，垄断代替了自由竞争成为一切社会经济生活的基础。同时，资本主义社会的各种矛盾进一步暴露，世界市场的竞争开始变得激烈。资本主义各国的垄断资产阶级为了垄断国内市场和争夺国外市场，纷纷实行超保护贸易政策。

与资本主义自由竞争时期的保护贸易政策相比，超保护贸易政策具有以下特点：

（1）保护的对象不仅是国内幼稚工业，而且更多的是国内高度发达或出现衰落的垄断工业；

（2）保护的目的不再是培养自由竞争能力，而是巩固和加强对国内外市场的垄断；

（3）保护的手段不仅仅是关税壁垒，而且出现了各种非关税壁垒和其他限入奖出措施；

（4）保护不是防御性地限制进口，而是在垄断国内市场的基础上对国外市场进行进攻性的扩张；

（5）保护的阶级利益从一般的工业资产阶级利益转向大垄断资产阶级利益。

（四）新贸易保护主义

20世纪70年代中期以后，在国际贸易自由化中出现了新贸易保护主义。资本主义国家经历了两次经济危机，经济出现衰退，陷入滞胀的困境，就业压力增大，市场问题日趋严重。在战后贸易自由化中起领先作用的美国，在世界市场的竞争中，日益面临着日本和欧共体国家的挑战，从20世纪70年代开始，从贸易顺差转为逆差，且差额迅速上升。在这种情况下，美国率先转向贸易保护主义，并引发各国纷纷效仿，致使新贸易保护主义得以蔓延和扩张。

新贸易保护主义之所以"新"，是因为与传统的贸易保护主义相比，其在保护手段上具有显著的特点：

（1）保护措施由过去的以关税壁垒和直接贸易限制为主逐渐被间接的贸易限制所取代；

（2）政策重点从过去的限制进口转向鼓励出口，双边与多边谈判和协调成为扩展贸易的重要手段；

（3）从国家贸易壁垒转向区域贸易壁垒，实行区域内的共同开放和区域外的共同保护。

自2007年美国次贷危机爆发以来，危机逐步从金融领域蔓延到实体经济领域，并在经济全球化的背景下通过美元的世界货币地位迅速传染到世界各国。对贸易保护主义来说，全球金融危机无疑是一剂"催化剂"。在更多的国家被卷入经济衰退之中的形势下，保护主义情绪日益高涨，新贸易保护主义抬头。

总之，一国的对外贸易政策随着世界政治、经济与国际关系的变化，本国在国际分工体系中地位的变化，以及本国产品在国际市场上竞争能力的变化而不断变化。因此，在不同时期，一个国家往往实行不同的对外贸易政策；在同一时期的不同国家，也往往实行不同的对外贸易政策。

三、促进贸易发展的经济特区政策

经济特区是一个国家或地区在关境以外划出一定的范围，在其中建造或扩建港口、仓库、厂房等设施，并实行免税等优惠待遇，吸引外国企业从事贸易与出口加工工业等业务活动，鼓励转口贸易和出口加工贸易，以促进对外贸易发展，增加外汇收入。因此，建立经济特区是一国实行对外开放政策和鼓励扩大出口的一项重要政策。

经济特区通常可分为以下几种：

（一）自由港和自由贸易区

自由港（free port）又称自由口岸，是全部或绝大多数外国商品可以豁免关税、自由进出口的港口。自由港一般具有优越的地理位置和港口条件，其开发目标和营运功能与港口本身的集散作用密切结合，以吸引外国商品扩大转口。按其限制程度，自由港分为完全自由港和有限自由港。前者对外国商品一律免征关税，现在世界上已为数不多；后者仅对少数指定出口商品征收关税或实施不同程度的贸易限制，其他商品可享受免税待遇，世界绝大部分自由港均属此类，如直布罗陀、汉堡、中国香港、新加坡、槟榔屿等。按其范围大小，自由港分为自由港市和自由港区。前者包括港口及所在城市全部地区，将其划为非关税地区，外商可自由居留及从事有关业务，所有居民和旅客均享受关税优惠，如新加坡和中国香港；后者仅包括港口或其所在城市的一部分，不允许外商自由居留，如汉堡、哥本哈根等。目前，德国的汉堡、不来梅，丹麦的哥本哈根，意大利的热那亚和的里雅思特，法国的敦刻尔克，葡萄牙的波尔，以及新加坡和中国香港等，都是世界著名的自由港。

自由贸易区（free trade zone）由自由港发展而来，它以自由港为依托，将范围扩大到自由港的附近地区。自由港和自由贸易区都划在一国关境以外，因此外国商品除了进港口时免缴关税外，一般还可在港区内进行改装、加工、挑选、分类、长期储存或销售。外国商品只是在进入所在国海关管辖区时才纳税。设立自由港和自由贸易区的主要目的是方便转口和对进口货物进行简单加工，主要面向商业，并以转口邻近国家和地区为主要对象，多设在经济发达国家或地区。

（二）保税区

保税区（bonded area）又称保税仓库区，是由一国海关设置或经海关批准注册、受海关监督和管理的可以较长时间存储商品的区域。外国商品可以免税进出保税区，在保税区内还可对商品进行储存、改装、分类、混合、展览、加工和制造等。但是，商品若从保税区内进入本国市场，则必须办理报关手续，交纳进口税。保税区制度是一些资本主义国家（如日本、荷兰）在没有设立自由港或自由贸易区的情况下设立的，它实际上起到了类似自由港和自由贸易区的作用，只是其地理范围一般相对较小。

（三）出口加工区

出口加工区（export processing zone）是指一个国家或地区在其港口、机场附近等交通便利的地方，划出一定区域范围，新建和扩建码头、车站、道路、仓库和厂房等基础设施，并提供减免关税和国内税等优惠待遇，鼓励外商在区内投资设厂，生产以出口为主的制成品。

出口加工区是20世纪60年代后期和70年代初期，在一些发展中国家和地区建立和发展起来的。出口加工区与自由贸易区相比，其主要特点是面向工业

（而不是面向商业），以发展出口加工工业为主。出口加工区既提供了自由贸易区的某些优惠待遇，又提供了发展工业生产所必需的基础设施，是自由贸易区与工业区的一种结合体，即兼有工业生产与出口贸易两种功能的工业贸易型经济特区。东道国设置出口加工区的主要目的是吸引外国投资，引进先进技术和设备，扩大出口加工工业和加工产品的出口，增加外汇收入，促进本地区外向型经济的发展。为了客观上保证外商投资项目的技术先进性和适用性，出口加工区除了要提供优惠待遇以吸引外国厂商投资设厂外，还应加强对外国投资者的引导和管理，如对外国投资者进行资格审核、限制投资项目、对产品的销售市场进行规定等。

（四）自由边境区

自由边境区（free perimeter），早期也称自由贸易区域，为自由港区的一种形式，指设在本国省、市地区的某一地段，按照自由贸易区或出口加工区的优惠措施，对区内使用的机器、设备、原料和消费品，实行减税或免税，以吸引国内外厂商投资。与出口加工区不同，外国商品在自由边境区的目的是吸引投资，开发边境地区的经济。有些国家因而对优惠待遇规定了期限，或者边境地区生产能力发展后就逐渐取消某些优惠待遇，甚至废除自由边境区。自由边境区现已不常见，仅在拉丁美洲少数国家设置。

第三节　国际贸易措施

一、关税措施

关税（customs duty；tariff）是进出口商品经过一国关境时，由政府所设置的海关向其进出口商所征收的一种税。关税是国际贸易政策中最常用也是最有效的政策手段，它的征收通过海关来执行。海关是设置在关境上的国际行政管理机构，它除了计征关税外，还执行国家有关进出口的政策、法令和章程，对进出本国的货物实行货运监管和稽查走访。

关境或称关税领域，是海关征收关税的领域，也是海关所管辖并执行海关各项有关法令和规章的区域。关境和国境的范围一般情况下是一致的，即海关征管的范围就是国家的领土范围。但是，也有一些国家和地区两者的范围不一致。例如，自由港、出口加工区、保税区等经济特区虽在国境之内，但却在关境之外。因此，设有经济特区的国家其关境小于国境。相反，在关税同盟的国家之间，对内取消一切限制，对外建立统一的关税制度，这些国家的关境由几个缔约方的领土组成，则关境大于各自国境。

关税种类繁多，按照不同的标准，主要可分为以下几类：

（一）按照征税的目的分类

1.财政关税

财政关税（revenue tariff）又称为收入关税，是指以增加国家财政收入为主要目的而征收的关税。财政关税的税率视国库需要和对贸易数量的影响而制定，税率要适中，一般不宜过高；否则将限制进口，达不到增加财政收入的目的。

2.保护关税

保护关税（protective tariff）是指以保护本国工农业发展为主要目的而征收的关税。其征收对象是本国需要发展或国际竞争性很强的商品。保护关税的税率一般都很高，其税率越高，越能达到保护的目的；当高到禁止进口时，就成了禁止关税（prohibited duties）。关税壁垒就是靠征收高额的保护性关税把国内市场保护起来的，故长期以来它是贸易保护政策的主要手段。

3.调节关税

调节关税（regulate tariff）是以调整本国经济和产品结构为主要目的而征收的关税。在当代经济发展中，各国都面临着经济结构和产品结构调整的任务。对于调整国内需要扶植和发展的产业和产品，调高同类商品的进口税率，削弱进口商品的竞争力，使本国产品能够在高额关税保护下求得顺利发展；对于一些已经失去优势，不具备发展前景的产业和产品，国家通过降低进口商品的关税税率，引进竞争，促使国内的产品尽快改造和更新，从而完成经济结构和产品结构的调整。

（二）按征收对象或商品流向分类

1.进口税

进口税（import duty）是指在外国商品输入时，由进口国海关根据海关税则对所进口商品征收的一种关税。各国征收进口税主要是为了提高进口商品价格，制约外国商品的输入，对于不同的进口商品实施有差别的进口税率。工业发达国家的进口关税税率往往随进口商品加工程度的提高而增长，一般是工业制成品税率较高，半制成品税率较低，原料性初级产品最低甚至免税。而发展中国家往往是依据对进口商品的需要程度设置进口税税率：对国内已能生产并能满足市场需要的商品或者非生活必需品、奢侈品，征收较高进口税；对目前国内暂时不能生产或供不应求的生活必需品和机器设备等生产资料，征收较低的进口税或免税，以保护民族经济和国内市场。

进口税一般可分为最惠国税和普通税两种。最惠国税适用于与该国签订最惠国待遇条款的贸易协定的国家或地区所进口的商品。普通税适用于没有与该国签订这种贸易协定的国家或地区所进口的商品。最惠国税税率比普通税税率低，两者的差幅往往很大。

2.出口税

出口税（export duty）是指出口国的海关对本国输往国外的商品所征收的一种

关税。目前大多数国家对绝大部分出口商品都不征收出口税，因为征收这种税势必提高本国商品在国外市场上的销售价格，降低商品的竞争能力，不利于扩大出口。

征收出口税的目的，或者是增加财政收入，或者是保证本国的生产或本国市场的供应。以增加财政收入为目的的出口税，其税率一般不高，而以保护本国生产为目的的出口税，通常对于出口的原料征税，其目的在于保障国内生产上的需要和增加国外产品的生产成本，以增强本国产品的竞争能力。

3.过境税

过境税（transit duty）又称通过税，是一国海关对通过其关境再转运至第三国的外国商品所征收的关税。过境税在资本主义生产方式准备时期盛行于欧洲各国。随着资本主义的发展、交通运输事业的发达，各国在货运方面竞争激烈，同时，过境货物对本国生产和市场没有影响，于是到19世纪后半期，各国相继废除了过境税。第二次世界大战后《关贸总协定》规定了"自由过境"原则。目前，大多数国家对过境货物只征收少量的签证费、印花费、登记费、统计费等。

（三）按差别待遇和特定的实施情况分类

1.进口附加税

进口附加税（import surtax）是对进口商品除征收一般进口税之外，还出于某种特定的目的而额外加征的关税。它通常是一种临时性的特定措施，又称特别关税。其目的主要有：应付国际收支危机，维持进出口平衡；防止外国产品低价倾销；对某个国家实行歧视政策或进行贸易报复等。针对个别国家和个别商品征收的进口附加税主要有反补贴税、反倾销税和报复性关税。

反补贴税又称抵消税或补偿税，是对在生产、制造、加工、买卖或输出过程中直接或间接地接受出口国政府或垄断组织的任何奖金或补贴的进口商品所征收的一种进口附加税。

反倾销税是对于实行商品倾销的进口商品所征收的一种临时性进口附加税。反倾销税的税额一般按倾销差额征收，其目的在于抵制商品倾销，保护本国的市场与相关产业。

报复性关税是指为报复他国对本国出口货物的关税歧视，而对相关国家的进口货物临时加征的一种进口附加税。加征报复性关税的情况有：他国对本国输出的商品课以不合理的高关税或差别税率；对本国商品输出设置障碍；贸易伙伴违反某种协定等。

2.差价税

差价税（variable levy）又称差额税，是当本国生产的某种商品的国内价格高于同类进口商品的价格时，为削弱进口商品的竞争能力，保护本国生产和国内市场，按国内价格与进口价格之间的差额征收的关税。由于差价税随着国内外价格差额的变动而变动，因此，它是一种滑动关税（sliding duty）。对于征收差价税的商品，有的规定按价格差额征收，有的规定在征收一般进口税以外另行征收，这种差价税实际上属于进口附加税。例如，欧盟对冻牛肉进口首先征收20%的一般进口税，然后根据每周进口价格与欧盟的内部价格变动情况征收变动不定的差价税。

3.特惠税

特惠税（preferential duty）又称优惠税，是指对从某个国家或地区进口的全部商品或部分商品给予特别优惠的低关税或免税待遇，但它不适用于从非优惠国家或地区进口的商品。特惠税有的是互惠的，有的是非互惠的。特惠税最早开始于宗主国与其殖民地附属国之间的贸易；第二次世界大战后，西欧共同市场与非洲、加勒比海和太平洋地区一些发展中国家之间也在实行。

4.普遍优惠制

普遍优惠制（generalized system of preference，GSP）简称普惠制，是发达国家对从发展中国家或地区输入的商品，特别是制成品和半制成品，给予普通的、非歧视和非互惠的关税优惠待遇，这种税被称为普惠税。普遍性、非歧视性和非互惠性是普惠制的三项基本原则。普遍性指发达国家应对发展中国家或地区出口的制成品和半制成品给予普遍的优惠待遇；非歧视性是指应使所有发展中国家或地区都不受歧视，无例外地享受普惠制待遇；非互惠性指发达国家应单方面给予发展中国家或地区关税优惠，而不要求发展中国家或地区提供反向优惠。普惠制的目的是增加发展中国家或地区的外汇收入，加速发展中国家或地区的经济增长。

自普惠制实施以来，受惠国积极利用普惠制，取得了不同程度的成效。其中，亚洲的新加坡、中国香港、韩国和中国台湾利用得最好。它们的经济都在20世纪70年代得到飞速发展，而它们的经济起飞与普惠制有密切的关系。它们在充分利用普惠制扩大出口、增加外汇收入、加速经济发展方面取得了显著成效。

征收关税会对进出口国的经济产生多方面的影响，虽然关税使本国供应商受益并对政府有利，但极大地损害了消费者的福利，最终使社会遭受净损失。降低关税，则会增进国民福利和消费者利益，而仅对相关的部分生产者及国库收入不利。因此，除了少数情况下，如进口大国能用关税影响进口货物的价格，使其从中得到的利益超过它所产生的国民净损失，或在本国经济存在其他办法无法纠正的缺陷时，才能考虑采取征收关税的手段，否则应尽量实现自由贸易政策。

二、非关税壁垒

非关税壁垒（non-tariff barriers，NTBs）又称非关税措施（non-tariff measures），是指除关税以外的一切限制进口的措施，它和关税壁垒一起充当政府干预贸易的政策工具。与关税壁垒相比，非关税壁垒具有更大的灵活性和针对性，其限制程度更严、更有效，具有更大的隐蔽性和歧视性。

非关税壁垒名目、种类繁多，大致可分为以下几种：

（一）进口配额制

进口配额制（import quotas system）又称进口限额制，是一国政府在一定时期（如一个季度、半年或一年）内，对某些进口商品的进口数量或金额加以直接限制。在规定的期限内，配额以内的货物准予进口，超过配额的则不准进口，或加征较高的关税或罚款后才准予进口。进口配额是许多国家限制进口数量的重要手段之一，按实施的方法不同可以分为两大类：

（1）绝对进口配额（absolute import quotas），是指一定时期内，对某些商品的进口数量或金额规定一个最高额度，达到这个额度后，便不准进口。这种方式在实施中有全球配额和国别配额两种形式。全球配额是属于世界范围的绝对配额，它对来自任何国家或地区的商品一律适用。国别配额也叫选择配额，是指政府在规定了一定时期内的总配额后，在总配额内给不同国家或地区分配固定的配额，超过此配额便不准进口。一国政府往往根据本国与有关国家或地区的双边政治、经济关系来给予对方商品以不同的配额，这是非关税壁垒针对性和歧视性特点最突出的表现。

（2）关税配额（tariff quotas），是指对商品进口的绝对数不加限制，而在一定时期内，对规定配额内的进口商品给予低税、减税或免税待遇，对超过配额的进口商品征收较高关税或进口附加税，甚至给予罚款。因此，关税配额是一种将进口配额与关税结合在一起的限制进口的措施。

发达国家通常将进口配额作为实行贸易歧视政策和国别政策的手段。许多发展中国家也纷纷实行进口配额制，限制发达国家非必需品及与本国产品相竞争的工业品的输入，以节约外汇开支，发展民族经济。

（二）"自动"出口配额制

"自动"出口配额制（voluntary export quotas system）又称"自动"出口限制，是出口国家或地区在进口国的要求或压力下，"自动"规定某一时期内（一般为3~5年）某些商品对该国的出口限额，在限定的数额内自行控制出口，超过配额即禁止出口。

"自动"出口配额与绝对进口配额相比，二者在形式上略有不同。绝对进口配额由进口国家直接控制进口配额来限制商品的进口，"自动"出口配额虽然是由出口国家自行规定和执行的，但这一措施是在进口国的要求或压力下，所以就其本质来说仍属于进口国的非关税壁垒措施，二者都起到了限制商品进口的作用。"自动"出口配额制有两种：一种是出口国在进口国的压力下，自行单方面规定一定时期内某项商品对该国的出口配额，以控制该商品出口的数量和金额，其不受国际协定的约束，因而被称为非协定的"自动"出口配额；另一种是进出口国家双方通过谈判方式，签订"自限协定"（self-restraint agreement）或"有秩序销售协定"（orderly marketing agreement），规定某一时期内对某项商品的出口配额，被称为协定的"自动"出口配额。

（三）进口许可证制

进口许可证制（import license system）是指国家为了管制对外贸易，规定某些商品进口必须申领许可证，否则一律不准进口。进口许可证制是进口国管理其进口贸易的一种重要措施。从进口许可证与进口配额的关系上看，进口许可证可分为两种：一种为有定额的进口许可证，即国家有关机构预先规定有关商品的进口配额，然后在配额的限度内，根据进口商的申请对每一笔进口货物发给进口商一定数量或金额的进口许可证。另一种为无定额的进口许可证，这种进口许可证不与进口配额相结合，即一国有关机构预先不公布有关商品的进口配额，只是在个别考虑的基础上发放进口许可证。此种许可证没有公开的标准，不具有公开性和透明度，在执行过程中具有很大的灵活性，是一种隐蔽性很强的贸易限制措施，其对进口限制的作用更大。

（四）外汇管制

外汇管制（foreign exchange control），是指一国政府通过法令对国际结算和外汇买卖实行限制以平衡国际收支、控制外汇供求、维持本国货币币值稳定的一种制度。外汇管制分为数量性管制和成本性管制。前者是指国家外汇管理机构对外汇买卖的数量直接进行限制和分配。一些国家实行数量性外汇管制时，往往规定进口商必须获得进口许可证，方可得到所需的外汇。后者是指国家外汇管理机构对外汇买卖实行复汇率制，利用外汇买卖成本的差异来间接影响不同商品的进出口，达到限制或鼓励某些商品进出口的目的。

通过一定的外汇管制措施，政府能实现本国国际收支平衡、汇率稳定、奖出限入和稳定国内物价等政策目标。但由于人为地规定汇率或设置其他障碍，市场机制的作用不能充分发挥，外汇管制不仅造成国内价格扭曲和资源配置效率低等问题，而且妨碍国际经济的正常往来。一般情况是，发展中国家为振兴民族经济，多主张采取外汇管制，而发达国家则更趋向于完全取消外汇管制。

（五）进出口的国家垄断

进出口的国家垄断（state monopoly）也称国营贸易（state trade），是指对外贸易中，某些商品的进出口由国家直接经营，或者把这些商品的进出口专营权给予某些垄断组织。经营这些受国家专控或垄断的商品企业称为国营贸易企业（state trading enterprise）。国营贸易企业一般为政府所有，但也有政府委托私人企业代办。

各国垄断的进出口商品主要集中在四大类：（1）烟酒。政府可以从烟酒的进出口垄断中取得巨大的财政收入。（2）农产品。农产品的对外垄断销售，一般是发达国家国内农业政策措施的一部分，这在欧美国家尤为突出。如美国的农产品信贷公司，就是资本主义世界最大的农产品贸易垄断企业。它以高价收购国内的剩余农产品，然后以低价向国外倾销，或按照所谓"外援"计划向缺粮国家，主要是发展中国家大量出口。（3）武器。武器不但关系到国家安全，而且关系到世界和平，因此武器贸易多数由国家垄断经营。（4）石油。石油关系到一国的经济命脉，因此主要的石油出口国和进口国都设立国营石油公司，对石油贸易进行垄断经营。

（六）歧视性政府采购政策

歧视性政府采购政策（discriminatory government procurement policy），是指国家通过法令和政策明文规定政府机构在采购商品时必须优先购买本国的产品。有的国家虽未明文规定，但优先采购本国产品已成惯例。

主要发达国家都曾有相应的歧视性政府采购政策规定。如英国规定政府机构使用的通信设备和电子计算机必须是英国产品；日本也规定，政府机构需用的办公设备、汽车、计算机、电缆、导线、机床等不得采购外国产品；美国从1933年开始实行，并于1954年和1962年两次修改的《购买美国货法案》，规定凡是美国联邦政府所要采购的货物，应该是美国制造的或是用美国原料制造的。只有在美国自己生产的数量不够、国内价格过高，或者不买外国货就会损害美国利益的情况下，才可以购买外国货。为了达到限制进口的目的，美国国防部和财政部甚至采购比进口货贵50%的美国货。发达国家政府采购的数量庞大，是政府参与对外贸易的最典型形式，这种歧视使外国商品处于不公平的竞争地位，是一种非常有效的非关税措施。

（七）国内税

国内税（internal tax）是指一国政府对本国境内生产、销售、使用或消费的商品所征收的税。任何国家除了对进口商品征收进口关税以外，还要另行征收各种国内税。征收国内税是一种比征收关税更灵活、更易于伪装的措施，因为国内税通常不受贸易条约和协定的限制，其制定和执行完全属于一国政府的权限，有时甚至是地方政府的权限。在征收国内税时，对国内外产品实行不同的征税方法和税率，增加进口商品的纳税负担，削弱其与国内产品竞争的能力，从而达到限制进口的目的。例如美国、瑞士和日本对进口酒精饮料的消费税都高于本国制造的同类产品。

（八）进口押金制

进口押金制（advanced deposit system）又称进口存款制，是指进口商在进口商品时，必须预先按进口金额的一定比例和规定的时间，在指定的银行无息存入一笔现金的制度，可以起到防止投机、限制进口及维持国际收支平衡的作用。这种制度增加了进口商的资金负担，影响了资金的周转；同时，由于是无息存款，利息的损失相当于征收了附加税。所以，进口押金制度能够起到限制进口的作用。但如果进口商以押款收据作担保抵押，在货币市场上获得优惠利率贷款，或者国外出口商为了保证销路而愿意为进口商分担押金金额，这种制度对进口的限制作用就存在很大的局限性。

（九）海关程序

海关程序（customs procedure）是指进口货物通过海关的程序，一般包括申报、征税、检验及放行四个环节。进口的货物在进入关境前，依照各国海关法的规定要按一定的程序办理结关、商品分类、海关估价、征缴关税等手续，一国政府往往利用这一过程贯彻其贸易保护政策，其主要手段有：

1.通过海关估价制度限制进口

海关估价制度是指一国在实施从价征收关税时，由海关根据国家的规定，确定进口商品完税价格，并以海关估定的完税价格作为计征关税基础的一种制度。但是，海关估价若被滥用，人为地高估进口商品的价格，无疑就增加了进口商的税收负担，对商品进口形成了障碍。"美国售价制"的特殊估价标准就使焦油产品、胶底鞋类、蛤肉罐头和毛手套等商品的国内售价很高，从而使这些商品的进口税收负担大大增加。

2.通过商品归类提高税率

进口商品的税额取决于进口商品的价格与税率高低。在海关税率已定的情况下，税额大小除取决于海关估价外，还取决于征税产品的归类。海关将进口商品归在哪一类税号下征收关税，具有一定的灵活性。进口商品的具体税号必须由海关现场决定，在税率上一般就高不就低。这就增加了进口商品的税收负担和不确定性，从而起到限制进口的作用。例如，美国对一般打字机进口不征收关税，但对玩具打字机则征收35%的关税。

3.海关对申报表格和单证作出严格要求

商品进口时，要向海关出示商业发票、原产地证书、货运提单、保险单、进出口许可证、托运人报关清单等，缺少任何一种单证或者任何一种单证不规范都会使进口货物不能顺利通关。例如，法国强行规定所提交的单据必须是法文，有意给进口商制造麻烦，增加进口阻力，限制进口。

（十）技术性贸易壁垒

技术性贸易壁垒（technical barriers to trade）是指一国以维护国家安全、保护人类健康和安全、保护动植物的生命和健康、保护生态环境、防止欺诈行为、保护产品质量为由，对进口商品所制定的复杂且苛刻的技术标准、卫生检疫规定及商品包装和标签规定等。有些规定十分复杂，而且经常变化，往往使外国产品难以适应，从而起到限制进口的作用。

三、鼓励出口和出口管制

许多国家除了利用关税和非关税措施限制与调节外国商品进口外，还采取各种鼓励出口的措施，扩大商品出口。同时出于政治、经济或军事方面的原因，一些国家对某些主要资源和战略物资实行出口管制，限制或禁止出口。

（一）鼓励出口措施

鼓励出口措施是指出口国家的政府通过经济、行政和组织等方面的措施，促使本国商品的出口，开拓和扩大国外市场。各国鼓励出口的做法很多，涉及经济、政治、法律等诸多方面，既有微观的方面，又有宏观的方面。

鼓励出口措施主要有以下方面：

1. 出口信贷

出口信贷（export credit）是一个国家为了鼓励出口，增强商品的竞争能力，通过本国银行对本国出口商（卖方）、国外进口商或进口方银行（买方）提供的优惠利率的贷款。出口信贷按贷款对象可分为卖方信贷和买方信贷。卖方信贷就是出口国银行向本国出口商提供的用于支持出口的优惠利率的贷款。买方信贷就是出口国银行向国外进口商或进口方银行提供的，用于支持本国商品出口的优惠利率的贷款。为了减少可能出现的风险，一般最高贷款额不超过贸易合同金额的85%，并由本国出口信贷担保机构担保。

2. 出口信贷国家担保制

出口信贷国家担保制（export credit state guarantee system）就是国家为了扩大出口，对于本国出口厂商或商业银行提供的信贷，由国家设立的担保机构出面担保，当国外债务人拒绝付款时，该机构就按照承保的数额给予补偿。通常保险公司不承保的出口项目都可向担保机构投保。其所承保的风险通常是商业保险公司不承保的出口风险，一般分为政治风险和经济风险，前者的承保金额一般为合同金额的85%~95%，后者的承保金额一般为合同金额的70%~85%。为了扩大出口，有时对于某些出口项目的承保金额达到100%。发达国家出口信贷担保制日益完善。为此，许多国家设立专门机构，英国的出口信贷担保署、法国的外贸保险公司等都从事这项业务。

3. 出口补贴

出口补贴（export subsidy）又称出口津贴，是一国政府为了降低出口商品的价格，增强其在国外市场的竞争力，在出口某种商品时给予出口厂商的现金补贴或财政上的优惠待遇。出口补贴的方式有直接补贴和间接补贴两种。直接补贴是指政府在商品出口时，直接付给出口商的现金补贴，主要来自财政拨款。其数额为本国生产费用与其他国家生产费用之间的差额，有时还可能大大超过实际的成本差额。由于这种补贴直接造成了价格成本的扭曲，所以已很少使用，也为世贸组织所禁止；间接补贴是政府对某些商品的出口给予财政上的优惠。这是由于对工业品的直接出口补贴受到有关国际条例的限制，一些国家不得不纷纷寻求变相的补贴形式。这种间接补贴名目也很多，最主要的有出口退税或减免税。

4. 商品倾销

商品倾销（dumping）是指出口厂商以低于国内市场价格甚至低于生产成本的价格，在国外市场上大量抛售商品的行为。商品倾销按照时间的长短和目的的不同可分为以下几种：

（1）偶然性倾销（sporadic dumping）。这种倾销常常是因为销售旺季已过，或因公司改营其他业务，在国内市场上无法售出剩余货物，而以倾销方式在国外市场抛售。但由于时间较短，影响相对较小，进口国通常较少采取反倾销措施。

（2）掠夺性倾销（predatory dumping）。这是指企业以低于国内价格甚至低于成本的价格，在某一国外市场上销售产品，在打垮了全部或大部分竞争对手，取得垄断地位后，再提高价格，谋取暴利。这种倾销严重损害进口国的利益，因为许多国家都采取反倾销措施进行抵制。

（3）长期性倾销（long-run dumping）。这是指企业长期地、持久地以低于国内市场价格的价格，在国外市场出售商品。只有在企业达到一定的规模和垄断程度的条件下，或得到国家长期出口补贴和优惠政策的条件下，这种倾销才有可能进行。

目前，反倾销已成为一些国家特别是发达国家实现贸易保护主义的一种工具。

5.外汇倾销

外汇倾销（foreign exchange dumping）是出口企业利用本国货币对外贬值的机会，争夺国外市场的特殊手段。当一国货币贬值后，出口商品以外国货币表示的价格降低，这就相应提高了商品的竞争能力，从而扩大了出口。同时，进口商品的价格由于本国货币贬值而上升，从而削弱了进口商品在本国市场上的竞争力。因此，货币贬值能起到促进出口和抑制进口的双重作用。外汇倾销对扩大出口的作用是暂时的，是有条件的。它只有具备了以下两个条件，才能起到扩大出口的作用：一是本国货币对外贬值的程度大于由此引起的国内通货膨胀的程度；二是其他国家不同时实行同等程度的货币贬值或采取其他报复性措施。

（二）出口管制

出口管制（export control）是指一国出于某些政治、军事和经济目的，通过法令和行政措施，对本国出口实行管理和控制，限制和禁止某些战略性商品和其他重要商品出口国外。

1.出口管制的商品

出口管制的商品主要可分为以下几类：

（1）战略物资及有关的先进技术资料，如武器、军事设备、军用飞机、军舰、先进的电子计算机及有关技术资料等。大多数国家对这类商品与技术资料的出口均严格控制。这些商品必须领取出口许可证，方能出口。

（2）国内生产所需的原材料、半成品及国内市场供不应求的某些必需品。这些商品直接影响国内市场的供应，是保持经济稳定发展的重要物资。如英国对某些化学品、石油、药品、活牛等，日本对矿产品、肥料、某些食品，瑞典对废金属、生铁等都控制出口。

（3）为了缓和与进口国在贸易上的摩擦，在进口国的要求或压力下，"自动"

控制出口的商品。如发展中国家根据纺织品"自限协定"自行控制其纺织品出口。

（4）为了有计划地安排生产和统一对外而实行出口许可证制的商品。

（5）为了实行经济制裁而对某国或地区限制甚至禁止出口的商品。

（6）某些重要的文物、艺术品、黄金、白银等特殊商品。对这些商品，大多数国家都规定需要特许才能出口。

2.出口管制的形式

出口管制的形式主要有单方面出口管制和多方面出口管制两种。

（1）单方面出口管制（unilateral export control），是指一国根据本国的出口管制法案，设立专门的执行机构，对本国某些商品出口进行审批和颁发出口许可证，实行出口管制。

（2）多方面出口管制（multilateral export control），是指几个国家政府通过一定的方式建立国际性的多边出口管制机构，商讨和编制多边出口管制货单和出口管制国别，规定出口管制的办法等，以协调彼此的出口管制政策和措施，达到共同的政治和经济目的。

3.出口管制的程序和手续

一般而言，执行出口管制国家的机构根据出口管制的有关法案，制定管制货单（commodity control list）和输往国别分组管制表（export control country group），然后采用出口许可证制具体办理出口申报手续。出口许可证是指出口必须得到政府有关部门的批准，获得许可才行。政府通过出口许可证制度，可以控制一些产品出口的数量和价格。出口许可证一般也只适用于本国需要进行深加工的原材料和初级产品，以及一些生活必需品或者高科技产品。出口许可证根据不同的商品、管制程度，可分为一般许可证和特种许可证。前者无须向有关机构申请，只要在出口报关单上填明管制货单上该商品的一般许可证编号，经海关核实，就可办妥出口手续。后者则需要由有关机构审批颁发。

总之，出口管制不仅是西方发达国家管理对外贸易的一种重要手段，也是其对外实行差别待遇和歧视政策的重要工具。

第四节 贸易条约与协定

贸易条约与协定是指两个或两个以上的主权国家为了确定彼此的经济关系，特别是贸易关系方面的权利和义务而缔结的书面协议。战后以来，国际贸易领域最引人注目的发展变化是多边贸易体制的形成和发展。1948年1月1日，由23个国家参与缔结的《关贸总协定》的生效，标志着全球多边贸易体制的诞生；1995年1月1日，世界贸易组织的正式建立及此后的顺利运作，标志着一个以贸易自由化为宗旨、囊括当今国际贸易诸多领域的多边贸易体制的框架已经构筑起来。半个多世纪以来，国际贸易的发展大大快于世界生产的发展，这与世界多边贸易体制的作用是密不可分的。

一、《关贸总协定》与世界贸易组织

（一）《关贸总协定》

1.GATT的产生

20世纪30—40年代，世界贸易保护主义盛行。国际贸易的相互限制是造成世界经济萧条的一个重要原因。第二次世界大战结束后，解决复杂的国际经济问题，特别是制定国际贸易政策，成为战后各国所面临的重要任务。因此，以美国为首的西方国家就开始着手构建国际贸易规则的框架。根据1944年在美国布雷顿森林召开的国际会议精神，国际复兴开发银行（International Bank for Reconstruction and Development）（通称世界银行）、国际货币基金组织分别于1945年和1947年诞生，构建了从金融领域支撑世界经济发展的框架。紧接着，联合国经社理事会于1946年10月、11月在伦敦召开世界贸易与就业会议，讨论开展多边贸易谈判以求达到多边关税减让，并建立国际贸易组织。1947年4—10月在瑞士日内瓦举行了世界贸易和就业筹备委员会第二届会议，有美、英、中、法等23个国家参加。会议谈判草拟国际贸易组织宪章，并进行了首轮关税减让谈判。各参加国共达成了123项有关关税减让的多边协议，共计45 000项关税减让，影响涉及100亿美元，大约相当于世界贸易的20%。为了使关税减让协议尽快履行，参加国将拟议中的国际贸易组织宪章中一些有关贸易政策的条款摘出，汇成一个单一协定，并将各国达成的关税减让协议列为各国的关税减让表，构成该协定不可分割的组成部分。这个协定就被命名为《关税及贸易总协定》。同年10月，23国达成了《关税及贸易总协定临时适用议定书》，宣布在国际贸易组织宪章生效之前临时适用《关贸总协定》。临时安排的《关贸总协定》于1948年1月1日起正式生效。1947年11月至1948年3月，在古巴哈瓦那举行了联合国贸易与就业会议。会议审议通过了《国际贸易组织宪章》，又称《哈瓦那宪章》。该宪章正式倡议成立国际贸易组织，作为国际贸易规则、条例的起草机构，协调各国的贸易政策，监督和仲裁各国的贸易活动和冲突，以促进世界贸易的发展。本来，宪章一经各国议会批准，即应正式生效，同时《关贸总协定》作为临时适用的条款也就不再执行，但宪章终因个别贸易大国的国会以种种理由不予批准，致使其不能正式生效履行，成立国际贸易组织的计划也就没能实现。但GATT却于1948年1月1日至1994年12月31日"临时"发挥了40多年作用，直到1995年1月1日被WTO所取代。GATT与国际货币基金组织和世界银行被称为支持战后世界经济发展的三大支柱，对战后世界经济的稳定与发展起到了不可忽视的作用。

2.GATT的宗旨

GATT在其序言中明确规定其宗旨是：各缔约国本着提高生活水平，保证充分就业，保证实际收入和有效需求的巨大和持续增长，充分利用世界资源，发展商品生产与交换，来处理它们在贸易和经济事务中的相互关系，彼此削减关税和其他贸易壁垒，消除国际贸易中的歧视待遇。

3.GATT 的主要原则

GATT 规定了许多关于贸易的国际规则，但其基本原则可以概括如下：

（1）以市场经济为基础的自由贸易原则。

（2）互惠（reciprocity）原则。这是指发达国家对发展中国家的优惠应是非互惠的。

（3）非歧视（non-discrimination）原则，又称为无差别待遇原则，是针对歧视性待遇的一项缔约原则，是 GATT 中最基本、最重要的原则。

（4）最惠国待遇原则，是指缔约一方给予另一方的任何贸易优惠与特权必须同时适用于第三方。

（5）关税保护和关税减让（tariff protection and concession）原则。GATT 规定缔约方通过关税来保护本国产品是保护本国产业和市场的唯一合法手段，而不应采取其他限制进口的措施。关税减让是指各成员在 GATT 的主持下，通过多边谈判，互相让步，承担降低关税的义务。

（6）贸易壁垒递减原则。

（7）公平贸易（fair trade）原则，又称公平竞争原则，是主要针对出口贸易而规定的一项基本原则，是实现 GATT 贸易自由化目标的一项重要原则。不公平贸易主要是指倾销和出口补贴。

（8）取消数量限制（elimination of quantitative restrictions）原则。数量限制是通过影响进出口数量来管制进出口贸易的一种行政方法，也是国家贸易中一种典型的十分迅速、有效的限制进口的非关税壁垒。数量限制的做法既妨碍贸易的公平竞争，又容易导致对出口方的歧视性待遇，是与 GATT 的基本原则相违背的。GATT 自创立时即提出原则上取消数量限制。该原则规定任何缔约方除征收税捐或其他费用以外，不得设立或维持配额、进出口许可证或其他措施以限制或禁止其他缔约方领土产品的输入，或向其他缔约方领土输出或销售出口产品。

（9）透明度（transparency）原则，是指各缔约方应使本国对外贸易的政策措施和规则具有透明度，以避免缔约方之间进行不公平的贸易。

（10）例外（exception）原则。其主要有发展中缔约方例外、幼稚产业保护例外、国际收支平衡例外、紧急保障例外、关税同盟例外、安全例外等。

4.GATT 8 轮多边贸易谈判

GATT 的多边贸易谈判称为"回合"。在 GATT 体制下，自 1947 年以来举行了 8 个回合的贸易谈判，先后就关税减让、反倾销措施、非关税措施、框架关税、贸易规则、服务贸易、知识产权、争端解决、纺织服装、农产品以及建立 WTO 等众多重要问题进行了谈判。具体如下：

第一轮谈判于 1947 年 4 月至 10 月在瑞士日内瓦举行。包括中国在内的 23 个创始国参加了谈判，就 123 项双边关税减让达成协议，涉及商品 45 000 项，影响到 100 亿美元的贸易额，使发达国家 54% 的进口商品平均降低关税 35%。GATT 也随着谈判的成功和临时适用议定书的签订而临时生效。这轮谈判虽然是在 GATT 草签和生效之前进行的，但习惯上将其视为 GATT 的第一轮多边贸易谈判。

第二轮谈判于 1949 年 4 月至 10 月在法国安纳西举行，有 33 个国家参加。这次谈判主要是为了确定新加入 GATT 的 10 个国家的权利和义务问题而安排的。这轮谈判总计达成双边关税减让协议 147 项，涉及关税减让 5 000 项，使占应征税进口值 5.6% 的商品平均降低关税 35%。

第三轮谈判于 1950 年 9 月至 1951 年 4 月在英国托尔基举行，有 39 个国家参加。这轮谈判的重要议题之一是讨论奥地利、联邦德国、韩国、秘鲁、菲律宾和土耳其的加入问题，共达成双边协议 150 项，涉及关税减让 8 700 项，使占进口值 11.7% 的商品平均降低关税 26%。由于缔约方增加，GATT 缔约方之间的贸易额已超过当时世界贸易总额的 80%。

第四轮谈判于 1956 年 1 月至 5 月在瑞士日内瓦举行，有 26 个国家参加。这轮谈判使占进口值 16% 的商品平均降低关税 15%，但所达成的关税减让只涉及 25 亿美元的贸易额。

第五轮谈判于 1960 年 9 月至 1962 年 7 月在瑞士日内瓦举行，共有 45 个缔约方参加。这轮谈判由当时的美国副国务卿格拉斯·狄龙倡议，因而也被称为“狄龙回合”。这轮谈判达成的协议使占进口值 20% 的商品平均降低关税 20%，涉及 49 亿美元的贸易额，但农产品和一些敏感性商品被排除在协议之外。

第六轮谈判于 1964 年 5 月至 1967 年 6 月在瑞士日内瓦举行，共有 54 个缔约方参加。这轮谈判由当时的美国总统肯尼迪倡议，又被称为“肯尼迪回合”。这轮谈判使大约 6 万种工业品的关税税率平均水平下降 35%，涉及贸易额 400 亿美元。同时，这轮谈判第一次把削减非关税壁垒也列入谈判内容，通过了 GATT 产生以来的第一个《反倾销协议》。这意味着 GATT 开始从单纯的关税减让谈判发展到包括非关税壁垒的谈判。这轮谈判还规定了对发展中缔约方的特殊优惠待遇，并吸收波兰参加，开创了“中央计划经济国家”参加 GATT 的先例。

第七轮谈判于 1973 年 9 月至 1979 年 4 月在瑞士日内瓦举行，有 99 个国家参加。在当时的美国总统尼克松的倡议下，GATT 部长级会议在日本东京召开。会议通过了“东京宣言”，并宣布第七轮多边贸易谈判开始。谈判在日内瓦举行并被命名为“尼克松回合”。此后不久，尼克松因“水门事件”而下台，这轮谈判改称为“东京回合”。这次谈判采取一揽子减税办法，按照一定的公式，使关税水平降低 30% 左右。这次谈判的重心已从关税转移到非关税壁垒上，并制定了 7 个非关税壁全方面的守则。这7个守则在法律上独立于GATT，它们仅对在守则上签字的成员方具有法律效力。

第八轮谈判（又称为"乌拉圭回合"）于1986年9月15日在乌拉圭埃斯特角城举行，并于1993年12月15日结束，是GATT举行的历次谈判中时间最长的一次。谈判涉及货物贸易，并首次将服务贸易列入多边贸易谈判范围。除了货物贸易之外，还将知识产权和投资问题列入了谈判内容。1990年12月，各谈判组都形成了框架协议，但是在布鲁塞尔部长级会议上讨论的一揽子最后文件，因美国和欧洲共同体对农产品价格补贴问题的谈判破裂，未能如期完成。此次谈判达成了《建立世界贸易组织的协议》。

在上述8个回合的贸易谈判中，第一轮和第八轮最为重要：第一轮谈判不仅为GATT的签订提供了保证，而且开创了大规模多边关税和贸易谈判的成功先例；第八轮谈判是GATT发展进程中最重要的一轮多边贸易谈判，无论从规模、参加方数目来看，还是从议题内容和涉及面来看，都大大超过GATT设立以来的所有贸易谈判，特别是签署了《建立世界贸易组织的协议》。这也是对20世纪40年代联合国贸易与就业会议建立国际贸易组织目标的圆满完成。

（二）世界贸易组织

建立世贸组织的设想是在1944年7月举行的布雷顿森林会议上提出的，当时设想在成立世界银行和国际货币基金组织的同时，成立一个国际性贸易组织，从而使它们成为第二次世界大战后左右世界经济的"货币-金融-贸易"三位一体的机构。1947年联合国贸易与就业会议签署的《哈瓦那宪章》同意成立世贸组织，后来由于美国的反对，世贸组织未能成立。同年，美国发起拟订了《关贸总协定》，作为推行贸易自由化的临时契约。1986年GATT乌拉圭回合谈判启动后，欧共体和加拿大于1990年分别正式提出成立世贸组织的议案，《建立世界贸易组织的协定》于1994年4月15日在摩洛哥的马拉喀什部长会议上获得通过，协议连同其4个附件，加上部长会议宣言与决定共同构成了乌拉圭回合多边贸易谈判的一揽子成果，并采取"单一整体"义务和无保留接受的形式，经104个参加方政府代表（其中包括中国政府代表）签署，于1995年1月1日正式生效。根据《建立世界贸易组织的协定》，1995年1月1日世界贸易组织正式成立，GATT完成其历史使命。

二、多哈回合谈判

多哈回合谈判是WTO成立以来发起的第一轮多边贸易谈判。2001年11月，世界贸易组织成员在卡塔尔首都多哈启动了多哈发展议程（也称"多哈回合"）谈判。根据《多哈宣言》，世贸组织成员在多哈回合中就农业、非农市场准入、服务贸易、规则（包括反倾销、反补贴和区域贸易协定规则）、贸易便利化、贸易与环境、知识产权（包括公共健康议题、地理标志议题和基因资源保护议题等）等议题展开谈判，每个议题均有具体的谈判授权。在谈判了近3年后，世贸组织成员终于在2004年8月1日达成了具有里程碑意义的《7月框架协议》，确定各谈判领域成果的主要轮廓和下一步谈判的原则。2005年12月，世贸组织成员达成了《香港部长宣言》，就多哈回合谈判的部分领域达成具体成果，并进一步细化了各领域谈判的成果雏形。虽然在2008年7月日内瓦小型部长会议上，世贸组织成员为达成多哈回合协议的努力未能成功，但多哈回合谈判已经完成了80%。2008年12月，农业谈判特别会议主席和非农谈判特别会议主席分别散发的案文基本反映了世贸组织成员已达成一致的80%的谈判成果，并对剩余20%的未决谈判议题提出了解决方案。目前，除美国以外，绝大多数世贸组织成员均表示基本可以接受2008年12月的农业和非农主席案文。在此期间，世贸组织总理事会以决定的形式通过了多哈谈判的个别成果并授权实施这些成果。

（一）多哈谈判的成果

1.农业领域成果

农业对于发展中成员粮食安全、农民生计安全和农村发展具有特殊的重要性，对于发达成员而言具有很强的政治敏感性，因此，农业谈判始终是多哈回合的难点、焦点和核心。经过所有成员艰苦不懈的努力，农业谈判在曲折中取得了阶段性进展，特别是在2013年巴厘岛会议以及2015年内罗毕会议上取得了早期收获成果。

在巴厘一揽子协议中，首先，发展中成员得到实质性关注，提出如果发展中成员是出于粮食安全目的而采取了储备补贴，那么即使其已经超出或者即将超出综合支持量（AMS）的限制，发达成员也需保持克制，特别是避免通过WTO争端解决机制来对抗该成员。这有利于发展中成员为保障本国农业而采取由WTO赋权的关税和非关税措施。其次，达成含有特殊和差别待遇的关税配额制度改革方案。这进一步约束了发达成员采取的扭曲贸易的关税配额手段，也为发展中成员在关税配额制度上提供了轻于发达成员的义务。明确了发达成员取消所有农产品出口补贴是今后谈判的努力方向。规定若发达成员和宣布受此决定约束的发展中成员还未对至少97%来源于最不发达成员的产品提供免关税和免配额通道，应于下一轮谈判之前扩大这些产品的免关税和免配额通道，并逐渐加以扩大。同时，应向最不发达成员提供免税和免配额产品的报表，并专门成立相关机构对该项决议的后续工作进行落实。

在内罗毕会议上，162个成员首次承诺全面取消农产品出口补贴，并将限制农产品出口信贷。根据农业出口协定，发达成员必须立即取消农产品补贴政策，发展中成员必须在2018年年底前终结对农产品的直接出口支持。但并非所有成员都必须在2018年前全面取消此类措施，一些成员被允许放宽到2023年。这一成果将有利于进一步消除市场扭曲，营造了农业公平竞争，同时对于改善非洲等发展中成员和最不发达成员的民生起到了十分重要的作用。

2.非农业市场准入成果

非农产品市场准入谈判的重心在于非农产品关税削减及相关议题，主要包括关税削减、关税高峰和关税升级、削减产品范围、新成员问题、非关税壁垒等子议题。由于谈判各方分歧较大，非农产品市场准入的议题在2005年之前并没有取得过实质性成果。2005年中国香港部长级会议中，发达成员和部分发展中成员承诺，2008年前将向最不发达成员的所有产品提供免税、免配额的市场准入，从而使得该议题实现了一定的突破。2008年8月12日，非农产品市场准入谈判小组主席Don Stephenson向贸易谈判委员会提交的报告总结了之前谈判的成果，指出在以下方面谈判各方达成基本一致：（1）谈判各方对于2008年7月10日散发的谈判模式草案框架基本达成一致；（2）对于关税的非线性削减方式及最终确认的减让公式基本达成一致；（3）在约束关税比例较低的发展中成员进一步约束关税的灵活度问题上基本达成一致，即非农产品约束关税比例不足15%的成员应该将约束关税比例提高至70%~90%，而高于15%的成员则应将约束关税比例提高至75%~90%；（4）对于最不发达成员在谈判中的话语权以及对最不发达成员非农产品出口提供更多市场准入基本达成一致。而2015年的内罗毕部长级会议更是达成了自1996年以来的首个关税减让协议——《信息技术协定》扩围协议，该协议涉及的国际贸易额达到1.3万亿美元，是信息技术贸易19年来达成的最大的关税减让，共有201项资讯科技产品的进口关税在此后的7年内将被取消，从而为国际贸易自由化发展提供了重要支撑。

3.服务贸易成果

多哈回合服务贸易谈判进展缓慢，成果不多，与当初设定的谈判目标相差甚远。多哈回合服务贸易谈判的成果主要包括：

（1）逐步确立和明确了推进多边服务贸易谈判的内容、方式和目标。2001年3月，WTO服务贸易理事会制定了《服务贸易谈判准则和程序》，确定把所有的服务部门、服务提供模式以及当前的最惠国待遇例外情况等列入谈判内容，决定把要价–出价作为谈判的主要方式，辅以复边谈判的方式，并将推进自由化作为谈判的目标，为谈判指明了方向。

（2）提高了发展中成员参与服务贸易谈判的程度。《服务贸易谈判准则和程序》考虑了发展中成员服务贸易的发展现实，确认逐步自由化、提高发展中成员的参与度、给予单个发展中成员一定程度上的谈判弹性、对最不发达成员给予特殊考虑和不改变GATS的结构或原则等谈判遵循的目的和原则，对发展中成员的小服务贸易提供者的需要给予一定考虑。同时，发展中成员也逐步认识到服务贸易发展与参与规则谈判、维护本身利益的重要性，不少国家参与谈判的积极性有所提高。

（3）在WTO规则方面的谈判议题上取得一些共识。在目前的服务贸易规则议题谈判中，成员参与国内法规谈判的程度较高，谈判进展速度也较快；关于服务贸易补贴议题，各成员已同意进行补贴的信息交换，后续谈判进程值得观察。

（4）在服务贸易提供模式方面有所进步，各成员对跨境交付的自由化达成基本共识。

（5）在发展中成员优惠待遇方面达成共识。2011年日内瓦部长级会议决议允许WTO成员暂时和有条件地背离GATS最惠国待遇原则，为来自最不发达成员的服务或服务提供者予以更加优惠的市场准入机会等。

（6）在一些服务部门谈判达成一些共识或协议。在电子商务方面，各成员同意暂时不对跨境电子交易征收关税；在会计服务、空运服务、计算机相关服务、海运服务等议题方面取得一定的积极进展。

4.知识产权成果

公共健康和知识产权的关系是多哈回合谈判迄今唯一取得实质性成果的议题。从2001年11月《关于TRIPs与公共健康问题多哈宣言》，到2003年8月《关于实施多哈宣言第六条款的决议》，再到2005年12月《关于修正TRIPs的决定》，WTO通过澄清和修改TRIPs的相关条款，减少了仿制药在国际贸易中的知识产权法律障碍，从而有利于发展中成员和最不发达成员通过进口获得便宜的仿制药，解决公共健康问题。

5.规则谈判成果

规则谈判是多哈回合谈判的重要议题之一，旨在就现行的《反倾销协定》《补贴与反补贴措施协定》的澄清和改进进行谈判。多哈回合规则谈判采取"自下而上"的方式，各成员在规则谈判小组内进行讨论，提出提案和建议，并发表评论意见；各成员就其他成员对提案的疑问予以解答，由主席形成文字修改草案，再与其他议题一起由贸易谈判委员会形成一揽子草案，由理事会最终交由部长级会议通过。在《反倾销协定》的澄清和改进方面，作为谈判成员各方博弈的产物，2008年主席案文和2011年主席沟通文件在一定程度上反映了各方的利益和要求。特别是2011年主席沟通文件中的争议说明部分，力图更客观地反映各方观点，进一步综合平衡各方利益。而在《补贴与反补贴措施协定》方面，各成员对于补贴利益的确定应基于接受者所获政府财政资助与客观基准的比较，而这一客观基准应来自市场这一点已基本达成共识。

6.争端解决成果

自多哈回合谈判开始以来，WTO争端解决机构以特别会议的形式就《关于争端解决程序和规则的谅解》（DSU）的完善和澄清进行谈判、讨论。由于各国对争端解决机制的内在价值存在不同方面的追求，因而谈判过程进展缓慢，并未取得实质性成果。为了使谈判更加顺利，WTO争端解决机构采取了一种更加灵活的磋商方式：先由若干成员组成若干谈判小组进行小组内磋商，感兴趣的成员之间可以随时自主磋商；最后将磋商的结果汇报给WTO争端解决机构主席，由主席在非正式的专门会议上将上述磋商的进展情况向全体成员报告，以增加和体现透明度和参与度。

7. 贸易与环境成果

贸易与环境议题是 WTO 多哈回合谈判唯一引入的新议题。但由于不同集团和不同发展水平的国家间的利益差别，成员在 WTO 规则与多边环境条约（MEAs）、环境产品与服务等问题上存在一定分歧，从而使该议题一度陷入僵局。直到 2013年 12 月巴厘一揽子协议的达成才使得贸易与环境议题取得了一定的进展。随着《贸易便利化协定》的通过，各成员将建立"单一窗口"，以简化海关及口岸通关程序，从而全面提升了环境产品贸易的便利化水平，降低其贸易成本。

8. 贸易与发展成果

多哈回合谈判被誉为"发展回合"，其与其他 WTO 贸易谈判最大的差别是确立了"发展"是本次回合的主题。《多哈部长宣言》明确表示，本次议题的谈判核心应围绕发展中成员的"特殊和差别待遇"进行。谈判的目标是保障发展中成员特别是最不发达成员在世界贸易中获得与其经济发展相当的份额。可以看出，多哈回合谈判试图对国家之间的利益进行再分配，并将这种分配导致的不正义缩小在合理范围之内。由于各成员之间对该议题的分歧较大，谈判进程缓慢，直到 2005 年 12 月的中国香港部长级会议才取得阶段性成果，即发达国家于 2013 年年底取消所有农产品补贴；最不发达成员享有 97% 的免关税和免配额的市场准入待遇；发达国家于2006 年取消所有形式的棉花出口补贴并给予最不发达成员"双免"待遇；最不发达成员适用 TRIPs 的过渡期延长至 2013 年。中国香港会议后，各核心成员为了使多哈回合谈判进一步取得进展，进行了大量的努力。2008 年 7 月，WTO 在日内瓦召开了小型部长级会议，但由于美国的拒绝，协商终未达成一致。此后，多哈回合谈判也经历了相当长时间的低迷期。直至 2013 年 12 月在巴厘岛召开部长级会议，在各方成员的妥协下，终于以一揽子协议的方式实现了在该议题谈判的新突破。协定同意为最不发达成员出口到富裕国家的商品实现免税、免配额制；进一步简化最不发达成员出口产品的认定程序；允许最不发达成员的服务优先进入富裕国家市场；同意建立监督机制，对最不发达成员享受的优先待遇进行监督。

（二）多哈回合谈判的难点

尽管多哈回合谈判取得了一定成果，但是在一些问题上仍存在较大分歧，虽然巴厘岛以及内罗毕的部长级会议的谈判成果使多哈回合谈判实现了一定程度的突破，但各成员始终未能就农业和非农产品市场准入问题达成全面协议，从而使得谈判依然陷于困境。

1. 寻求目标严重分歧

多哈回合谈判确定了 8 个谈判领域：农业、非农产品市场准入、服务、知识产权、规则、争端解决、贸易与环境、贸易与发展问题。巴西、印度、中国以及大多数发展中成员均强调谈判的主要任务是大幅度削减发达成员扭曲贸易的农业补贴，对高额农业补贴进行有效和实质性的削减；同时对发达成员在农业和工业品方面的关税高峰进行大幅度削减，以便扩大发展中成员对发达成员的出口，而对发展中成员的关税削减应当体现特殊和差别待遇，体现发达成员与发展中成员之间的"非对等互惠"原则。

而美国、欧盟等发达国家则强调谈判的首要任务是进一步扩大市场准入，要求所有国家，特别是巴西、印度、中国等新兴经济体开放农业、工业品和服务贸易市场。美国特别强调其在农业国内支持方面能否作出让步取决于其他国家，尤其是新兴经济体在开放市场准入方面所作出的让步水平。

虽然162个成员在内罗毕会议中首次承诺全面取消农产品出口补贴，并将限制农产品出口信贷，但由于法律约束力不够、例外情况较多，诸多细节不明，因此实施的变数仍然比较大，各方利益目标的分歧依然是谈判未能全面达成一致的最大难点。

2.谈判方式仍是争论核心

各成员在谈判过程中关于谈判的方式还存在不同意见。与谈判利益不同，在谈判方式上没有形成明显的发达和发展中成员对峙的局面，在发达成员内部也有不同的主张。虽然美国、欧盟、日本都希望通过 NAMA 谈判来调整关税结构，打破关税壁垒，但是在如何进行谈判上仍存在分歧。美国更希望 WTO 制定部门自由化的产品的涵盖范围和执行时间等，并希望在 NAMA 谈判中直接采用亚太经济合作组织中部门自由化的方式。而欧盟和日本的立场则截然相反，认为谈判的关税减让应当包括所有部门，不应以部门的方式进行排除，坚决反对美国这种谈判方式，但同时可以根据成员发展水平的不同来调整不同的关税对象。

(三) 多哈回合难以取得全面进展的原因

1.世界经济新格局和全球旧经济体制的矛盾

新兴经济体迅猛发展，经济实力加速提升，成为全球性和区域性国际组织机制变革的重要力量。在贸易领域，随着新兴经济体在国际贸易中所占比重迅速提高，其要求获得相应的谈判地位及制定相关规则的权力。

虽然世界经济新格局已初具雏形，但全球经济体制尚未改变。美国和欧盟是多边贸易谈判最重要的推动者和参加方。长期以来，这些发达国家主导着国际贸易规则的制定，发展中国家的利益诉求往往被忽略。如长期以来，WTO一方面允许发达成员补贴农业，另一方面却要求发展中成员降低农产品关税，向发展中成员施压，要求它们使农业进一步自由化。虽然内罗毕会议决定发达成员必须立即取消农产品补贴政策，发展中成员必须在2018年年底前终结对农产品的直接出口支持，按照WTO公布的关于"出口竞争"政策的大会决定草案，但是在美、欧等发达成员"必须立即"取消各自仍然在执行的出口补贴条款中仍存在例外条款，从而弱化了对于发达成员的执行约束力。与此同时，美国和欧盟一再压制发展中成员在谈判中的话语权，一旦发展中成员在贸易谈判中有相反的观点和丝毫触及欧美利益的情况出现，美国和欧盟就难以接受并断然拒绝。多哈回合谈判自启动以来多次受挫，实质上也显示了发达国家和发展中国家间巨大且日益加剧的贫富差距。这导致双方本该建立在平等基础上的贸易往来的基石日渐不稳，说明多边贸易体制中利益主体日益多元化，也反映了国际经济体制相对于全球化新格局的迟滞。

2.WTO体制"软形成"和"硬规则"之间的矛盾

截至2015年年底，WTO的正式成员已达162个，各成员在经济发展水平、政治文化、参与能力等方面千差万别，要想全体一致达成一份一揽子协议绝非易事。但是WTO却将"一揽子"作为一个原则延续下来，所有成员对WTO中达成的协定都是这种"全有"或者"全无"的方式，没有回旋的余地，属于比较强硬的规则。在相关议题上，各成员要达成协定必须对谈判中涵盖的所有问题和利益进行充分权衡，同意了所有的议题，才能最终达成协定。这样的方式虽然强化了WTO规则的强度，但也给谈判形成最后的共识增加了难度。此外，WTO在最终规则的强硬化的同时，在形成规则的实践中却是比较自由和软弱的，与之后形成的"硬规则"形成鲜明对比。在谈判中，若各成员立场悬殊，分歧无法调和而不能形成一致意见，可以中途退出谈判，甚至加以阻挠的现象也是屡见不鲜，不会受到任何惩罚或者遭受不利影响，只需通知WTO总干事。即便达成协定，成员也可以选择退出。由于不存在一个凌驾于国家之上的超政府组织，这种"一手软、一手硬"是WTO体制中无法调和的矛盾，也是多哈回合谈判僵而不决，谈而不定，一度陷入僵局的重要原因。

（四）中国在多哈回合谈判中发挥的作用

作为一名新成员，中国自加入世贸组织以来就全力投入到多哈回合谈判当中，发挥了积极和有建设性的作用。中国自参加谈判以来已向世贸组织提交了100多个提案，涉及农业、非农业、服务、贸易与环境、知识产权和规则等各个领域。中国在规则谈判中关于反倾销日落条款的提案、关于渔业补贴的提案、关于贸易便利化的提案以及关于争端解决的提案都受到成员的重视与好评；在坎昆会议前后，中国与广大发展中成员站在一起，据理力争，最终使欧盟等发达成员放弃了贸易与投资、竞争政策和政府采购透明度等3个议题；在知识产权尤其是公共健康问题上，中国同印度、巴西及非洲集团成员并肩战斗，批评西方大医药公司只看重巨额专利费而无视成千上万非洲受传染性疾病困扰的劳苦大众的基本需求，使得美国等发达成员作出妥协，同意对《与贸易有关的知识产权协定》的相关条款作出修改；在非洲棉花生产国和最不发达成员要求免关税、免配额待遇的正当要求面前，中国也及时给予了强有力的支持。

中国列席了历次多哈回合谈判的小型部长级会议，并始终坚持农业谈判是这一轮谈判的中心，要求发达成员大幅度削减农业关税和补贴，有力地推动了成员在内罗毕会议中承诺农产品出口补贴的全面取消；中国一贯主张多边谈判进程的重要性，呼吁增进谈判的透明度和加强成员的广泛参与。中国一再强调新成员在加入过程中实际上已作了郑重的承诺，对多边贸易体制已作出了巨大贡献，应当在新一轮谈判中有效地解决新成员的地位问题。

当然，中国作为一个新成员，参加多边贸易谈判的经验远远不足，谈判人员的素质有待进一步提高，国内各部门之间的协调、前后方信息的沟通有待进一步加强。但总体来说，中国参与多哈回合谈判积累了经验，增进了与其他发展中成员的沟通和合作，表明了中国致力于改善和加强多边贸易体制的态度，树立了中国负责任大国的形象，其影响是十分积极和正面的。

第五节　国际贸易摩擦与中国的对策

在经济全球化的推动下，贸易自由化已是不可逆转的潮流。但是贸易保护主义一直没有停止过对贸易自由化进程的反制和影响。当前，各国经济景气的不均衡性、经济发展的不平衡性、贸易利益分配的两极化趋势、区域贸易集团的排他性、政治经济制度的对撞等因素都使得贸易保护主义层出不穷，导致贸易增长的"副产品"——贸易摩擦的数量不断增大，领域和范围日渐广泛，全球经济进入了所谓的"摩擦经济时代"，突出特点是经济贸易摩擦的复杂化、综合化与常态化。贸易摩擦增多成为经济全球化趋势下对世界经济贸易发展的一个重要挑战。

一、当前全球贸易摩擦的特点

1.贸易摩擦的领域和范围不断扩大

在产品方面，从个别产品倾销与反倾销摩擦阶段，开始逐步向多产业贸易摩擦和结构性贸易摩擦方向发展；在领域方面，从货物贸易向与贸易相关的服务贸易、知识产权、技术标准、环境保护、劳工标准等方向发展；在国别方面，从欧美贸易摩擦向美日贸易摩擦再向发展中国家和发达国家之间以及发展中国家之间的贸易摩擦发展。

2.新贸易壁垒不断出现，导致贸易摩擦更为频繁

近年来，主要发达国家因经济增长乏力，贸易保护主义有重新抬头之势，在传统贸易壁垒作用日益弱化的情况下，发达国家寻求以技术壁垒为核心的形形色色新贸易壁垒，以保护其国内经济和产业，形成21世纪的"新贸易壁垒潮"。所谓新贸易壁垒，是指以技术壁垒为核心的，包括绿色壁垒（环境壁垒）和社会壁垒在内的所有可能阻碍国际商品自由流动的新型非关税壁垒。与传统贸易壁垒不同，新贸易壁垒往往着眼于商品数量和价格等商业利益以外的东西，如安全标准、卫生标准、

包装标识、信息技术标准、环境标志、劳工安全标准、福利标准等，更多地考虑商品对于人类健康、安全以及环境的影响，体现的是社会利益和环境利益，实施时采取的措施不仅是边境措施，还涉及国内政策和法规。

3.贸易摩擦数量增多，制度性摩擦成为核心诱因

尽管摩擦在表面上表现为某种具体贸易、投资政策或技术壁垒规定的冲突，但实际上是不同体制或经济贸易制度之间的对撞。由于任何具体的经济贸易政策或措施都源于一国内部的体制或制度规定，体制或制度因素的妥协与让步才是解决国际贸易争端的关键点。

4.区域贸易协定增多引发新的贸易摩擦情形

目前，区域贸易协定、自由贸易区的谈判成为推动诸边贸易的最主要方式。随着越来越多自由贸易区的相继建立，区域内实现了关税的逐步降低并最终消除，生产要素得以自由流动，区域内成员之间的贸易量实现迅速增加。但实际上，区域化过程伴随着对区域贸易协定外其他国家产品的变相阻拦和排斥。由于自由贸易协定下的优惠并不针对局外国家，相关优惠自然成为变相的阻拦和一种差别待遇，必然使得区域外国家的商品、服务产品等进入区域内国家的贸易条件恶化，从而使贸易摩擦发生的概率增大。而这种情况下的贸易摩擦不再呈现出一国对一国的形式，而成为区域外一国与区域协定内全部成员之间的摩擦，调整贸易摩擦的法律规则包括各自国内法律外的区域贸易协定本身的内容，这使得贸易摩擦解决难度加大。此外，在这种情况下，区域内各成员能否形成解决摩擦的一致意见，也增加了最终能否化解摩擦的不确定性，并增加了解决成本，延长了解决周期。

5.贸易摩擦主体因素发生变化

通常，贸易摩擦是国家或地区之间的贸易利益冲突，往往表现为由于一国国内经济贸易政策导致了相关企业或产业在进口或出口时引发利益冲突。值得注意的是，作为推动经济全球化的主体，跨国公司的迅猛发展在一定意义上改变了贸易冲突主体的构成。跨国公司的投资贸易行为已经开始将贸易摩擦从不同国家或地区之间不同企业的利益冲突转化为同一国家内部不同企业之间的利益冲突。跨国公司在利益取舍时往往从利益最大化和政治、经济综合因素来选择最终的解决办法，这在一定程度上将影响涉及摩擦的发展中国家或地区的现实利益。这是发展中国家引进投资，形成依赖陷阱后引发的新问题。

6.贸易摩擦从"显性"开始走向"隐性"

经济全球化加剧了经济贸易摩擦的程度与深度，使得摩擦除了在国与国之间对外贸易政策上发生直接碰撞外，还会基于各自国内经济政策、财政政策等问题上的冲突。出于减少直指他国国内经济政策或法律制度的目的，贸易摩擦开始以隐性的方式表现。发达国家之间从显性摩擦向隐性摩擦演化的趋势更为明显。如美国针对欧元先强后弱的政策的变化，导致欧洲各国财政赤字大幅度增加。其形式上表现为

贸易地位的竞争，实质上是对另一国或地区货币政策的制约。同样，美国针对中国人民币升值问题施压，实际上也是贸易摩擦隐性化的一个例证。贸易摩擦隐性化是值得发展中国家关注的一个新情况。

7.贸易摩擦对一国经济运行的巨大影响

贸易情况是经济运行的晴雨表。贸易摩擦对于一国的致命打击主要表现为对该国经济运行秩序和质量的影响。贸易摩擦首先多表现为微观摩擦，但贸易不均衡达到一定程度，导致摩擦激化后，尤其是当另一方巨额的贸易顺差或逆差发生时，微观摩擦就可能会上升到宏观摩擦层面，进而演变为制度摩擦，从而对一国宏观经济政策的选择和经济增长的质量产生巨大影响。美日从战后开始的长达数十年的贸易摩擦历史表明，当美国试图通过各种手段解决存在于美日之间的货物贸易摩擦时，并不仅仅针对日本的具体贸易政策施压，而是通过制度性因素的影响最终导致日本国内经济运行秩序的调整，进而影响其经济运行质量。美日之间从单纯商品的摩擦发展到投资政策的冲击，再到20世纪80年代"逼迫"日元升值，最终使得日本陷入长期经济低迷的状态。因此，我们对于贸易摩擦解决中引发的制度性改变给实力处于下风国家带来的重大负面影响应保持清醒的认识。

8."双赢"局面将不再成为贸易摩擦解决的结果

不同的贸易摩擦表现为某种具体的贸易政策、投资政策或技术壁垒在不同体制国家之间的对撞，但制度性因素冲突才是内核。任何消弭摩擦和解决争端的结果均取决于双方政治经济力量的对比和对自身体制或制度性因素妥协的意愿及可接受程度。因此，贸易摩擦的解决，好的局面是胜负分明，坏的情况可能是两败俱伤，很难出现双方同乐的局面。历史和现实都表明，任何贸易摩擦解决的结果都只会也只能是以某一方的较大妥协或让步为前提，所以贸易摩擦解决的结果已经不可能再是所谓的"双赢"局面，尤其是在政治、经济实力并不均衡的两个国家或地区之间。

二、中国遭遇贸易摩擦的特点

近些年来，随着经济贸易的发展，中国遭遇的贸易摩擦数量多、强度大、涉及面广，领域由商品贸易扩展到服务贸易、投资、知识产权等多个领域，由以企业为主的微观经济层面向宏观经济政策、体制和制度层面发展。

中国贸易摩擦从发展来看，呈现出以下特征：

1.贸易摩擦的数量和金额稳步增长

近些年，国外针对中国出口产品的反倾销、反补贴、保障措施、特别保障措施、纺织品特别限制措施、反垄断、知识产权调查等贸易限制措施和贸易壁垒不断增多，纺织品、鞋、家具、彩电等多种商品在一些主要出口市场受到限制。中国自入世以来截至2012年9月，共遭受国外贸易救济调查758起，涉案金额684亿美元。2016年，中国共遭遇来自27个国家（地区）发起的119起贸易救济调查案件，涉案金额为143.4亿美元，案件数量和涉案金额同比分别上升36.85%、76%。

2.贸易摩擦的国别范围广泛

长期以来，中外贸易摩擦主要发生在中国与发达国家之间。这具体表现在两个方面：一是次数较多。中国每年发生的国际贸易摩擦主要是由发达国家引起的，或是针对发达国家的；二是金额较大。中国与发达国家的贸易摩擦每次涉及的金额都较大。中外贸易摩擦之所以主要发生在中国与发达国家之间，是由中国的贸易格局决定的。目前，中国的主要贸易伙伴均为发达经济体，对发达经济体的出口占中国对外贸易的绝大比重。随着中国与发达国家的贸易往来越来越密切，双方发生贸易摩擦的可能性也越来越大。但随着中国外贸的发展，近年来，中国与一些发展中国家的经济摩擦也在增多。虽然中国与发展中国家的贸易摩擦在金额上无法与发达国家相比，但在发生次数上却大幅增加，甚至超过了中国与发达国家的贸易摩擦发生次数。例如，随着中国外贸的迅猛发展，在对中国企业发起反倾销的国家构成中，发展中国家的比重已经高达四成。据相关统计显示，发达国家对中国反倾销立案数量比例已经从20世纪80年代的97%，降低到2010年的40%；发展中国家的立案数量比例则从过去的不到3%，快速上升到2010年的60%。印度、南非、巴西、阿根廷等国家都较多地启动了对中国产品的反倾销调查程序。2016年世界各国对中国新发起的钢铁贸易案总计43起，其中亚洲20起，北美7起，欧洲5起，中南美和非洲各4起，大洋洲2起。在新发起的调查案中，亚洲最多，主要集中在东南亚和印度，甚至非洲地区的南非和埃及2015年也开始启动反倾销调查。

3.贸易摩擦的产品广泛，涉及产业主要集中在具有比较优势的产业

就全球范围而言，针对中国贸易摩擦的行业和产品集中在中国具有相对比较优势的产业。纺织品、贱金属制品、塑料和橡胶制品等劳动密集型产业经常受到贸易摩擦问题的困扰。同时，一个新变化是贸易摩擦也扩展到化工产品、机电和音像设备等资本和技术密集型产业。涉及这5类产品的"两反两保"案件数之和占全部案件数的比重一直稳定在3/4左右。值得注意的是，上述行业基本上属于中国的比较优势行业，对于贸易摩擦相对集中于这些行业的情况必须予以足够的重视，否则将严重影响中国产业的出口竞争力。目前，中国贸易摩擦的"重灾区"主要集中于轻工、纺织、化工、机电、农产品等中国具有出口竞争力的产品。

4.多种贸易摩擦形式并存

与其他国家（如日本）逐步遭遇微观摩擦、宏观摩擦、投资摩擦、制度摩擦以及技术性贸易摩擦的"渐进式"方式不同，中国已经同时面临五大摩擦的挑战。

（1）微观领域，从农产品到高技术性产品和知识产权，从劳动密集型产品到资本、技术密集型产品领域的摩擦已全面展开，并不断激化。

（2）宏观领域，因贸易平衡问题而引发的中美贸易摩擦由来已久，中日贸易摩擦逐步升温，近些年来西方国家散布的"中国威胁论""中国输出通货紧缩论"就是典型案例。

（3）投资领域的摩擦当前主要表现为两个方面：第一，国有企业准入问题。第二，外国在华直接投资的产品返销国外而导致的摩擦。今后还应防范"走出去"战略实施导致的投资激增引起的海外投资摩擦。

（4）制度摩擦。改革进程中的中国距离全球经济一体化的要求确实还存在很大的差距，许多制度尚待改进，如知识产权保护问题、人民币汇率问题等。

（5）技术性贸易摩擦。目前，技术性贸易壁垒对中国出口已造成严重影响，包括农产品农药残留量、陶瓷产品含铅量、皮革PCP残留量、纺织品染料指标等。由于中国出口商品大多为劳动密集型产品，受环保因素影响较大，国外对华实施技术性贸易壁垒，使中国出口的农产品、食品、纺织品、建筑材料等都受到不同程度影响。2016年，中国40%的出口企业遭到国外技术壁垒的限制，造成损失约933.8亿美元。

5. 贸易摩擦手段呈现出"非违反型"的特征

从针对中国贸易摩擦的表现形式来看，多为WTO框架内的合理保护措施。GATT/WTO存在两种类型的案例，即违反型案例和非违反型案例，后一种案例虽然没有违反条约义务，但也使条约无效或效力削弱（J. H. 杰克逊，2002）。从近些年各国针对中国的贸易摩擦措施来看，反倾销、保障措施、知识产权以及各种技术性贸易壁垒等，都是属于WTO框架内的合理保护措施，都能找到其合法外衣，从根本上说并不违反WTO规则。这在客观上给中国处理贸易摩擦问题带来很大难度，也在事实上对中国的外贸发展造成巨大影响。

6. 中国在贸易摩擦中的地位开始由单纯被动应诉向积极维护自身利益的角色转换

过去一旦发生对外贸易摩擦，往往以双边政治关系为"抵押"，却无权引用多边争端解决机制，从而在贸易中处于极其被动的地位，往往导致"贸易摩擦—被动应诉—贸易摩擦"的恶性循环。这种情况在过去的中美贸易摩擦中表现得尤为明显。但是，自从中国加入WTO后，这种情况已经发生了改变。一方面，作为WTO的成员之一，中国可以积极地通过这一渠道起诉违反WTO规则的限制性措施，合法、合理地维护自身利益。面对日益增多的贸易摩擦，中国商务部门、行业中介和企业开始联手应对。如2006年欧盟皮鞋反倾销案涉案金额7.3亿美元，影响7万人就业，163家中国企业应诉，经积极应对，约30%的原涉案产品被排除，税率由初裁时的19.4%下调至16.5%，实施期限由通常的5年减为2年，减轻了对我国出口企业的不利影响。2013年12月3日，美方采取的13项反倾销措施涉及中国对美出口的油井管、太阳能电池、暖水虾等产品。美国对从中国进口的油井管征收29.94%~99.14%的反倾销税，对太阳能电池产品征收从31.14%~249.96%的反倾销税，对暖水虾征收的普遍税率为112.81%。本案涉及机电、轻工、五矿等多个产业，年出口金额约为84亿美元。2016年10月19日，WTO公布其争端解决机构的专家组审查报告，支持中国的主要诉讼请求，裁定美国13项反倾销措施违反世贸规则。另一方面，中国也合理运用WTO规则，主动出击应对贸易摩擦，对某些进口产品实施限制性措施，积极维护国内企业的利益。据统计，自1997年12月10日中国首例反倾销案件——新闻纸反倾销案立案以来，中国也不断开展对损害中国产业的进口产品的限制。2016年1月至9月，中国商务部对国外相关产品发起的反倾销调查案件达16起。进口反倾销调查涉及的领域明显拓宽，贸易救济手段覆盖的产业面有所扩大。

三、中国与主要国家贸易摩擦的差异性分析

中国与美国、欧盟、日本和其他发展中国家间的贸易摩擦具有各自的特点，这是由中国与上述国家的进出口商品结构不同及双方在各自对外贸易中所处的地位不一致决定的。

（1）中美之间。由于双方实行不同的政治制度，以及美国推行贸易上的霸权主义，经常在国家贸易谈判和规则制定中打"制度牌"，因而中美贸易摩擦更多地体现在制度摩擦方面，如中美知识产权摩擦、农产品市场准入摩擦等。

（2）中欧之间。由于欧盟是一个统一的大市场，中国在欧盟对外贸易中处于一个相对不重要的地位，加之欧盟生产技术水平较高、对产品的技术和环保要求十分严格，因而中欧贸易摩擦更多地体现在技术性贸易摩擦方面。

（3）中日之间。随着经济的快速发展，中国由原来"亚洲的工厂"转变成为"世界的工厂"，打破了雁形经济发展的格局，使一直处于雁头的日本经济发展受到了威胁。中日贸易结构也逐渐由垂直分工向水平分工过渡。为了限制中国产品对日出口，日本千方百计设置技术性贸易壁垒。中日贸易摩擦更多地体现在微观领域，如农产品摩擦。

（4）中国与其他发展中国家之间的摩擦源于中国与其在经济发展阶段和出口产品结构方面的相似性，从而构成了在国际市场的竞争。越来越多的发展中国家对中国的出口产品发难，摩擦数量增多，但影响不大，更多体现为单一的反倾销模式，如中印贸易摩擦。尽管如此，由于发展中国家数目众多，与中国有着相似的历史遭遇和共同的发展目标，又与中国有着传统的政治和经贸关系，因此应当引起中国政府的关注和重视。

四、中国应对国际贸易摩擦的策略

1.战略上冷静观察，战术上积极应对

随着中国综合国力的不断提高和对外贸易量的较快增长，出现贸易摩擦是必然现象。因此，应当冷静观察世界贸易格局的变化，研究驾驭贸易争端的规律，制定

贸易战略，争取国家对外战略的制高点和产业的高端利益。各地、各级政府贸易主管部门制定贸易摩擦应对战略极为重要。积极组织起来，加强应对指导，培训应对技能，提高应对策略，增强应对积极性，战术上做到知己知彼，不断打胜仗，开拓新局面。中介机构把产业界、法律界、研究界团结起来、组织起来，积极应对新的贸易摩擦义不容辞。

2. 推进外贸增长方式的转变

中国外贸快速发展，但是，粗放型的模式必然会受到中国自身的资源条件等的限制，因此，必须向"效益导向型"转变，要以质取胜、以高技术取胜。优化出口结构、转变外贸增长方式是缓解贸易摩擦的治本之策。国家应当制定新的政策措施，引导对外贸易总体格局和出口企业加快向"效益导向型"转变。

3. 加强商协会职能，加快中介组织法制建设

在应对贸易摩擦中，加强商协会职能，对于搞好行业自律十分重要。目前来说，一个很重要的问题是加强商协会等中介组织的法律地位。一是要制定商协会法，确立商协会的法律地位，以积极组织企业更好地应对贸易摩擦和加强企业自律，促进企业的规范贸易。到目前为止，我国还没有商协会法，商协会工作无法律依据，无明确的发展前途，无法定的权限与能力。二是确立商协会组织的进入制度。中介组织应分为两类：（1）公法中介组织，企业必须加入，为义务制；（2）私法中介组织，为自愿制。这样可以全面覆盖企业，使之全部进入中介组织，以利于加强组织和管理，还可使公法、私法中介组织明确自己的身份、地位和作用。公法中介组织强化管理，可彻底消灭多年来企业间出口"竞相压价、恶性竞争、损人害己、损害国家利益"的顽症。而私法中介组织也由于其自愿加入的性质能够认认真真地为企业服务；否则企业可以选择退出，对其施以压力，促使其将工作搞好。

4. 善用规则，主动出击

应对贸易争端不仅要在既定的规则下解决已发生的贸易争端，而且应积极参与制定和改进国际贸易规则，从规则上消除对中国出口不利的根源，从源头上降低贸易摩擦的风险，变被动为主动，变后期应对为前期预防。迄今为止，中国被动应对较多，而主动出击较少。为了降低贸易摩擦案件的数量，争取控制贸易争端的主动权，中国应当更加积极主动地参与世贸规则的制定与修改。在制定和修改规则时，应当更多地征求国内产业和中介组织的意见，最大限度地维护中国的经济利益。

5. 收集国际标准和技术法规

技术性贸易壁垒影响大、涉及面广，各国都非常重视。美国和许多国家都主动向国际组织和重点国家派出代表，调查研究相关组织和国家的标准、技术法规及认证的情况。日本、韩国、德国、澳大利亚、新西兰等国特别重视各国标准化和认证工作的发展动向，以便研究对策。因此，中国也应建立专门的机构，收集研究主要贸易国的各种技术性贸易壁垒措施，特别是那些正在制订中的规则。同时，要充分利用世贸组织技术性贸易壁垒咨询点的窗口作用，收集相关信息，了解各成员国政府、工商及经贸团体采取技术性贸易壁垒的具体规则，及早得到有关技术法规和合格评定程序的信息，制定中国的应对策略。

6.尽快建立中国的技术标准和法规体系

用技术法规、技术标准、合格评定程序等手段合法地保护国内市场和产业经济安全，已经成为国际上通行的做法。在国际贸易中，利用标准争夺市场屡见不鲜。世界各国在高新技术领域的竞争已经提前到了研发期。俗话说："一流企业搞标准，二流企业抓专利，三流企业创品牌，四流企业卖产品。"中国作为一个大国，建立属于自己的技术标准和法规、健全和完善认证制度具有重要意义。

7.推行认证制度，整顿认证秩序

推行认证制度，有利于提高企业管理和产品质量水平，赢得国际市场信誉。要积极推行国际质量保证体系认证、产品认证，重视 ISO 9000 系列标准认证工作。这些都是广义的技术性贸易壁垒当中的重要内容。目前，越来越多的跨国公司或政府采购对供应商提出有关环境认证的要求，许多著名的跨国公司要求所属的公司和供应商必须在限定时间内通过认证。环境管理体系的认证和环境产品认证，被称为"双绿色战略"的认证，是打破技术性贸易壁垒的"绿色通行证"，国家应当加大力度予以推行。目前，中国的认证制度与收费制度不规范，存在认证流于形式，受证企业质量无法保证等问题，认证制度和机构亟须整顿。

8.积极开展产业损害预警工作

一是加强产业损害、进出口秩序预警应对工作，设立预警协调机制。贸易救济措施主管部门要指导产业、中介组织和地方主管部门对未立案的产业受损情况定期进行调查研究，通过预警工作，把产业安全工作前置化。二是加强对受损产业的指导和协调，要把促进受损产业恢复发展工作作为保护国内产业安全工作的重中之重；还要注意抓住国内重点产业（如化工等产业）和重点产品的安全工作；建立跟踪机制和统计制度，把指导行业开展产业安全的工作逐步提高和深化。三是积极引导产业建立贸易救济联盟。贸易救济联盟是一种企业间适应激烈贸易竞争的自救组织形式，以社会中介机构的身份行使组织权，影响企业，达到自我保护的目的。联盟对企业的支持主要通过信息咨询、培训、科研支持以及在贸易争端中形成合力维护会员和产业利益等形式来实现。联盟多以中小企业共同组建实体联盟为主，覆盖面广，对产业保护力度强，能够及时对进口产品的不正当竞争行为采取措施，保护联盟企业的利益。

第四章

国际货币体系与国际金融发展

第一节　国际货币体系

国际货币体系（又称国际货币制度）是指支配各国货币关系的规则和机构所形成的一个完整系统，是各国政府为适应国际经济活动的需要，对各国货币的兑换、国际收支的调节、储备资产的供应等所作出的安排或确定的原则、规则，以及为此而建立的机构等的总称。

100多年来，国际货币体系几经变革，大体经历了三个时期：（1）国际金本位制度时期；（2）布雷顿森林体系时期；（3）牙买加货币体系时期。在国际货币体系发展的每一个历史时期，都有个别国家居于中心地位，国际金本位时期是英国，布雷顿森林体系时期是美国，牙买加货币体系时期则是美、欧、日三足鼎立。因此，世界经济发展的不平衡，是国际货币体系演变的根本原因。20世纪90年代，尤其是21世纪以来，世界经济格局又发生了新的大变化，作为其结果之一，国际货币体系早晚也会有所变化，虽然这一变化的出现可能需要较长的时间。

一、国际金本位制度

19世纪80年代出现的国际金本位制度是历史上出现的第一个国际货币体系。所谓金本位制就是指一国的本位货币以一定量的黄金来表示的货币制度。依据货币与黄金联系标准的不同，金本位制又可分为金币本位制、金块本位制和金汇兑本位制三种类型。它们的相继出现也是金本位制的历史演变过程。

国际金本位制度的特点是：第一，黄金充当了国际货币，但事实上（尤其是在它的后期）英镑在相当大的程度上代替了黄金；第二，严格的固定汇率制；第三，具有自动调节国际收支的功能。国际金本位制度所带来的物价和汇率的稳定，有利于当时国际贸易和投资的发展，从而对世界经济的发展起了促进作用，但由于帝国主义各国经济、政治发展的不平衡，维持金本位制的一些必要条件逐渐遭到破坏。第一次世界大战爆发后，各国停止银行券兑换并禁止黄金出口，国际金本位制逐渐宣告瓦解。战争期间，各国实行浮动汇率制，汇价波动剧烈，国际货币体系已不复存在。第一次世界大战结束后，欧洲各国广泛发生了货币和金融动荡，这一时期的国际货币体系是被严重削弱的金本位制度。直到20世纪30年代，在世界性经济危机的猛烈冲击下，国际金本位制度彻底崩溃。此后直到第二次世界大战爆发，国际货币和金融关系都处于极度混乱和动荡之中。

二、布雷顿森林体系

（一）布雷顿森林体系的建立

鉴于第一次世界大战后20多年间各国之间政治、经济斗争激烈，货币和金融极度混乱，最后导致第二次世界大战的教训，英美各国在大战尚未结束之前，就开始酝酿战后的经济合作计划，首先提出的就是战后货币计划。英美两国政府从本国利益出发，分别提出了"凯恩斯方案""怀特方案"。"凯恩斯方案"的特点在于"透支原则""非黄金汇兑的国际清算原则"，在维护了英国利益的同时，也折射出凯恩斯本人深刻的洞察力。而美国"怀特方案"的特点在于"存款原则""黄金汇兑的国际清算原则"。黄金-美元-其他国别货币以固定汇率双挂钩，实质上使美国几乎独占了货币和金融领域游戏规则的制定权和修改权。最后由于美国在政治和经济上的实力均大大超过英国，英国被迫放弃"凯恩斯方案"而接受"怀特方案"。1944年7月在美国新罕布什尔州的布雷顿森林召开有44国参加的国际货币和金融会议，通过了《国际货币基金协定》《国际复兴开发银行协定》，这两个协定总称为《布雷顿森林协定》，从而建立起一个以美元为中心的国际货币体系。

（二）布雷顿森林体系的主要内容

布雷顿森林体系的主要内容是以作为国际协议的《国际货币基金协定》的法律形式固定下来的。

（1）以美元为单位的固定汇率制。该协定规定了以美元作为最主要的国际储备货币，美元直接与黄金挂钩，国际货币基金组织的会员国政府必须确认1934年美国政府规定的1盎司黄金=35美元的官价，并且各国政府和中央银行可随时向美国政府按官价兑换黄金。另外，协定还规定了各国货币要规定黄金平价，并以此确定对美元的比价，从而确定了其他货币通过美元与黄金间接挂钩的关系；各国货币均与美元保持固定的比价关系，汇率波动界限不得超出货币比价的上下1%，各国政府有义务通过干预外汇市场来实现汇率的稳定；会员国只有在国际收支出现"基本失衡"时，经IMF批准才可以进行汇率调整。由此可见，布雷顿森林体系下的汇率制度是可调整的固定汇率制。

（2）调节国际收支。弥补国际收支逆差，向会员国融通弥补逆差所需资金，是国际货币体系顺利运转的必要条件。为此，协定规定，设立普通贷款账户向国际收支发生暂时困难的会员国提供贷款，以弥补逆差。

（3）废除外汇管制。协定规定，会员国不得限制经常项目的支付，不得采取歧视性的货币措施，要在兑换性的基础上实行多边合作。

（4）建立一个永久性的国际金融机构——国际货币基金组织。协定赋予IMF以下职能：①监督的职能，即监督会员国遵守协定各项条款，以维护国际金融与外汇交易秩序。②磋商的职能，即与会员国就国际货币领域的有关事项进行磋商。③融通资金的职能，即对逆差国提供贷款，以稳定外汇市场和扩大国际贸易。

在上述内容中，美元同黄金挂钩，其他国家货币同美元挂钩，对保障布雷顿森林体系的统一性和稳定性具有特别重要的意义，是构成布雷顿森林体系的两大支柱。

（三）布雷顿森林体系的特点

布雷顿森林体系下，美元可以兑换黄金，因此布雷顿森林体系也被称为以美元为中心的金汇兑本位制。它的主要特点体现在以下几个方面：

（1）美元发挥了世界货币的职能。美元被广泛地用作国际计价单位、支付手段和储备手段。美元实际上充当国际储备货币，因而布雷顿森林体系也被称为可兑换黄金的美元本位。

（2）形成了盯住美元的固定汇率。在货币比价确定方面，是以美元作为关键货币，根据其他国家货币与美元的金平价之比来确定。而且这种固定汇率的波动界限是人为规定的，黄金输送点不再起自动调节的作用，而是在IMF的监督下，通过各国中央银行对外汇市场的干预予以维持。

（3）兑换黄金的程度不同。第一次世界大战前居民可以自由兑换黄金，战后实行金汇兑本位制的国家允许居民用外汇兑换黄金。在布雷顿森林体系下，只同意外国政府在一定条件下用美元向美国兑换黄金。因此，布雷顿森林体系是一个被大大削弱了的金汇兑本位制。

（4）国际收支失衡的调节机制不同。在国际金本位制下，依靠的是"物价-现金流动机制"的自发调节作用；在布雷顿森林体系下，通过IMF的贷款和汇率的调整来实现。

（5）从国际货币体系的运转来看，布雷顿森林体系是通过签订正式协定，并在统一的国际金融机构——IMF的监督下实施，要求会员国遵守，否则将受到制裁。因而它具有统一性、严密性和约束性。

（四）布雷顿森林体系的运转

1.维持布雷顿森林体系运转的基本条件

由于布雷顿森林体系实行的是"双挂钩"制度，即美元与黄金挂钩、其他国家货币与美元挂钩，因此，要维持这个体系，保持"双挂钩"原则的实现，必须具备两个基本条件：

（1）美元国际收支保持顺差，美元对外价值稳定。这是以美元为中心的国际货币体系建立的基础。

（2）美国应具有充足的黄金储备，以维持黄金的官价水平。

2.维持布雷顿森林体系运转所采取的措施

布雷顿森林体系是在美国持有大量顺差、黄金储备充足的基础上建立起来的，其运转与美元的信用、地位密切相关。第二次世界大战后至20世纪50年代末，由于美元币值稳定，美国黄金储备充足，人们对美元充满信心，很少有人想以美元兑换黄金，因此布雷顿森林体系得以顺利运转。由于经济发展不平衡规律的作用，从50年代以后，美国的经济力量相对下降，美国国际收支已由顺差转为逆差，美元大量外流，黄金储备急剧下降。到了1960年，美国对外流动债务已超过其黄金储备额，已不可能实现无限制兑换黄金的承诺，终于在同年10月爆发了第一次美元危机，布雷顿森林体系岌岌可危。为缓解美元危机，不致削弱布雷顿森林体系运转的基础，美国以及在美国影响下的IMF先后采取了稳定黄金价格协定、《巴塞尔协议》、黄金总库、借款总安排、货币互换协议、黄金双价制和创立特别提款权（special drawing right，SDR）等措施。

3.布雷顿森林体系的运行机制

布雷顿森林体系对战后世界经济的恢复和发展起到了重要作用，对今后国际货币体系的建立也必将产生重大影响，在历史上具有重要的地位。之所以如此，与其有效的运行机制密不可分。

（1）监督机制。《布雷顿森林协定》赋予IMF以监督的职能，监督《布雷顿森林协定》各项条款，从而维护国际金融与外汇交易秩序。

（2）协商机制。《布雷顿森林协定》赋予IMF以磋商的职能，原则上每年都要与各会员国进行一次定期磋商，定期举行世界经济形势与前景的磋商。

（3）资源共享机制。布雷顿森林体系制定了一系列国际资源共享的规则，规定各会员国实行资金和信息共享，资金共享有利于弥补某会员国的国际收支逆差，信息共享有利于实现各会员国政策的协调。

（4）合作机制。当某一会员国发生国际收支不平衡时，各国应本着合作的精神，使国际收支恢复平衡。

（5）优化组合机制。布雷顿森林体系力图协调各国在货币金融领域的政策，将古典金本位制的优点（汇率稳定性）与浮动汇率制的优点（各国可独立地制定国内经济政策）结合起来，这可以说是一项伟大的历史创举。

4.布雷顿森林体系的崩溃

由于经济发展不平衡规律的作用，从20世纪50年代以后，美国的经济力量相对下降，美国国际收支已由顺差转为逆差，美元大量外流，黄金储备急剧下降。60

年代以后，美国始终无法扭转国际收支逆差，美元在国际上的地位每况愈下，美元危机接连不断。西方各国在美国的压力下企图维持以美元为中心的固定汇率制度，但愈来愈感到力不从心。1971年，国际金融市场上又先后爆发了两次大规模的抛售美元的风潮，迫使当时的尼克松政府于当年的8月15日宣布新经济政策，其对外方面的主要内容是：停止美元对黄金的自由兑换，割断美元与黄金的联系；为改善国际收支，加征10%的进口关税。1971年年底美元被迫贬值7.89%，黄金官价由每盎司35美元提高到每盎司38美元，同时放宽各国汇率的波动幅度，由原来的±1%扩大到±2.25%，这样，固定汇率制也开始动摇。1973年美元危机再次爆发，美元第二次贬值，黄金官价由每盎司38美元提高到每盎司42.22美元，于是主要国家的货币纷纷与美元脱钩，取消了本国货币与美元的固定比价，实行浮动汇率制。与此同时，西欧共同市场的一些国家组成了联合浮动集团，在内部保持固定汇率制，对外则实行联合浮动。从此，以美元为中心、以固定汇率为支柱的布雷顿森林体系就基本崩溃了。1978年3月31日，国际货币基金组织正式宣布，从1978年4月1日起，有关肯定浮动汇率和取消黄金条款的决议正式生效。至此，1944年布雷顿森林会议产生的国际货币体系，在维持了34年的生命，经过国际货币基金组织履行法定程序后正式宣告结束。

5.布雷顿森林体系的缺陷

布雷顿森林体系从宣布成立到真正成立用了14年时间（1944—1958年），正常运行11年时间（1959—1970年），1971年开始瓦解，1973年2月彻底瓦解。该体系正常运行时间如此之短，绝非偶然，因为它天生就存在以下不可克服的缺陷：

（1）布雷顿森林体系建立的汇率制度实际上是金汇兑本位制，这是一种间接使货币与黄金联系的本位制度、一种被削弱了的金本位制，具有不稳定性。因为：第一，国内没有金币流通，黄金不再起自发调节货币流通的作用。第二，各国用所持美元兑换黄金有一定限制，如只许各国中央银行与政府机构兑换，兑换量受美国黄金储量的限制。第三，其他成员的货币与美元挂钩，一旦美国经济动荡，其他国家的货币也将发生动荡。

（2）布雷顿森林体系建立的汇率制度是一种金字塔形的不平等的汇率制度。双挂钩制度的建立使美元处于等同黄金的地位，因而美元成为各成员的主要储备资产，享有一种特殊的地位。美国可以利用美元直接对外投资，购买外国企业，操纵国际金融事务，弥补国际收支赤字，从而造成美元持有国的实际资源向美国转移；因各国货币盯住美元，美国的货币政策对各国经济有着重大影响。随着各国经济的复兴和发展，货币和金融力量的增强，这种不平等的汇率制度必将难以维持。

（3）布雷顿森林体系以一国货币——美元作为主要储备资产，具有内在的不稳定性。随着国际贸易的发展，国际储备也要相应增加。战后，由于黄金生产的停滞，美元在国际储备总额中所占的比重显著增加，各国国际储备的增长要靠美国国际收支出现逆差来维持。如果美国国际收支长期保持逆差，必将影响美元的对外信用，引起美元危机；如果美国保持国际收支平衡或顺差，美元固然稳定，但又会断绝国际储备的来源，引起国际清偿能力的不足。这是一个不可克服的矛盾，史称"特里芬难题"。

（4）布雷顿森林体系虽然确定的是一种可调整的盯住汇率制度，但在资本流动性增大的情况下具有不可操作性。随着西欧经济的复兴和发展，一部分发展中国家如"亚洲四小龙"的崛起，国际贸易迅速发展，资本市场异常活跃，市场行情变化频繁，而可调整的盯住汇率制度确定了一种固定平价，这就给投机活动以可乘之机。麻烦的是，传统的金融政策和国际协调干预都不能有效地阻止投机活动，这就暴露了可调整的盯住汇率制度在资本流动性增大的情况下的不可操作性。

（5）布雷顿森林体系所实行的固定汇率制度，虽然通过对国际贸易和国际投资活动的发展从而对世界经济的发展起着积极的促进作用，但也给美国输出通货膨胀提供了可乘之机。在各国货币对美元的汇率超过《布雷顿森林协定》规定的界限时，各国政府有义务在外汇市场上进行干预，以平抑汇价。如果美元汇率下跌，其他国家的官方金融机构就需要大量抛出本国货币，买进美元，促使美元的需求增加，美元汇率回升。结果这些国家的货币流通量增多，加剧了国内通货膨胀。在美元过剩的情况下，持有大量美元的国家如果抛售，则会引起美元危机；如果继续持有，必将遭受贬值的损失，这也使它们处于两难的境地。

（6）布雷顿森林体系过分强调汇率的稳定性，忽视了国际收支的调节机制。在固定汇率制度下，各国不能利用汇率的波动达到调节国际收支平衡的目的，只能消极地实行贸易管制，或放弃稳定国内经济的政策目标。采用前一种办法，贸易的发展受到阻碍；采用后一种办法，又违反了稳定和发展本国经济的原则。但各国政府都不愿为了保持对外平衡而牺牲国内经济的稳定性，所以这两种办法都是不可取的。汇率体系缺乏弹性，不能适应各国经济情况的急剧变化，于是国际收支的调节机制失灵。一方面是固定汇率和自由支付，另一方面各国的经济政策又是独立自主的，二者很难协调。这个体系含有支付不平衡的强烈倾向，它也不能对付破坏性的资本流动。

（7）布雷顿森林体系缺乏对货币行为信用要素的考虑，却企图以某些形式的货币政策协调来取代金本位制的固定的可兑换性规则。金融史研究表明，浮动汇率制只是当世界经济发生大动荡时国家所采取的一种暂时性的安排，而当世界经济稳定发展时，国家则重新回到固定汇率制。因为在固定汇率制下，国家货币当局的货币行为可信度比较高，有时之所以要放弃它，是因为当面临巨大的外在动荡时，如果仍然采用固定汇率制，将会束缚货币当局的手脚，这对国家凶多吉少。宏观经济学告诉我们，货币当局的目标与公众的目标是对立的，货币政策对经济的影响依赖于它使公众惊讶的程度，也就是说，如果公众能够正确地预期到货币当局的政策行为，他们就会预先采取行动以避免不期望结果的发生，从而使货币政策中性化。公众能够合理预期，货币当局却不能掌握私营部门的预期。因而货币当局企图采取的任何使公众惊讶的政策行动都会因公众的合理预期而受挫，从而导致通货膨胀率升高，扩张性的货币政策中性化。所以货币政策要想产生效力，就不能企图欺骗公众，必须增加政策的可信度，严格限制货币政策施用的规则，这样通货膨胀率就会降低。金本位制运行的结果似乎证明了这一点。在实行金本位制的年份里，国际货币体系的可信度比布雷顿森林体系的可信度高，因而它也更有助于稳定公众的预期。

（8）布雷顿森林体系的贯彻运行机制不健全，措施软弱无力，它既没有对那些不能一贯执行体系规则的国家实行严厉制裁，也没有对那些在某些条件下维持合作行为的国家提供充足的金融资源，因而它在促使其成员维持合作方面作用甚微。此外，美国从1965年后没有维持价格的稳定性，其他成员也不愿意长期服从美国的领导以牺牲本国利益等，也是导致布雷顿森林体系瓦解的原因所在。

6.布雷顿森林体系的作用

布雷顿森林体系的作用主要有以下几个方面：

（1）稳定了第二次世界大战后的资本主义世界货币和金融的动荡混乱局面。第二次世界大战前，由于以金本位制为基础的统一的国际货币体系瓦解，各国先后组成了相对独立的货币集团。货币集团的存在使西方国家货币战日趋激烈，它们为了争夺国外市场纷纷实行外汇倾销，各国货币竞相贬值，不但影响了国际货币和金融市场的秩序，甚至连正常的国际贸易都遇到了困难。布雷顿森林体系相对稳定了西方国家的货币，减轻了各国货币的内在不稳定性。

（2）促进了国际贸易和世界经济的发展。美元作为国际货币，处于等同黄金的地位，起着黄金的补充作用，弥补了国际清偿能力的不足。以美元为中心的固定汇率制相对稳定达20多年，为国际贸易创造了良好的环境。国际贸易量的增长大大超出第二次世界大战前的水平，超过同期世界工业增长的速度。出现这种局面的原因是多方面的，但国际货币体系的稳定是一个相当重要的因素。

（3）国际货币基金组织在促进国际货币合作、建立多边支付体系方面也起了较大的作用，特别是对成员提供各种类型的短期和中期贷款，可以暂时缓和成员国际收支逆差的情况，有助于世界经济的稳定和增长。

三、牙买加体系

（一）牙买加体系的建立

布雷顿森林体系瓦解后，国际金融陷入动荡之中，各国为建立一个新的国际货币体系进行了长期的讨论与磋商。1974年9月，在国际货币基金组织年会上成立了一个临时委员会，由20个国家的部长级代表组成。这个临时委员会是国际货币基金组织理事会的咨询机构，专门研究国际货币制度问题。在改革原有国际货币体系、谋求建立新的国际货币体系的过程中，各方在不断讨价还价的基础上，最终就一些基本问题达成共识。1976年1月，临时委员会在牙买加首都金斯顿举行会议，讨论修订《国际货币基金协定》。这次会议集中讨论了三个主要问题：第一，扩大和重新分配份额。第二，处理黄金官价和国际货币基金组织的库存黄金。第三，修改国际货币基金组织有关汇率的规则。经过数次协商，最终签署了一个协定，被称为《牙买加协定》。

《牙买加协定》的主要内容是：

（1）修订基金份额。新增加份额不超过总数的33.5%；增加后的份额分配使石油输出国组织所出的资金增加了1倍，达到全部成员出资总额的10%。份额重新修订后，发达国家的投票权相对于发展中国家减少了。

（2）浮动汇率合法化。各成员可以自主决定汇率安排，因而固定汇率制度与浮动汇率制度可以并存。

（3）黄金非货币化。废除黄金条款，实行黄金非货币化，也就是使黄金与货币完全脱钩，让黄金成为纯粹的商品，各成员的中央银行可按市价自由进行黄金的交易。取消成员之间及成员与基金组织之间需用黄金支付的义务。

（4）储备资产安排。在未来的货币体系中，应以特别提款权作为主要的储备资产，把美元本位改为特别提款权本位。

（5）加大对发展中国家的融资规模。以出售黄金所得收入扩充"信托基金"，用于援助发展中国家。

在《牙买加协定》发表以后，基金组织执行董事会即着手对《国际货币基金协定》进行第二次修订，修订的全部条款包括了《牙买加协定》的主要内容。《国际货币基金协定第二次修订案》于1978年4月1日起正式生效。从此，国际货币体系进入了一个新阶段，由于这个阶段的国际货币体系同《牙买加协定》密切相关，故被称为牙买加体系。

（二）牙买加体系的特点

当今国际货币体系就是牙买加体系。牙买加体系对布雷顿森林体系进行了扬弃：一方面，它继承了布雷顿森林体系下的国际货币基金组织，并且强化了基金组织的作用；另一方面，它放弃了布雷顿森林体系下的美元与黄金挂钩、各国货币与美元挂钩的双挂钩制度。具体来说，牙买加体系具有以下特点：

（1）这个体系以IMF作为一个事务性的协调管理机构，保证了国际经济交往的稳步发展。IMF是布雷顿森林体系的重要组成部分，它的建立是对战后国际货币和金融领域的一个重大贡献。它的产生避免了国际金本位制崩溃之后国际货币和金融活动的混乱局面。布雷顿森林体系崩溃后，IMF的存在为国际社会研究解决国际货币和金融问题提供了一个有组织的机构。这对于协调国际货币和金融关系，建立新的国际货币体系和进行国际货币体系的改革都起着非常重要的作用，有效地解决了布雷顿森林体系崩溃之后国际金融亟待解决的一些重大问题，对于新的国际货币体系的产生和发展作出了积极的探讨和贡献，从而在货币和金融领域保证了国际政治、经济、文化活动的正常进行。

（2）国际储备资产多元化。虽然《牙买加协定》中曾规定未来的国际货币体系应以特别提款权为主要储备资产，但事实上，特别提款权在世界各国国际储备中的比重并没有增加。在各国所持有的外汇储备中，以前美元独霸天下的局面被以美元为首的多种储备货币所取代。

（3）汇率制度多样化。根据国际货币基金组织统计，截至2016年12月31日，192个国家或地区实行了10种汇率制度。其具体情况是：14个国家实行无独立法定货币的制度，11个国家实行货币局制度，44个国家实行传统盯住汇率制度，18个国家实行稳定化汇率制度，3个国家实行爬行盯住汇率制度，10个国家实行类爬行汇率制度，1个国家实行水平带盯住的汇率制度，40个国家实行浮动汇率制度，31个国家实行自由浮动汇率制度，20个国家实行其他管理制度。

（4）特别提款权作用的发挥及其不断改革是国际货币体系改革的突破性成就。其成就主要体现在：一是SDR作为国际储备资产的重要组成部分，既有利于解决各国国际储备资产不足的问题，还可以用于成员之间及成员与IMF之间的某些支付和交易活动。它表明国际社会完全可以通过一种崭新的合作方式，创设一种国际公认的货币体系。二是为SDR定值而创设的"一揽子货币"定值方法，为国际社会解决国际货币体系核心货币的价值基础和定值问题提供了一个崭新的思路。

（5）在牙买加货币体系的条件下，出现了国际收支调节机制的多样化，各国通过汇率机制、利率机制、国际金融市场、动用国际储备资产以及国际金融机构的协调来调节国际收支的失衡。

（三）牙买加体系的缺陷

然而，牙买加体系作为布雷顿森林体系崩溃后国际货币制度安排的一种权宜之计，其本身不可避免地存在一些缺陷，这些缺陷导致该体系在运行中出现诸多问题，主要表现为：

（1）牙买加体系下的汇率波动剧烈。在布雷顿森林体系下，各国货币汇率波动的幅度有明确的限制，汇率只在一个相对狭小的范围内变动；在牙买加体系下，由于各国不再承担维持固定汇率的义务，在一定的冲击下，各国货币汇率的调整时常会出现波动过度的现象。特别是近些年来国际资本流动的迅猛发展，过度的汇率波动往往成为货币和金融危机的导火线。自20世纪80年代开始的多次金融危机就是明证。

（2）牙买加体系下各国国际收支状况的调节具有导致危机的隐患。牙买加体系对国际收支失衡的调节有两种方式：一是汇率升值或贬值；二是通过资本流动弥补。尽管这两者之间在调节国际收支的顺差或逆差的总量上具有一定的替代性，但是它们对国际收支各个项目的影响是不同的。汇率升值或贬值主要对解决经常项目顺差或逆差起作用，而资本流动主要影响资本和金融项目。在一些国家存在比较严重的经常项目不平衡的情况下，如果只是片面地通过国际资本流动造成的资本和金融项目盈余来为经常项目提供融资，借以达到国际收支平衡的目标，则一方面可能酿成债务危机，另一方面还可能会因为投资者信心的动摇而引发货币危机。

（3）牙买加体系下各国政府对宏观经济进行调控的困难加大了。在牙买加体系实行的初期，有人认为可以通过浮动汇率制自发实现经济的对外均衡，政府可以只考虑经济的对内均衡问题，内外均衡之间的冲突不存在了。然而实践证明，这种看法是错误的。在牙买加体系下，一方面，政府仍然要通过使用支出增减政策对国际收支进行管理，从而面临着与固定汇率制相类似的内外均衡冲突；另一方面，在利用汇率进行调整的过程中，汇率的变动会对开放经济各个方面都产生影响，因此又出现了新的内外均衡冲突，再加上国际资本流动的飞速发展，经济内外均衡目标的冲突更加复杂，对经济的影响更为深刻。在牙买加体系下，政府决策常常陷于两难的境地，顾此失彼。

由此可见，作为国际货币体系发展的一个重要阶段，牙买加体系在一定程度上符合了国际经济发展的需求。但是，随着世界经济形势的进一步发展，牙买加体系的缺陷也逐渐显露出来。如何弥补牙买加体系的缺陷，成为未来国际货币体系改革所要解决的问题。

四、国际货币体系的改革及人民币国际化

随着国际贸易和世界经济的发展，国际货币体系从根本上来说是不可能长期不变的。国际货币体系与世界经济的发展从基本适应到不适应，最后将不可避免地出现危机。一个旧体制崩溃，同时就孕育着一个新体制的建立。国际货币体系的改革酝酿已久，许多学者认为改革国际货币体系是一个极其重要的问题，否则将严重影响世界经济的发展。在国际货币体系亟待解决的问题中，如汇率问题、国际储备资产问题、国际收支有效调节问题等，都围绕着一个基本问题，即国际货币体系中的货币本位问题。显然，国际货币体系改革的关键问题就在于货币本位制的改革。多年来，国际上对国际货币体系改革中的货币本位制问题比较有代表性的意见有：（1）恢复金本位制；（2）回到美元-黄金本位制；（3）过渡到特别提款权本位制；（4）继续实行现行的国际货币体系。

在如何进行国际货币制度改革的问题上，由于发达国家之间、发达国家和发展中国家之间的利害冲突，由于各国经济结构和经济政策的不同，各国之间存在很大的分歧。因此，国际货币体系的改革将会长期存在尖锐复杂的矛盾和斗争，短期内难有重大突破。2007年次贷金融危机爆发后，美国经济确实受到很大打击，但这

些打击似乎仍在其可控范围之内。经过那次危机的调整，美国经济的竞争力甚至进一步增强。因此，美元的地位在短期内很难动摇，国际货币体系的改革仍将是一项长期的任务。就短期而言，各国主要仍应对现行国际货币体系作进一步的完善，如加强对主要储备货币国家宏观经济的监督，应增加发展中国家在国际货币基金组织中的份额和话语权。就长期而言，进一步改革现行的国际货币体系，建立更加多元化的、合理而稳定的国际货币新秩序，是各国面临的一个重要任务。

作为新兴大国的中国，无疑应当发挥重要作用。截至2015年4月10日，中国央行公布的已经签署的双边本币互换协议如表4-1所示。

表4-1   中国已签署的双边本币互换协议一览表

序号	签署日期	国家/地区/单位	规模（亿元人民币）	有效期
1	2009年3月11日	白俄罗斯	200	3年
2	2009年3月23日	印度尼西亚	1 000	3年
3	2009年4月2日	阿根廷	700	3年
4	2010年6月9日	冰岛	35	3年
5	2011年4月18日	新西兰	250	3年
6	2011年4月19日	乌兹别克斯坦	7	3年
7	2011年6月13日	哈萨克斯坦	70	3年
8	2011年10月26日	韩国	3 600	3年
9	2011年11月22日	中国香港特别行政区	4 000	3年
10	2011年12月22日	泰国	700	3年
11	2011年12月23日	巴基斯坦	100	3年
12	2012年1月17日	阿拉伯联合酋长国	350	3年
13	2012年2月8日	马来西亚	1 800	3年
14	2012年2月21日	土耳其	100	3年
15	2012年3月20日	蒙古国	100	3年
16	2012年3月22日	澳大利亚	2 000	3年
17	2012年6月26日	乌克兰	150	3年
18	2013年3月7日	新加坡	3 000	3年
19	2013年3月26日	巴西	1 900	3年
20	2013年6月22日	英国	2 000	3年
21	2013年9月9日	匈牙利	100	3年
22	2013年9月12日	阿尔巴尼亚	20	3年
23	2013年10月10日	欧洲央行	3 500	3年
24	2014年7月21日	瑞士	1 500	3年
25	2014年9月16日	斯里兰卡	100	3年
26	2014年10月13日	俄罗斯	1 500	3年
27	2014年11月8日	加拿大	2 000	3年
28	2015年3月18日	苏里南共和国	10	3年
29	2015年3月25日	亚美尼亚	10	3年
30	2015年4月10日	南非	300	3年

注：与印度尼西亚、冰岛、新加坡、马来西亚、中国香港特别行政区、韩国、哈萨克斯坦、泰国和欧洲央行的协议到期后又续签了货币互换协议。

2009年7月上旬，中国跨境贸易人民币结算业务正式启动，由此，人民币也由计价货币正式发展为结算货币。这意味着人民币国际化已迈出了关键的一步。一种货币要成为储备货币，需要具备以下三个条件：第一，要有坚实的经济基础。第二，必须是可自由兑换的。第三，要有足够的金融工具可供投资者选择，特别是要有安全的债务工具，如国债和公共机构债。中国政府已经宣布，上海在2020年建成国际金融中心，这意味着在此之前，中国将取消外汇管制，人民币将成为完全可兑换的货币。这将为人民币最终成为世界储备货币，与美元、欧元鼎足而立创造必要的条件。2015年12月1日，IMF宣布人民币于2016年10月1日加入SDR，成为与美元、欧元、英镑和日元并列的第五种SDR货币。

第二节　国际金融市场

一、国际金融市场概述

（一）国际金融市场的概念

金融市场是进行金融资产交易的场所，是因经常发生多边资金借贷关系而形成的资金供求市场。

金融市场按其融资的地域不同划分为国内金融市场和国际金融市场。资金借贷关系发生在本国居民之间，而不涉及其他国家居民，则是国内金融市场；如果资金借贷活动跨越国境并进行国际资金借贷，则是国际金融市场。广义的国际金融市场是指从事各种国际金融业务活动的场所。此种活动包括居民与非居民之间或非居民与非居民之间，如长短期资金借贷、有价证券交易、外汇买卖、黄金交易和期货交易等。狭义的国际金融市场是指国际长短期资金借贷的交易场所，即国际资金市场。

从整体上看，国际金融市场是一种抽象的市场，即无形的市场，它没有一个固定的营业场所，而是由各种银行及其他金融机构组成的营业主体，以各种现代化的通信工具相互联络，昼夜运转，开展各种国际金融业务。

（二）国际金融市场形成的条件

一个国家的国内金融市场，可以逐步发展或上升为国际金融市场，但其形成必须具备一定的基本条件。这些条件主要有：

（1）政局稳定。这是最基本的条件。如果一国政局动荡，国内经济和金融的稳定就无法保证，国际经济交往会受到严重的影响，国际金融市场也就难以在该国形成。

（2）经济管理体制自由开放，国际经济活力较强。一国实行自由开放的经济政策，进出口贸易具有一定的规模，其他对外经济往来活跃，容易加强与世界各国的经济和金融合作，进而形成国际资金的集散地，成为国际金融市场。

（3）实行自由外汇制度。没有外汇管制或外汇管制较松的情况下，外汇资金可以自由兑换调拨，非居民参加金融交易享受与居民相同的待遇，国际资金可以自由流入、流出。

（4）完备的金融管理制度和发达的金融机构。健全发达的金融信用制度、集中高效的银行和其他金融机构、广大而灵活的公开市场，是迅速而周全地处理国际金融业务的必要条件。

（5）地理位置优越，交通便捷，通信设施高度现代化。

（三）国际金融市场的发展

国际金融市场是随着世界市场的形成和国际经济关系的发展与扩大而产生并发展起来的。生产国际化、市场国际化和资本国际化是国际金融市场发展的根本原因。国际金融市场从产生、发展到今天，大致可划分为以下几个阶段：

1.以伦敦为中心的国际金融市场的形成

国际金融业务的萌芽是中世纪主要服务于国际贸易的金银铸币兑换业，以后又产生了汇兑银行。随着资本主义生产方式的建立和不断发展，各国间的经济交往日益频繁，统一的世界市场形成，国际借贷联系趋于经常化和多边化，从而出现了主要从事或专门从事国际性业务的国际金融市场。18世纪中期的英国在产业革命的有力推动下，商品经济日趋发达，从而促进了国际贸易的迅速发展，经营货币兑换、票据结算、资本借贷和黄金交易的国际金融市场也日渐发育成长。到18世纪末，英国对外贸易的范围不断扩大，遍及全球，国际清算业务随之大幅度地增加。英国在日益增加的国际贸易结算与支付中，大量使用英镑作为支付手段，扩大英镑的使用范围，使英镑成了当时资本主义世界国际结算的主要货币。随着国际结算由现金结算向非现金结算的演变，各种票据广泛使用，于是，在英国伦敦产生了国际非现金结算的中心机构——票据交易所和一大批融通海外贸易活动的商人银行等新型的金融机构。同时，作为货币和资金融通机构的英格兰银行的业务活动也大为发展，并在世界各地建立了广泛的业务代理网络，促进了国际资本流动的迅速发展。加之现代化通信工具在国际金融业务中的应用，终于在19世纪初期首先在伦敦形成了具有现代特点的国际金融市场。第一次世界大战爆发后，英国放弃了金本位制度，这使英镑作为主要的国际结算与储备货币的地位大为削弱，在一定程度上对伦敦处于国际金融市场中心的地位产生了消极的影响。与此同时，纽约、巴黎、苏黎世等著名的国际贸易与金融中心城市相继发展成为重要的国际金融市场。

2.纽约、苏黎世和伦敦三大国际金融市场三足鼎立

第二次世界大战以后，英国的经济实力进一步削弱，世界经济的中心由英国移至美国。由于在第二次世界大战中积累了巨额资本，美国成为世界上最大的资金供应者，美元自然成为国际结算、储备和借贷货币。国际借贷亦集中于纽约，使之与伦敦相匹敌，成为世界最大的国际金融市场之一。瑞士的苏黎世则由于瑞士在两次大战中成为中立国，保存了雄厚的经济实力，因此发展了其自有外汇市场和黄金市场，而与伦敦、纽约并立成为重要的国际资金调拨市场。

3.离岸国际金融市场的兴起

20世纪60年代后，由于美国国际收支开始出现巨额逆差，黄金外流，美元的国际信用开始动摇，美元资金大量外逃。为了应付这一局面，美国政府被迫采取各种措施限制资本外流，导致大量美元为逃避管制而纷纷流向境外金融市场，形成了"欧洲美元市场"。同时，一些西欧国家为防止美元泛滥冲击本国外汇市场，采取了一些限制资金流入的措施。这些国家的银行为了开展业务，纷纷把资本转移到国外，以逃避监管。这样又出现了"欧洲英镑市场""欧洲德国马克市场"等其他欧洲货币市场，与欧洲美元市场一起统称为欧洲货币市场。因此，欧洲货币市场是在欧洲美元市场的基础上发展起来的，交易对象也主要是欧洲美元。

欧洲货币市场是一种新型的国际金融市场——离岸国际金融市场。所谓的离岸国际金融市场是指市场行为以非居民交易为主体，基本不受所在国法律和税制限制的国际金融市场，也称境外市场或化外市场。它最主要的特点是把某一种或某几种货币的存贷等金融业务转移到这些货币发行国的境外进行，因此几乎不受任何政府的管制。离岸国际金融市场同国内金融市场完全隔离，可以全方位地自由筹措资金，进行外汇交易，并实行自由利率，无须缴纳存款准备金。

离岸国际金融市场的兴起与扩展，使国际金融市场的发展进入了一个全新的阶段。离岸国际金融中心最初在伦敦出现，之后又在西欧各地及新加坡、中国香港等地陆续形成。甚至在原先一些并不重要的地区，如人口稀少的小岛或一些游览风景区，由于当地政府为繁荣经济，实行非常宽松的金融监管政策或根本不加管制，征税较低或免税，加上地理位置合适，往往也能吸引大批的金融实业家和大量的资金流入，于是离岸市场就在那里发展起来。20世纪60年代中期以来，这种离岸的国际金融市场的发展极为迅速，国际金融中心不再局限于少数传统的中心，而是迅速分散到世界各地的市场。它们打破了传统金融市场的各种局限，把国际金融市场带入一个新的运作境界，对世界经济的进一步国际化发挥着重要的作用。

从发展的特征来看，离岸国际金融市场有三种类型：

第一种，伦敦型离岸国际金融市场。其特点是境内外业务混合为一体，居民、非居民都可参加外币存贷活动。中国香港的离岸国际金融市场属于此种类型。

第二种，纽约型离岸国际金融市场。其特点是内外分离，离岸业务同国内货币市场严格分隔。纽约市场最为典型，新加坡、东京的离岸国际金融市场亦属此类型。

第三种，避税港型离岸国际金融市场。其特点是只有记账而没有实质性的货币经营业务。国外银行在当地开设资金账户是为了逃避税收。巴哈马和开曼群岛是典型的代表。

（四）国际金融市场的作用

国际金融市场的积极作用主要表现在以下几个方面：

（1）促进国际贸易与投资的迅速增长。国际金融市场通过融资、结算、资金调拨等作用，便利了国际贸易与投资。它在世界范围内调拨资金，调剂余缺，使闲置资本转化为盈利资本，把储蓄有余国家的资金调拨到资金不足的国家，促进了生产和资本的国际化。第二次世界大战后西欧的复兴、日德经济的发展、发展中国家的经济建设，都大量使用了国际金融市场的资金。

（2）调节国际收支。国际金融市场的扩展为国际收支逆差国开辟了新的调节国际收支的渠道。原来只能动用有限的国际储备，现在可到国际金融市场去举债或筹资，从而更能灵活地规划经济发展，可在更大程度上缓解和国际收支失衡的压力。

（3）提高银行信用的国际化水平。在国际金融市场进行业务活动的，主要是世界各国经营外汇业务的银行及其他金融机构，它们为了发展国际金融业务，不断加强联系，互相代理业务，逐渐结合成为有机整体，不少大银行在国外设立分支机构，成为跨国银行。这样各国的国内银行信用发展为国际银行信用，推动了银行信用国际化水平的进一步提高。

（4）改善国际资金分配状况，提高世界资源配置效率。国际金融市场利用利息杠杆和信贷融通，以及多方面的分配渠道，引导资金从盈余国家投向资金缺乏的国家，取得较高的收益和效率。

应当指出的是，国际金融市场的迅速扩展对世界经济的发展也产生了一些消极作用：第一，导致大量资本流动，冲击一国货币政策的执行效果。第二，为货币投机活动创造了条件。第三，助长通货膨胀，加剧经济危机。

为此，近些年来，西方各国在推行金融自由化的同时，都纷纷采取措施，在不同程度上加强对国际金融市场的干预与管理，以趋利避害。

二、传统国际金融市场

传统的国际金融市场，是指经营居民与非居民之间的国际金融业务，且交易活动必须受当地政府法令管辖的国际金融市场，是与离岸金融市场相对立的在岸国际金融市场，其中居民主要是国内投资者，非居民主要是外国筹资者。

传统的国际金融市场根据其业务性质可划分为国际外汇市场、国际货币市场、国际资本市场和国际黄金市场。

（一）国际外汇市场

外汇市场是外汇供给者、外汇需求者及交易中介机构进行外汇交易的场所。通过外汇市场，外汇交易的参与者能够实现其交易的目的。根据不同角度，外汇市场可划分为不同类型。

1.从外汇交易的组织形式上来看，分为有形外汇市场和无形外汇市场

有形外汇市场的交易参与者在专门的交易所里，在规定的交易时间内，集中起来进行外汇交易。有形外汇市场主要存在于欧洲大陆地区，如法国巴黎、德国法兰克福、意大利米兰和比利时布鲁塞尔等地。无形外汇市场没有具体的交易场所，也没有固定的开盘时间和收盘时间，交易的参与者利用电报、电话、电传和计算机网络等现代化通信手段进行交易。无形外汇市场普遍存在于英国、美国、日本和瑞士等国家和地区，如英国伦敦、美国纽约、日本东京和瑞士苏黎世等地。目前，通过有形外汇市场进行的外汇交易与通过无形外汇市场进行的外汇交易相比，数量极其有限。在一般情况下，人们往往将典型的外汇市场理解为无形外汇市场。

2.根据外汇交易额度的不同，分为批发外汇市场和零售外汇市场

批发外汇市场是指银行同业之间进行外汇交易的市场，包括从事外汇业务的银行之间、从事外汇业务的银行与中央银行之间以及各国中央银行之间进行的外汇交易。这种交易的额度一般比较大，故被称为批发外汇市场。零售外汇市场是指银行与其客户之间进行外汇交易的市场。一般情况下，这种外汇交易的额度相对于银行同业之间的外汇交易额度来说要小得多，所以被称为零售外汇市场。

3.根据外汇市场交易的性质，分为传统外汇市场和创新外汇市场

在传统外汇市场上进行的是传统的外汇交易，包括即期外汇交易、远期外汇交易、套汇交易等。在创新外汇市场上进行的是创新的外汇交易，包括外汇期货、外汇期权和货币互换等。

（二）国际货币市场

货币市场是指资金的借贷期限在一年以内的交易市场，是解决短期资金需要的国际信贷市场，故又被称为短期国际资金市场。该市场以银行信用为企业跨国筹措资金，以短期工商企业资金周转、拆款和短期政府债券为主要交易对象，是经营短期信用票据买卖的国际金融市场。该市场的主要参与者有商业银行、票据承兑公司、贴现公司、证券交易商和经纪商。

货币市场的信用工具多种多样，虽然各国货币市场工具有所不同，但基本上可以分为两大类：一类是与银行有关的信用工具，如联邦基金、大额存单、银行承兑票据等；另一类是非银行的市场信用工具，即由非银行金融机构发行的票据，如国库券和商业票据等。

根据业务活动的不同，货币市场具体可以分为以下三个组成部分：

（1）银行短期信贷市场。这是一个银行同业间的国际拆借或拆放以及银行对国外工商企业提供短期信贷资金的市场，其中银行同业间的拆放市场处于重要地位。

（2）贴现市场。这是一个经营贴现业务的短期资金市场。

（3）短期证券市场。这是指期限在一年以下的证券交易市场。短期证券市场的基础是各种短期信用票据，主要有国库券、可转让银行定期存单、银行承兑票据和商业票据。

（三）国际资本市场

国际资本市场是指国际金融市场中期限在一年或者一年以上的各种资金交易活动所形成的市场。国际资本市场是国际资本流动的重要途径，也是国际金融市场最为活跃的领域之一。国际资本市场按融资方式的不同，分为国际银行中长期信贷市场、国际债券市场和国际股票市场。

（1）国际银行中长期信贷市场，是指由一国的一家商业银行或者一国（多国）的多家商业银行组成的贷款银团，向另一国银行、政府或者企业等借款人提供期限在1年以上的中长期信贷资金的场所，是国际资本市场的重要组成部分。一般1~5年期称为中期信贷市场，5年以上的称为长期信贷市场。

（2）国际债券市场，是指一国政府、企业、金融机构等为筹措外币资金在国外发行的以外币计值的债券。其具体可分为发行市场和流通市场。发行市场也称一级市场或初级市场，组织国际债券的发行和认购；流通市场也称二级市场，是指已发行国际证券的交易市场。国际证券的转让、买卖或流通均在该市场进行。这两个市场相互联系、相辅相成，构成统一的国际债券市场。

（3）国际股票市场，是指在国际范围内发行并交易股票的场所或网络。从股票发行人的角度看，国际股票市场是由交易市场所在国的非居民（外国）公司发行股票所形成的市场。从股票投资人的角度看，国际股票市场还应包括大量非居民投资者参与投资与买卖的股票市场。

（四）国际黄金市场

国际黄金市场是各国进行黄金买卖的交易中心，是国际金融市场的一个重要组成部分。目前，世界上五大黄金市场是伦敦、苏黎世、纽约、芝加哥和中国香港。

国际黄金市场按照不同的分类标准可以分为以下几类：

1.按市场性质的不同，分为主导性市场与区域性市场

所谓的主导性市场是指国际性黄金交易相对集中的市场，其价格的形成与交易量的变化对其他市场影响很大；区域性市场主要指交易规模有限且集中在本地区，对其他交易市场影响不大的黄金市场。

2.按交易方式的不同，分为现货交易市场和期货交易市场

现货交易市场是指在黄金交易双方达成协议后两个工作日内进行交割的市场；期货市场是指交易双方签订合同并交付押金后，在未来指定日期办理交割的市场。

3.按交易自由程度的不同，分为自由交易市场和限制交易市场

自由交易市场是指黄金可以自由输入、输出，居民和非居民都可以自由买卖的黄金市场；限制交易市场是指对黄金的输入、输出和市场交易主体实行某种限制的黄金市场。

三、欧洲货币市场

欧洲货币市场，又称离岸国际金融市场、境外金融市场或化外市场，是指经营各国境外货币存放款业务的国际金融市场。在"欧洲货币"这一名称中，"欧洲"已失去了地理上的意义，被赋予经济上的含义，等同于"境外"或"化外"的意思。欧洲货币泛指在发行国外流动的各种货币，如美元、英镑、瑞士法郎、日元等。欧洲货币市场是随着战后生产和资本国际化日益加深而产生和发展起来的新型国际金融市场。

（一）欧洲货币市场的形成和发展

当今国际金融体系发展的重要里程碑是欧洲货币市场的出现。最初的欧洲货币市场是欧洲美元市场。起初，这一市场主要由美国之外持有的美元存款构成，主要在欧洲，尤其是在伦敦。欧洲美元主要源于当时的共产主义国家在第二次世界大战后为防备美国可能的经济遏制而持有的美元存款。随着美国银行基于解决因20世纪60年代美国银行业管理的Q条例而造成的金融脱媒问题，欧洲美元市场作为国内无保险存款的替代品，在20世纪70年代迅速发展。1970年，美国银行海外机构的存款占全部美国银行存款的8%。到1980年，美国银行海外机构的存款占全部美国银行存款的25%，而对于最大的9家美国银行来说，此比例超过了50%。伴随着美国实施加强美元地位的某些管制措施，以欧洲美元形式存在的大量金融资产已经成为进一步进行金融创新的源泉，这些创新中最显著的就是欧洲债券市场的发展。

（二）欧洲货币市场的特点

同传统国际金融市场相比，欧洲货币市场具有以下几个显著的特点：

（1）基本上摆脱各国金融当局的干预，在更大程度上由市场机制起作用。欧洲货币市场作为境外货币市场，既不受所在国政府的管制和金融法规的约束，更不受原货币发行国金融当局管制的影响。因此欧洲货币市场在进行货币兑换、资金调拨等方面具有很大的自由度。

（2）形成相对独立和灵活的利率结构制度。欧洲货币市场的利率水平和利率变动受到世界范围资金供求对其变动的制约，但不受一国金融当局的影响。由于不受法定存款准备金和利率最高限度的限制，该市场的利率比国内金融市场和传统国际金融市场上的利率更具有竞争力。与各国国内金融市场的利率相比，欧洲货币市场的存款利率略高，贷款利率略低，从而使其存放款业务更具竞争力和吸引力。

（3）拥有资金调度灵活方便的银行网络和极其庞大的资金规模。欧洲货币市场的资金来自世界各地，数额极其庞大，各种主要可兑换的货币应有尽有，能充分满足不同类型的外国银行和企业对不同期限和不同用途的资金的需求。在这个市场上，投资者和借款人可以任意选择投资和借款的地点，借款人可以任意选择借取美元、日元、英镑、瑞士法郎等。

（三）欧洲货币市场的业务

欧洲货币市场按照其业务性质的不同，可分为欧洲短期信贷市场、欧洲中长期信贷市场和欧洲债券市场。

（1）欧洲短期信贷市场，是指接受短期外币存款并提供一年以内短期贷款的市场。它产生最早而且规模最大，是欧洲货币市场的基础，具有借贷期限短、借款额度大、借贷条件灵活和利率相对合理的特点。

（2）欧洲中长期信贷市场，是指经营一年以上期限的欧洲货币借贷业务的金融市场。这个市场上从事贷款的主要是国际银团。借款人则主要是大跨国公司、国际组织和各国政府。该市场业务的主要特点是：借贷期限长，借款金额大，国际银团贷款所占比重大，实行浮动利率。

（3）欧洲债券市场，是指发行欧洲债券进行筹资而形成的一种长期资金市场。它是国际中长期资金市场的重要组成部分，也是欧洲货币市场的重要组成部分。这个市场是一个完全自由的市场，债券发行较为自由灵活，既不需要向任何监督机关进行登记注册，又无利率管制和发行数额限制，还可以选择多种计值货币。

（四）欧洲货币市场的作用及影响

1.欧洲货币市场的积极作用

欧洲货币市场作为真正意义上的国际金融市场，将各国金融市场结合成一个整体，提高了资本的使用效率。这主要体现在以下三个方面：第一，欧洲货币市场通过银行的中介作用，吸收短期资金，贷放长期资金，解决了存短放长的矛盾。第二，在欧洲货币市场上的借贷主要是国际上通用的少数几种可以自由兑换的货币，如美元、瑞士法郎、日元、英镑等，在资金来源和使用上币种不同的矛盾得以解决。第三，一般说来，在欧洲货币市场上，存款利率比货币发行国高，贷款利率比货币发行国低，这是欧洲货币市场高效率的最重要体现。几十年来该市场的高效运转沟通了各国资金需求者和资金供给者的联系，便于资金在国际转移和调节各国资金的余缺，促进了各国经济的发展，提高了资金利用的国际效用。通过欧洲货币市场转移的资本在以下几个方面对世界经济起了积极的作用：

（1）欧洲货币市场为国际贸易融资提供了充分的资金来源，在一定程度上满足了各国在对外贸易活动中对国际结算支付手段日益增长的需求，促进了国际贸易的飞速发展。

（2）促进了某些工业国家的经济增长和发展中国家的经济发展。20世纪六七十年代，日本、联邦德国、意大利等工业国经济迅速发展，国内资金不能满足其需求。它们都通过欧洲货币市场借入大量的欧洲美元，欧洲货币市场成了这些国家经济高速增长所需巨额资金的重要补充来源。20世纪70年代中期后，发展中国家逐渐进入欧洲货币市场，成为欧洲货币市场的重要角色之一。

（3）缓和了国际性的国际收支矛盾。由于欧洲货币市场的短期资金流动非常方便、快捷，从而为国际收支顺差国提供了投放外汇储备的场所，也为逆差国提供了借入资金的场所。

2.欧洲货币市场的消极影响

由于欧洲货币市场交易规模大，又不受任何国家法律的管制、约束，不可避免地存在以下几个方面的消极影响：

（1）增大了国际金融市场的借贷风险。欧洲货币市场的资金来源中短期资金和同业拆借资金占相当比重，银行对这些短期资金随时有偿付义务，而欧洲货币市场的放款趋向于中长期，一旦借款人违约，会造成很大损失，甚至导致银行破产。

（2）扩大了主要储备货币之间汇率波动的幅度，加剧了金融市场的动荡。在规模巨大、经营自由、以短期资金为主体的欧洲货币市场上，套汇、套利活动十分活跃，大量资金通过这类活动在几种币种之间频繁移动，往往使汇率、利率发生剧烈波动，加剧了外汇市场的动荡，增大了外汇交易的风险，影响国际金融的稳定。

（3）影响有关国家国内货币政策的实施。对于参加欧洲货币市场的国家来说，如果对欧洲货币依赖过深，欧洲货币大量频繁出入本国，将会在一定程度上影响本国货币政策的功效。

（4）欧洲货币市场信用膨胀增加了世界通货膨胀的压力。欧洲货币市场的借贷活动使一国的闲散资金变成了另一国的货币供应，使市场的信用基础扩大。另外，在欧洲货币市场上，大量游资冲击金价、汇率和商品市场，也不可避免地影响到各国的物价水平，导致输入性通货膨胀。

四、国际金融创新市场

金融创新总体上包括金融工具的创新、金融业务的创新、金融机构的创新和金融市场的创新4个方面。其中，金融工具的创新是国际金融创新的主体，因为其他方面的创新均反映在新的金融工具的运用上，因而金融创新本质上是金融工具的创新。自20世纪80年代以来，国际金融市场上的创新工具层出不穷，日新月异。交易创新金融工具的国际金融市场就成为国际金融创新市场。主要的创新金融工具有票据发行便利、货币和利率互换、外币和利率期权、外汇和利率期货及远期利率协议。

（一）票据发行便利

票据发行便利（note issuance facilities），又称票据发行融资安排，是指银行同客户签订一项具有法律约束力的承诺，期限一般为5~7年，根据承诺，在未来的一段时间内由银行以承销连续性短期票据的形式向借款人提供信贷资金，这些票据被称为欧洲票据。如果承销的短期票据不能以协议中约定的最高利率成本在二级市场全部出售，承销银行则必须自己购买这些未能售出的票据，或者向借款人提供等额银行贷款，银行为此每年收取一定的费用。

票据发行便利的优点主要在于把传统的欧洲银行信贷风险由一家机构承担，转变为由多家机构共同分担。它具有职能分担、风险分散的特点，备受贷款人的青睐，自问世以来，发展迅速，目前已成为国际金融市场上中期信用的一种重要形式。

（二）货币和利率互换

互换交易是指交易双方按市场行情，通过预约，在一定时期内相互交换货币或利率的金融交易，是降低长期资金筹措成本和资产负债管理中防范利率和汇率风险的最有效的金融工具之一。互换交易包括货币互换和利率互换两大类。货币互换（currency swap），指交易双方互相交换相同期限、不同币种的等值资金债务或资产的货币的一种预约业务；利率互换（interest rate swap），指交易双方将两笔货币相同、本金相同、期限相同的资金进行固定利率与浮动利率的调换。

互换交易为不同信誉等级、不同国籍的借款人提供了比较均等的筹资机会，打破了信誉等级和人为因素的限制，消除了国际金融市场的分隔状态，使之真正成为能自由进入的市场。同时，互换交易可以作为获得低成本、高收益的资金融通以及防范利率、汇率风险的工具，有助于实现企业资产与负债的战略管理。互换交易在1982年创始后，发展迅速，到1986年全球的互换交易额就已超过2 000亿美元。互换交易已成为20世纪80年代以来国际金融市场最大、最重要的一种创新金融工具。

（三）外汇和利率期权

期权是指在未来一定时期可以买卖的权利，是买方向卖方支付一定数量的金额（指权利金）后拥有在未来一段时间内（指美式期权）或未来某一特定日期（指欧式期权）以事先规定好的价格（指履约价格）向卖方购买或出售一定数量的特定标的物的权利，但不负有必须买进或卖出的义务。

外汇期权（foreign exchange option）是以某种货币或货币期货合约为标的物的期权交易形式。外汇期权可以用来规避汇率变化带来的风险，同时还可以利用外汇期权来谋利。因此，外汇期权交易的动机有保值和投机两种。

利率期权（interest rate option）是一种与利率变化挂钩的期权。买方支付一定金额的期权费后，就可以获得这项权利：在到期日按预先约定的利率，按一定的期限借入或贷出一定金额的货币。这样当市场利率向不利方向变化时，买方可固定其利率水平；当市场利率向有利方向变化时，买方可获得利率变化的好处。它可以用来规避利率波动给借款者和投资者带来的风险，也可以用来对利率波动进行投机获取利润。利率期权交易近年来发展很快，在现实中它以多种不同的方式出现，常见的有：利率期货合约的期权交易（场内交易的利率期权）、银行同业拆借市场间的期权交易（场外交易的利率期权）、嵌入债券的期权交易等。

（四）外汇和利率期货

外汇期货和利率期货都属于金融期货。金融期货是指交易双方在金融市场上以约定的时间、价格买卖某些金融投资工具的合约。金融期货交易的金融投资工具不是一般商品，而是如外汇、债券、存款单、股票、股价指数等金融资产。一般来讲，金融期货交易很少用于实际投资和融资的到期交割。

金融期货交易在指定的交易所内以公平合理的交易价格完成，其交易的期货合约都是标准化的。同时，每家期货交易都有一家结算所配合，来保证买卖双方对合约的履行。除了设立结算所以确保履约交割外，交易所还规定了保证金制度和每日结算制度以维护市场交易的秩序。金融期货市场的最大特征就是交易与运作的程序化。

外汇期货（foreign exchange future）又称货币期货，是交易双方约定在未来某一时间，依据现在约定的比例，以一种货币交换另一种货币的标准化合约的交易。它是指以汇率为标的物的期货合约，可以用来规避汇率风险。它是金融期货中最早出现的品种。自1972年5月芝加哥商品交易所的国际货币市场分部推出第一张外汇期货合约以来，随着国际贸易的发展和世界经济一体化进程的加快，外汇期货交易一直保持着旺盛的发展势头，不仅为广大投资者和金融机构等经济主体提供了有效的套期保值工具，而且也为套利者和投机者提供了新的获利手段。

利率期货（interest rate future）是指以债券类证券为标的物的期货合约，它可以回避银行利率波动所引起的证券价格变动的风险。利率期货合约最早于1975年10月由芝加哥期货交易所推出，在此之后利率期货交易得到迅速发展。虽然利率期货的产生较之外汇期货晚了3年多，但其发展速度却比外汇期货快得多，其应用范围也远较外汇期货广泛。目前，在期货交易比较发达的国家和地区，利率期货都早已超过农产品期货而成为交易量最大的一个类别。

按照合约标的的期限，利率期货可分为短期利率期货、长期利率期货及指数利率期货三大类。短期利率期货是指期货合约标的的期限在一年以内的各种利率期货，即以货币市场的各类债务凭证为标的的利率期货均属短期利率期货，包括各种期限的商业票据期货、国库券期货及欧洲美元定期存款期货等。长期利率期货则是指期货合约标的的期限在一年以上的各种利率期货，即以资本市场的各类债务凭证为标的的利率期货均属长期利率期货，包括各种期限的中长期国库券期货和市政公债指数期货等。指数利率期货是利率期货中的新产品，目前主要包括国债指数期货合约，其标的指数往往可以用来衡量一系列政府债券的总收益。

（五）远期利率协议

远期利率协议（forward rate agreement）是管理远期利率风险和调整利率不相匹配的最新金融工具之一。远期利率协议是一种远期合约，买卖双方（客户与银行或两个银行同业之间）商定在将来一定时间点（指利息起算日）开始的一定期限的协议利率，并规定以何种利率为参考利率，在将来利息起算日，按规定的协议利率、期限和本金额，由当事人一方向另一方支付协议利率与参照利率利息差的贴现额。

国际货币市场上利率波动频繁，难以预测，资金的借贷者经常暴露在利率波动的风险之中。远期利率协议为资金的借贷者提供了规避利率波动风险的手段。

远期利率协议的交易最早于1983年出现在瑞士的金融市场上，并且发展很快，到1984年年底，伦敦金融中心已经形成了远期利率协议的银行间交易市场。不久，这一金融工具就被欧洲和美国的市场参与者广泛接受，交易量不断增加。为了规范这一产品的交易行为，1985年英国银行家协会外汇和货币经纪人协会一同颁布了远期利率协议的标准化文本，其被称为《英国银行家协会远期利率协议》。这一标准化文本对远期利率协议的交易内容和规则进行了详细的说明和解释，推动了这项新产品的规范化发展，大大提高了交易的速度和质量，并且有效地降低了交易成本和信用风险。这一标准化文本已经被市场广泛采用。远期利率协议从实质上说是一种场外清算的金融期货，但它的简易性、灵活性、不需要垫付定金和满足利率不匹配方面比起传统金融期货具有诸多优势。远期利率协议的最大吸引力在于它能抵补利率带来的风险，同时扩大资产负债项目，并可以减少交易双方的银行同业账目，从而有利于增强资产比率和资产收益。

第三节　金融全球化与中国的对策

21世纪，金融全球化的浪潮正席卷世界，形成引人注目的经济景观和潮流。作为一种趋势，金融全球化一方面为世界经济的发展带来了活力，另一方面对各国特别是发展中国家的金融安全形成严峻的挑战。中国作为正在崛起的经济大国，金融业正处于重要的转型时期。因此，如何进行金融体制的塑造，最大限度地利用金融全球化的机遇，并将金融风险控制到最小，是一个非常紧迫的现实问题。

一、金融全球化及其二元效应分析

（一）金融全球化的特点

金融全球化是指金融主体所从事的金融活动在全球范围内不断扩展和深化的过程。它主要表现为这样几个特点：

（1）发达国家及跨国金融机构在金融全球化进程中处于主导地位。这主要是因为：发达国家金融资本雄厚，金融体系成熟；调控手段完备，基础服务设施完善；以发达国家为基地的跨国金融机构规模庞大，金融创新层出不穷；全球金融规则也主要来自发达国家，这些规则总体上有利于其金融资本在全球范围内实现利益最大化。

（2）信息技术的发展为金融全球化提供了技术渠道。当代发达的电子计算机技术为全球性金融活动提供了前所未有的便利。特别是随着互联网技术的日益成熟、电子货币的普及，网络银行和网上交易突破国界在全球铺开，全球金融市场越来越被联结成一个整体，金融市场的同质性进一步提高。

（3）金融创新层出不穷。为适应新技术条件下竞争的需要，同时亦为规避限制性法规和风险，从20世纪60—70年代开始，发达国家率先出现金融创新活动。这既包括制度的创新，又包括工具的创新，如信用制度的创新、股权衍生工具的创新等。在金融创新的推动下，一方面融资证券化趋势大大加强，另一方面带来新的金融风险和不确定性。

（4）金融资本规模不断扩大，短期游资与长期资本并存。在金融全球化进程中，随着参与全球化的金融主体越来越多，全球金融资本不断扩大。在这其中，既有长期投资的资本，也有短期投机的资本。长期资本的投入有利于一国经济的稳定和发展，而短期游资的逐利和投机则易引发一国的金融动荡。

（二）金融全球化对发展中国家产生的二元效应

金融全球化在对各国经济和金融的影响中同时具有正负两种效应。

对发展中国家而言，金融全球化的正效应体现为：第一，金融全球化有利于发展中国家从国际市场引入外资。发展中国家由于自身发展比较落后，普遍面临着资金短缺的问题。随着金融全球化的拓展，相当多的资金流向了发展中国家和地区，这在一定程度上弥补了其经济发展的资金缺口，并带动了技术的扩散和人力资源的交流。第二，金融全球化有利于发展中国家学习发达国家金融运作的先进经验，提高自身的金融效率。发达国家由于市场经济建立较早，金融体系较为完善，金融风险控制机制严密。这给发展中国家提供了很好的学习和借鉴的机会。同时，金融全球化还提高了国内外金融业间的竞争程度，迫使发展中国家金融机构利用金融创新减少交易成本，提高运作效率。

金融全球化对发展中国家的负效应主要表现在：第一，金融全球化使发展中国家民族金融业的生存面临巨大压力。发展中国家参与金融全球化，符合自身长远利益。但是，由于其金融业处于弱势地位，抵御金融风险的能力还较差。如果外国金融机构大规模进入，势必给其民族金融业造成巨大的生存压力，金融体系遭受冲击将是不可避免的。第二，金融全球化为国际游资制造风险提供了条件。金融全球化虽然有利于资本在国际自由流动。但是，出于逐利的动机，国际游资会利用发展中国家利率、汇率管制放开后产生的金融产品价格波动，大量涌入发展中国家套利和套汇。加之目前国际上尚未对投机资本提供必要的约束机制，若有风吹草动，国际游资就会从所在国大量撤走，从而引发严重的金融动荡。第三，金融全球化加剧了发展中国家经济的泡沫化程度。发展中国家从国际市场筹集到的大笔资金被过度地投入到股市和楼市进行炒作。同时，国际投机资本也乘虚而入。在巨量资金的支持下，证券、房地产市场逐渐脱离了经济发展的基本面而飙升，并逐步演变为泡沫经济。第四，金融全球化给发展中国家的金融监管和调控带来严峻挑战。金融全球化意味着金融资本在全球范围内自由流动与获利。出于获利的需要，国际上许多金融资源被无序、过度开发，金融投机性凸显。加之现代金融交易工具发展迅速，极短时间内即可完成巨额资金的交易与转移，其去向不确定性很大。这既给发展中国家金融监管与调控带来了严峻的挑战，也削弱了其货币政策的调控力度。

二、中国金融业当前存在的主要问题

金融全球化的特点和二元效应有助于我们形成它与发展中国家关系的一般性理解框架。为了将问题引向深入，我们还需进一步分析中国金融业在全球化时代所面临的特殊问题，并寻求相应的解决方法。当前，中国金融业所面临的问题主要集中于三个方面：

1.金融业整体缺乏竞争力

从银行业看，随着我国银行业的进一步开放，国有商业银行的治理也进一步加深。在实行了国家注资、股份制改造、完善公司治理等措施后，我国国有商业银行在资产质量、组织管理等方面有了较大的改善。2013年工、农、中、建四大国有银行的资本充足率分别为14.61%、13.04%、14.28%、14.94%，不良贷款比率分别为1.62%、2.37%、1.46%、1.52%。资本充足率较20世纪90年代末和21世纪初有了较大提高，资产质量也得到明显改善。国有商业银行进行了股份制改造，推进上市融资。2005年12月，中国建设银行在中国香港联交所正式挂牌上市；2006年6月中国银行在中国香港联交所挂牌上市；2006年10月中国工商银行在上海和香港同时挂牌上市，实现了A+H同步上市；2010年7月15日、16日中国农业银行分别在上海和香港两地挂牌上市。通过上市，股权结构进一步优化，资本实力得到提高，盈利水平明显提高，经营收入有了较高的增长。2016年中国工商银行实现净利润2 791亿元，同比增长0.5%；中国银行实现净利润1 645.78亿元，同比下降3.67%；中国农业银行实现净利润1 841亿元，同比增长1.8%；中国建设银行实现净利润2 324亿元，同比增长1.5%。此外，国有商业银行建立和完善了股东大会、董事会、监事会以及包含高级管理层在内的组织架构，现代金融企业制度基本得以建立。虽然国有商业银行的状况有所改善，但仍存在盈利手段较为单一、业务经营范围过窄等主要问题，严重影响了金融业整体的竞争力。国有商业银行营业收入仍然以利息净收入为主。2016年中国工商银行、中国农业银行、中国银行和中国建设银行分别实现利息净收入4 718.46亿元、3 982.35亿元、3 060.48亿元、4 177.99亿元，分别占营业收入的69.8%、78.7%、63.0%、82.1%。国有商业银行主要集中于传统的商业银行业务，中间业务占比仍然较低，对零售业务重视程度不高，竞争力不强。

从非银行金融机构看，证券业的竞争力问题较为典型。这主要表现为证券业规模偏小，实力有限。众所周知，证券业展开竞争和抗御风险是要以必要的规模和实力作为保证的。目前，证券经营机构和国内其他金融机构相比，规模普遍偏小。截至2016年12月31日，中国工商银行、中国农业银行、中国银行和中国建设银行各自的资产总额分别为241 373亿元、195 701亿元、181 489亿元、209 637亿元，合计828 200亿元。而在证券公司中，截至2016年12月31日，129家证券公司资产总额为57 900亿元，净资产为16 400亿元，规模最大的中信证券总资产也仅有5 974亿元。与外国投资银行相比，中国证券的实力相差更远。在这种情况下，随着资本市场和证券业的对外开放，以及跨国大型投资银行大举进军中国资本市场，以国内现有证券经营机构的实力，是无法与之比肩相争的，所面临的压力可想而知。

2.金融创新乏陈

与发达国家相比，中国的金融创新还很落后，且存在两大问题：其一，金融创新过于依赖政府。由于中国的金融机构还不是真正的企业，金融创新主要依靠政府和金融主管当局，表现为一个自上而下的强制性过程。其二，在有限的金融创新中，各领域进展失衡。例如，金融工具、产品、服务的创新步履缓慢；在业务创新中，负债类业务多于资产类业务；在资产类业务中，真正能够保证受益、转移风险的金融创新寥寥无几。显然，金融创新的不平衡性和行政主导降低了金融资源的效率，削弱了中国金融机构的创新竞争力。

3.中国金融业的监管存在突出问题

从中国金融业的内部自律看，金融机构面临着与国有企业一样的困境，即如何真正解决内部激励与约束机制问题。国有银行还不是真正意义上的银行，在追逐利润的动机、风险控制及产权问题上，尚未达到市场经济的要求。如果这些问题不能得到最终解决，金融业仍然不按商业法则运营，那么就难以在同具有综合实力优势的发达国家金融机构竞争中获胜。

从外部监管看，首先，表现为金融法规建设滞后。中国金融监管长期依靠由上而下的行政管理，法律手段极为缺乏。金融监管的实质是法制管理，而在现实中，金融机构从市场准入、业务运营，到市场退出、违规处理都存在大量的法律问题需要加以明确和解决。其次，监管体制尚未理顺。这主要表现为：其一，证券监督权力分散。从中央管理层角度看，虽然中国证监会是主要监管部门，但包括财政部、央行、发改委在内的各个部门都对市场拥有较强的干预能力。从地方角度看，地方政府由于对地方证券管理机构的制约作用，出于地方利益的需要，有时仍会干预证券机构的运营。这就产生了对证券监管的统一协调问题。其二，监管部门缺少评价考核金融机构市场风险的标准，对异常金融变动缺乏及时的预警定位和风险处理。这种情况如得不到有效的改变，金融开放之后，很难监管全球化下各类金融机构令人眼花缭乱的金融产品和随之而来的风险。其三，对外资监管准备不足。近些年，随着外资金融机构在华数量的增多，其运营安全性已日益与中国金融安全相关联。我们须对少数外资金融机构为逐利而利用监管缺陷违规操作的可能性保持相当的警惕。另外，一旦资本账户开放，国际短期游资定会大量进入，金融监管就会变得更加复杂。而目前，中国金融的对外监管尚处于初始阶段，从监管手段到法律、法规都很不完善。因此，当务之急是如何建立起一套规范科学的金融监管体制，对外资金融机构和短期游资进行动态监管，防范所可能产生的金融风险。

三、中国金融的应对策略

（一）培育真正的市场主体和竞争体制，形成与开放环境相适应的竞争能力

1.国有银行要建立国家控股的多元化产权制度

建立国家控股的多元化产权制度，必须从外部治理和内部治理两个方向入手：

（1）外部治理。从中国国情看，国企改革和政府行为是与国有银行产权制度改造密切相关的外部条件。外部治理就是要解决好这两个方面的问题。第一，国有企业必须尽早建立现代企业制度。国有企业产权制度所存在的问题，是造成国有银行（本身就是国有企业）竞争力低下的重要外因之一。由于两者产权同构，导致银行资产质量不断恶化。为此，必须从整体上把握国企改革和金融体制改革的内在联系，遵循产权清晰、权责明确的要求，加快建立公司法人治理结构。这既是企业拓宽融资渠道、立足长远发展的需要，也是实现金融全面对外开放的前提。如果不能真正建立现代企业制度，就没有科学的激励与约束机制，从而无法在微观制度层面根本解决银行业面临的风险。第二，必须切实转变政府职能。在传统体制下，政府为了挽救效率低下的国有企业，经常干预银行的贷款决策。其结果是不但企业的依赖性变本加厉，银行的竞争力也在不断降低。因此，当务之急是必须加快政府职能的转变，将工作重心从被动地对企业进行"救火"，逐步转到培育市场竞争机制和竞争能力、维持金融秩序、鼓励金融创新、加大监管力度的轨道上来，让市场机制在金融资源配置中发挥基础性的作用，政府充分运用货币政策工具从宏观对金融运行进行调节。

（2）内部治理。对国有银行内部进行治理，建立国家控股的商业银行。其意义有二：从表层看，有助于解决银行的不良资产，增加资本金，提高防范风险的能力；从深层次看，对国有银行进行商业化改造，建立经营权、所有权和监督权分立的制度框架具有重要意义，可以形成科学的公司法人治理结构，摆脱政府的行政干预，使银行的市场化经营获得制度上的保证。为此，要加快国有银行产权重组进程，充分吸纳社会不同的投资主体，在国家控股的前提下，建立公司法人产权制度。在这一制度框架下，银行才有条件真正实行自主经营、自担风险的经营机制，实现与政策性金融的彻底分离，建立符合实际的资产负债比例管理机制和严格的激励与约束机制，从而规避风险，实现利润的最大化。

2.积极发展民间金融机构，构建金融业竞争体制

改革开放以来，中国的民营经济获得了长足发展。但是，国有银行由于体制上的弊端，一直不能为民营经济提供充分的金融支持。这一方面造成民营经济的金融

服务缺失，将其推向并不规范的民间借贷市场；另一方面，由于缺少体制外的竞争，国有银行商业化进程大大减慢，缺少真正的竞争力。因此，积极发展规范的民间金融机构，培育金融业竞争体制，已成为中国金融深化的重中之重。在具体运作方式上，可通过组建产权明确、内部风险约束机制完善的股份制民营银行，来专门为民营经济和中小企业的融资提供服务。此举既有利于民营经济的发展，也有利于营造竞争的体制环境，使国有金融的改革获得必要的压力和动力。

3.培育金融业的规模竞争力

培育金融业的规模竞争力主要通过两个途径：一是股市融资，主要是凭借股权来融通资本。对于已上市的、符合条件的证券机构，可从制度上为其创造增资扩股的条件；对于未上市的、符合条件的证券机构，也应尽早上市。通过增资扩股和上市，证券机构可获得资本市场的巨大支持，从而解决资产质量和资本金的问题。二是资产重组，主要是指对现有证券机构的一种资源整合。对于实力较强的全国性证券机构和区域性证券机构，要鼓励强强联合，寻求集团化发展模式，通过相互参股打通以市场为纽带的联合通道；对于中小证券机构，除了考虑相互合并外，具有特色和专长的机构也可以出售、换股等方式被吸收到大的证券机构之中，补充并壮大其竞争优势。当然，在证券业的资产整合过程中，必须相应提高证券机构的管理水平，遵循市场规律，把提高竞争力作为根本目的；否则，重组过程很可能蜕变成一种行政命令式的盲目扩张。

（二）加快金融创新

针对目前中国金融创新所面临的主要问题，应从以下几方面入手促进金融创新的发展：

1.加快政府金融管理职能的转变

今后，政府的金融管理职能要转到创造公平竞争的体制环境和加强调控的有效性上来。政府要创造公平竞争的体制环境，消除歧视性政策，放宽市场进入标准，按照统一的市场监管原则鼓励各类金融机构展开充分竞争，鼓励合法的金融创新；对行政垄断、地方保护主义和恶性竞争要依法规范和治理；政府要修正过去主要以行政手段为依托对金融创新所采取的单向驱动行为，代之以宏观间接调控机制，正确引导企业的金融创新冲动，控制金融创新可能带来的风险。

2.打造金融创新的微观基础，选准创新的突破口

中国金融机构之所以缺乏自主创新的动力，是因为其自身产权不明晰，缺乏激励和约束机制。为此，必须加快国有金融机构产权制度的改革步伐，通过建立以市场为导向的激励与约束机制，形成金融创新的微观基础。当前，金融机构的创新突破口应主要围绕金融工具、金融业务和金融电子信息化展开。针对金融工具的有限性，可利用股票市场的先发优势，适时发展期货、期权等衍生金融工具；针对负债类业务多于资产类业务，积极发展票据和国债回购市场，推进金融资产的证券化进

程；针对金融效率对交易和清算手段的依赖性，着力进行金融电子信息化建设，使金融运作基于电子化的平台而获得质的飞跃。

（三）加强对金融业的综合监管

金融业的综合监管是内部约束和外部约束的有机统一。

1.加强对金融业的内部约束

（1）完善金融机构的内部监控机制。金融机构需建立有效的内部监督系统，确立内部监控的检查评估机制、风险业务评价机制以及对内部违规行为的披露惩处机制，做到对问题早发现、早解决；要建立严格的授权制度，各级金融机构必须经过授权才能对相关业务进行处置，未经授权不能擅自越位；要实行分工控制制度，确保授权授信的科学有效性，建立对风险的局部分割控制。

（2）进行金融业行业自律建设。加强金融业的自律建设，一是要对所属成员定期进行检查，包括业务检查、财务检查和服务质量检查；二是要对成员经常性业务予以监督，包括对业务运作的监督指导，对可能出现的风险和违规行为的预防与处理。具体而言，在银行业，要加强银行同业协会的职能，使其充分发挥管理和服务的作用；在证券业，要加强证券业协会的建设，使其发挥在公平竞争、信息共享、风险防范和仲裁等方面的协调职能。

2.加强对金融业的外部约束

（1）加强法律、法规制度建设。第一，完善金融立法。虽然改革开放以来金融领域的立法工作取得了长足的进展，但随着实践的发展，仍然有一些重要金融领域尚未纳入法律规范。目前亟须出台《中华人民共和国信托法》《中华人民共和国期货法》《中华人民共和国外汇法》等专门法律，以便规范各种金融业务的运作，并与《中华人民共和国中国人民银行法》一起构筑金融监管的法规体系主干。第二，强化金融执法。为维护金融安全，应赋予央行及证监会与其职责真正相称的权力；金融监管当局要强化金融执法的力度，严格执行市场准入、市场交易和市场退出的相关法规，建设良好的金融运行软环境。

（2）建立风险预警和危机处理机制。有效的金融风险预警是确保金融安全的第一道屏障。在中国，实行金融风险预警的关键在于建立一套规范有效的风险预警指标体系。其主要指标有：①经常项目差额占国内生产总值的比例。国际上规定，经常项目差额占国内生产总值的比例超过3.5%被视为危险的信号。②短期外债占外汇储备的比例。如果短期外债过多，同时外汇储备又不足（墨西哥发生金融危机时两者之比为100∶20），极易引发金融危机。③银行不良资产占总资产的比例。按照国际经验，控制在10%以内较为安全。④金融机构资本充足率。根据《巴塞尔协议》，基于风险加权的资本充足率应达到8%以上，核心资本充足率应达到4%以上。⑤股指和股价波动。如果股指与股价持续快速上扬，明显脱离实际经济的真实水平，预示着已经积累了大量的经济泡沫；如果股指与股价持续下跌，则易打击投资者的信心，导致财富缩水。危机处理机制是化解危机、减小损失的最后防线。建立危机处理机制：第一，要实行资产负债比例管理，重视资金的安全性、流动性和盈利性，确保银行的清偿力。第二，要提高呆账准备金比率，充实风险准备金。第三，建立存款保险制度，保护存款人的利益，维护金融体系的稳定。第四，在国家层面上，建立专门的金融危机防范机构，统一权限，协调行动，以便在危机发生时高效率地解决问题。第五，完善援救性措施。为遇到临时清偿困难的金融机构提供紧急资金援助。

（3）加强国际合作。一是加强与跨国金融机构的母国监管当局的及时信息沟通，按《巴塞尔协议》对金融机构实施全方位的并表监管，对不符合监管条件的外资金融机构坚决予以阻止。二是针对流进与流出中国金融市场的国际资本，建立相关的动态跟踪数据，与相关国家实现数据互换，使资本流动特别是短期资本的流动置于国际监视之下，为政府间多边监管合作及救助提供依据。三是鉴于现有国际金融机构（国际货币基金组织和世界银行）跟不上金融全球化发展的步伐，中国应同有关国家一起在平等互利的基础上积极参与新的游戏规则的制定，促进国际货币基金组织和世界银行职能的转换，以期建立符合自身利益的国际金融新秩序。

[第五章]

跨国公司与国际直接投资发展

当今世界生产力得到了极大的发展，国际分工进一步加深，各国间的经济联系日益增强，参与国际投资已成为一国参与国际经济的重要手段，参与国际投资的程度、范围和规模已成为衡量一国经济发展水平、对外开放程度和国际竞争力的重要标志。生产国际化和国际直接投资的迅速发展是当代世界经济活动的主要特点，它集中体现了市场经济体系和资本循环突破国界不断扩展的趋势。跨国公司作为生产国际化和资本国际流动的载体，其数量和规模持续扩大，组织形式和经营方式也不断表现出新的特征。国际直接投资和跨国公司的发展反映出世界经济的微观基础和运行机制发生了明显的变化，并对世界经济的运行和发展产生了深远的影响。

第一节　跨国公司

一、跨国公司概述

（一）跨国公司的定义

跨国公司作为一种特殊的企业组织形态，出现于19世纪60年代中期。自西方学者关注跨国公司问题研究以来，如何对跨国公司进行规范而科学的界定，一直困扰着学术界、企业界、政府部门及有关国际机构。社会各界对于跨国公司曾经有过多种称谓。从国内外经济文献看，最早将跨越国界从事经营活动的企业称为多国企业（multinational enterprise），后来又出现各种各样的称谓，如国际公司（international corporation）、多国公司（multinational corporation）、全球公司（global corporation）等。直到1974年，在联合国经济和社会理事会（Economic and Social Council，ECOSOC）第57次会议上，当讨论《多国企业对发展和国际关系的影响》报告时，一些国家的代表提出，为了避免与安第斯条约组织国家共同创办和经营的多国联营企业相混淆，建议使用跨国公司（transnational corporation）来取代"多国企业"一词，以体现这类企业特有的实际性质和法律性质。自此之后，联合国的正式文献均采用跨国公司这一名称，而学术界和企业界仍然混用，有时还使用国际公司、国际企业、全球公司等。

由于跨国公司是一种复杂的经济组织，其活动涉及不同国家的经济、法律和文化等多个方面，而且在不同情况下表现出不同的特征，因此很难赋予其一个严格而为各方所接受的定义。人们根据自己的理解和要求对跨国公司进行界定，形成了多种定义标准。

1.结构性标准

结构性标准（structural criterion）包括以下内容：

（1）地区分布标准。此标准以跨国公司在国外进行投资或经营的国家数目作为划分标准。欧共体在1973年认为在两国以上拥有生产设施的跨国经营企业即称为跨国公司。而美国的一些学者则提出了另外的标准。例如，哈佛大学"美国多国公司研究项目"提出，必须在6个以上国家设有子公司或分支机构才算跨国公司。

（2）所有制标准。联合国经济和社会理事会认为，跨国公司的法律组织形式并不重要，可以是私人资本的公司，也可以是国有或合作社所有的实体。经济合作与发展组织（OECD）认为，跨国公司"通常包括所有权属于私人的、国营的或公私合营的公司或其他实体"。联合国认为，不论私营企业、国有企业、合作企业还是混合企业，只要从事海外经营，都应覆盖在跨国公司定义之内。虽然如此，现实中，跨国公司主要是指发达国家的私人垄断企业，它们以本国为基地，通过对外直接投资，在世界各地设立分支机构和子公司，从事国际化生产和经营活动。

（3）股权比例标准。该标准以一个企业拥有国外企业的股份多少来划分企业是否为跨国公司。一般认为，只有那些股份所有权被一国以上的居民所掌握的企业才能构成跨国公司。在现代公司合资经营趋势日益加强的情况下，从企业的股权所有权着手给跨国公司进行界定是有其客观基础的。然而，究竟控制或拥有多少国外企业股权才算适度尚存在争议。美国商务部规定跨国公司必须拥有境外企业10%或以上比例的股权。而日本则规定要达到25%以上；如果不足25%，必须是采取非股权安排措施加以控制的公司才算跨国公司。目前普遍使用的权威性标准是国际货币基金组织提出的，跨国公司控制境外企业所有权的合理标准不得低于25%。

（4）生产或服务设施标准。原欧共体、联合国经济和社会理事会及经济合作与发展组织等国际组织并不要求跨国公司的机构必须分布在6个以上国家，而更强调必须在两个或两个以上国家拥有生产或服务设施。邓宁于1971年亦从企业跨越国家界限从事直接生产经营活动的角度给跨国公司下了一个定义，简单地说，"就是在一个以上的国家拥有或控制生产设施（如工厂、矿山、炼油厂、销售机构、办事处等）的一个企业"。

2.经营业绩标准

经营业绩标准（performance characteristics criterion）以企业在国外业务额的相对数或绝对数为划分标准，它强调的是企业海外经营活动必须在其总体经营活动中占有较为重要的地位。企业在海外的资产、产值、销售额、利润及雇员人数等的绝对数或在整个企业业务中的相对数（占整个企业业务的百分比）只有达到一定的标准才能称为跨国公司。如同所有权标准，西方学者普遍认可 25%的海外业务份额。对于其中常用的销售额指标，一种观点认为营业额超过 1 亿美元的才能称之为跨国公司，代表人物是美国的雷蒙德·弗农（Raymond Vernon），他认为，"销售额低于 1 亿美元的公司不值得引起注意"。另一种观点由联合国贸易和发展会议在其 1993 年的一份文件中提出，认为年销售额在 10 亿美元以上的才能称作跨国公司。

3.行为标准

行为标准（behavioral criterion）强调公司领导层的经营与决策行为的战略取向与思维模式，认为只有高层领导不偏爱或不局限于本国市场或其他某国市场，其行为不带有片面性和歧视性，而是从全球性战略目标和动机出发，能够公平地对待和处理在世界各地所面临的机遇和挑战，这样的公司才可被称为跨国公司。美国经济学家霍华德·巴尔马特（Howard Perlmutter）认为，企业是否能从国内公司成长为具有严格现代意义的跨国公司，必须以其战略决策的取向作为重要标准，只有那些实现了全球取向战略决策，实行全球系统化决策的企业才能称得上真正的跨国公司。

4.综合性标准

哈佛大学的雷蒙德·弗农教授从公司规模、地域分布、所有权结构、活动性质及经营策略等多重标准考虑，给跨国公司下了一个非常严格的定义："跨国公司是一个控制着一大群不同国籍公司的母公司，这种公司群体统筹使用其共同拥有的人力资源和财力资源，并对同一战略目标作出呼应。公司规模也至关重要，每一群体销售总额不足 1 亿美元者很少值得关注。此外，这群公司与其境外活动的性质也不无关系，单纯的出口商，即使在国外设有很好的销售附属机构，也不易引起更多关注；单纯地出让技术专利权的企业则同样很少被提及。最后，这类企业一般拥有相当广泛的地域分布，只在本国基地以外一个或两个国家拥有股权的企业，往往不被列入跨国公司之列。"可见，弗农教授所界定的跨国公司特指西方发达国家中那些规模巨大、分布广泛、实力雄厚和影响深远的巨型公司，学术界一般称之为狭义的跨国公司。毫无疑问，弗农用综合性标准（comprehensive criterion）所下的跨国公司定义具有较强的逻辑性、严格的规定性和突出的代表性，但该界定存在一定缺憾。其一，某些重要的跨国经营现象（如发达国家中小企业跨国经营及发展中国家企业跨国经营问题）被武断地排除在外，使得该界定的适应性和广泛性不强。其二，严格而具体的量化标准无助于最大限度地利用现存资料去全面而系统地分析和考察企业的跨国经营问题，使得该界定的实用性大打折扣。

综上所述，跨国公司作为一种复杂的经济形态，由于对其界定标准不同，跨国公司的定义也多种多样。为了进一步澄清跨国公司的基本内涵，联合国于1986年制定的《跨国公司行为守则》对跨国公司的定义为：指由两个或更多国家的实体所组成的公营、私营或混合所有制企业，不论此类企业实体的法律形式和活动领域如何；该企业在一个决策体系下运营，通过一个或一个以上的决策中心，使企业内部协调一致的政策和共同的战略得以实现；该企业中各个实体通过所有权或其他方式结合在一起，从而其中一个或多个实体得以对其他实体的活动施行有效的影响，特别是与别的实体分享知识、资源和责任。联合国的综合性定义较为合理地囊括了有关要素，既点明了跨国性及在跨国经营条件下的独有经营和管理特征，又强调了控制力及其涉足行业的广泛性。20世纪80年代后，国际社会对联合国提出的跨国公司定义已基本达成共识。

（二）跨国公司的类型

按照不同标准，跨国公司及其下属机构可以分为不同的类别。

1.按从事跨国生产经营活动的一般组织形式，分为母公司、子公司、分公司和避税港公司

母公司是指跨国公司设在主要资本来源国（一般为母国）的总部，它是在母国政府登记注册的企业法人，负责组织和管理全球范围内的全部生产经营活动。在实行股份有限责任制的跨国公司中，母公司通常采取拥有子公司股份或股权的形式控制子公司的生产经营活动。

国外子公司是指在母国以外的国家政府登记注册的企业法人，它在法律形式上与母公司独立，但其所有权部分或全部属于母公司，生产经营活动间接受控于母公司。作为独立的经济实体，国外子公司一般拥有自己独立的名称、章程、资产等，并且独立核算、自负盈亏，母公司没有义务为其子公司的亏损承担责任。

国外分公司是指跨国公司在东道国的分设机构，它的所有权全部属于母公司，不是法人，也没有自己的公司名称和章程，生产经营活动直接受控于母公司。国外分公司实际上只是受母公司委托在东道国从事业务活动的非独立经济实体，它的资产和负债列入母公司的资产负债表，因而与母公司存在连带责任。

避税港公司也称作"纸上公司"，是指跨国公司为了获得转移定价、优惠税率等利益，名义上将商品或服务的法律所有权归于设在避税港的公司。避税港具备的条件是：对公司实行低税或免税政策；取消外汇管制，允许自由汇回资本和盈利；对企业资本积累不加限制；拥有良好的交通、通信等基础设施。跨国公司设在避税港的公司一般不从事实质性的生产经营活动，只是根据财务管理需要将利润从高税率国家转移到避税地，获得财务上的利益。

2.按照经营结构，分为横向型、垂直型和混合型

横向型跨国公司是指在各东道国和母国从事某一种产品生产经营活动的公司。在公司内部，母公司和子公司在生产和经营上专业化分工程度低，生产制造工艺、过程和产品基本相同。世界上著名的横向型跨国公司有可口可乐、百事可乐、百胜、麦当劳、雀巢等。这类跨国公司的特点是母公司和各子公司之间通过内部转让，在从事同类业务或产品生产经营中积累经验、技能、知识等，加强各自的竞争优势。当公司决定进入新的国家、开拓新的市场时，可以很快调集必要的人力、财力和物力资源，占领新市场。

垂直型跨国公司是指母公司和子公司之间实行纵向一体化专业分工的公司。垂直型跨国公司将具有前后衔接关系的社会生产过程国际化，母公司和各子公司之间的生产经营活动具有显著的投入产出关系。例如，这类跨国公司可以在资源丰富、劳动力成本低的东道国生产原材料或零部件，在母国生产最终产品，然后销往世界各地。垂直型跨国公司的特点是在全球范围内进行生产经营分工、协调严密，一个子公司的产出是另一个子公司的投入，每个生产经营环节紧密相扣。由于专业化分工，每个国外子公司只负责生产一种或少数几种零部件，因而可以实现标准化、大规模生产，获得规模经济效益。公司可以利用各子公司之间的投入产出关系，统一制定转移价格，获得最大的财务利益。混合型跨国公司是指母公司和各子公司经营相互之间没有关系的产品或服务的公司。

混合型跨国公司是企业在世界范围内实行多样化经营的结果。这类跨国公司的特点是可以分散经营风险，增强公司规模扩大的潜力。在经济全球化的背景下，许多行业也逐渐发展为国际性或全球性行业。因此，跨国公司为分散风险而进行多样化经营，必须在世界范围内进入不同行业从事生产经营活动。对于大型跨国公司，仅仅在一个行业中发展，增长潜力较小，要想扩大公司规模，就必须抓住新的投资机遇，向其他行业扩展。当然，具有竞争优势的跨国公司并不是盲目地向不同行业扩展业务，而是围绕加强体现其核心业务能力或核心产品中的竞争优势来开展多样化的国际经营活动。

3.按照决策风格，分为民族中心型、多元中心型、全球中心型和区域中心型

民族中心（national center）型跨国公司是以母国利益为基础，以母公司为中心进行决策的公司。在这类跨国公司中，决策的制定高度集中，即使分权给国外子公司，子公司制定的决策也必须与母公司的要求一致。为了保证母公司决策得到贯彻执行，国外子公司中的重要职务通常由母公司在母国选派的管理人员担任。民族中心反映出的文化观念是认为母国人力资源的素质要高于东道国人力资源的素质，因而从母公司派到国外子公司的管理人员工资待遇要明显高于东道国当地的管理人员。

多元中心（multiple center）型跨国公司是以东道国的特点为基础、以国外子公司为主进行决策的公司。在这类跨国公司中，国外子公司享有高度决策自主权，以便对东道国政治、经济环境或市场需求变化作出灵活、及时的反应。多元中心反映出的文化观念是母国与每个东道国在政治、经济、法律和文化等方面有较大差异，由本国派到国外子公司的管理人员很难完全适应这种差异。因此，挑选和培训当地管理人员，依靠当地管理人员经营国外子公司，是这类跨国公司人事管理的基本指导思想。母公司通过财务控制，协调各子公司的生产经营活动。

全球中心（global center）型跨国公司是以全球作为一个整体制定决策的公司。这类跨国公司中，生产经营活动的决策权既不完全集中在母公司手中，也不全部分散于各国外子公司。与全球范围协调和控制有关的决策由母公司制定，与适应东道国经营环境有关的决策则由国外子公司制定。全球中心的最终目标是在跨国公司的总部和各国外子公司之间实现全球性统一协调和管理，每个国外子公司生产经营活动的安排要同时考虑在东道国应实现的目标和全球性目标，并以自己特有的优势为整个跨国公司的全球利益最大化作贡献。

区域中心（regional center）型跨国公司是指跨国公司在制定决策时，不是以全球利益作为出发点，而是以地区利益作为出发点。这类公司通常设有区域总部负责整个区域生产经营活动的协调和控制，制定区域性发展战略。在重大决策问题上，各区域总部要和公司总部协商，或征得母公司同意。

（三）跨国公司的基本特征

尽管各个跨国公司在具体的经营结构、营业规模、主营项目乃至组织形式等方面有着很大的差别，但作为从事全球性生产经营活动的一般组织形式，各类跨国公司仍然具有一些共同的特征。

1.结构特征

跨国公司在结构方面的特征主要表现在以下几个方面：

（1）营业规模。按照弗农教授的理论，"规模对跨国公司很重要，销售额低于1亿美元的公司不值得引起注意"。各个跨国公司的营业规模虽然有所不同，但是普遍大于相同的国内企业，尤其是作为世界跨国公司主体的大型制造业跨国公司，无论在国内还是在国外都处于寡头竞争的地位。它们依靠在资金、技术、产品、人员等方面的优势及遍布全球的分支机构，营业收入都可达到惊人的程度。究其原因，一是跨国公司在全球范围内开展经营活动，其所面对的市场远远大于国内企业，完全有条件扩大规模；二是跨国公司追求全球范围内的利润最大化，达到一定的规模是实现这一经营目标的必然要求。

（2）股权结构。跨国公司在股权控制结构上的特点，可以从母公司和子公司两个方面来考察。在母公司的股权结构上，目前大部分跨国公司母公司的股权仍然控制在母国，但已有越来越多的跨国公司，其总公司的股权结构呈现出多国化的特点，20世纪以来蓬勃发展的大型企业跨国合并浪潮进一步推动了这种多国化的趋势。在子公司股权控制结构上，早期跨国公司往往倾向于对子公司实行完全控股，近年来跨国公司在这方面表现出较大的灵活性，不仅所占子公司股权比重呈逐渐减少趋势，而且有许多跨国公司使用各种非股权参与方式，组建自己的附属机构，参与其经营并分享产品或收益。

（3）地理分布。根据跨国公司的定义，它在地理分布上有着与国内企业不同的特征。国内企业的机构局限在本国领土范围之内，其地理分布十分狭小。而跨国公司则在海内外建立起庞大的生产经营网络，其不仅在国内拥有生产经营实体，而且在国外设立了众多由自己直接控制的子公司和附属机构，地理分布十分广阔。

2.环境特征

由于跨国公司在全球范围内开展活动，其所面临的经营环境比国内企业复杂得多。在政治环境方面，东道国的政治局势变化、政治动荡和国际冲突都会给跨国公司造成影响和损失，如国有化改造、地区战争等；在经济环境方面，跨国公司不仅受母国的经济状况、发展趋势和经济政策取向的影响，而且更要受其从事生产经营活动的各个东道国的经济发展水平及结构、市场运作情况、经济波动和政策变化的影响；在文化环境方面，跨国公司要在具有不同价值观、宗教信仰、道德行为准则、社会结构、教育程度和风俗习惯等文化环境下从事生产经营活动，要处理和适应各种文化差异和文化冲突；在法律环境方面，跨国公司不仅受到本国法律的约束，其子公司和附属机构还要受到东道国的法律约束，以及各国之间缔结的贸易条约、协定和国际贸易法规等的约束。

（四）跨国公司的经营管理特征

跨国公司为了争夺国际市场，获取高额利润，将对外投资方式作为主要的扩张手段，从而形成了从国内到国外、从生产到销售的超国界的独特的生产经营体系。这一独特的生产经营体系使跨国公司在经营管理上呈现出一系列特征：

1.全球一体化战略

自20世纪80年代以来，面对变化迅速、竞争激烈的国际市场环境，跨国公司的经营管理进入了一个崭新的阶段。其对全球子公司的管理权限由过去较为分散的管理趋向于相对集中的管理，逐步建成了一套母子公司之间、子公司与子公司之间互相依存、密切联系的统一生产经营体系，而指导这一庞大的生产经营体系协调运作的就是全球一体化战略。此战略的目标是以世界市场为导向，以充分有效地利用世界范围内的生产要素资源为手段，以公司的总体利益为基础，追求全球范围内的利润最大化，求得公司长期的生存和发展。全球一体化战略是跨国公司核心的经营管理特征。

2.组织管理的内部一体化

跨国公司的经营地域和业务范围非常广泛，面对复杂多变的市场环境，如果没有周密的一体化管理，很难把分散在不同地域、从事不同业务活动的子公司组织成一个整体，灵活地应对市场竞争，实现其全球经营目标。所以，现代跨国公司普遍实行内部一体化的组织管理，各子公司的重要活动都要在总公司的统一指挥和领导下进行。现代科技的迅速发展，为跨国公司实行集中式的管理提供了条件。

3.国际生产的专业化和多样化

跨国公司国际生产的专业化体现在其从事产品生产时，根据不同地区的资源要素禀赋，按专业化分工安排国外投资，将一种产品的生产过程分为若干部分，在全球范围内进行专业化生产配置，定点生产，分工制造，在有利的地区装配，面向国际市场销售。国际生产的专业化大大提高了劳动生产率，并可将世界各地不同的资源进行整合，提高产品的竞争力。

跨国公司国际生产的多样化，即指随着跨国公司的发展，越来越多的企业在保持原有行业垄断地位的同时，通过直接投资方式，把资本渗透到其他行业，从事多种行业生产和销售的情况。多样化经营有助于扩大跨国公司在国际市场上的活动范围及经营规模，分散经营风险，提高其在国际市场上的适应能力。

4.生产要素转移的内部化

随着跨国公司的发展，生产国际化的规模不断扩大，跨国公司的母子公司之间、子公司与子公司之间的联系日益紧密和频繁，生产要素如原材料、产品、资金、技术等通过内部化交易而非通过外部公开市场交易实现转移。这种内部转移一方面表现为技术转移的内部化，即当需要在国外生产中使用某项本公司的技术时，跨国公司通常将技术转让给自己拥有控制权的海外子公司，而不将其出售给当地企业；另一方面表现为中间产品转移的内部化，即跨国公司倾向于从自己的子公司或附属企业手中购买生产某种产品所需的中间产品，而不愿通过外部市场从其他企业手中获得该种中间产品。内部化为跨国公司带来了极大的好处，如可以有效地控制整个公司的生产经营活动，可以防止技术扩散给企业带来的可能损失等，最为显著的特点是可以为跨国公司实施内部转移价格、获取高额利润提供便利条件。

5.生产经营的本土化

随着跨国公司的发展，生产、销售和管理的当地化程度越来越高，体现在充分利用当地原材料，产品大部分在当地市场销售，公司的管理人员也以当地人员为主。这种本土化对母公司和东道国都有好处。就母公司而言，由于其拥有先进的技术和管理经验，通过本土化，提高与东道国的融合度，消除民族隔阂，从而迅速地进入当地市场，还可以利用东道国的资源优势，降低产品成本。就东道国而言，虽然市场潜力大，经济发展前景广阔，但技术水平相对落后，跨国公司的本土化为其带来了先进的技术和管理经验，为其提供了更多的就业机会。

二、跨国公司的形成与发展

（一）跨国公司的形成

跨国公司是生产国际化的载体和国际直接投资的主体，跨国公司的形成是资本摆脱国家边界的限制，在世界范围内追求更高收益的结果。跨国公司不是普遍存在于任何社会之中的，而是以社会化大生产和市场经济为特征的社会的产物。跨国公司也不是突然出现的，而是在漫长、复杂的经济发展过程中逐渐形成的。在欧美主要经济发达国家，现代意义上的跨国公司是在19世纪末出现的。

（二）跨国公司的发展

跨国公司的发展虽然仅有100多年的历史，但其历史渊源可以追溯到17世纪初的英国。从1868年第一家跨国公司诞生至今，跨国公司的发展大体经历了早期发展、初步发展、低谷、高速发展、群雄并起这五个时期。在经济全球化条件下，跨国公司获得了大发展，在不同时期具有不同的特征，并出现了一些新特点和趋势。跨国公司对世界和各国经济发展的影响日益增大，已成为推动经济增长的重要力量。

1.跨国公司的早期发展时期

跨国公司的原始形态出现于19世纪中叶以前。

从15世纪起，旨在发现新大陆的海上探险活动逐渐活跃起来，这些活动促进了早期资本主义国家的经济扩张，揭开了跨国生产经营的序幕。

在16世纪和17世纪，交通运输工具有了较大改善，跨国商贸活动的范围扩大，不同国家贸易伙伴之间的关系由不规范的个人关系转变成更多地依赖于正式的商业文件。在这一时期，对外直接投资大体有两个目的：一是加强国际贸易活动。二是加强对海外殖民地的统治和土地开发。然而，与商品贸易相比，对外直接投资微不足道，只有英国和法国有少量对外直接投资。工业革命明显改变了资本主义国家的对外贸易和殖民活动。这些国家中企业的对外投资动机也发生了变化，以促进贸易为主转向更多地为国内工业发展寻找原材料和矿产资源。同时，工业革命导致了企业之间和企业内部专业分工的细化，加强了技术进步、货币资本和管理技能在社会化大生产中的作用。这一切都为跨国经营奠定了物质基础，进而孕育了跨国公司。

17世纪初，资本主义正处于初步发展阶段，重商主义盛行，开展经常性的稳定的跨国商业贸易成为可能。随着西欧商业资本开始向海外发展，国际贸易中产生了垄断现象。英国是当时世界上经济最发达的国家，英国殖民主义者把垄断国际贸易作为加速资本原始积累的重要手段，如1600年成立的英国东印度公司便是英国垄断印度和远东的香料、棉织品、丝绸等商品贸易的早期载体。在随后的200多年间，出现了一批类似英国东印度公司的特许公司（chartered company）。这些特许公司虽然在本质上仍属于贸易公司，但已经具备跨国经营的特点，可以看作跨国公司的雏形。

随着欧美主要国家产业革命的完成和国际垂直分工体系的建立，少数发达国家的大型企业为了进一步扩大产量和销售量，增加利润，开始在海外的原材料供应地和目标市场设立生产性机构。同时，发达国家在完成资本的原始积累后出现大量的剩余资本，为了寻找更好的投资机会，剩余资本开始流向海外，形成早期的跨国公司。所以早期的跨国公司以资本输出为其主要的海外经济扩展方式。

2.跨国公司的初步发展时期

现代跨国公司的先驱当属德国的拜耳（Bayer）化学公司和美国的胜家（Singer）缝纫机公司。拜耳化学公司总部设在德国乌波塔尔，最初只生产染料。1863年拜耳化学公司在科隆建立了子公司。1865年拜耳化学公司通过购股方式兼并了美国纽约州奥尔巴尼的一家制造苯胺的工厂，此后，从1876年开始，又先后在俄国、法国和比利时开设分厂。1881年该公司改组为拜耳化学股份有限公司，在主要工业国家从事药品和农药的生产经营业务，成为第一家现代意义上的跨国公司。美国的胜家缝纫机公司专门生产家用缝纫机，产品适销对路，并很快畅销欧洲市场。为了满足国外市场对产品的需要，同时为了防止欧洲的一些厂商仿造，胜家公司于1868年在苏格兰的格拉斯哥设立工厂，开始在当地进行生产。继这两家公司之后，德国的西门子公司，美国的美孚石油公司、福特汽车公司、爱迪生电气公司，瑞士的雀巢公司，英荷的壳牌公司，英国的帝国化学公司等，都纷纷在国外设立分厂或分公司，开始在国内工厂与国外工厂同时生产、同时销售。19世纪末20世纪初，早期的跨国公司在第二次科技革命、垄断企业迅速发展的热潮下出现了较大的发展，到第一次世界大战前夕的1913年，英国跨国公司的海外子公司数已达140家，欧洲大陆国家达175家，美国达118家。

跨国公司在这一时期的发展特征主要表现在以下四点：第一，跨国公司母公司局限在西欧、美国等少数几个资本主义强国。在各国对外投资总额中，英国居首位，其次为法国、德国和美国，比利时、荷兰、瑞士等也有少量的对外投资。第二，跨国公司的对外投资绝大部分是间接投资。第三，跨国公司的扩张方向大多是殖民地、半殖民地和其他落后的国家。第四，跨国公司对外投资是为宗主国向殖民地落后国家输出工业品，并从殖民地落后国家输入初级产品。

跨国公司首先在欧美国家出现的主要原因是：第一，争夺市场的需要和实力。当时正是欧美国家开始大量输出资本的时期，随着欧美各国生产与资本的集中，企业规模越来越大，迫切需要利用技术和资本的垄断优势，到海外投资建厂，抢先占领当地市场，保持和扩大市场份额。例如，20世纪初，美国为数众多的企业通过合并或兼并的方式形成了托拉斯。这些托拉斯为了占据更多的市场，纷纷凭借雄厚的资本实力对海外进行大规模的投资。第二，为了避开关税壁垒和贸易保护的限制。例如，美国威斯汀豪斯空气刹车公司之所以到法国投资建厂，是因为法国铁路公司规定"空气刹车"这种产品必须由当地厂商供应。第三，美国的反垄断法规限制了托拉斯在国内垄断地位的无限制扩张，必然引起各国公司的类似反应，从而形成国际范围的扩张趋势。

3.跨国公司的低谷期（1914—1938年）

由于受第一次世界大战战争创伤的影响，加之20世纪30年代前后出现的资本主义有史以来最大规模的经济危机——1929—1933年的大萧条，世界金融秩序变得混乱，从而导致两次世界大战期间，国际直接和间接投资徘徊不前，跨国公司的发展相对缓慢，进入了低谷期。从整体上看，虽然对外直接投资绝对额从1914年的143亿美元增至1938年的263.5亿美元，但增长速度明显低于战前，年均增长仅为0.6%。从国与国的比较来看，英国的发展相对缓慢，有些国家甚至出现负增长，而美国的发展则相对较快。在25年间新增的对外投资额中，英国仅占11亿美元，美国则占46.5亿美元，其余的分别属于德国、法国、荷兰、比利时等。经过这段时间的发展，英国的资本输出仍居世界首位，但其优势已大大下降，而美国则从原来的第四位升至仅次于英国的第二位，并由债务国成为世界主要债权国。英国跨国公司在海外的子公司数由140家增至251家，欧洲其他国家由175家增至402家，美国由118家增至779家。从地域看，科学技术的发展，拓宽了新的生产领域，使跨国公司的投资范围进一步扩大，投资部门增加。大部分跨国公司分布于技术先进的新兴工业国。

在这一时期，全球对外投资速度下降，但跨国公司还是有所发展，特别是美国的跨国公司获得了长足发展。造成这种现象的原因主要是：第一，第一次世界大战的创伤。许多参战国遭受的损失巨大，战区的正常生产遭到破坏，收入减少，而且还得承担巨大的战争债务和重建费用。因此，无论是对国内的投资，还是对国外的投资，增长幅度都不大。但美国的对外直接投资由于受战争刺激而迅速增长，从1913年的26.5亿美元增加到1938年的73亿美元，占世界的比重也由18.5%增至27.7%。第二，频繁的经济危机。1920—1938年间的3次世界性经济危机，使资本主义世界在这一时期的平均工业生产增长率仅为2%，影响了对外直接投资。特别是1929—1933年的经济大萧条，使西方国家实施贸易保护政策，鼓励自给自足，对跨国公司投资采取差别对待甚至排斥的态度。第三，世界金融秩序混乱。资本主义体系的国际货币制度一直未能恢复到第一次世界大战前的相对稳定状态，各国普遍利用货币贬值作为贸易战的手段，各种货币及汇兑管制法令层出不穷，使跨国公司对外投资的风险增大。第四，卡特尔制度的盛行。卡特尔控制的范围和程度已从流通领域发展到分割世界产地和投资场所等方面，阻碍了对外直接投资的发展。第五，政府对企业对外投资的限制。为了稳定国内经济，或是出于准备新的战争的目的，部分国家限制企业的对外投资。

4.跨国公司的高速发展期（1939年至20世纪70年代末）

第二次世界大战期间，除了美国等极少数国家的跨国公司有所发展外，西方国家的跨国公司基本上处于停滞不前或倒退状态。但战后，跨国公司开始进入高速发展时期，并在世界经济中发挥着越来越重要的作用。

联合国跨国公司中心的统计资料显示：第一，全球对外直接投资总额迅速增长，从1945年的200亿美元增长到1978年的3 696亿美元，共增加了17.48倍。第二，跨国公司的数量大大增加。1949年，全世界跨国公司母公司有512家，1956年迅速增至1 724家，1968年增至7 276家，到1978年全世界跨国公司的总数已达到10 727家。跨国公司在海外子公司的数目也迅猛增加，从20世纪50年代到70年代，美国和欧洲的跨国公司平均每年都要在海外建立1~2家子公司，而在此之前，它们平均每2~3年才在海外建立1家子公司。第三，跨国公司的地区分布更为广泛。到20世纪70年代末，跨国公司的投资所在地（东道国）已超过160个国家和地区，几乎遍布全球每一个角落。第四，跨国公司的产业分布进一步扩大。早期跨国公司的对外直接投资主要集中在铁路、矿产、石油等生产初级产品的行业，投在制造业的资金较少。战后，跨国公司的投资部门结构从生产初级产品的行业转向了制造业和服务业。第五，从20世纪50年代初期开始，美国的跨国公司超过英国，跨国公司的总体发展出现了英美两强并存的格局。与英国及其他欧洲国家相比，美国的跨国公司呈现出公司规模最大、建立的海外子公司最多、对世界贸易和投资最有影响的特征。到1960年，美国对外直接投资额累计达到319亿美元，占全部发达国家对外直接投资总额的49%；英国为108亿美元，占总额的16.6%；荷兰为70亿美元，占总额的10.8%；加拿大为25亿美元，占总额的3.8%，这几个国家成为当时对外直接投资最多的国家。1969年，美国对外直接投资额的累计数在全部发达国家对外直接投资总额中所占比重超过一半，达到51.5%。

在这一阶段，美国跨国公司迅速崛起，并超过了英国。究其原因，主要是：其一，战后初期，只有美国有实力对外进行大规模的直接投资，其他资本主义国家都不同程度地遭到战争的破坏，美国本土则完好无损。美国利用支持战争及参战后成为盟国的军工基地和帮助西欧恢复经济的机会，加速生产和资本的集中，经济实力急剧膨胀，极大增强了对外投资的能力。其二，《布雷顿森林协定》使美元成为唯一与黄金挂钩的国际货币，确立了美元的特殊地位。其三，美国跨国公司拥有技术上的优势。战争期间，美国政府支出巨款用于军事研究，其中一部分研究成果适用于民用工业。战后，美国政府除继续资助以军事工业为主的研究和开发外，还支持基础科学研究，大量招募高级科研人才，改善科研条件，美国跨国公司的技术优势得到进一步增强。

在这一时期，促进跨国公司高速发展的原因可归结为：第一，与第一次世界大战不同，第二次世界大战的结束意味着诱发战争的因素受到比较彻底的摧毁，德国、日本两个法西斯战败国在军事上丧失了短时期内发动战争的条件和能力，世界性的战争不再成为威胁经济发展的障碍，国际投资受到很大鼓舞。第二，第三次科技革命对经济和社会发展产生了重大影响，其广度和深度均大大超过前两次科技革命。大量科技成果的广泛应用促进了经济总量的迅速增长，促进了分工的深化，也促进了生产和销售的国际化。一些大型公司突破了在国内生产的格局，将整个生产过程扩大到其他国家，甚至在全球范围内进行产品和生产过程的国际化。第三，垄断程度进一步加深，"过剩"资本日益增大。战后，企业兼并浪潮在发达国家盛行不衰，使得企业的规模不断扩大，特别是在一些新兴工业部门，更是少数大企业实行垄断统治。技术先进的垄断企业迫切要求到国外寻找有利的投资场所和销售市场，以谋取高额利润。

5.跨国公司的群雄并起时期（20世纪80年代以后）

英国和美国跨国公司从战后开始并驾齐驱发展了30多年。进入20世纪80年代后，美国的地位相对下降，而后起的其他国家地位迅速上升，形成美、日、西欧"三足鼎立"的格局。日本作为战败国，经过多年的恢复和积累，终于在80年代赶上世界先进水平，成为与美国、西欧相提并论的跨国公司超级大国。战后初期，日本根本无力进行对外直接投资，直到1951年，日本才第一次在印度投资制造电线电缆。但因慢性赤字、失业、通货膨胀等问题，直至1960年年末，日本仍没有多大余力进行对外投资。1963—1965年，日本对外投资平均每年为1.3亿美元，1970年为9亿美元，1973年增长至35亿美元。进入70年代后，日本对外投资对日本的国际分工、产业结构变化和经济发展，显示出巨大的带动力和影响力。从1987年开始，日本每年的对外直接投资都超过100亿美元，1990年达到480亿美元，成为世界上对外直接投资大国之一。日本跨国公司的数量也有大幅增加。在美国《财富》杂志评选出的1982年美国以外的最大500家工业公司中，日本公司有134家，远远超过英国（87家）和联邦德国（59家）的大公司数目。日本对外直接投资的迅猛增长，主要得益于日本政府提供的投资保险计划、进出口银行特惠融资安排、租税激励等措施，以及国际收支连续盈余所导致的日元坚挺、升值及暴涨等因素。

日本跨国公司发展的同时，西欧诸国从战争的废墟中重建家园，在实现经济快速增长的同时，采取一系列有力措施，致力于跨国公司的发展，改变了国际直接投资的原有格局，形成了与美国、日本"三足鼎立"的态势。其采取的措施主要有：（1）鼓励公司合并，增强竞争实力。以西欧共同市场为例，公司合并或在国内进行，或在共同市场各国间进行。（2）大力加强本国工业和企业的竞争力量。具体表现在：政府扶持本国重要工业或公司，如拨款支持其研究与开发等；政府拥有或控制关键工业中的关键公司，如意大利政府收购蒙特爱迪生公司以控制化学工业等；鼓励技术引进，尽可能接纳和吸收外国先进技术。（3）在美国及其他国家进行国际企业经营活动，尤其是直接投资，以与美国公司对抗。正因为如此，到1998年西欧跨国公司已达 3.9 万多家，遍及奥地利、比利时等近 20 个国家，从而形成了对美、日的有力挑战。

进入 20 世纪 90 年代以来，跨国公司的发展出现了美、日、英、法、德和发展中国家等群雄并起、相互竞争、快速发展的格局，跨国公司成为一种全球现象。从 20 世纪 60 年代起，拉丁美洲、亚洲一些发展中国家和地区的跨国公司，开始先后到国外投资建厂。进入 20 世纪 70 年代后，发展中国家到国外建立企业的步伐明显加快。而一些石油输出国逐步将大量的外汇积累从单纯贷款转向对外直接投资，也进一步扩大了发展中国家和地区跨国公司的数量和规模。

（三）跨国公司发展的新特点

进入 20 世纪 90 年代以后，跨国公司又出现了新的扩展浪潮，并呈现出新的特点。不同国家体制、不同规模、不同类别的跨国公司都竞相参与国际市场竞争。发展中国家的跨国公司异军突起，中小型跨国公司获得较大的发展，跨国公司对全球经济的主导作用进一步加强。

1.企业跨国并购日益成为跨国公司对外直接投资的主要手段

企业跨国并购是指一国为了某种目的，通过一定的渠道和支付手段，将另一国企业的全部资产或足以行使经营控制权的股份收买下来。企业跨国并购的过程，也就是一国企业实现国际化的过程；一国资本市场实现国际化的过程，也就是资本运营国际化的过程。

20 世纪 90 年代，面对激烈的竞争压力、自由化浪潮和新投资领域的开放，越来越多的企业以兼并与收购作为自己的核心战略，在国外建立起自己的生产设施，以保护、巩固和加强自己的国际竞争力。1990—2000 年，世界跨国并购总额从 1 506 亿美元增加到 11 446 亿美元，增长了约 6.6 倍。1980—1999 年，全球并购总数年增长率达 42%，而且巨型跨国公司之间的并购日益增加。1995 年单笔超过 10 亿美元的并购总交易为 804 亿美元，1999 年则上升为 5 008 亿美元。1998 年 5 月，德国的戴姆勒–奔驰公司与美国的克莱斯勒公司以 405 亿美元的股票价值实现了并购，创造了制造业跨国并购的纪录。同年下半年，英国石油公司出价 482 亿美元收购美国阿莫科公司，使这一纪录大大提高。1999 年，英国的沃达丰公司以 603 亿美元并购了美国的空中通信公司，再次将此纪录刷新。2000 年出现了超过 1 000 亿美元的超大型跨国并购，全球最大的移动电话运营商英国的沃达丰公司以 1 320 亿美元收购了德国老牌电信和工业集团曼内斯曼。2001 年，美国的传媒巨头美国在线与时代华纳的并购额也达 1 035 亿美元。跨国并购仍以发达国家为主。1999 年全球发生的 5 000 多起并购案中，涉及金额达 7 670 亿美元，有 3/4 的交易发生在英国。从收购的产业分布可以看出，全球经济的产业结构正在积极进行调整，服务业作为高利润、高增长行业已经成为跨国公司争夺的目标和焦点，跨国并购不断向第三产业集中。2016 年全球并购总额为 3.6 万亿美元，比 2015 年创纪录的 4.37 万亿美元降低了17%，但足以使2016年交易总额达到自2007年以来的第二高水平。推动并购活动的因素包括置身于不断整合的行业中的企业寻觅增长，以及企业能够以有吸引力的利率获得借款。中国企业在2016年成为跨国并购领域的一股重要力量，在交易总额中占到2 200亿美元，几乎是2015年的2倍。

跨国并购作为一种比较复杂的跨国经营行为，可以分为横向并购、纵向并购和混合并购。20世纪60年代的国际合并浪潮以跨行业的混合兼并为主要特征，并由此形成了众多的多样化经营公司。20世纪80年代的国际企业合并总体而言是行业内的横向兼并，以多样化为特征。而20世纪90年代的兼并浪潮则是跨行业混合兼并与行业内横向兼并同时进行，一起发展，且以大鱼吃小鱼、强强联合为特征。例如，在银行业、电子与计算机行业、飞机制造业、钢铁业、汽车业、石油业及制药业均发生了大规模的横向兼并。这种横向兼并加强了大企业的市场垄断能力，充分发挥了规模经济的效益，有利于实现跨国公司的内部化、网络化、集团化及全球化战略目标。另外，如迪士尼公司兼并美国广播公司，通用汽车公司兼并哥伦比亚广播公司及美国无线电公司均是跨行业混合兼并的大案，并且跨行业兼并主要集中在传媒行业，这反映了在信息时代，传媒具有特殊的重要性。未来世界经济的竞争，主要是规模和实力的竞争，谁的规模大、实力强，谁就能在竞争日趋激烈的经济中占领市场，取得主动地位。因此，强强联合与跨国并购是21世纪跨国公司发展的一个重要特征。

2.国际化生产规模日益扩大，当地化生产程度越来越高

为了不断扩大区位竞争优势，跨国公司在不同国家和地区设立的母公司和子公司数量大幅度增加。20世纪90年代初期，全球范围跨国公司母公司数为3.7万家，所属国外分支机构为24万家。到2000年，全球跨国公司母公司总数已达6万多家，拥有众多国外分支机构。跨国公司的规模和生产销售空前扩大。1991年，由全世界跨国公司的海外分支机构生产和销售的金额达6.02万亿美元，第一次超过了当年全世界出口额4.71万亿美元。这标志着全球经济从国际贸易时代进入国际生产时代。到1998年，前者已达11万亿美元，后者为7万亿美元，差额从1991年的1.31万亿美元扩大到4万亿美元，说明跨国公司的国际化生产规模日益扩大。到2014年，跨国公司海外子公司销售额已达36.356万亿美元，产值为7.882万亿元。2015年，全球对外直接投资流入量出现了强劲增长，其主要驱动力是大规模公司内部重组。根据联合国贸易和发展会议发布的《2016年世界投资报告》，2015年全球FDI同比增长38%，总额达1.76万亿美元。从区域看，欧美再度获国际资本青睐，特别是美国的FDI流量比2014年增长了近2倍。从行业看，受大宗商品价格下跌的影响，全球对第一产业的投资下降，投资集中在服务业（占总投资的60%以上）。从投资方式来看，跨国并购强劲增长，绿地投资小幅上扬。

3.缔结战略联盟已成为跨国公司间合作的主要趋势

跨国公司战略联盟是指两个或两个以上的跨国公司为实现某一或若干战略目标，以签订长期或短期契约形式建立的局部性互相协作、彼此互补的合伙、合作、联合关系，其目的是通过外部合伙关系而非内部增值来提高企业的经营价值。跨国公司战略联盟是自发的、非强制的联合，各方仍保持本公司经营管理的独立性和完全自主的经营权，彼此之间通过达成各种协议，结合成一个松散的联合体。最早的跨国公司战略联盟出现在汽车行业。1979年，美国福特汽车公司与日本马自达汽车公司结成战略联盟。据福特汽车公司估计，通过产品开发、采购、供应和其他活动全球化，每年至少可节省30亿美元。20世纪以来，跨国公司之间在产品开发、科学研究、生产制造、产品销售和售后服务等方面，以相互参股或联合的方式进行合作。如通用公司持富士重工公司20%的股份，三菱公司持现代公司13%的股份。20世纪90年代以来，跨国公司战略联盟在广度和深度上有较大的突破。缔结战略联盟的领域主要集中于国际竞争异常激烈的半导体、信息技术、电子、生物工程等资本密集型行业，并且其战略合作覆盖科研开发、生产、销售、服务的全过程。联盟各方不拘地理限制、不受市场地位约束，使许多产业结构正在发生着深刻的变化，各国资源也在世界范围内得到重新配置。

跨国公司战略联盟的兴起，既是多种因素交叉作用而产生的新经济现象，也是跨国公司在当今国际经济关系中实现战略调整的必然结果。首先，经济全球化与竞争激烈化需要强强联合。世界经济正在走向区域经济集团化，随着社会生产力的发展，经济主体不断拓展其活动范围，跨国公司之间的竞争日益激烈，为了分散风险，寻求利益共同体来实施联合化的竞争已成为企业取代传统的一体化扩展方式的有效竞争形式，通过资源和优势互补来实现强强联合无疑是适应全球化竞争的重要战略。其次，由于新技术开发和应用的加速发展，研究和开发知识密集型的、高附加值的新技术产品所需要的资金数额巨大，单个企业往往难以承担。通过组建跨国公司战略联盟分担相应的费用，充分利用单个企业组织以外的资源，实现外部经济的内部化，从而分散投资风险。最后，跨区域联盟可以绕过关税壁垒。随着区域经济集团的发展，贸易壁垒形式多样，特别是欧盟宣布建立统一大市场以来，欧盟汽车和纺织品等采取统一的贸易保护政策，使其他国家与欧盟的贸易摩擦不断深化，跨国公司积极结成战略联盟有利于绕过种种贸易壁垒。

4.跨国公司对发展中国家的直接投资呈增长趋势

20世纪90年代以前，世界对外直接投资的双向流动基本上是在发达国家进行的。据经合组织统计，1990年年底西方各国的对外直接投资总额中，投在发达国家的约占4/5，投在发展中国家的只占1/5。1991年以来，发展中国家由于经济的不断发展、市场的不断开放及国家政治局势的稳定，其对外资的吸引力大大增加。发展中国家巨大的市场空间和丰富的资源优势是跨国公司对其进行直接投资的主要驱动力。1993—1998年，流入发展中国家的直接投资高达35%，1999—2000年间有所回落，为18%，2001年又回升到28%。2015年全球外国直接投资强劲复苏，FDI流入总量跃升38%，达到1.76万亿美元，这是2008年全球金融危机爆发以来的最高水平。跨国并购金额从2014年的4 320亿美元猛增至2015年的7 210亿美元，这是2015年全球FDI强劲反弹的主要动力。与此同时，已公布的绿地投资项目也达到7 660亿美元的较高水平。从发达国家和发展中国家之间的对比关系看，前者重新取得优势。2015年整个发达经济体的FDI流入量几乎增加了1倍，达到9 620亿美元，占全球FDI的比重从2014年的41%猛增至2015年的55%。欧洲的FDI流入量增长强劲，美国则在2014年的历史低位基础上翻了两番。发展中经济体FDI流入总量增长9%，达到7 650亿美元的新高。在全球FDI流入量排名中，排名前10位的东道国中发展中经济体继续占据半壁江山。

20世纪90年代以来，中国吸引跨国投资约占世界跨国资本总额的1/4，其增长速度远远快于全球跨国投资的增长速度，尤其是1993—1996年，连续4年高达10%以上。1996年中国利用外资达417亿美元，1997年为442亿美元，仅次于美国，连续6年保持世界第二位，占发展中国家吸收外资总量的27%。1999—2000年，中国所占比例有所下降，但仍居世界第六位、发展中国家第一位，占世界对外直接投资流入的4%，占发展中国家和地区的19%。2001年中国吸引外资达496亿美元，占世界跨国投资总额的比重为6%。2002—2006年，中国利用外资金额保持在500亿~700亿美元。2007年中国利用外资额突破700亿美元，达到783.39亿美元。2008年中国利用外资金额有较大幅度增长，达到952.53亿美元，较2007年增长21.6%。2009年受金融危机的影响，中国利用外资金额略有下降，为918.04亿美元。2010年中国利用外资金额首次突破1 000亿美元，达到1 088.21亿美元，增幅为18.5%；2011年该金额为1 176.98亿美元。2012年中国实际使用外资金额为1 117.2亿美元。截至2016年7月底，中国累计实际吸收外资1.72万亿美元，同期中国设立外商投资企业累计为85万家，使用外资规模连续24年居发展中国家首位，跨国公司在华投资设立的研发中心累计超过2 400家。

（四）跨国公司间的技术合作与研究开发日益全球化

20世纪80年代以来，国际化生产已越来越成为涉及高新产业的知识密集型生产，这必然增加跨国公司的研发预算支出。同时，由于技术进步的加快，产品生命周期越来越短，产品生产成本增大，市场风险和不确定性日益增加。

跨国公司为了增强对市场环境变化的适应能力，力求建立公司间的技术合作，实行研发国际化。另外，各国的投资自由化改革使市场一体化程度提高、以技术进步为基础的技术竞争加剧和技术扩散加快，为了分担由于在更为广泛的地理空间和新市场的开拓中因竞争而带来的研发的高额成本，跨国公司间在互相兼并和联合的同时，加强了技术合作和研发的国际化。研发能力的国际化和分散化意味着跨国公司将自己的发明能力和其他的技术力量紧密结合起来，有利于利用科技资源，降低研发成本和风险，进而巩固和提高自己的竞争能力。如1982—1992年，美国跨国公司母公司的研发费用占总销售额的比重由1.6%提高到2.2%；1987—1993年，美国在外研发投资从52亿美元增加到98亿美元。美国是世界跨国公司输入研究与开发FDI的重要国家，也是跨国公司建立海外R&D分支机构的主要东道国。据美国商务部经济分析局统计，外国跨国公司在美的R&D支出从1987年的65亿美元增长到1996年的172亿美元，年均增长11.4%。事实上，外国跨国公司在美的R&D支出增长比美国企业总R&D的支出增长还要快。美国企业同期在国内R&D支出从610亿美元上升到1 210亿美元，增长了约97%。与之相比，外国跨国公司在美分支机构的R&D支出增长了165%。外国跨国公司在美R&D总支出的比例，20世纪80年代上半期为9%，此后迅速增加，80年代后半期达到14.1%。

三、跨国公司对世界经济的影响

跨国公司是生产国际化和世界经济高度发展的产物，它又反过来对世界经济的发展发挥了重要作用和影响。跨国公司通过建立股权、非股权、战略联盟及其他合作形式，几乎渗透到各个国家和地区的所有产业领域和部门，其影响已遍及全球生产、流通和消费等各个领域，深刻改变了世界经济的特点和运行方式，成为当今世界经济活动的主要参与者和影响力量。跨国公司对世界经济的影响主要表现在以下几个方面：

1.促进了国际资本流动

跨国公司是资本国际化的微观基础，其投资体制是国际资本流动日趋活跃的微观渠道，由内外两部分组合而成。

内部化投资主要是跨国公司母公司和子公司之间的资金流动，如母公司为子公司筹措资金，或经由母公司从一个子公司向另一个子公司调度，这部分资金流动不受国界限制，而且不受地理上分割的市场的限制。而外部投资则涉及跨国公司母子公司与外部市场间的资金流动，包括从母国的资本市场或金融机构获得外部融资，从东道国或国际市场上获得外部融资。跨国公司借助于自身的国际市场地位在国际市场上募集资金，在全球范围内寻求最具效力的投资机会。跨国公司还自组财务公司、投资公司，在国际资本市场上频繁活动，大大激活了资本的证券化。因此，跨国公司资本的跨国流动，提高了资金的利用效率，推动了世界经济的发展，对东道国资本市场的发展及成熟具有有效的促进作用。在资本流向上，美、日和欧洲相互之间的投资所占比重较大，占世界投资流量的87%，形成了三极投资模式。美、日和欧洲对其他国家或地区的投资也有一定流向。美国的投资重点是拉丁美洲国家，日本的主要投资对象是亚洲国家，欧洲国家的主要投资对象是欧洲地区和一些与欧洲国家有历史渊源的发展中国家。

　　除直接投资外，跨国公司还从事各种证券投资，在母国以外的证券交易市场上买卖股票和债券，这也是国际资本流动的重要组成部分。

　　跨国公司对外投资活动的发展促进了跨国金融机构的发展，进一步加速了国际资本流动。反过来，跨国银行、跨国投资公司和跨国保险公司等金融机构的发展也推动和支持了跨国公司的发展。随着服务业跨国经营的发展和跨国公司本身操纵的流动资金的扩大，跨国公司的运行对国际资本流动的影响远远超出了单纯的直接投资范畴，成为国际间接投资的关键参与者。

2.推动了国际贸易的发展

　　跨国公司对国际贸易的创造及促进，使当代国际投资和国际贸易呈现出互为关联、互为补充的状态。这种贸易创造和促进，既涉及跨国公司与外部企业的贸易，也包括对跨国公司内部贸易的作用。大量实证研究表明，与一般国内企业相比，跨国公司具有更高的贸易倾向，跨国公司及其海外分支机构的进出口额超出销售额。这不仅是因为跨国公司通常集中在贸易密集的行业，而且也因为其生产分布跨国化所必然引起的机器设备、原材料和零部件等的进出口。所以跨国公司既是其母国进出口的主要创造者，也成为投资东道国最主要的国际贸易创造者。

　　跨国公司的内部贸易对当代国际贸易的贡献巨大。跨国公司由于要到海外不断兴建、扩建子公司，从事生产经营，就需要把机器设备、原材料等生产资料提供给海外子公司，子公司的一部分产品也会返销母国或销往第三国，这就势必扩大国际贸易流量。在跨国公司的生产经营过程中，除子公司与母公司之间的贸易外，子公司相互之间也往往需要往返运输、多次贸易，从而大大增加国际贸易的流量，对国际贸易的发展具有积极意义。据联合国的统计，目前世界贸易总量的近80%为跨国公司内部贸易。企业内跨国界的贸易活动虽然同样引起商品的跨国界交易，但是交易双方实际是同一所有者，交易的价格也由公司内部确定。这种贸易既具有国际贸易的特征（跨越国界），也含有内部转移的因素（在公司内进行），是企业跨国化的组织机制将世界市场内部化了。因此，内部贸易的发展不仅改变了国际贸易的原有范畴，而且使得当今的国际贸易向中间投入品和知识产品推进。

　　跨国公司的兴起和发展对国际贸易的影响是多层面的，既有对国际贸易规模扩大的支持，更有对国际贸易性质与结构的变化产生的积极影响。服务业跨国公司和服务企业的迅速国际化是近些年来跨国公司发展的新特点，同时促进了国际无形产品的贸易发展。这一现象的最初原因在于这些服务企业的主要客户——制造业的大公司相继拓展了国际业务，实施国际化生产要求，服务业也相应完善，甚至超前在全球范围内提供各种支持。随着一批新兴工业化国家的出现和发展中国家普遍的经济国际化，服务业跨国公司认识到它们不仅可以为传统客户国际化经营提供帮助，而且还可以为来自发展中国家的新客户提供有关进入东道国市场的各种服务。

3.加速了生产国际化进程，促进了生产力的发展和产业结构的升级

跨国公司国际直接投资的发展通过深化国际分工促进了生产的国际化。它把原来集中于一国国内的基本生产过程，分成一系列相对独立的环节，并将各个环节转移到不同的国家或地区进行，使国际分工进一步扩大和加强，生产国际化进一步加深。随着现代技术发展带来的跨国协调成本的降低，各国投资政策壁垒的消除和区域经济集团化的加强，跨国公司海外各生产点的互相独立的传统组织方式发生了巨大变革。集中的研究与开发、集中的中间投入品采购、集中的财务和金融安排等，日益成为跨国公司生产经营的普遍趋势。当今，不仅跨国公司的国别属性难以确定，其产品的生产国属性也难以辨别，形成了以价值链增值为纽带的跨国生产体系。这不仅使生产要素的配置得以在全球范围内展开，也使生产国际化在广度和深度上发生了重大变化。跨国公司在世界范围内的经济扩展，特别是近些年来迅猛发展的收购与兼并活动，不断改变着国际分工协作关系，推动着生产向全球一体化发展。跨国公司的生产经营正在努力与本土政治制度、经济制度和文化习俗相融合，使企业适应东道国的文化，并逐渐把世界上每一个国家纳入全球竞争中来，促进全球生产和市场的一体化。

同时，由于面对整个世界市场的激烈竞争，跨国公司必须优化资源配置，重视提高产品的附加值和科学含量，提高劳动生产率，实现规模经济和差异化经济，从而促进生产力的发展。目前，跨国公司的总产值占世界总产值的1/3以上，是当代世界的主要生产者。跨国公司为提高本公司竞争力，获取更大利润，不断地进行技术革新和产品升级换代，从而推动了整个世界产业结构的优化升级。

4.加快科技研究与开发的国际化

随着科技的快速发展，巨型科研项目越来越多，科技开发的难度也越来越大，对设备、人员等方面的要求也越来越高。跨国公司的国内机构很难独立完成大规模的科技开发项目，科技开发需要跨国性的合作。跨国公司凭借自己雄厚的资金实力，在全球范围内招揽人才、置办设备，利用来自各国的优秀人才、丰富的物质资源进行国际协作开发。近些年来，在经济自由化的背景下，跨国公司为了保持和增强自己在国际市场上的竞争力，不断提高自己的研发费用，又力求利用其他国家和地区的科学技术能力，利用不同国家的研究开发成本差异，获得研发的规模经济和区位经济效益。近年来，全球研发总支出持续快速增长。根据美国科学基金会（NSF）的估计，2013年全球研发总支出为1.671万亿美元，2008年的对应估计值为1.269万亿美元，2003年则为8 360亿美元。全球5年期的研发总支出的年平均增长率为5.7%，10年期年平均增长率为7.2%，研发支出总量翻了一番。

全球研发活动主要集中在3个地区：北美地区、欧洲地区，以及东亚、东南亚和南亚地区。其中，北美地区（美国、加拿大和墨西哥）占2013年全球研发执行的29%（4 920亿美元）；欧洲地区（包括但不限于欧盟）占22%（3 670亿美元）；

东亚、东南亚和南亚地区（包括中国、日本、韩国、印度等）合计占40%（6 600亿美元）。全球研发的其余9%来自中美洲和南美洲、中亚、中东、澳大利亚和大洋洲以及非洲等地。

5.推进了世界经济一体化进程

跨国公司的兴起和发展不仅在一般意义上对世界经济格局以及传统的贸易、投资等领域形成重大影响，更推动了世界经济一体化进程。跨国公司实施的生产国际化促进了生产国际分工的发展，而生产国际分工是世界经济形成的标志之一。生产国际分工就是在考虑原材料的供求及价格、劳动力、资金、技术等生产要素供求以及交通运输成本的基础上，在生产过程中形成的将各类产品生产配置于全球范围内该生产所需的资源要素禀赋综合优势最佳的区位上，从而实现最高生产效率。跨国公司在生产和经营上实行全球战略，通过对外直接投资或其他控制形式，成为各国跨国经营活动的组织者，开创出以公司内分工为基本框架的国际生产一体化体系，极大地改变了商品、服务、资本和技术等资源国际流动的格局与方式，推进世界经济一体化的发展。

首先，许多行业的全球性市场已经形成。实行全球战略的跨国公司以全球市场需求为服务对象，按统一标准设计和生产产品，向世界各国销售。这种全球性产品在很大程度上忽略了各国消费者的偏好和口味上的差别，以其价格、质量和蕴涵的跨国公司品牌优势赢得消费者的需求。"可口可乐"饮料是美国跨国公司的产品，几乎在世界各国都可以看到。肯德基快餐连锁店提供的是美国风味食品，在中国也颇受欢迎。在这些全球性市场中，相互之间的竞争对手已不是出口类似产品的国家，而是生产经营同类产品的大型跨国公司。因此，大型跨国公司价格的调整或产品的更新会对整个全球市场和各东道国的市场产生重大影响。

其次，全球范围内的生产分工与协作体系在逐步建立和加强。跨国公司为了提高效率，降低成本，通过在全球范围内利用各东道国特有的地理、资源和市场等优势，在不同子公司之间实行专业化分工和协作，合理配置有限资源。

第二节　国际直接投资概述

国际直接投资（international direct investment），也称对外直接投资，作为国际资本流动的一种重要形式，是指一国投资者（自然人或法人）以有效控制企业经营管理权为核心，以获取利润为主要目标，以对外投资为媒介，并通过在海外设立独资企业、合资企业、合作企业等形式而进行的一种特殊而复杂的投资行为。它可以通过以下四种途径进行：投资者直接到国外建立新企业；购买国外企业的股票并达到一定比例；与国外企业共同投资，设立合资企业或合营企业；投资者的利润再投资。对所投资企业拥有实际控制权是国际直接投资区别于国际间接投资的本质特征。

在当今世界经济中，国际直接投资已成为整个国际资本流动中最为复杂且涉及面最为广泛的部分。一方面，直接投资作为国际资本流动的重要组成部分，对许多国家的资金融通和另一些国家过多储蓄的再循环起着决定性作用；另一方面，直接投资还直接涉及国际贸易和国际生产，对世界各国经济的发展产生了深远的影响，甚至于直接投资已成为国际经济关系中经济政策的主要"筹码"。

一、国际直接投资与跨国公司的基本理论

绝大多数国家的对外直接投资都是由跨国公司组织和推动的，而且对外直接投资也是跨国公司出现的根本原因和向境外扩张的主要手段。因此国际直接投资和跨国公司在理论意义上是一致的。第二次世界大战以后，尤其是20世纪60年代以后，以跨国公司为主体的国际直接投资活动得到了迅速发展，引起了西方学者的关注，分别从不同的角度来研究对外直接投资的动因和决定因素，并逐渐形成各自的理论体系，使对外直接投资理论成为西方经济学的一个重要分支。

有关国际直接投资与跨国公司的理论是从早期的国际资本流动理论中分离出来的，它的奠基之作是美国经济学家海默（Hymer）于1960年在其博士论文《国内企业的国际化经营：对外直接投资的研究》中提出的垄断优势论。这一理论以产业组织理论为基础，试图解释跨国公司的对外投资行为，开创了以国际直接投资为研究对象的崭新领域。在海默之后，西方经济学家又相继提出了其他理论，推动了对跨国公司研究的深入进行。在理论发展的过程中，研究的重点从早期的对外直接投资行为转移到跨国公司经营管理方面，分析方法则以微观分析为主流。

（一）垄断优势理论

垄断优势（monopolistic advantage）理论是美国经济学家海默于1960年在其博士论文中最先提出的。在文中，海默主要以第二次世界大战后美国的跨国公司作为研究对象，运用产业组织理论的分析方法，通过批判传统的资本流动理论和完全竞争的市场结构假设，建立了对跨国公司进行对外直接投资的全新解释。垄断优势理论的核心内容是"市场不完全"与"垄断优势"。传统的国际资本流动模型，即要素禀赋论认为企业面对的海外市场是完全竞争的，然而这与现实不符，在现实中普遍存在的是不完全竞争市场。海默认为，市场不完全是企业进行国际直接投资的基础，因为在不完全竞争市场条件下，企业有可能获得东道国同类企业所没有的某些特定优势，即后来所称的垄断优势。这种企业特定优势主要包括以下7个方面：技术优势、雄厚的资金实力、先进的管理经验、信息优势、国际声望、销售渠道优势、规模经济优势。通过对外直接投资进行跨国经营的企业必须拥有某种特定优势，才能克服在经济、社会、文化、地理等方面遇到的困难，取得高于东道国竞争对手的利润。

20世纪70年代，海默的导师金德尔伯格（Charles P. Kindleberger）吸收了海默

分析的方法和结论，并加以完善、补充，从而形成了一代跨国公司理论的基础——垄断优势理论。后来的研究者把他们两人共同视为垄断优势理论的创始人，并将该理论称为海默-金德尔伯格传统（H-K Tradition）。它替代了赫克歇尔-俄林模型（H-O Model），成为研究国际直接投资最早且最具影响力的基础理论。

垄断优势理论提出了研究对外直接投资的新思路，将国际直接投资理论与国际贸易理论和国际资本流动理论独立开来，较好地解释了第二次世界大战后美国大规模对外直接投资的行为，对后来的理论研究产生了重大影响。但该理论也存在一定的局限性，主要表现在：缺乏动态分析；无法解释为什么拥有独占技术优势的企业一定要对外直接投资，而不是通过出口或技术许可证的转让来获取利益；无法解释跨国公司在直接投资中的地理布局和区位选择问题；无法解释自 20 世纪 60 年代后期以来，日益增多的发达国家的许多并无垄断优势的中小企业及发展中国家企业的对外直接投资活动。

（二）产品生命周期理论

1966 年美国哈佛大学教授雷蒙德·弗农在其发表的重要论文《产品周期中的国际投资和国际贸易》中，提出了产品生命周期（product life cycle）理论。他认为，垄断优势论不足以说明企业在出口、许可证和跨国界生产间的选择，其理论只停留在静态阶段，应该把动态的产品生命周期各阶段的技术垄断优势与区位因素结合起来，分析企业的对外投资行为。弗农认为产品比较优势和竞争条件的变化是驱使美国跨国公司对外投资的决定因素。该理论将产品生命周期划分为 3 个不同阶段，即产品创新阶段、产品成熟阶段和产品标准化阶段，以解释企业根据生产条件和竞争条件作出的对外直接投资决策。这一理论解释了发达国家出口贸易、技术转让和对外投资的发展过程。

在产品创新阶段，生产厂商主要是通过垄断技术和产品市场来占领市场的。生产厂家利用垄断的专利和专有技术，将新发明的技术首次应用于生产。这时最有利、最安全的选择就是在国内生产，大部分产品供应国内市场，并通过出口贸易的形式满足国际市场的需求。此外，在这一阶段，产品存在某种程度的垄断，价格弹性比较小，生产成本对生产区位选择的影响不大。

在产品成熟阶段，新技术日益成熟，产品基本定型。随着国际市场需求量的日益增大，产品的价格弹性增加，降低产品成本显得尤为迫切。这时，国内生产的边际成本加上运输成本已经超过了在国外生产的成本。对外投资比产品出口更有利，因而，企业倾向于到海外寻求类型相同的地区投资设厂。因此，在 20 世纪 50 年代末期，当时的西欧经济得到恢复，市场规模不断扩大，同时劳动力成本也低于美国，故美国跨国公司到那里投资设厂，以降低生产成本。

在产品标准化阶段，产品和技术均已标准化，生产厂家所拥有的垄断技术优势逐渐消失，竞争主要集中在价格上。生产的相对优势已经转移到技术水平低、工资低和劳动密集型经济模式的国家和地区。在本国市场已经饱和、其他发达国家同类产品出口量急剧增加的情况下，生产厂商开始在发展中国家进行直接投资，转让其标准化技术。根据比较成本的原则，生产厂商大规模减少或停止在本国生产该产品，转而从国外进口。

产品生命周期理论是在实证研究美国跨国公司对外直接投资行为的基础上得出的，动态描述了跨国公司对外直接投资的原因，即解释了为什么要对外投资，也解释了对发达国家和发展中国家投资的时机选择，给邓宁后来创立的国际生产折中理论以有益的启示。但产品生命周期理论存在一定的局限性，主要表现在：该理论主要涉及最终产品市场，而资源开发型投资和技术开发型投资与产品的生命周期无关；该理论对于初次进行跨国投资的解释较为适用，对于已经建立国际生产和销售体系的跨国公司行为则解释乏力；该理论不能很好地解释发展中国家的对外直接投资行为；该理论认为母国垄断优势的丧失导致对外直接投资，实际上，许多跨国公司在保有垄断优势的同时，还进行大量的对外直接投资。

（三）比较优势理论

20世纪70年代中后期，日本一桥大学教授小岛清（Kiyoshi Kojima）提出比较优势（comparative advantage）投资理论，又称边际产业扩张理论。这是一种利用国际分工的比较优势原理，分析和解释日本对外直接投资的理论模型。该理论认为，国际直接投资不能仅仅依靠从微观经济因素出发的跨国公司垄断优势，还要考虑从宏观经济因素出发的国际分工原则。其基本思想是对外直接投资应该从本国（投资国）已经处于或即将处于比较劣势的产业——边际产业（也是接受国具有显在或潜在比较优势的产业）开始进行。该理论与前人的对外直接投资理论有较大的不同，解释了日本20世纪六七十年代以资源导向型、劳动力成本导向型和市场导向型直接投资占主导的对外直接投资行为。但它仍具有局限性：一是只能解释经济发达国家与发展中国家之间的以垂直分工为基础的投资，难以解释经济发达国家之间的以水平分工为基础的投资；二是该理论以投资国为主体而不是以跨国公司为主体，实际上假定了所有跨国公司都有相同的动机，难以解释复杂的国际环境下所有跨国公司的对外直接投资行为；三是低估了发展中国家接受高新技术的能力，使发达国家与发展中国家的关系固定在静止状态，按照该理论，发展中国家只能接受发达国家的边际产业，永远不能追赶上发达国家。

（四）内部化理论

内部化（internalization）理论又称市场内部化理论，是当代比较流行的关于国际直接投资的一般理论。该理论是英国里丁大学学者巴克利（Peter J. Buckley）和卡森（Mark C. Casson）于1976年在合著的《跨国公司的未来》一书中首次提出的。后来，加拿大学者拉格曼（Alan M. Rugman）在其出版的《跨国公司的内幕：国际市场的经济学》一书中，对该理论进行了进一步的完善和拓展。

内部化理论认为导致对外直接投资发生的原因不仅仅在于最终产品市场的不完全性，更重要的是由于中间产品市场的不完全性。这种不完全性主要是由关税、配额、外汇管制和汇率政策等政府干预所引起的。跨国公司所生产的一些中间性产品，特别是专利技术、管理技能和营销技巧等知识资产的跨国流动，更需要避免市场的不完全性。一个必然的选择便是将其内部化，即通过企业内部组织体系以较低的成本在企业内部实现知识资产的跨国流动，从而有效保护知识产权，避免技术泄露，保持跨国公司对技术的长期垄断。简而言之，内部化理论的基本观点是：跨国公司之所以进行对外直接投资，是为了降低交易成本和避免中间产品市场的不完全性。内部化理论对跨国公司旨在将其经营的各种成本降低到最低限度的行为进行理论说明。跨国公司只有通过企业内部建立市场，以企业内部市场代替外部市场，从而解决由市场不完善带来的不能保证供需交换正常进行的问题。这样才能减少交易成本，最大限度地提高公司的利润。内部化理论给跨国公司对外直接投资的启示是，跨国公司要努力构建以跨国公司母体为核心的企业网络体系，并在这一网络体系内控制和使用中间产品，从而实现获取高额利润的目标。

与其他理论相比，内部化理论突破了垄断优势理论和产品生命周期理论的局限性，既可以解释发达国家的国际直接投资行为，又可以解释发展中国家的国际直接投资行为，因而被称为"通论"，成为西方跨国公司理论研究的一个重要转折。内部化理论较好地解释了跨国公司在国际直接投资、出口贸易和许可证安排这三种参与国际经济方式选择的依据。跨国公司通过国际直接投资将市场内部化，保持其在世界范围内的垄断优势，从而实现公司利润的最大化，因此在这三种方式中占主导地位。而出口贸易由于受到进口国的贸易保护主义的限制，许可证安排则由于局限于技术进入产品生命周期的最后阶段，因而均属于次要地位。

内部化理论也具有一定的局限性。内部化理论虽然具有综合性，但它解释的只是跨国公司行为的充分条件，即跨国公司通过自身的财务和组织管理协调以发挥企业内部效率的机能，没有对跨国公司行为的必要条件，即跨国公司通过其生产和销售活动以满足消费者的需求的机能给予充分说明和解释，因而存在一定的片面性。

（五）国际生产折中理论

20世纪70年代后期，美、欧、日三足鼎立的跨国公司投资格局形成，为国际直接投资理论的综合创造了条件。英国里丁大学教授约翰·H.邓宁（John H. Dunning）于1977年发表了其著名论文《贸易、经济活动的区位和跨国企业：折中理论方法探索》，提出国际生产折中理论（Eclectic Paradigm of International Production），试图全面探讨对外直接投资的动因、投资决策、投资方向三个主要问题。1981年，邓宁出版了名为《国际生产与多国企业》的论文集，系统整理和阐述了国际生产折中理论。

国际生产折中理论认为，企业从事对外直接投资是由该企业自身所拥有的所有权优势、内部化优势和区位优势三大因素综合作用的结果，这就是跨国公司对外直接投资的所谓 OIL（ownership-internalization-location）模式。所有权优势主要是指企业拥有或能得到其他国家企业没有或无法得到的无形资产和规模经济优势，尤其是企业拥有的无形资产（技术、信息、管理、营销、品牌、商誉等）优势。内部化优势是指企业为了避免外部市场的不完全性对企业经营的不利影响而通过对外投资将资产或所有权内部化所拥有的特定优势。区位优势是指生产地点的政策和投资环境等方面的相对优势所产生的吸引力，包括东道国的地理位置、生产要素的相对价格、现实的与潜在的市场需求、运输与通信成本、基础设施、市场体系的发育程度、文化差距等。邓宁认为企业要发展成为跨国公司，必须同时拥有这三项优势，缺一不可。如果缺少其中一两个优势，企业就不会进行对外直接投资，而选择商品出口或特许权转让的方式。如果仅有所有权优势和内部化优势，而无区位优势，则意味着缺少有力的投资场所，只能将有关优势在国内加以利用，进行生产，予以出口；如果没有内部化优势和区位优势，仅存在所有权优势，包括无形资产优势，则企业难以内部利用，只得转让给外国企业。

国际生产折中理论注重综合分析、客观分析和动态分析，在理论形态上是完整和成熟的。它并不是对以往对外直接投资理论简单的总结归纳，而是从跨国公司国际生产这个角度，讨论所有权优势、内部化优势和区位优势三组变量对国际直接投资的作用。它吸收了以往各派理论之长，较有概括性和综合性，能兼顾各种理论解释的需要，是迄今最完备的、被人们广泛接受的综合型国际生产模式，被称为国际生产领域里的"通论"。

但是，国际生产折中理论并不是十全十美的，主要表现在：由于理论的"集大成"而影响了整个理论的逻辑性。邓宁把各种不同的甚至没有多大联系的因素捏合在一起，从而陷入了对现象的罗列和归纳，缺乏严谨而系统的分析。邓宁强调，只有三种优势同时具备，才能进行跨国投资。这无法解释部分国家在尚未同时具备三种优势的情况下开展对外直接投资的现象；无法解释非私人跨国公司的直接投资活动，并过于简单地假定跨国公司国际直接投资的主要目标就是利润最大化。

二、国际直接投资的产生和发展

由于对企业控制权的掌握，投资者便可参与到企业的经营管理等生产性活动中，并带动资本、技术、人员等真实资本的国际流动，因此国际直接投资过程就是生产国际化过程，两者是不可分的。

国际直接投资是国际分工不断深化的产物。18世纪60年代的第一次产业革命后，机器大工业生产体系建立，社会分工超越国界，初步形成了工业国与农业国的垂直分工。这一时期的国际分工主要表现为宗主国与殖民地国家之间不平等的分工，国际贸易是这一时期实行经济掠夺的重要手段。19世纪70年代的第二次工业革命，进一步将原料的生产集中在亚洲、非洲、拉丁美洲等农业国，而将工业集中在欧洲和北美洲，形成了资本主义国家的制造业和殖民地国家的原材料生产业的国际分工。国际分工的深化和发展，加深了各国之间的经济联系，大大促进了国际贸易的发展。为了进一步促进国际贸易发展和为"过剩资本"寻求出路，西方国家纷纷开始了向殖民地国家和地区的资本输出。国际贸易的大发展和资本输出的出现，进一步深化了国际分工，加强了各国间的经济联系，国际直接投资应运而生。

国际直接投资产生以来，大体上经历了三个阶段：

（一）第一次世界大战前的国际直接投资

从18世纪60年代到19世纪30年代，英国率先完成工业革命并成为"世界工厂"。英国工业革命的完成加快了其原始资本积累的步伐，为英国对外直接投资提供了必要的物质条件。而当时欧洲大陆因拿破仑战争面临经济重建，美国尚在进行第一次工业革命，均出现了资本供不应求的局面，从而为英国对外直接投资创造了良好的外部环境。据统计，1850年英国的对外直接投资累计总额已超过2亿英镑，其中66%的资本投在欧洲大陆国家，30%的资本投向美国；20多家英国公司在欧洲大陆和美国建立了企业，开发矿山或修筑铁路，成为事实上世界最早的跨国公司。1868年英国设立了"国外及殖民地政府信托"机构进行对外直接投资，1891年将该机构更名为"国外及殖民地投资信托公司"，一方面大肆购买外国公司股份或债券，另一方面直接在国外投资办厂，对外直接投资步伐加快。到1914年，英国对外直接投资累计总额已达40亿英镑，占当时世界各国对外直接投资累计总额的41%。可见，第一次世界大战前，英国是名副其实的世界最早、最大的对外直接投资国。

法国是西方另一个起步较早的对外直接投资大国，其对外直接投资始于19世纪后期，是从法国对外借贷资本发展过程中派生出来的产物。1880—1914年，法国累计输出资本约90亿美元，其中绝大部分是对外中长期贷款，只有不超过15亿美元的资本用于对外直接投资，约占16.7%。其对外直接投资国主要投向俄国及非洲法属殖民地国家，且主要用于开发矿山和发展农业。

德国在第一次世界大战前也有一定的对外直接投资，其突出特点是起步较晚而发展极快。1883—1913年，德国对外直接投资累计额从50亿德国马克剧增至240亿德国马克，20年间增长了3.8倍。其主要投资对象是东欧及巴尔干半岛。

值得指出的是，美国作为一个后起的资本主义国家，其对外直接投资发展极为迅猛，并迅速崛起为仅次于英国的第二大对外直接投资国。1897年美国对外直接投资累计额约为6亿美元，1908年增至16亿美元。截至1914年年底，美国对外直接投资累计额已达26.32亿美元。其投资对象几乎遍布全球，但主要分布在拉美、北美与欧洲。

综上所述，自19世纪后半叶起，对外投资已逐渐在国际经济中起着重要作用。随着西欧、北美等主要资本主义国家工业革命的进展，跨国公司海外直接投资已有一定的发展。

总体来看，第一次世界大战以前跨国公司海外直接投资具有以下主要特点：

首先，投资来源国高度集中，直接投资的数额及比重均较小。虽然第一次世界大战以前的半个世纪内被公认为国际资本流动的黄金时期，但对外投资绝大多数表现为英、法、德、美等少数资本主义列强的间接投资。到1914年第一次世界大战前夕，资本主义各国的对外资本输出总额为440亿美元。其中英国180亿美元，居首位；法国90亿美元，居第二位；德国58亿美元，居第三位；美国35亿美元，居第四位。毫无疑问，资本输出是帝国主义形成和发展时期的重要经济特征，但上述资本输出总额中，绝大多数以间接投资为主要方式，仅有约10%是对外直接投资。因为第一次世界大战以前，主要资本主义国家跨国公司经营的业务相对于整个经济活动而言比重很小，各国大公司的主要经营活动立足于国内，到海外建厂（场）从事直接生产性经营活动的为数不多。1900年187家美资制造业大企业的海外附属企业仅为47家，1913年也只增加到116家。

其次，投资对象多为殖民地、半殖民地、新开发地区和其他经济落后国家和地区。这一特征在头号投资大国英国表现得尤为明显。如前所述，在英国率先完成工业革命之后的相当长时期里，英国对外投资的主要去向是当时忙于经济重建而急需资金的欧洲各国，占60%以上。在进入帝国主义时期尤其是到第一次世界大战前夕，英国资本则主要投向殖民地、半殖民地国家和新开发地区。到1913年，英国海外投资中70%以上是投放在殖民地和半殖民地国家和地区，其中，有47.3%投放在英帝国范围之内，南美占20.1%，其他经济落后国家和地区占6.8%。英国对殖民地和半殖民地的投资成了其控制、奴役和剥削这些地区的重要手段。

最后，投资行业主要是采矿、石油和农业等初级产品行业及为初级产品生产服务的基础设施部门。英国的对外直接投资主要集中于美国、印度、加拿大、马来西亚、南非等地的铁路业、矿山、油田、牧场和种植园等。法国、德国及美国等对外直接投资的行业分布也具有上述特点。以美国为例，1897年，美国对外直接投资总额为6.35亿美元，其中在铁路业的投资居首位，占6%；在矿业的投资居第二位，占2%。到1914年，美国对外投资总额达26.32亿美元，其中，石油与采矿业占40.4%，制造业占18.2%，公共基础设施（铁路及公共工程）占14.7%，农业占13.5%，商业占6.5%，其他占6.7%。

值得指出的是，虽然英、法、德等西欧国家与美国在第一次世界大战以前对制造业直接投资的数额及比重均较小，但美国对制造业直接投资所占比重相对较高。这一方面表明美国在取代英国成为世界上头号资本主义工业强国之后，其制造业海外子公司的发展远较西欧国家迅速，因而美国跨国公司逐渐成为制造业海外直接投资的主体；另一方面也说明制造业海外直接投资与母国资本是否充裕并不一定有直接关联。可见，在第一次世界大战以前，跨国公司海外直接投资的部门结构以初级产品生产和公共基础设施开发为主，这种部门结构充分反映了投资国与受资国之间不平等的"垂直型"国际分工体系，工业列强既是为了在政治和军事上对落后国家和地区进行有效控制，也是为了从经济上把落后国家和地区沦为其商品销售市场和原料产地。从本质上讲，这一时期跨国公司海外直接投资是宗主国对殖民地和半殖民地、先进工业国对落后农业国进行政治控制和经济掠夺的工具和手段。同时，制造业海外直接投资主要表现为工业发达国之间"水平型"的交叉投资，这在很大程度上表明制造业直接投资更多地取决于经济因素而非政治强权；从一定意义上讲，从事制造业投资的跨国公司不仅与经济发展水平密切相关，而且主要由市场导向决定，已初步具备真正现代意义跨国公司的特征。

（二）两次世界大战间的国际直接投资

在这个时期，发达国家的对外直接投资处于停滞状态，因为相当多的国家成了战场，在战争中遭受很大损失，使企业不敢冒着风险用有限的资金在海外进行生产性的投资扩张。而由战争引起的敌对情绪、经济危机和萧条使保护主义抬头，对国外直接投资持排斥、歧视态度。美国的许多企业却在这一时期大规模地进入国际市场，第一次在国际化经营方面超过欧洲。如美国的通用汽车公司、福特汽车公司向欧洲的扩张就是在这一时期实现的。因为战争，对外投资来源的国别结构发生较大变化，这既是国际竞争实力格局发生变化的反映，也为第二次世界大战后美国跨国公司谋得国际市场的支配地位奠定基础。

（三）第二次世界大战后的国际直接投资

第二次世界大战以后，影响和决定资本国际运动的经济条件有了很大变化，国际直接投资逐渐取代战前的国际间接投资成为资本国际化的核心和主体，使资本国际运动发展到了一个新的高度。在这一过程中，FDI在规模和结构方面表现出一系列新的发展趋势和特征。

（1）国际直接投资增长迅速、规模巨大。第二次世界大战以后，以跨国公司为主体的FDI一直保持着快速增长的势头。1960—1985年，西方国家对外直接投资累计余额从580亿美元增加到6 600亿美元，25年增长了10多倍，年平均增长率达10.2%。1985年之后，这一增长速度进一步加快，到1995年，累计余额达到25 143亿美元，10年间增长了约4倍。在1996年，西方国家的对外投资总额达到创纪录的2 810亿美元，发展中国家也实现了510亿美元的对外直接投资。1997年，由于东南亚金融危机的发生，国际直接投资出现大幅下降。随着时间的推移，危机的影响逐渐减弱，进入21世纪以来，FDI又呈现出恢复性增长的态势。纵观整个战后的历史时期，FDI总体上保持快速增长，超过了其他一些重要经济活动指标（世界生产总值、国际贸易、各国国内投资）的增长速度，对世界经济的影响越来越大。

（2）国际直接投资的主体日益趋向多元化，但发达国家仍居主导地位。长期以来，发达国家一直独霸着国际直接投资，发展中国家所占的份额微乎其微。到20世纪70年代末，发展中国家的国际投资累计额仅相当于发达国家的1%。到20世纪末，上述数字已达到10%，发展中国家对外直接投资取得了长足的发展，但发达国家仍处于绝对的主导地位。在发达国家中，第二次世界大战以来，美国一直是最大的对外直接投资国。在20世纪60年代，美国的FDI累计额曾占到世界总额的50%以上。进入70年代，随着美国经济的相对衰落，美国在FDI中的地位也相对削弱，而日本、联邦德国及其他西欧国家的FDI发展迅速。90年代中期以来，美国经济增长强劲，其第一投资大国的地位又得以巩固。发展中国家中，从事对外直接投资的主要是石油输出国及新兴工业化国家和地区。

（3）国际直接投资的地理流向发生变化。第二次世界大战以前，FDI中70%以上是从发达国家流入发展中国家，资本运动表现为单向流动。战后，FDI的地理流向开始转向发达国家；到20世纪60年代末，发达国家之间的相互投资成为FDI的主体。进入20世纪90年代以来，随着新兴工业化国家和地区经济的崛起以及东亚地区经济的快速增长，发展中国家和地区吸收FDI的比重有所回升，在1996年达到60%。1997年由于东南亚金融危机的爆发，发展中国家吸收FDI在数量和比重上急剧下降，此后又在缓慢回升。

（4）国际直接投资的部门结构发生变化。在第二次世界大战战前和战后初期，发达国家的FDI大部分投入资源开发型行业，如采掘业和农业等。20世纪60年代以后，与FDI地理流向的变化相适应，FDI逐渐转向制造业部门，表现为发达国家制造业部门之间的相互投资。流向发展中国家的FDI也逐渐转向资源密集型和劳动密集型的制造业部门。80年代后期，国际直接投资的部门结构进一步升级，约半数的投资投入第三产业部门，如银行业、保险业、信息服务业等。全球对外直接投资主要集中于服务业，制造业有所上升。2015年全球对外直接投资流入的行业结构变化显著：64%的全球对外直接投资流向了服务业，带动产业效率大幅提高，有利于深化国际分工，加剧行业竞争，促进资源的优化配置；27%流向了制造业，这是由于制药等行业出现一些大规模交易，促使制造业流入量上升；7%流入了第一产业，这是因受到2014年以来初级商品价格大幅下跌影响，原材料、能源行业的跨国企业大幅削减资本开支，海外再投资缩紧，导致全球对第一产业的投资流入量下滑。

三、国际直接投资的新形势

（一）21世纪国际直接投资的特点

自20世纪90年代起，全球国际直接投资流入规模陡然增加，跨国公司进入了全新的全球化经营时代。然而进入21世纪以来，国际直接投资受到美国新经济热潮降温，先减后增，近年来又呈现回升之势。

1. 国际直接投资呈现长期增长态势

2001年的国际直接投资流量总额为7 800亿美元，2007年达到峰值1.90万亿美元，金融危机爆发后减少，但近年来有所回升，到2015年全球外国直接投资流量同比增加38%，达1.76万亿美元。2015年世界FDI大幅增长的一个重要原因是大规模的跨国公司的并购行为。跨国兼并和收购（跨国并购）金额从2014年的4 320亿美元猛增至2015年的7 210亿美元。与此同时，已公布的绿地投资项目也达到7 660亿美元的较高水平。2015年全球FDI大幅增长的另一个重要原因是大规模的跨国公司内部重组，与公司内部重组相关的跨国并购交易导致相关国家的国际收支资本和金融项下的巨额资金流动，此类交易并没有对公司运营产生实质影响。随着全球经济的复苏，国际直接投资仍将呈现长期增长态势，必将超过2007年的峰值水平。

2. 资金的地区流向呈现很大的不平衡性

首先，美、英吸引外资规模下降。自2000年以后，这两个国家的外资流入额占世界比重大幅减少。2015年，美国吸收的国际直接投资仅为3 798.94亿美元，占世界直接投资总额的21.56%，比2014年的8.35%提高了13.21%，但与1999年的26.33%差距较大。其中，美国资本流出额占比保持稳定，2015年为20.35%，比1995—1999年的平均比重21.31%仅减少了0.96%。曾经是世界上最大的资本输出国的英国，不仅吸引外资能力迅速降低，从2014年的524.49亿美元下降到2015年的395.33亿美元，占世界份额也从8.17%降为2.24%，而且其对外投资亦呈现负值，2015年为-614.41亿美元。

其次，不同发展中国家吸引外资的状况差异明显。2001—2015年，亚洲地区保持高速增长，已成为全球并购活动中最为活跃的地区，流入亚洲地区的FDI从1 342.23亿美元增长到5 655.96亿美元，年均增长率为10.20%，占世界份额超越欧洲。中国作为最大的发展中国家，2015年吸收外资达到1 356.10亿美元，居世界第三位。拉美和加勒比地区由增长转为下滑，2000—2011年吸引外资不断增长，由760.28亿美元提高到1 830.85亿美元；2011年以后的FDI流入量呈下降趋势，2015年流入的FDI为1 558.55亿美元，比2011年降低了14.87%。非洲的FDI从高速增长变为相对稳定，2000—2012年FDI年均增长速度为17.43%，而2012—2015年稳定在550亿美元左右。

最后，转型经济体吸引外资额逐步缩减，2015年跌至350亿美元，其主要原因包括地缘政治的紧张局势、货币的大幅贬值、限制性措施、大宗商品价格下滑、监管环境变化、国内市场疲软等。

3. 资金的产业流向以金融、商业服务、信息与通信等领域为主

2015年，世界64%的FDI流向服务业，其中主要是金融（14.11%）、商业服务（12.73%）和信息与通信（10.72%）等相关领域，带动产业效率的大幅提高，促进资源的优化配置。例如，伦敦证交所集团（London Stock Exchange Group PLC）与德意志交易所（Deutsche Boerse AG）进行全股票合并，该合并创造出欧洲最大的证券市场运营商，市值超过 300 亿美元；海航旗下的天津天海投资发展股份有限公司（Tianjin Tianhai Investment Company，Ltd.）以 60.1 亿美元收购美国英迈国际有限公司（Ingram Micro Inc.）。在信息通信领域也发生了几起较大的跨国并购案，如英特尔（Intel）公司以约 167 亿美元的价格收购规模较小的艾尔特拉（Altera）公司，日本电信集团软银（SoftBank）以 320 亿美元收购英国物联网市场的领军者安谋国际科技股份有限公司（ARM Holdings PLC），腾讯（Tencent）控股公司完成了以 86 亿美元收购芬兰手机游戏开发商 Supercell 的交易。

除金融、商业服务、信息与通信等领域，流向能源服务部门的跨国资金也显著增加，如荷兰皇家壳牌集团（Royal Dutch Shell PLC）同意以约 500 亿美元收购英国天然气集团（BG Group PLC），法国工业用电巨头阿尔斯通（ALSTOM）决定将旗下能源业务作价约 107 亿美元售予美国通用电气（GE）。这些国际直接投资的变化除了受到世界经济形势低迷、全球性的生产过剩、市场竞争激烈、企业盈利下降等因素的影响，也是大型跨国公司海外扩张的结果。目前，发展中经济体与发达经济体的外资流入产业结构无明显差异，主要集中在服务业，其次是制造业，对第一产业的投资占比较少，其中亚洲发展中地区和转型经济体吸引的外国直接投资 70% 流入服务业。随着经济形势不断好转，投资环境不断改善，企业运营不断务实与成熟，国际直接投资在今后的发展将会稳步回升。

4.发达国家在国际直接投资中占主导地位，以中国为代表的部分发展中国家对外投资增长较快

从发达国家和发展国家之间的对比关系看，发达国家的主导地位明显。从全球 FDI 的来源看，发达国家处于主导地位，其 2015 年对外投资增长了 33%，达到 1.1 万亿美元。主要发达区域的表现有所不同，2015 年欧洲的对外投资增至 5 760 亿美元，从而成为全球最大的对外投资地区；北美的对外投资量 2015 年与 2014 年基本持平。虽然发达国家在全球国际直接投资中占据主要地位，但相关数据表明，部分发展中经济体的企业越来越成为国际舞台上的重要角色，它们通过对外直接投资，为母公司提供了新的发展机会。发展中国家的跨国公司在外国直接投资领域扮演越来越重要的角色，通过在能源、矿产和制造业等方面的大举对外投资，许多企业发展成为大型跨国公司。来自发展中经济体的跨国公司数量近年增长迅速，2015 年约占全球跨国公司总数的 1/4。中国 2015 年对外投资发展迅速，实现连续 13 年快速增长，创下了 1 456.7 亿美元的历史新高，同比增长 18.3%，金额仅次于美国的 2 999.6 亿美元，首次位列世界第二，对外投资金额首次超过了吸引外资金额（1 356 亿美元）。

（二）影响当前国际直接投资的因素

1.全球经济不稳定因素骤增

"逆全球化"思潮和保护主义倾向抬头，使得全球主要经济体的政策走向及外溢效应变数不断加大，不稳定、不确定因素明显增加。与此同时，世界经济的弱势复苏也使得全球跨国企业的外部市场环境进一步趋于恶化，工业生产低速增长，出口订单大量减少，金融市场动荡加剧，以及大宗商品价格大幅下跌，都使跨国企业的国际化经营不断陷入窘境，极大地动摇了投资者的信心，从而影响了跨国公司整体的对外直接投资水平。

2.全球性反垄断力量增强，跨国并购活动受到一定影响

尽管全球性企业并购活动在2015年达到高潮，交易总额创下历史纪录，但由此产生的垄断限制竞争并使消费者利益受损的负面影响，已引起国际组织和各国政府的广泛关注。瑞典企业伊莱克斯是世界知名的电器设备制造公司，是世界最大的厨房设备、清洁洗涤设备及户外电器制造商。2014年9月它宣布以33亿美元收购美国通用电气旗下的家电业务，希望借助这些交易将其在北美市场的销售翻番。2015年7月，美国司法部要求伊莱克斯和通用电气中止此项交易，质疑收购完成后将会削弱市场竞争，抬高厨具电器的价格。尽管在长达1年3个月的时间里，伊莱克斯提出一系列救济措施，包括拆分部分资产，但美国司法部坚持认为，在美国烤炉及烤箱市场中，伊莱克斯、通用电气以及惠而浦3家共占据90%的份额，这类三变二的交易将使伊莱克斯独占美国市场2/3的市场份额，导致产品价格上涨，从而损害消费者利益。这反映了反垄断力量的增强，对跨国并购活动具有抑制作用。

3.战略性对外直接投资的大幅度减少

美国学者尼克布鲁克（F. T. Knickerboker）提出大企业对外直接投资过程中呈现出"追随潮流效应"，即一旦有一个企业向国外市场扩张，同行业的其他企业为了确保国内外的市场地位，也竞相向国外扩张。这决定了近年来国际直接投资中，跨国公司战略性对外直接投资意图强烈，并从规模上在2015年达到高潮。2016年，随着全球企业经营环境的日趋严峻和再融资能力的下降，跨国公司战略性对外直接投资出现回落，大型跨国并购的数目和交易规模都大大减少。跨国公司对其过去几年的全球化投资战略进行调整，向务实型和选择型投资战略转变，对不同的国际市场实行有收有放的策略，从而在总体上导致全球对外直接投资下滑，并引发不同国家和地区对外资的激烈争夺。

四、跨国公司与对外直接投资关系

跨国公司既是企业对外直接投资的载体，又是对外直接投资的产物，对外直接投资与跨国公司密不可分。

（一）跨国公司是对外直接投资的主要组织者和承担者

根据现代国际企业管理理论：跨国公司是现代管理技术和组织创新的产物，它的产生和发展迎合了现代科学技术发展和国际经济交易深化的需要，便利了科学技术在全球范围内的传播和转移，从而极大地提高了全人类的福利。科学技术的革命与发展导致了大规模生产方式的出现，而现代化的大规模生产要求资本、技术和管理人员等通力合作，协同组织生产过程。因此，将资金、设备和技术等生产性资源进行一揽子转移的对外直接投资成为国际技术传播的主要渠道。而跨国公司作为人类为适应现代化的大规模生产方式所创造的一种组织形式，正是在全球范围内开展对外直接投资活动最主要的组织者。跨国公司不仅是对外直接投资的主要组织者，也是对外直接投资的主要载体或承担者。世界上几乎所有的对外直接投资都是由跨国公司完成的，尤其大型跨国公司更是对外直接投资的主导力量。

2015年全球外国直接投资流量同比大幅提升36%，达1.7万亿美元，是2007年以来的最高水平。其主要原因是2015年跨国公司并购活动异常火爆，净交易额超过6 437亿美元，同比骤升61%，拉动全球外资强势复苏。特别是制造业领域的跨国公司并购交易金额激增了132%，达3 390亿美元。跨国公司是全球对外直接投资的主要承担者，因而从某种意义上讲，了解了跨国公司海外直接投资活动就意味着了解了整个国际直接投资。在诸多文献和论著中，对外直接投资与跨国公司海外直接投资经常被交互使用，原因正基于此。

（二）对外直接投资是跨国公司在全球范围内组织经济活动的最重要形式

跨国公司是当今世界经济发展的主要支柱和决定性力量，其活动领域涉及国际经济交易的各个方面。跨国公司不仅是对外直接投资的组织者和承担者，而且也是国际证券投资、国际贸易、国际技术转移的主要参与者。尽管国际贸易一向被认为是国际经济交易的主导力量，并因此而建立了一个反映贸易活动的国际结构，但在当今世界市场上，跨国公司海外分支机构的销售远比本国出口重要。如到20世纪80年代末，跨国公司海外分支机构销售的商品和服务总额达到4.4万亿美元，几乎是世界出口总额的1倍（不包括公司内贸易）。与此同时，技术和其他生产要素伴随对外直接投资的迅猛发展而在全球范围内加速流动，国际投资已成为当今世界经济发展中最活跃、最重要的因素。

跨国公司以海外直接投资活动为主要手段、以世界市场为主要目标的全球经营战略给世界经济的发展带来了深刻的变化，传统的以商品贸易为主的国际经济交易格局被打破，国际分工渗入到生产领域，进而渗透到产业内部和企业内部，因此需要从跨国公司的国际生产角度来考察国际经济交易。从上述角度考察国际经济交易，可以发现对外直接投资作为适应高度复杂化的生产技术以及伴随资本和管理人员合理转移的经济方式，是跨国公司在全球范围内组织经济活动最重要的形式。在整个20世纪70年代，对外直接投资、国内产出与国内投资增长速度大致相同；

1985—1990年，全球对外直接投资的增长速度是国内产出的4倍和国内投资的2倍多。同样，在20世纪70年代前期与中期，全球对外直接投资流出量、特许权和技术转让费收入、出口始终以相似的速度增长；从1985年起，对外直接投资流出增长率是特许权和技术转让费收入增长率的1.5倍，是出口增长率的2.5倍。而且从某种意义讲，特许权和许可证费用、贸易的增加与对外直接投资流量的更快增加是密切相关的。据估计，与所有权相联系的公司之间特许权和许可证方面的交易（主要包括使用商标、工艺、技术、版权和专利）涉及费用占此类公司之间交易总金额的80%以上；跨国公司间的公司内贸易占世界贸易的80%。可见，跨国公司对外直接投资日益成为国际经济交易的主导力量，贸易及技术转移等日益被纳入对外直接投资的结构之中；对外直接投资是跨国公司体系最重要的经济活动方式和主要的海外扩展手段。

第三节　全球国际直接投资趋势及中国国际直接投资发展

一、全球国际直接投资趋势

2004年以后，跨国并购日益活跃，形成了新一轮跨国并购的浪潮。2006年，跨国并购额增长至8 804.6亿美元，占国际直接投资的比重也提高到67.4%。2007年上半年，全球跨国并购额为5 810亿美元，比2006年同期增长了54%。2010年全球跨国并购较上年增长了37%。2016年全球并购总额为3.6万亿美元，比2015年降低17%。跨国并购日益成为国际直接投资的主要形式。

在投资地域的选择上，发达国家仍是主要东道国，但发展中国家的地位开始上升。发达国家吸纳的国际直接投资一直占绝大部分比重，但近年来，发展中国家吸收外资的规模和比重开始上升。尤其是以中国、巴西、印度等为代表的新兴市场国家吸收的外国直接投资将有所增加，其占全球的份额也将创历史新高。但在跨国并购中，发达国家始终是主要的购买者和被购买者。这一方面是由于发达国家的市场已经饱和，进入这些市场只能主要采用并购的方式；另一方面是由于发展中国家市场潜在空间大，进入时不需要采用并购的方式，同时，发展中国家外资并购政策限制性强，并且其大多数企业并购价值较低。2013年发展中国家及新兴市场国家企业实施的跨国并购在金额方面占到全球的56.5%，首次超过发达国家的份额（43.5%）。

经济民族主义抬头，安全审查成为跨国投资的严重障碍。近些年来的国际直接投资并不总是一帆风顺的，而是经常受到一些经济和非经济因素的影响。其中，国家安全因素日益凸显。许多跨国投资案都受所谓国家安全审查或基于国家安全理由的社会公众压力影响而夭折。美国、法国、德国、加拿大等发达国家或通过制定相关的法律，或以"经济爱国主义""反恐"等为由对外国企业收购本国企业的行为采取限制措施。发展中国家如委内瑞拉、玻利维亚、阿尔及利亚等国则对能源、电信、石油天然气等"战略性产业"相继作出限制性规定。

二、中国国际直接投资的机遇与挑战

面对错综复杂的国际经济形势，中国在对外开放战略的指导下，一直致力于"走出去"与"引进来"并重发展。现阶段，在对外直接投资方面面对的主要机遇与挑战表现为：

1.金融危机为中国国际直接投资带来前所未有的机遇

（1）金融危机导致我国外汇储备缩水，国家鼓励企业进行国际直接投资。由于金融危机中美元的颓势，加上奥巴马政府为了刺激经济而采取的扩张货币和赤字财政政策，美元汇率的前景堪忧。近些年来中国大幅度的贸易顺差使得中国外汇储备已经上升至世界第一位，而其中相当比例的外汇储备是美元资产。鉴于中国外汇储备中包含较大比例的美元资产，与其坐等承受美元贬值带来的缩水损失，不如将其用来进口和国际直接投资。

（2）金融危机促使美元对人民币保持贬值趋势，降低了我国国际直接投资的成本。受金融危机的影响，近些年来美元对欧元、加元、澳元、日元等世界主要国家货币保持贬值的趋势，同时由于近年人民币放宽了汇率浮动程度，美元对人民币的贬值幅度更为明显。作为最主要的世界性贸易货币，美元对人民币的贬值一方面增加了中国商品出口的成本，削弱了中国出口的争竞力；另一方面也反过来降低了中国企业对外直接投资的外汇成本，成为促进中国企业对外直接投资的积极因素。这一点在世界经济史上是有例可循的，例如1985年"广场协议"后日元对美元人为大幅度升值，在随后几年中日本国际直接投资出现迅速增长。

（3）部分危机国家为振兴经济降低海外资本的准入门槛。在金融危机的影响下，世界各国经济的流动性普遍严重不足。为了促进经济复苏、避免企业大量倒闭引起的失业问题，各国政府纷纷推行积极的财政政策，减免企业税收负担，鼓励和引导消费者消费并简化审批手续，放宽对国外资本的限制，吸引和鼓励外国投资者参与本国经济。例如菲律宾为解决经济运行中的困难，推动最高法院解除矿产资源开发禁令，谋求以资源优势吸引外国直接投资。因此，中国企业的国际直接投资，特别是能够为东道国保留或创造就业的投资将更受欢迎。

（4）受金融危机冲击，很多国外优秀企业资产严重缩水，亟须资金补充。国外优秀企业资产的缩水及其对资金的需求不仅增加了中国企业并购海外优质企业和资产的机会，而且大幅度降低了并购成本，改善了并购条件。2008年中国对外直接投资迅速增长，其中海外并购金额302亿美元，占当年对外直接投资的54%。2009年，中国海外投资的势头更强劲，特别是对能源的投资。2015年，中国对外直接投资实现历史性突破，FDI流量首次居全球第二，占全球比重提高到9.9%，首次超过同年吸引外资金额，并首次成为资本净输出国。

2.金融危机造成对外投资企业经营困难

2007年金融危机后，全球消费者总体上收紧腰包、减少消费。在海外经营的中国企业，主要面临两方面的经营风险：一是疲软的市场造成销售下降、盈利减少；二是在经济下滑时增加的跨文化冲击风险。

3.世界投资资本的竞争压力

中国的对外投资与世界经济紧密联系在一起，因此必将受到世界经济大环境的影响。也就是说，中国的对外投资活动会受到国际投资环境的制约。对中国来说，由于之前30多年经济的飞速发展及对外贸易积累的顺差，对外可投资的资本总量名列世界前茅。但是，就这个领域的研究及操作水平而言，中国远远落后于金融市场成熟的国家。长此以往，这些资本优势将难以转换成经济可持续发展的动力源泉，反而会吸引大量的国际游资进入中国市场进行投机活动，对中国的金融和经济秩序造成一定的影响。

4.全球投资保护主义重新抬头

近些年，国际金融危机和全球经济衰退导致投资保护主义重新抬头，特别是针对中国的投资保护主义措施层出不穷。金融危机中中国经济的持续强劲提升了中国在世界经济政治格局中的地位。随着中国经济实力的不断增强，"中国威胁论"在国际上此起彼伏，对我国企业进行对外投资有不少的负面影响。一些国家的政客会将海外投资这一纯粹的经济行为上升到威胁国家安全、政治渗透等高度，对中国企业的对外投资和收购兼并活动设置更多的障碍、采取更多的限制性措施，以阻碍中国企业海外投资的顺利实现，如美国对中国中海油公司并购优尼科公司、海尔集团收购美泰克公司加以阻挠，对联想收购IBM个人电脑业务设置种种限制等。这样的情况不仅出现在发达国家，印度也以国家安全为由阻止了中国多起在印度基础产业的投资。

三、中国对外直接投资策略

世界经济仍然面临诸多变数，世界经济完全走出低谷可能需要相当长的一段时间。同时，中国经济在发展中也存在一些突出矛盾。这些因素都在一定程度上影响企业对外投资，增加了对外投资的风险。面对新形势，政府、企业及中介服务机构应从各自职能出发，采取相应的策略促进中国对外直接投资的发展。

1.政府

政府应该在促进对外直接投资发展上发挥积极的作用，建立完善的对外直接投资政策支持体系，以鼓励和支持对外直接投资的发展。

（1）加大政策支持和服务保障力度。用好财税、金融政策，研究拓宽外汇储备有效运用以及人民币跨境流动的渠道和方式；深入推进公共服务平台建设，培育对外投资合作中介服务机构，大力开展跨国经营管理人才培训；健全投资促进和保护机制，推动有关国家改善投资环境，维护境外企业、机构和人员的合法权益。

（2）加强法制建设和宏观指导。推动出台相关政策，健全对外投资核准和备案制度，推进对外劳务管理体制改革，形成分工明确、监管有力的新型管理体系；更新发布重点国别投资合作产业导向目录，完善企业"走出去"的产业布局。

（3）推动重大项目合作。引导企业发挥产业聚集效应，推进部分产业有序向外转移，促进国内产业结构调整；继续推动境外重要能源、矿产资源和农业合作，鼓励发展深加工合作，在保障国内供给的同时，帮助投资东道国发展经济、扩大就业、改善民生。

（4）规范企业境外经营秩序。抓紧出台境外中资企业规范经营和风险防范指导意见，深入落实《对外承包工程管理条例》；充分发挥商协会的协调作用，指导行业组织发布中国企业境外社会责任自律公约，引导境外中资企业自觉履行社会责任，更好地融入当地社会；加强国内企业境外并购指导，降低法律风险；健全境外风险防范和应急处理机制。

2.企业

目前，在国际直接投资上，中国企业与跨国公司尚存在很大差距。因此，企业应提升自身素质，着力提高企业国际化经营管理水平和海外经营能力，努力塑造国际品牌。

（1）加强企业的战略管理，实施国际化经营的整体规划。企业要充分发挥战略和规划的导向作用，围绕主业和核心竞争力，进行国际化战略布局。

（2）完善组织架构，实施国际化经营的体制机制。要建立并不断完善境外经营管理的组织架构，明确职责、理顺关系、落实责任，重视国际化经营组织结构和经营模式的创新。

（3）夯实管理基础，增强境外风险管控能力。企业要结合自身境外业务的发展，不断完善工作制度，规范境外企业经营行为，维护自身财产权益，严控风险，不断提高境外业务经营管理水平。

（4）加快国际化人才队伍建设，为国家业务发展提供人才支撑。不仅要在内部加大国际化人才的培训力度，还要加大海外优秀人才的引进力度，同时强化境内外人才的交流力度。

（5）树立良好的品牌意识，努力塑造国际品牌。企业应培育自主品牌，提高产品设计的研发能力、营销能力、跨国管理能力，逐步从价值链低端向高端延伸。

3.中介服务机构

对外直接投资是一项复杂的系统工程，其涉及的内容包含各个方面，单靠企业自身很难对市场环境形势作出准确把握。因此，企业除了要提高自身的竞争力之外，还更需要得到一些外部的技术支持。因此，发挥中介服务机构尤其是国内服务机构在企业对外直接投资中的作用、推动中介服务机构与企业在国际直接投资方面的配合显得尤为重要。

（1）协助企业认清政治和法律风险并予以防范。在企业作出国际直接投资决策之前，首先应对项目所在的东道国的政治风险予以清醒的认识，这主要涉及征收风险、违约风险及战争和政治暴乱风险等。为此，中介服务机构应帮助企业在"走出去"之前进行充分的论证，并通过出口信用保险和海外投资保险等多种政策措施帮助其防范风险。

（2）协助企业进行交易谈判和并购融资。一方面，对于一桩跨国并购而言，谈判占据着重要的分量，良好的谈判技巧是达成交易成功的重要途径。中介服务机构因其常年的业务积累，在这方面具有独特的优势。因此，促进服务机构在谈判中的参与能提高企业国际直接投资的成功概率。另一方面，融资困难和过于严格的外汇管制已成为阻碍中国企业海外并购交易的主要因素，而导致这一困难的重要原因是中国资本市场的相对落后和不成熟。因此，中国企业在对外直接投资中，如何寻求金融机构的资金支持及确定资金介入的时机、条件和金额，都需要专业服务机构的协助与支持。

（3）协助企业进行本地化运营和无形资产的整合。企业一旦"走出去"，进行了对外直接投资，为了实现企业的盈利，首要的一点是如何实现企业的本地化运营。中介机构凭借其自身的跨国优势，能够在战略上对企业予以指导，在市场准入、全球化经营和本地化经营方面为国内企业提供非常广泛的国际视野，并协助企业对组织资本、关系资本、人力资本等无形资产进行整合。

（4）中国的中介服务机构必须提升自身业务水平和服务质量，以配合中国企业日益加快的"走出去"步伐，不仅在国内更是在国际上为"走出去"企业提供便捷、全面的服务。中介服务机构必须加强自身素质及能力的培养，加快服务型企业"走出去"的步伐。通过在外国开设分支机构、与国际知名中介服务机构合作等方式，提高在国际上的业务能力，为中国企业的国际直接投资提供全方位的服务。

第四节　"一带一路"改变世界治理格局

"一带一路"分别指"丝绸之路经济带"与"21世纪海上丝绸之路"，其建设发展是迄今为止中国国际区域合作领域中最重要的倡议，也是中国首次向国际社会提出的区域发展倡议，旨在统筹国际、国内两个大局，实现区域互利共赢。"一带一路"战略是在经济全球化不断深化、世界经济发展低迷、中国经济发展进入新常态、经济体制改革进入攻坚期和深水区的大背景下提出的，致力于实现沿线各经济体多元、自主、平衡、可持续发展，是推动中国经济持续发展、构筑全方位对外开放新局面的重要途径。

"一带一路"战略思想形成于2013年，成熟于2014年，实施于2015年。"丝绸之路经济带""21世纪海上丝绸之路"分别首次提出于2013年9月7日习近平访问哈萨克斯坦时和2013年10月3日习近平在印度尼西亚国会发表演讲时。2013年12月，习近平在中央经济工作会议上指出，推进"丝绸之路经济带"建设，抓紧制定战略规划，加强基础设施互联互通建设，建设"21世纪海上丝绸之路"，加强海上通道互联互通建设，拉近相互利益纽带，不断提高对外开放水平。2014年，习近平先后访问了中亚、东南亚、东北亚、南亚地区13个国家，开启"一带一路"建设新航程，"一带一路"逐步由战略构想迈向务实合作。2014年11月，习近平在北京举行的"加强互联互通伙伴关系"东道主伙伴对话会上宣布，中国将出资400亿美元成立丝路基金，为"一带一路"沿线国家基础设施、资源开发、产业合作和金融合作等与互联互通相关的项目提供投融资支持。2014年12月29日，丝路基金有限责任公司正式成立并开始运行，助力"一带一路"建设。此后，"一带一路"在《政府工作报告》、中央财经领导小组会议、中央经济工作会议上被多次强调提及。2015年2月，推进"一带一路"建设工作会议召开，并就2015年及今后一段时期推进"一带一路"建设的重要事项和重点工作进行部署。2015年3月，中国国家发展改革委员会、外交部和商务部联合发布了《推动共建丝绸之路经济带和21世纪海上丝绸之路的愿景与行动》（以下简称《愿景与行动》），系统勾勒了"一带一路"路线图，标志着"一带一路"战略进入全面推进建设阶段。

"一带一路"贯穿欧、亚、非大陆，东牵亚太经济圈，西系欧洲经济圈，是世界最具发展潜力的经济带，涉及65个国家（见表5-1）。根据《愿景与行动》，"丝绸之路经济带"的主要路线分别是中国经中亚、俄罗斯至欧洲（波罗的海），中国经中亚、西亚至波斯湾、地中海，中国至东南亚、南亚、印度洋；"21世纪海上丝绸之路"的重点方向是从中国沿海港口过南海至印度洋，进而延伸至欧洲，从中国沿海港口过南海至南太平洋。2014年，"一带一路"沿线65个国家人口总数约为45.21亿，约占世界人口总数的63%；经济总量约为23.3万亿美元，约占全球经济总量的30%。1990—2013年，"一带一路"沿线国家整体GDP年平均增长速度为5.1%，是同期世界经济增速的两倍。2010—2013年世界经济缓慢增长期间，"一带一路"沿线国家的年均GDP增速达到4.7%，高于2.4%的世界平均GDP增速，在此期间，"一带一路"沿线国家对世界经济增长的贡献率达41.2%。

表 5-1 "一带一路"沿线涉及国家

东北亚（2）	中国、蒙古
东南亚（11）	东帝汶、菲律宾、柬埔寨、老挝、马来西亚、缅甸、泰国、文莱、新加坡、印度尼西亚、越南
中亚（5）	哈萨克斯坦、吉尔吉斯斯坦、塔吉克斯坦、土库曼斯坦、乌兹别克斯坦
南亚（7）	巴基斯坦、不丹、马尔代夫、孟加拉、尼泊尔、斯里兰卡、印度
西亚（19）	阿富汗、阿联酋、阿曼、阿塞拜疆、巴勒斯坦、巴林、格鲁吉亚、卡塔尔、科威特、黎巴嫩、沙特阿拉伯、土耳其、叙利亚、亚美尼亚、伊拉克、伊朗、以色列、也门、约旦
北非（1）	埃及
中东欧（20）	阿尔巴尼亚、爱沙尼亚、白俄罗斯、保加利亚、波黑、波兰、俄罗斯、黑山、捷克、克罗地亚、拉脱维亚、立陶宛、罗马尼亚、马其顿、摩尔多瓦、塞尔维亚、斯洛伐克、斯洛文尼亚、乌克兰、匈牙利

"一带一路"的全面推进不仅有助于中国在新常态下实现经济结构的转型升级，形成东西共济、海陆统筹、面向全球的全方位开放新格局，而且有助于为世界经济注入新动力，优化和创新国际合作与全球治理机制，改变世界治理格局。其对世界治理格局的改变主要表现在以下方面：

1. "一带一路"有助于形成以中国为枢纽的双环流价值链体系

改革开放以来，中国以"三来一补"方式融入全球价值链，凭借自身廉价的土地资源和人口红利，通过承接发达国家和地区的劳动密集型加工制造业转移，确立了在全球价值链体系中"加工工厂""制造业大国"的地位。虽然中国借此实现了经济的快速增长、形成了较为齐全的制造业门类，培育了优良的制造业配套能力，但仍位于全球价值链中低端，受发达国家的主导与控制，与发达国家之间存在外围-中心、接包-发包的对应关系。

进入 21 世纪以后，新兴经济体迅速崛起，成为世界经济发展的重要推动力量。尤其在金融危机之后，新兴经济体特别是以中国为代表的金砖国家在世界经济发展中的作用越来越明显，而发达国家（特别是美国）作为世界经济增长火车头的作用日益降低，世界经济格局正悄然改变。与此同时，中国融入全球价值链的模式逐步由传统的"中心-外围"式单一循环向以中国为枢纽的双环流体系转化。一个环流位于中国与发达经济体之间，是以产业承接与分工、贸易、投资、资本间接流动为载体形成的价值循环体系；另一个环流位于中国与发展经济体之间，是以贸易、直接投资为载体形成的产能国际合作循环体系。第一个环流与传统的"中心-外围"式循环体系类似，发达国家在其中处于主导地位，中国仍处于较低位势，位于产业链的低端，不具备竞争优势，亟待向价值链高端攀升；第二个环流以中国为主导，中国凭借庞大的制造业产能和制造业配套能力、适中的产业技术标准和技术水平、雄厚的外汇储备，实现与亚非拉发展中经济体的协同发展、互利共赢，在全球范围内布局其产业价值体系，处于该价值环流的高端位势。在双环流体系中，中国越来越成为连接发达经济体与亚非拉发展中经济体的中间节点和枢纽点。

"一带一路"战略产生于金融危机之后以中国为中间节点的全球价值双环流体系初见端倪的背景下，将为建立以中国为枢纽的双环流全球价值链体系，尤其是形成以中国为主导的第二个价值环流提供发展平台和空间，也将为中国从区域大国向世界大国转型、构建适应自身发展的全球治理机制提供现实路径。

一方面，中国已经发展成为兼具规模与深度的制造业基地，在制造业大多数部门和生产环节都具备较强的生产能力，在汽车、机械、电子等以产品内分工为主的部门形成了较为完整的产业链和产业集群。随着产业升级、工业化进程加深，中国已经在以工程机械、通信设备、电力设备和轨道交通等为代表的高端装备制造业，以光伏电池、风能设备、多晶硅等为代表的新兴产业产品领域形成了较强的竞争优势和技术创新能力，具备了向"一带一路"沿线国家输出设备、技术、服务等的能力与现实基础。此外，随着中国经济进入新常态，以钢铁、水泥、平板玻璃等为代表的传统行业的优势富余产能仅靠中国市场难以吸收化解，亟须通过开展国际产能合作输出优势产能，为中国经济结构转型升级助力。

另一方面，"一带一路"沿线诸多发展中经济体仍处于工业化初期或中期阶段，工业化进程缓慢，工业化发展水平较低，产业资本相对匮乏，具有吸引外资、争取外援的强烈需求。中国的优势富余产能、产业资本、适中的技术水平与技术标准将有助于这些国家加强基础设施建设、提升工业化发展水平、改善投资环境，从而吸引更多外资，形成良性循环。

此外，"一带一路"沿线国家资源丰富、市场潜力巨大，有利于保障中国自然资源与能源安全，有利于中国企业开拓新的市场，扩大优势产能出口，带动出口结构升级。

由此可见，处于较高位势的中国与"一带一路"沿线相关发展中经济体存在双向循环利益流，通过"一带一路"发展重构基于现代产业体系和沿线国家市场需求的双环流价值链，是中国经济发展、相关沿线发展中经济体工业化的共同需要，能够实现中国经济转型升级与相关沿线国家工业化水平提升的双赢。中国与"一带一路"沿线国家的基础设施协同、贸易协同、产业协同、资本协同、治理协同有利于形成"一带一路"利益共同体、命运共同体和责任共同体，打造以中国为核心的"一带一路"价值链，促进以中国为枢纽的双环流全球价值链的最终形成，提升中国在全球价值链中的地位。

自"一带一路"战略全面推进以来，中国与"一带一路"沿线国家在互利互惠的基础上开展多层次、宽领域的区域经贸合作，取得了一系列成就，主要表现在贸易、直接投资、对外承包工程和境外经贸合作区等方面，为以中国为核心的"一带一路"价值链的最终形成奠定了基础。在国际贸易低迷的情况下，中国与"一带一路"沿线国家之间的贸易不断增长。据商务部统计，2015年中国同"一带一路"沿线国家的进出口贸易总额达9 955亿美元，同比增长25%，占全国贸易总额的25.1%。其中，出口增长27%，进口增长22.7%，而同期中国出口贸易额下降1.8%，进口贸易额下降13.2%。据中国海关总署的初步测算，2016年前3个季度，中国与"一带一路"沿线国家进出口贸易总额超过4.52万亿元，约占同期中国外贸进出口总额的1/4。前3个季度中国对巴基斯坦、俄罗斯、波兰、孟加拉国、印度等"一带一路"沿线国家出口增长较快，增长率分别为14.9%、14%、11.7%、9.6%和7.8%。在对外直接投资方面，据商务部统计，2015年中国企业对"一带一路"沿线65个国家中的49个国家进行了直接投资，投资额共计148.2亿美元，同比增长18.2%，投资主要流向新加坡、哈萨克斯坦、老挝、印度尼西亚、俄罗斯和泰国等。2016年1—10月，中国企业对"一带一路"沿线51个国家进行了直接投资，非金融类直接投资额为120.7亿美元，同比下降8.4%，占同期总额的8.3%，主要投向新加坡、印度尼西亚、印度、泰国、马来西亚、老挝、伊朗、俄罗斯等国家和地区。在对外承包工程方面，据商务部统计，2015年中国企业同"一带一路"沿线65个国家中的60个国家新签订对外承包工程项目合同3 987份，合同金额为926.4亿美元，同比增长7.4%，占同期中国对外承包工程新签合同总额的44.1%，合同主要集中于交通运输、电力工程、通信工程、石油化工等基础设施领域。2016年1—10月，中国企业同61个"一带一路"沿线国家新签订对外承包工程项目合同6 877份，合同金额为843.9亿美元，同比增长30.7%，占同期中国对外承包工程新签合同总额的51%。境外经贸合作区是推动与东道国开展国际产能与装备制造合作的有效平台，已成为促进中国和东道国经贸合作双赢的重要载体。截至2015年9月底，中国已在全球33个国家设立境外经贸合作区69个，其中在"一带一路"沿线国家建设的合作区48个，分布在18个国家。这些境外经贸合作区成为推动中国企业集群式走出去的重要载体，成为中国企业向"一带一路"沿线国家对外投资的重要平台。据商务部统计，截至2015年9月底，这48个境外经贸合作区建区企业累计完成投资51亿美元，其中基础设施投资23.7亿美元；入区企业805家，其中中资控股企业458家，累计实际投资74.2亿美元；合作区总产值累计279.3亿美元，缴纳东道国税费7.7亿美元，解决当地就业12.8万人。

2."一带一路"有助于推动人民币国际化、促进国际治理体系变革

中国与"一带一路"沿线国家经贸合作的深化和投融资领域的扩展对人民币加速国际化进程提出了客观要求，意味着对更多数量的人民币投资和更大规模的人民币离岸市场的需求，这将不断扩大人民币的使用规模和使用范围，使人民币使用常态化，使其被更多的国家纳入官方储备，这必将加速"一带一路"建设国家和地区的人民币国际化进程。具体而言，"一带一路"建设的推进将在拓展人民币使用地域、促进人民币输出两方面推动人民币国际化进程。

（1）拓展人民币使用地域。人民币国际化遵循由周边化到区域化再到国际化的发展路径，"一带一路"建设在此过程中发挥桥梁和纽带的作用，为人民币进一步走出国门提供有利条件。"一带一路"东连亚太经济圈，西接欧洲经济圈，这条世界最长的经济走廊有可能形成新的人民币区，人民币有望成为"一带一路"区域货币，进而被国际上更多的经济体所认可和接受。"一带一路"建设可以在"一带一路"所覆盖区域为人民币跨境需求提供实体经济支撑，进一步提升人民币在国际范围内的吸引力。

（2）促进人民币输出。"一带一路"建设有利于形成多个促进人民币向"一带一路"沿线国家输出的路径与机制。

①贸易结算渠道。中国与"一带一路"沿线国家的双边贸易额持续增长，超过了1万亿美元，占到中国外贸总额的1/4。这将有利于中国充分依托自身的贸易优势推动人民币国际贸易结算，扩大亚非欧国家尤其是广大新兴经济体使用人民币开展跨境贸易和投资结算的需求，推动人民币贸易结算份额继续提高。

②投资渠道。中国与"一带一路"沿线国家产能合作的开展及大型基础设施项目的推进为中国企业、中投公司、各大商业和政府投资机构对沿线国家开展各类投资提供了机会。此外，2014年12月成立的丝路基金，总规模为400亿美元，将主要通过中长期股权投资方式，投资于基础设施、能源开发、产业合作和金融合作。若以上主体能以人民币对沿线国家开展投资，这将极大促进人民币走出国门、走向世界。

③信贷渠道。2015年12月亚洲基础设施投资银行正式成立，注册资本为1 000亿美元，在未来将可以配合"一带一路"建设，综合运用贷款、担保等一系列方式为沿线国家提供融资支持。此外，国家开发银行和中国进出口银行已经与一些"一带一路"沿线国家建立合作关系。未来，这些机构若能以人民币向相关国家提供信贷，人民币输出和在相关国家的使用将在很大程度上得到推动。

④双边本币互换。截至2016年6月，中国央行已与世界35个国家和地区进行双边货币互换，总规模达3.3万亿元人民币。其中，19个为"一带一路"沿线国家，规模接近1万亿元人民币（见表5-2）。随着"一带一路"建设全面推进，人民币的使用范围和功能必将进一步扩大，为与"一带一路"沿线国家进一步扩大货币互换奠定基础。

⑤储备货币渠道。菲律宾、柬埔寨、马来西亚等"一带一路"沿线国家已将人民币作为外汇储备的一部分。随着"一带一路"建设的推进，人民币币值将进一步稳定，人民币国际地位将进一步提升，未来将有更多国家的央行愿意将人民币作为储备货币。

表5-2　　　　　与中国签订货币互换协议的"一带一路"沿线国家（地区）

国别	签署日期	规模 （亿元人民币）	期限（年）
匈牙利	2013年9月9日	100	3
阿尔巴尼亚	2013年9月12日	20	3
印度尼西亚	2013年10月1日	1 000	3
蒙古	2014年8月21日	150	3
斯里兰卡	2014年9月16日	100	3
俄罗斯	2014年10月13日	1 500	3
卡塔尔	2014年11月3日	350	3
哈萨克斯坦	2014年12月14日	70	3
泰国	2014年12月22日	700	3
巴基斯坦	2014年12月23日	100	3
亚美尼亚	2015年3月25日	10	3
马来西亚	2015年4月17日	1 800	3
白俄罗斯	2015年5月10日	70	3
乌克兰	2015年5月15日	150	3
塔吉克斯坦	2015年9月3日	30	3
土耳其	2015年9月26日	120	3
阿联酋	2015年12月14日	350	3
新加坡	2016年3月7日	3 000	3
塞尔维亚	2016年6月17日	15	3
总金额		9 635	

资料来源　根据中国人民银行公布资料整理（截至2016年6月）。

综上所述，"一带一路"建设将促进人民币使用范围和使用规模的扩大，强化其作为结算货币、投资货币、储备货币的功能，进一步推进人民币国际化进程，促进人民币国际地位提升。人民币国际化地位的提升及首个由中国倡议设立的多边金融机构——亚投行的全面投入运营将增加中国乃至整个新兴经济体在国际货币基金组织、世界银行等国际金融机构的话语权，为国际治理体系变革提供坚实基础。

3."一带一路"开创了开放、包容、互利共赢的国际合作新机制

开放是"一带一路"建设的核心理念，一方面，这意味着"一带一路"建设向世界上所有经济体、国际组织、区域合作机制和民间机构开放，不具有排他性；另一方面，这意味着"一带一路"建设参与方应致力于提高贸易和投资便利化水平，降低贸易和投资成本，在相互开放中培育可持续增长的市场和发展新动能。

包容是"一带一路"建设区别于其他合作机制的典型特征，意味着多元化的参与方和多样化的合作方式。各参与方可基于深化经贸合作、促进共同发展的需要，采用双边（多边）、区域内（跨区域）的多层次、多领域合作方式。

互利共赢是"一带一路"建设的根本动力和基石所在，使其能够具有持久活力和广阔前景。

"一带一路"建设的这些特性使其不同于由发达国家主导的跨太平洋伙伴关系协定（TPP）和跨大西洋伙伴关系协议（TTIP）等合作机制，这些机制以期通过高标准、高水平将新兴经济体排除在新一轮全球贸易与投资规则制定成员之外，从而继续把握规则主导权。而"一带一路"战略不追求单一国家的主导权，不追求一致和强制性的制度安排，以走廊经济、带状经济、贸易投资便利化、经济援助、技术援助等多重方式推进沿线国家经贸发展，实现互利共赢，与上海合作组织、亚太经合组织、东盟等现有区域合作机制有效衔接，在其基础上推动沿线国家发展战略的相互对接与优势互补。由中国首倡、各方共赢的开放、具有包容性的新型国际合作机制，将使相关国家形成更紧密的经济联系，更深入地开展相互合作，开辟更广阔的发展空间。"一带一路"战略是对新型国际合作模式和全球治理机制创新的积极探索，能够满足发展中国家尤其是新兴经济体变革全球治理机制的需求，有利于改变世界治理格局。

第六章

第二次世界大战后主要发达国家经济发展

第一节　美国经济的发展

一、第二次世界大战后美国经济发展的进程

第二次世界大战后美国经济经历了一个曲折起伏的发展过程。由于以原子能技术、航空航天技术、电子计算机技术发展为标志的新科技革命的兴起，美国经济进入了高度现代化的发展阶段，加上现代企业组织的新发展、国家或国际垄断组织的新发展及跨国公司的迅速崛起，美国开始向后工业社会和信息化社会转变，并始终站在资本主义世界的高峰。第二次世界大战后美国经济的发展，大体可以划分为5个阶段。

（一）经济高速增长时期（第二次世界大战后至20世纪五六十年代）

第二次世界大战中，美国经济基本上没有受到多大影响。第二次世界大战后到20世纪五六十年代，美国经济持续发展，西部、南部呈现繁荣景象。在1944年《布雷顿森林协定》和其他相关安排的保证下，美国的货币相对稳定。这些安排包括：相对固定的货币平价、金本位支持下的美元所扮演的中心角色以及相对严格的货币银行管制。贸易协议准许政府通过合理的关税、补贴、价格支持、支持性信贷和税收政策等多种手段保护和扶持本国生产者，在食品和关键工业部门尤其如此。一般而言，美国和其他西方国家的政府不鼓励投机，而是鼓励在基础设施、工业和农业领域进行投资，强调高技术产品的生产和人口素质的提高。金融利润主要产生于实物的制造和贸易。这些政策使美国整个金融体系有真实的实物经济作为强大后盾。1947—1953年，由于国内大规模固定资本的更新和扩大，国内需求的增加，西欧和日本对美国商品和资本的大量需求，以及朝鲜战争带来的战争景气，美国经济出现了第二次世界大战后第一个繁荣高潮期。其间，美国国民生产总值平均每年

递增3.9%，工业生产平均每年递增6%，在主要资本主义国家中经济发展最快。1961年1月至1969年10月，美国经济增长了106个月，是第二次世界大战后一个高度繁荣的时期。

这次美国经济持续繁荣的主要原因有两点：一是科学技术的迅速发展。第二次世界大战后，科学技术发展进入一个新的阶段。20世纪40—50年代发生的第三次科技革命，以原子能利用、电子计算机发明和空间技术的发展为主要内容，新技术的发展对60年代的美国经济发展起了很大的推动作用，使劳动生产率大大提高。1961—1969年，美国劳动生产率年均增长率为3.4%，成为第二次世界大战后增长最快的时期。二是美国政府空前的扩张性经济政策。第二次世界大战后，政府调控在美国经济中的作用越来越重要。20世纪60年代，美国政府采用凯恩斯主义的国家干预政策。为了刺激经济增长，当时的肯尼迪、约翰逊政府都大力奉行扩张性财政政策。例如1962年，美国政府公布了放宽折旧规定，并实施了投资纳税优惠政策；1964年实施了前所未有的大规模削减个人所得税和公司利润税政策；在货币政策方面，美国实行了降低利率的政策。上述措施有力地刺激了投资和消费的增加，促进了美国经济的繁荣。

（二）滞胀与调整时期（20世纪七八十年代）

20世纪70年代，由石油危机所引发的经济危机和金融危机全面爆发。1971年8月15日，尼克松总统决定停止以黄金支持美元的地位，这为第二次世界大战后布雷顿森林体系下的货币稳定画上了句号。它为洪水般的金融和商品投机打开了闸门，为通向"浮动汇率制"铺平了道路，削弱了良性的长期计划，增加了国际性长期投资与贸易的风险。与金本位和固定货币平价的废除相伴，美国的政策使美元加速流向海外。到1979年，已有超过1/3的美元在海外流通。这些钱成了离岸欧洲美元银行根据"凯恩斯乘数"进行信贷创造的基础。由于美国国内银行的潜力仍被美联储的政策所限制，不断增长的欧洲美元信贷开始通过加拿大等离岸中心市场流入美国银行体系。与此同时，美国金融政策越来越成为海外美元市场的"囚徒"。1973—1979年，美国的平均产出增长率仅为2.12%，远低于五六十年代的水平，资本投入的贡献在经济增长中每年下降0.05%，生产率的增长幅度下降1.38%。美国生产率、净投资率和收入的增加以及总的经济增长落后于其他发达国家。整个20世纪70年代，美国的国民生产总值年增长率只有2.9%。1979—1982年，美国出现第二次世界大战后最严重的经济危机，国民生产总值年增长率只有0.13%。面对危机与通胀，卡特政府和后来的里根政府不断调整经济政策，迫使企业革新技术，调整产业结构向高级化发展，鼓励低能耗的高新技术尤其是信息产业的发展。能源消耗量大的钢铁工业等生产部门的工业产值在整个工业产值中所占比重逐步下降，制造业中科技含量高的汽车、宇航、电子、机电产业逐渐占据优势地位。从1982年开始，美国经济止跌回升，1983年国民生产总值增长了3.5%，1984年达6.8%，但从1985年开始，经济速度再度放慢，经济进入平稳增长时期。

（三）经济持续稳定发展，进入新经济时代（20世纪90年代）

美国经济自1991年4月从持续半年的第二次世界大战后第八次经济危机中开始复苏，但因受公司债务沉重和私人消费需求不振等诸多因素的困扰，美国经济增长仍显得有些疲软乏力。1991年第二、三季度国民经济分别增长了0.3%和1.8%，第四季度美国经济增长速度又大为放慢，致使美国经济在1991年出现了1%的负增长。进入1992年后，美国经济增长速度有所加快，全年GDP增长达到了2.7%，居西方各主要发达国家之首。1993年是克林顿入主白宫后的第一年，美国经济增长速度在这一年由慢转快，并于第四季度创下了美国经济自1984年下半年以来经济增长最快的纪录。美国经济终于从缓慢爬行开始进入较为强劲的经济扩张阶段。1994年美国经济保持了强劲增长势头，全年实际GDP达到了3.5%的增长速度。

美国当时的这种"新经济"，其动力主要源自信息技术革命和经济全球化浪潮。其主要特征为：

一是经济持续增长。1992—2000年，美国经济已持续增长了108个月，成为第二次世界大战后美国第二个最长的经济增长期。自美国经济率先走出20世纪90年代初期的世界性经济危机以来，美国经济的年均增长率超过日本、德国等主要竞争对手，从而扭转了美国经济增长速度在七八十年代落后于日本、德国的局面，使美国在全球经济的实力相对有所回升。

二是就业人数不断增加，失业率稳步下降。伴随着20世纪80年代中期以来美国经济结构的调整和以裁员为其主要内容之一的"企业重组"，美国结构性失业日益突出，就业形势急剧恶化。美国失业率在1991年上升到6.7%，1992年就业形势仍继续恶化，全年失业率高达7.4%，失业人数达900多万人。从1993年开始，美国就业状况开始改善，失业率稳步下降，1998年12月降到了4.3%。

三是物价增幅保持在较低水平，美国政府过去长期面临的通货膨胀压力得以消除。消费物价指数从1992年降至2%后不再反弹，1998年仅为1%。国内生产总值的紧缩价格指数从1990年的4.3%逐步降至1993年以来的2%，1997年第四季度，该指数仅增长了1.5%，全年则为1.8%，是1965年以来的最低点。

四是出口贸易增长势头强劲。整个20世纪90年代，美国劳动生产率的显著提高和劳动力成本优势增强了美国产品在国际市场上的竞争力。1991—1994年，美国制造业的劳动生产率一共增长了近12个百分点，超过了日本和西欧国家的增幅。在美国劳动生产率较快提高的同时，其单位劳动成本在20世纪90年代却增长缓慢。因此，美国产品的国际竞争力显著增强，从而使美国得以在20世纪90年代初期相继在半导体和轿车等领域重新夺回世界第一的位置。

五是联邦财政赤字逐年减少。由于克林顿政府采取了强有力的增税减支政策，美国联邦财政赤字由1992年的2 892亿美元逐步减少到1996年的1 168亿美元，联邦财政赤字占 GDP 的比重也由 1992 年的 4.93% 下降到 1996 年的 3% 以下。1997 年美国实际联邦财政赤字仅为 226 亿美元，1998 年度就已实现了 728 亿美元的财政盈余。

(四) 美国经济的衰退与复苏时期 (21 世纪初)

21 世纪后，由于受 20 世纪末亚洲金融危机冲击波的影响，世界经济增长速度明显放慢，加之美国经济因多年来的强劲增长已出现劳动力等生产要素的供给趋于紧张，经济泡沫化成分不断提高等不利因素，至克林顿政府后期，美国经济开始出现衰退迹象。从 2000 年第二季度开始，美国经济急剧下滑，GDP 增长速度从 2000 年的 5.6% 跌至 2001 年第三季度的 2.2%、第四季度的 1%，失业率上升，股市暴跌，消费者信心指数下降。2001 年 "9·11" 事件更使美国经济雪上加霜，美国经济陷入衰退。2001 年第三季度国民生产总值增长率为 -1.1%。

对此，小布什政府一改克林顿政府所实施的旨在实现经济稳定、保持财政平衡的经济政策，转而实行刺激经济增长的扩张性经济政策。小布什奉行凯恩斯主义与自由主义相结合的 "混合型" 经济政策，其基本特点是重市场、减开支、降赋税、增就业，既希望通过政府干预来刺激经济景气，特别是通过大幅减税来增加消费者开支和企业投资，拉动经济增长，又注意发挥市场调节作用，放松对企业的行政干预和限制，削弱市场垄断，创造有利于企业创新和竞争的市场环境。小布什政府加大财政调控力度，放松货币政策，实施灵活和稳定的汇率政策，使财政政策与货币政策一样影响美国经济运行。

小布什政府的这些政策取得了良好效果，2002 年美国经济开始复苏，经济增长达 2.53% 以上。从 2006 年《美国总统经济报告》看，2005 年美国经济克服了能源价格大幅上涨和自然灾害的影响，实现了从复苏向持续增长的转变，主要表现在：一是 GDP 强劲增长。2005 年 3.5% 的经济增速超出历史平均水平，消费支出、企业设备与软件投资等保持了对经济增长的强劲拉动，出口增速超过国内生产增速。个人可支配收入稳定增长，家庭净资产处于历史最高水平。二是劳动力市场继续转好。2005 年美国共新增约 200 万个就业岗位，年底失业率降至 4.9%。三是劳动生产率增长明显高出历史平均水平。美国劳动生产率增长从 2000 年开始加快，5 年的增速超过了 20 世纪 60 年代中期以来的任何 5 年，也快于其他主要工业化国家。随着全球经济一体化进程加快和美国人口老龄化，劳动生产率提高变得越来越重要。四是通货膨胀处于可控范围。不包括食品和能源价格的居民消费价格核心指数已经低于 2%。能源价格变动极大地影响了通货膨胀形势。2005 年，年中石油价格持续上涨带动了通货膨胀升温；年末随着油价回落，通货膨胀也相应降温。

然而，2006 年美国的经济增长速度开始放缓。一些在 2005 年支撑经济发展的要素发生了变化。第二季度美国国内私人投资增长明显放缓，私人消费支出出现下滑迹象，实际私人消费增长率对实际 GDP 增长的贡献度下降，劳动生产率的增长速度也开始放缓，房地产市场开始降温，尽管核心通胀率走势平稳，但面临通货膨胀上升的压力。尽管2006年的美国经济出现上述不利的因素，但同时也存在一些亮点。净出口的增加、就业的稳步增长、政府财政收入的增加以及私人企业经常项目赤字的减少成为美国经济的重要推动因素。2006年，美国实际GDP增长2.9%。

（五）2007年至今

2007年美国经济增长速度明显放缓，第一季度经济增长率仅为0.6%，第二季度经济出现复苏，增长率达到3.8%，这主要受益于企业投资增长、国防费用上升和出口增加，而居民消费的贡献有所下降。2007年美国房地产市场降温，造成房地产相关行业走弱、汽车行业衰减、住宅投资降低以及耐用消费品支出下滑，在很大程度上拖累了美国经济增长速度。美国经济在2007年12月出现衰退。2008年雷曼兄弟破产导致金融危机迅速恶化，房价持续大幅下跌，抵押贷款违约率不断攀升，投资者对抵押物价值和金融机构潜在损失的担心与日俱增。2008年下半年美国经济大幅放缓，全年实际GDP增长0.4%。进入2009年，因信贷市场紧张、住房市场低迷和就业市场疲软，美国经济增长急剧下滑，上半年美国经济陷入自大萧条以来最为严重的经济衰退，实体经济下滑反过来又给金融体系带来风险。2009年下半年，在存货投资、财政刺激和金融状况改善的推动下，美国经济开始反弹，但全年GDP仍是负增长，增长率为-2.6%。2009年下半年到2010年上半年，尽管美国经济出现了明显的反弹，但是呈现出一定的不稳定性。伴随存货增长的放缓、出口拉动作用的下降和政府支出力度的减弱，加之欧洲主权债务危机给全球金融市场带来的阴影，美国的经济增长速度又连续走低。根据美国经济研究局的最终数据，2010年美国经济增长率为3%。在2011年，尽管美国公司部门的盈利水平基本恢复到了危机前的水平，扭转操作（operation twist）出台，但是疲弱的国内消费、投资和净出口，依然严峻的失业形势，开始抬头的通货膨胀，日益沉重的美国政府债务以及逐渐淡出的财政刺激，使得2011年的美国经济前景无法乐观。2011年美国经济增长率为1.7%。2013年1月30日，美国商务部公布的GDP首次估测数据显示，2012年美国GDP实际增长率为2.2%，增速比2011年加快0.4个百分点。2013年美国经济增速回落，GDP增长率为1.9%，较2012年下降0.3个百分点。总的来说，尽管面临较多的内外部不确定性因素，2012年美国经济仍保持温和增长。美国2016年实际GDP增速为1.6%，较2015年下降1个百分点。

二、第二次世界大战后美国经济发展的动因

到目前为止，美国是世界上经济实力最强大、科技水平最高的国家。2015年，美国第一产业占GDP的1.1%，第二产业占19.4%，第三产业占79.5%，通胀率约为0.9%，劳动力为1.564亿人（含失业人口）。美国在世界上领先的产业主要包括石油、钢铁、汽车、航天航空、通信、化工、电子、计算机、食品加工、采矿

等。美国经济强大实力地位的取得与其他任何事物的发展一样有着多方面的原因。

（一）自由经济制度的积极影响

经济制度就是将自然资源、劳动力、技术和必要的企业家和企业管理人才等有机结合起来的一种机制。虽然各国经济制度是政治决策的结果，但历史传统和民族文化无疑是影响政治决策的重要因素。每一种经济制度都期望通过生产和分配来满足人们的各种需求。经济制度的第一要素是自然资源，由此才可能生产产品。美国有着丰富的矿产资源、肥沃的土地和适宜的气候。此外，美国有着充裕的劳动生产者。虽然有时会经历高失业的危机和与其相反的劳动力短缺现象，但总的来说，美国充裕的劳动力有利于美国经济的发展。劳动力的高质量是美国引以为豪的对经济发展具有重要作用的因素，对教育的重视，包括对技术和职业教育的重视和投入，使美国劳动力的素质得以提高并能适应技术密集型和资本密集型产业的发展。同时，美国的国民在自由市场经济制度下扮演着多重角色，他们既是消费者，又是生产者、投资者和决定他们自己命运的投票表决者。这种自主性有效地激发了劳动者的积极性，使美国以其占世界人口5%的国民，生产了占世界总产量25%的产品。丰富的自然资源和充裕的劳动力是经济制度结构中的一部分，而这些要素需要由企业家根据市场供求信号予以组织，并将这些要素投入效率最高、产出比例最大的地方。在美国，通常由企业家们负责积聚资金，投入那些他们认为能得到高投资回报的有关项目，然后购买原料、雇用员工、组织生产和产品销售。一个项目是否能得到很好的投资回报取决于对消费者需求的分析判断。在美国，公司制度被证明是积聚资金用于投资有关项目最有效的方法。这是一个由所有者自愿结合的组织，经股东们的同意，组织起有限责任的企业。一些资深管理者被雇用来对企业进行平稳和有效的运作。成熟的自由企业制度和宏观经济环境的有机结合，使美国经济充满了活力，始终引领着世界经济发展的潮流。

美国的经济制度是一种以私有制为基础的制度，而美国政府在某种程度上也会卷入市场经济的规范和指导活动。这种结合有时也会和政府的管理角色发生冲突。政府有时会刺激某些产业的增长，当发生滥用市场势力的现象时，会采取法律手段加以制约；当由于国外进口产品的涌入而损害国内产业时，会采取关税措施予以保护，有时还会参与社会福利的再分配。

（二）政府对经济实施有效调控

在市场活动中，消费者和生产者显然是最主要的经济活动的决策者，但是政府活动至少在下列3个方面对美国经济产生影响。

一是直接服务。各级政府提供的直接服务主要有：邮政系统、军队等服务由联邦政府提供；公路系统的建设和维护由各州政府提供；公共教育系统由各州、县或市政府提供；警察、消防等服务系统通常由各地方政府提供。

二是管理和控制。为了保证能在总体上满足人们的最高利益，政府通过各种途径来管理和控制私有企业。在供电服务、当地通信服务等一些允许私有企业垄断经营的公共服务业，或者道路系统等有限竞争的领域，政府的调节管理被认为是必需的。公共政策允许从事这些垄断经营或有限竞争行业的私有企业赚取合理的利润，但是限制它们不正当地提高价格，因为社会公众依赖这些公共服务。

三是政策调控。如通过设定关税和配额规定，保护某些特定产品免受来自国外的竞争；通过对一些农产品的价格补贴来稳定农业生产等。

（三）新科技革命的有力推动

第二次世界大战后，以原子能技术、航空航天技术和电子计算机技术为代表的新的科技革命发生在发达资本主义国家。这次科技革命在3个方面推动了美国及其他西方国家经济的发展。

一是科技革命促进了劳动生产率的提高。它使构成生产力的诸要素，特别是劳动者素质发生了重大变化，从而大大提高了生产效率。据统计，1951—1975年，西方国家中日本的工业生产劳动生产率年均增长8.8%，联邦德国为4.4%，法国为4.3%，美国为3.2%，英国为2.6%。这些数据显示，第二次世界大战后西方国家劳动生产率提高的速度大大高于第二次世界大战前。

二是科技革命开创了新兴产业，扩大了国内外市场。科学技术在社会生产发展中的直接作用产生了质的飞跃，日益成为经济增长的先导。在当代科技革命的条件下，由于科学的技术化和技术的科学化，科学转化为技术，技术应用于生产的速度与效率大大提高和增强，从根本上改变了传统的科学、技术和生产的关系，逐步形成了科学—技术—生产循环过程，使科学、技术与生产日趋一体化。由于新技术的大量涌现，创造并形成了新的市场需求，一大批新兴高科技产业随之发展起来。如电子计算机、通信及传播技术的进步，创造并带动了新兴的信息产业的大发展。在这方面美国的情况最为典型。自20世纪90年代以来，美国经济的增长约30%来自高新产业部门，美国新增的就业机会中大约有2/3是由高新技术企业创造的，新兴的信息技术产业已经超过了传统的汽车产业成为美国最大的产业。

三是科技革命使发达国家率先掌握了控制世界经济的新手段。新科技革命在直接促进生产力发展的同时，也深刻改变着世界经济秩序。2017年《财富》500强公司中美国公司数量最多，共有134家，占1/4强。《财富》500强公司前10位中有3家美国公司，即沃尔玛（Wal-Mart）、埃克森美孚（ExxonMobil）、苹果（Apple）分别排在第一、六、九位。如果以国家为单位看，美国是当今世界上知识经济的第一强国。美国凭借着科学技术、知识经济的优势，利用高附加值的技术、知识产品与第三世界国家的低附加值的原材料、劳动密集型产品进行不等价交换，使大量经济剩余向本国转移。

（四）充足的技能劳动力的支撑

第二次世界大战后，美国教育水平迅速提高，始终是公民受教育程度最高的国家之一，并且是世界上高技能劳动力的汇聚地。据美国国际教育协会统计，2016年在美国大学深造的外国留学生达104.38万人，占美国高等教育学生的5.2%。20世纪上半期，美国引进包括著名物理学家爱因斯坦、航天工业专家冯卡门和核物理学家费米等在内的2 000多名科学家，集中在美国一些主要实验室和研究开发机构。美国核武器的研制、阿波罗登月计划的实施、计算机的诞生和应用，在很大程度上都是依靠移居美国的科学家们实现的。2003—2013年，美国科学家和工程师的数量从2 160万增加到2 900万。在这10年间，移民科学家和工程师的数量惊人地增长，从340万增长到520万，比重也从16%增长到了18%。2013年，新移民中科学家和工程师中63%是归化入籍，22%是永久居民，15%持有暂时居住签证。另外，这其中57%人是亚裔，20%人是在北美（美国除外）、中美洲、加勒比海或者南美出生，16%人出生在欧洲。在亚洲国家中，印度仍然排名第一，并且增长迅速。而中国移民的数量（包括中国香港和澳门地区）也在这10年间增长了34%。相比美国本土出生的科学家和工程师，移民工程师们更倾向于有高学历。2013年，美国32%的移民科学家拥有硕士学位，9%拥有博士学位。进入21世纪，美国政府非常重视提高教育质量和公民受教育程度，提高劳动力的灵活性和技能，保证美国在不断变化的世界经济中居于有利的竞争地位。例如，2002年美国实施《不让一个孩子落后法案》，增强了学校提高学生掌握知识能力的责任，要求每个州制定3~8年级学生在数学、阅读等方面应掌握内容的标准，并通过标准化测试了解学生达标的情况。学校在总体水平和不同分组（如种族、收入等）方面都要达标。美国政府还注重加强职业技能培训。为适应不断变化的经济需要，劳动者必须持续提高和更新劳动技能。社区大学是美国劳动者获得职业技能培训的重要场所。美国政府在2005年建立了以社区为目标的劳动技能培训基金，以后将各种不同的技能培训项目整合为一个项目，集中用于支持被培训者的教育和培训费用，提高培训效率。

（五）国际环境的变化所提供的历史机遇

第二次世界大战后的世界历史进程中最引人注目的变化是旧殖民主义体系的瓦解与第三世界的兴起，这一变化是影响第二次世界大战后世界经济、政治发展的最重要的基本因素之一。广大第三世界国家在获得政治独立后，开始了大规模的工业化进程。这一规模空前的工业化进程引发了资本主义生产方式的全球性扩张。世界经济结构的重大变化为第二次世界大战后美国经济的发展提供了历史性的机遇。这主要表现在3个方面：一是为美国资本提供了获取高额利润的投资场所；二是为美国产品提供了新兴市场；三是为美国提供了大量廉价资源和其他初级产品。发展中国家约有2/3的出口产品，其中主要是原材料和初级产品，是输往发达国家的。20世纪70年代《美国总统经济报告》提供的数据表明：美国、欧共体、日本的13种重要工业原材料对进口的平均依赖程度分别为60%、90%和92%。西方国家的能源和工业原材料绝大部分来自发展中国家，而且是以极其低廉的价格获取的。廉价的能源是第二次世界大战后西方经济复苏和发展的"发动机"。"冷战"结束后，世界经济一体化进一步加快，国家之间的交往更加频繁，廉价的海外产品更多地进入美国市场，不仅满足了美国生产和消费的需要，而且在经济持续增长的情况下有效地遏制了通货膨胀。同时，美元在国际货币体系中的特殊地位，使源源不断的外国商品以掠夺性的价格流入美国，在很大程度上维持了美国经济的繁荣。

当然，当今的美国经济与其他资本主义国家的经济一样，其内部依然存在深刻的矛盾。一是经济周期并没有消除，也不可能消除；二是虚拟经济与实物经济相互影响，必然加剧经济的巨大波动；三是分配中的贫富悬殊和两极分化依然严重；四是美国与其他国家之间还存在深刻的经济矛盾，特别是美国在全球化中对别国财富的大肆掠夺，必然导致世界经济运行中矛盾和鸿沟的加深，最终也为自己的发展设置了障碍。2008年爆发的金融危机就是美国经济内部深刻矛盾的最好例证。

第二节　日本经济的发展

在世界范围来看，日本是一个后起的资本主义国家，明治维新后走上资本主义发展的道路，日俄战争后跻身世界列强之列。作为第二次世界大战的战败国，战后在美国的保护和扶持下，日本全力发展经济、科技，于20世纪70年代一跃成为世界经济大国。进入80年代，日本以雄厚的经济实力为基础，确立了实现"世界政治大国"的基本国家战略。90年代以来，日本政府采取了一系列重大举措，加快推进世界政治军事大国的战略目标，使日本成为未来世界多极格局中的重要一极。多年来，日本世界政治军事大国的走向已引起世界特别是亚洲各国的高度重视和关注。

一、第二次世界大战后日本经济发展进程

第二次世界大战期间，日本经济遭到严重破坏，25%的财富化为乌有，国民经济陷入了崩溃状态，物资奇缺，物价飞涨，国民经济出现了20世纪20年代以来最严重的危机。然而，在美国的扶持下，日本经济不仅迅速摆脱了困境，而且出现了从未有过的经济高速增长。纵观第二次世界大战后日本经济的发展史，从第二次世界大战后初期至20世纪90年代初期，日本经济的恢复和发展大体上经历了5个阶段。

（一）第二次世界大战后恢复阶段（1946—1955年）

第二次世界大战结束后，日本经济陷入瘫痪，濒临崩溃的边缘，大量工人失业，人民生活极端困苦，呈现出一派民不聊生的悲惨景象。但在美国的扶持下，仅用了10年时间，到1955年其主要经济指标除外贸一项外，全部恢复到或超过第二次世界大战前的最高水平。其中，国民生产总值超过36%，工业超过58%，农、

林、渔业超过34%。虽然如此，当时日本经济在资本主义世界经济中还处于相对落后地位。1955年，其国民生产总值仅为美国的1/15，联邦德国的1/5；人均国民收入只有220美元，在资本主义世界名列第三十五位；就业结构和出口产品的构成很不合理，在第一产业中就业的人数占总就业人数的40%，轻工业产品在出口总额中的比重高达65%；整体技术水平比欧美国家落后20年左右。

（二）高速发展阶段（1956—1973年）

1956—1973年，日本经济获得了高速发展，日本的工矿业生产增长了8.6倍，年平均增长率高达13.6%，国民生产总值翻了四番。1956年，日本的国民生产总值仅为250亿美元，经过5年时间，到1961年便翻了一番，达到500亿美元。到1966年，国内生产总值再次实现了翻番，超过了1 000亿美元。1970年，其国民生产总值超过了2 042亿美元，4年又翻了一番。到1973年，国民生产总值在3年内又翻了一番多，达到4 099亿美元。1956—1973年，日本的国民生产总值的年平均增长率高达10.9%。在近20年的时间内，日本保持如此高的发展速度，不仅在日本经济发展史上是空前的，而且在世界经济发展史上也是不多见的。随着日本国民经济的高速发展，日本的国民生产总值的绝对量先后在1960年超过加拿大，在1966年超过法国，在1967年超过英国，在1968年超过德国，跃居资本主义世界第二位，成为资本主义世界的第二经济大国。

（三）中速增长阶段（1974—1990年）

1973年第一次石油危机和资本主义世界经济危机爆发后，日本的经济增长速度开始放慢。但由于日本资本实力雄厚，劳动力数量充足、价格便宜，技术水平和管理水平高，企业富有开拓力，产品质量高，日本的经济发展速度仍然是发达资本主义国家中最高的。拿国民生产总值的年平均增长率来说，1973—1984年，日本为4.3%，美国为2.3%，联邦德国为2.0%，法国为2.3%，英国为1.0%，意大利为2.1%，加拿大为2.5%。1984—1988年，主要发达国家的国民生产总值的年平均增长率为：日本4.5%、美国4.0%、联邦德国2.5%、法国2.2%、英国3.3%、意大利2.9%。1989年和1990年国民生产总值的实际增长率分别为：日本4.7%和4.8%，美国2.5%和0.8%，联邦德国3.3%和4.7%，法国5.3%和2.5%，英国2.1%和0.5%，意大利2.9%和2.1%，加拿大2.5%和-0.2%。由于日本经济增长较快，20世纪80年代中期已发展成为世界第二经济大国。

（四）衰退低迷阶段（1991—2001年）

进入20世纪90年代以来，素有"东洋奇迹"之称的日本经济，于1991年4月陷入"平成危机"，这是第二次世界大战后日本最严重的一次经济危机。1992年和1993年，其国民生产总值仅增长了0.5%和0.1%。第二次世界大战后日本历次经济危机的平均衰退期为14个月，而这次"平成危机"却持续了40多个月，刷新了第二次石油危机36个月的最长纪录，成为第二次世界大战后日本经济史上衰退时间最长的一次经济危机。1991—1995年，日本经济的年平均增长率为0.6%，在发达国家中是最低的。在整个90年代，日本经济的年平均增长率只有1%，是"失去的10年"。造成这次"平成危机"严重、持久的原因是多方面的。其中"泡沫经济"的破灭是不可忽视的重要原因。所谓"泡沫经济"是过分依赖金融投机和土地投机来增加财富，其结果是使虚拟资本的运动越来越脱离实际经济的运动，是一种经济虚假繁荣现象。20世纪80年代后期，日本出现了严重的泡沫经济。日本的泡沫经济源于1985年下半年开始的日元升值，企业经营情况普遍良好，股市行情看涨，再加上投机风潮，日本金融当局过度地放松银根，引起前所未有的资金过剩，并使资金大量投向房地产和股票市场，致使股价扶摇直上，房地产价格也暴涨，造成票面价值的增长大大高于实际的经济增长，形成资产价值远远脱离实际经济状况的虚假繁荣现象。1985—1989年，土地资产总额从1 600万亿日元上升到2 300万亿日元；股票市价总额从241万亿日元上升至11 630万亿日元。由于地价和股价的疯狂上涨，整个日本经济像"气泡"一样越吹越大。1990年，泡沫经济破灭，给日本经济带来了严重的后遗症。日本经济从1991年春开始衰退，土地资产总额和股票市价总额分别下降到1 700万亿日元和290万亿日元，日本经济进入"低迷"期。为了阻止日本经济的持续下滑，刺激经济的回升，1993年后，日本历届政府先后实施了一系列紧急经济对策。1997年，日本政府实施"开创21世纪的紧急经济对策"，确立了进行经济调整和改革的基本方针。

（五）调整复苏阶段（2002年至今）

进入21世纪，日本经济改革的基本方针是，放宽外经活动限制，创造新产业和国际性事业（国际性事业是指超越一国空间范围的经济与社会活动）；放宽金融活动限制，实现金融自由化和信息化；大力削减经费开支，实现政府健全财政的目标；改革社会保障体系，保持政府个人担负相均衡；转变经济增长方式，主要依靠高尖端科技进步。小泉执政以来，改变财政主导的刺激景气对策，推行全面彻底的经济结构改革，以解决不良债权为突破口，控制财政赤字规模，鼓励竞争，优化产业结构，实现以民间需求为主的经济复苏。上述政策逐渐显现成效，日本经济于2002年开始复苏，走出10年低迷期。这主要表现为：居民消费指数持续上升；制造业收益改善，设备投资日趋扩大；股市大幅回升；失业率稳步下降；银行不良债权问题基本解决，金融系统渐趋稳定。2005年，日本GDP在全世界GDP中所占比重为10.2%；贸易总额为11 168亿美元，居世界第四位；对外直接投资达455亿美元；民间资本充裕，个人金融资产高达11.5万亿美元；拥有世界一流的制造业，在微电子、半导体、节能、环保等许多高科技领域处于世界领先地位。2006年是日本经济摆脱长期衰退的第四个年头。2006年日本GDP增长率达到2.7%，进出口贸易总额为12 246亿美元，比2005年增长9.7%，日本经济继续保持稳步增长。2007年，世界经济形势在总体上显得比较安稳。对于在2006年景气扩张势头表现相对强劲的日本经济来说，虽然到2007年为止还没有更为出色的表现，但步伐依旧比较平稳，景气持续仍在进行之中。GDP增长率稍有回落，为2.0%，进出口贸易总额13 365亿美元，同比增长9.1%。

2008年，受全球金融危机影响，日本经历了自2008年第二季度至2009年第一季度长达4个季度的经济负增长，尤其是2009年第一季度增长率为-4.4%，创下历史新低，日本成为经济衰退最为严重的地区之一。但是，进口贸易与出口贸易不降反增，分别较上年增长9.5%和22.5%，进出口贸易总额达到15 443亿美元。2009年第二季度，受出口的拉动，日本的GDP出现了危机之后的首次正增长（高达2.3%）；虽然环比经济增长速度后来又明显放缓，但在经历了2009年第三季度短暂的回调后，基本上维持住了正增长的态势；在2009年第四季度到2010年第二季度出现了连续3个季度的正增长。因此，总体上，日本经济已走出了金融危机之后的低谷，维持内需稳定增长的基本因素（消费者信心）和外需都得到了较好的恢复，GDP出现了较为稳定的正增长，延续了危机后的增长周期。尽管面临着中小企业不景气、财政状况堪忧、国内产业空洞化恶化等问题，但是由于国内消费者信心恢复、外需调整到位，如果不出现其他突发冲击，日本经济有望实现一轮温和的增长。但2011年3月11日发生的日本大地震，对日本的工业生产、电力供应造成了严重冲击；同时，日元汇率持续升值，使得日本的出口出现较大幅度的负增长，因而，2011年日本的经济增长远低于预期，GDP增长率为-0.5%。当然，内外冲击也给日本带来了难得的机会：一是日本国内的税制改革得以加速。以灾后重建为契机，日本政府及时加速了之前已经启动的税制改革，为巩固日本财政基础奠定了良好基础。二是日本的经济增长受灾后重建拉动明显。2011年第二季度，政府消费和政府投资给日本的GDP带来了0.2个百分点的增长。在2012年和2013年，灾后重建给日本经济增长带来更大的拉动力。日本近几年的GDP不大稳定，2012年GDP已经达到了5.9万亿美元，但在2014年跌到4万亿美元，2016年日本经济仍然没有明显地好转，还是维持在4万亿美元左右。2016年日本GDP实际增长1.0%，本币名义增长1.28%，约合49 385.22亿美元，人均GDP为39 052美元。

二、第二次世界大战后日本经济崛起的原因

第二次世界大战后日本经济得以恢复和高速发展有许多原因，可以归结为国际和国内两大方面。

（一）国际原因
1.美国实施全方位的扶植政策，是日本经济崛起的主要原因之一

根据"杜鲁门主义"战略，日本在美国的亚洲战略中变得重要起来，为了遏制社会主义苏联和中国，美国重新调整了对日政策，放宽了对日本的惩罚，即从削弱日本转为扶植日本，将日本建设成为"远东工厂"。为了建设"远东工厂"，美国积

极制订使日本早日自主的方案，主张解除对多数军需工厂的指定赔偿。为了实现日本的复兴，美国力主缓和战争赔偿，允许日本保留赖以恢复生产特别是军工生产的设备基础。"远东工厂"使日本尽快摆脱了第二次世界大战后的通货膨胀和粮食危机。美国于1948年12月提出了"稳定经济九原则"；1949年2月还派底特律银行董事长道奇到日本担任占领军当局的最高财政顾问，对日本经济进行整顿，制订了"道奇计划"，把"稳定经济九原则"加以具体化。道奇的紧缩财政措施实行后，日本的通货膨胀被抑制住了，经济也稳定下来，开始向自由经济过渡。在美国的大力扶持下，日本很快完成了第二次世界大战后的经济恢复工作。为了使经济进入第二次世界大战后发展的快车道，日本政府适时制定了外向型的经济发展战略，看准当代国际经济发展的趋势，根据国内资源贫乏的实际情况，选择了以"重化学工业"为中心的加工贸易型的面向国际的发展战略。力争在钢铁、造船、电力、石油化学、汽车制造、重型电机、合成纤维等方面全面突破，并相应调整产业结构，优化重组国内企业，保护大型企业，鼓励发展托拉斯企业。

2. 美侵朝战争的"特需"成为日本经济发展的倍增器

第二次世界大战后美国为了争做世界霸主，1950年6月发动了对朝鲜的侵略战争。这场战争给日本经济带来了巨大的发展机遇，日本成了美国的后方军需物资供应基地和武器、军械的修理厂。朝鲜战争发生的第二年，即1951年，日本工矿业生产及重工业生产突飞猛进，促使国民经济的积蓄突破了第二次世界大战前的水平。结果，日本一举提前完成了第二次世界大战后的经济复兴。其最大的特征有4个：第一，日本各企业的规模和朝鲜战争发生前相比显著扩大，企业的资本调动力也大大提高，由此国民收入和国民储蓄额增加，超过了第二次世界大战前的水平。第二，由于朝鲜战争"特需"的持续与国内外市场的扩大，日本不但恢复了国民的消费水平，也扩大了产业的生产规模。第三，巨额的"特需"金额增加了外汇收入，使日本外汇储备丰富起来。第四，美国的对日援助也随着朝鲜战争的进行而更为增加，扩大再生产所必要的原材料及合理化的先进技术也就比较容易取得；进口机械所需的大量资金，在一定范围内也能得到保障。虽然"特需繁荣"本身持续的时间并不长，但由此带动的"消费繁荣"和"投资繁荣"却持续了相当长一段时间，对国际收支的影响更加明显。在战争期间，美国每年向日本发出几十亿美元的军事订单，把日本作为其生产军需品的兵工厂和后勤供应基地，这极大地刺激了日本国内经济的发展。

同时，由于美国忙于战争，其出口能力有所下降，这也为日本商品打入世界市场提供了良机，极大地推动了日本金融业的发展。1950年，日本银行提供给产业的资金总额达到7666亿日元，比前一年激增了30%。产业企业内部保留的利益也激增到1174亿日元，增幅很大。产业资金的大部分是金融市场的外部资金。1950年的外部资金供给额为6495亿日元，与前一年度的1162亿日元相比，大幅增加。除了日本银行的产业资金供给之外，都市银行也是重要的资金供给来源。从全国银行的贷款额来看，1950年的总贷款额为4 077亿日元，约为整个产业资金的53%，占产业企业外部资金总额的60%。而都市银行的贷款额约超过民间储蓄1 000亿日元，这个超过额便由日本银行利用追加信用来弥补。

综上所述，美国对外战争的"特需"极大地刺激了日本经济的迅速恢复，给日本经济注入了活力，带来了国内的"消费景气"，以战争为契机而发展起来的日本资本主义体制又重新复活了。

3.依赖国外市场，中国成为日本经济复苏的动力之一

日本国土狭小，资源贫乏，但第二次世界大战后的日本奉行"重经济、轻军备"的路线，重点发展经济，使日本在20世纪60年代末成为世界经济强国。然而，日本矿产资源贫乏，除煤、锌有一定储量外，绝大部分依赖进口。日本从20世纪50年代开始确立了贸易立国的发展方针。"入关"后，日本开始取得和其他缔约方同样的平等地位。按照《关贸总协定》最惠国待遇的基本原则，同大多数国家和地区进行自由贸易，为日本对外贸易规模的不断扩大创造了有利的国际市场条件。此后，日本对外贸易额迅速增长，主要贸易对象为美国、亚洲国家和欧盟国家。

进入21世纪，中国的经济快速发展，不仅确保了世界经济的发展，而且成为日本经济发展的动力之一。这主要表现在以下几个方面：

一是中国成为日本最大的对外贸易出口国、海外最大的市场。日本对中国（含中国香港）的贸易额已经超过对美国的规模，中国已经成为日本最大的贸易伙伴，而且两国的贸易还在升温。2015年日本对中国内地、中国香港、中国台湾出口额增加1 812.44亿美元，占当年其出口总额的29%。事实上这还仅仅是对日本经济的直接拉动作用。如果将中国经济增长带动世界经济增长从而间接带动日本出口，以及日本扩大出口波及其他行业复苏等间接效用全部计算在内，中国对日本的经济拉动作用还要大。

二是中日产业优势的互补性强。从进出口商品结构看，中国对日本的劳动密集型产品有明显优势，如纺织品及原料、鞋靴伞和箱包等轻工产品，这些产品在日本进口市场的占有率均在60%以上。中国从日本进口的主要是信息技术产品和机械设备等资本和技术密集型产品。2015年，日本对中国出口的主要产品是机电产品、化工产品和贱金属及制品，出口额分别为441.7亿美元、113.4亿美元和112.7亿美元，分别占日本对中国出口总额的40.4%、10.4%和10.3%。

除上述因素外，其他的因素还有很多，中日两国经济进入"你中有我，我中有你，谁也离不开谁的时代"。但总的来看，中国对日本经济发展的贡献率远远高于日本对中国经济发展的贡献率。虽然由于日元的贬值以及日中政治关系不畅使得自2014年以来日本对华投资持续下降，但随着中国经济结构调整成果的逐步显现以及对外开放力度的不断增强，日本企业将从中国的发展中寻找到新的机遇，特别是在高技术产品领域的对华投资将成为日本企业未来新的热点，从而开启日本企业整体对华投资的恢复进程，并步入平稳上升通道。

（二）国内原因

1.国内长期相对稳定的政局和政府强有力的经济干预

第二次世界大战后特别是20世纪50年代中期以后，日本国内政局相对稳定。自民党的长期执政保证了政府经济政策的连续性和稳定性，为经济的高速发展提供了有利的政治环境。第二次世界大战后日本历届政府都把主要精力倾注在经济建设方面，对经济发展实行了强有力的国家干预。这极大地促进了日本经济的高速增长。

2.教育的发展和国民素质的提高

国民经济增长的根本途径是提高社会劳动生产率，而劳动生产率的提高取决于全民族素质的提高，而全民族素质的提高取决于国民教育程度的提高。日本从明治维新以来就非常重视发展教育，在第二次世界大战前的工业化进程中培养了大批技术人员和熟练工人。这些丰富的人才资源在第二次世界大战后被基本保存下来，为日本引进技术进行消化吸收和改良创造了基础。第二次世界大战后日本更加注重教育的发展。1955—1974年，日本高中入学率由51.5%提高到90.8%，大学入学率由18.4%提高到32.2%。除建立起遍布全国的庞大学校教育网络外，日本还建立了一个由企业系统职工在职教育、技术教育、业余教育和社会教育组成的范围遍及全民的社会教育网络。教育的发展提高了全民族的素质，保证了日本经济发展对人才的需求。

3.高效率的技术引进和自主开发

第二次世界大战后日本一直把发展科学技术作为经济发展的中心环节，通过大力引进国外的先进技术，特别是美国的尖端技术来开发本国的民用产业，推进科学技术的现代化。1950—1975年，日本共引进技术25 700项，耗资达60亿美元。据估计，如日本自行研制这些新技术，所需费用为1 800亿~2 000亿美元。日本非常注重从实际需要出发引进技术，并对所引进的技术花大力气消化、吸收、改造和创新。同时，日本注重把技术引进与技术的自主开发相结合，巧妙地博采各国技术之长，将其融合于本国生产体系之中。大量的技术引进和自主开发迅速缩小了日本与技术先进国家的差距，加速了日本经济的发展。

4.高额的投资和储蓄

投资是经济增长的动力。第二次世界大战后日本企业固定资本投资比例之大、设备更新之快，是其他西方国家无法比拟的。日本投资的重点是制造业，特别是钢铁、机械、电力和造船等基础工业及汽车、化工和电子等新兴工业部门。大规模的设备投资与大量先进技术的应用相结合，使日本的工业生产能力成倍地扩大。投资来源于储蓄。日本的总储蓄率明显地高于其他西方国家。1946—1950年，日本年均总储蓄率为25.4%，1951—1961年这一比率提高到30.6%，1966—1978年这一比率又提高到35%，其中最高年份1961年达到42%。1990—2004年，日本的家庭储蓄率一路跌了15年，最后维持在2%~3%的低水平，甚至在2013年出现了负储蓄率的情况，但较高的企业储蓄率仍然支撑着日本的总储蓄水平，使其一直保持在西方发达国家的前列。2015年，日本储蓄率更是回升至了25.3%，大量的储蓄给高额的设备投资以坚实的支撑，并由此推动了经济的发展。

5.独特的企业经营管理制度

有效的企业管理制度是提高劳动生产率和企业竞争力的重要条件。日本在20世纪50年代起掀起了一次全面学习美国企业管理制度的高潮。质量管理、目标管理等现代化科学管理制度被引进日本并融入日本传统的经营管理制度之中，从而形成了具有日本本国特色的企业管理制度。日本企业管理制度的核心是终身雇佣制、年功序列工资制和企业内工会制，它们被称为日本式经营的"三大法宝"。三者相辅相成，互为依托，有机地结合在一起，在培养在职工人的"归属意识"和"忠诚心"方面，在稳定熟练工人和增加企业人力投资方面，在加强企业凝聚力方面都发挥了重要作用。

第三节　西欧经济的发展

西欧指欧洲西部地区，狭义上指欧洲西部濒临大西洋的地区和附近岛屿，从行政区域上包括英国、爱尔兰、荷兰、比利时、卢森堡、法国、德国、意大利、奥地利、瑞士、西班牙和葡萄牙；广义上包括第二次世界大战后欧洲所有资本主义国家。西欧地区最早进入工业文明时代。社会经济发展水平长期远远高于其他国家和地区，在世界上独领风骚数百年。然而，从19世纪末20世纪初开始，它的领先地位动摇，被后起的美国迎头赶上，在东亚有崛起的日本与之争雄。随后，相继爆发的两次世界大战，均以欧洲为主战场，造成惨绝人寰的大破坏，使得西欧面目皆非。在这种背景下，西欧的经济发展进入了一个新的历史阶段。

一、第二次世界大战后西欧经济发展的历程

纵观第二次世界大战后西欧经济的发展，大体上可以划分为5个阶段。

（一）恢复时期（1945年至20世纪50年代初期）

第二次世界大战后初期，西欧经济严重削弱，燃料、粮食等基本物资极度匮乏，工业生产设备破坏严重，农村一片荒芜，交通运输几乎陷入瘫痪状态。1946年，西欧的工业生产还不足1938年的70%。战败国德国经济凋敝的程度尤为突出，英美占领区月平均工业产量1946年仅达1936年的33%。重建经济的任务是很艰巨的。

西欧国家毕竟是具有悠久历史的经济强国，虽然战争造成物质的极大损失，但

雄厚的物质技术基础和高素质的技术人员、管理人员及工人依然存在，很快投入到经济复兴中。同时，战争期间人们被抑制的消费需求，在实现了和平之后，一下子迸发出来，有力地刺激了生产。另外，美国出于"冷战"的需要，实行援助欧洲的"马歇尔"计划，在1948—1952年向欧洲提供了130亿美元的巨额援助，英国、法国、意大利、联邦德国得到了其中的大部分，有助于西欧抑制通货膨胀，解决资金短缺和外汇不足的问题。英、法等国还最大限度地利用它们在第二次世界大战后初期仍然拥有的广大殖民地的人力、物力来为本国经济的恢复服务。这样，西欧经过第二次世界大战后短暂的混乱动荡，经济很快复兴。1950年，英国、法国、意大利、联邦德国的工业生产已恢复到第二次世界大战前1937年的水平。1951年，整个西欧的经济达到了第二次世界大战前水平。

（二）持续高速发展时期（20世纪50年代初至1973年）

20世纪50—60年代，西欧各国的经济持续稳定、高速地发展，增长速度之快、持续时间之长，为历史所罕见。人们称之为西欧经济发展的"黄金时代"。这主要表现在：（1）国民生产总值和工业生产增长迅速。整个西欧的国民生产总值从1950年的2 745亿美元增加到1973年的12 250亿美元，增长了346%，同期工业生产增长了251%。（2）多数国家国内生产总值的年平均增长率超过了美国。1951—1965年，美国、联邦德国、法国、意大利国内生产总值的年均增长率分别为3.7%、6.9%、4.9%、5.5%。（3）就业充分，失业率大大降低。联邦德国的失业率在20世纪50年代已降至4.2%，在60年代又进一步下降到0.8%。（4）通货膨胀率比较低，物价基本稳定。（5）个人收入增加，生活水平有较大提高。到60年代，法国的彩电、空调、小汽车已经普及。经济的发展使西欧各国的经济规模不断扩大，经济实力大大增强，经济水平极大提高，并阻止了下滑的趋势，维护了在世界上发达国家的地位，缩小了和超级强国——美国的差距。

西欧经济之所以能够如此高速发展，其原因主要是：（1）各国在凯恩斯主义的指导下，普遍采用国家垄断资本主义，通过实行企业国有化、制订经济发展计划、建立"福利国家"制度等多种途径，加强国家对经济的干预，在一定程度上缓解了以往阻碍经济发展的各种矛盾。（2）第二次世界大战后，以原子能、电子计算机、空间技术为主要标志的第三次科技革命兴起，西欧凭借原有的雄厚基础抓住机遇，广泛运用科技成果，改变了传统的工业结构和工业部门的布局，建立了一系列新兴工业部门，大大提高了生产的技术密集程度和劳动生产率，有力地促进了国民经济的发展。（3）利用在世界经济中的优势地位，通过不等价交换，从广大发展中国家攫取大量廉价的燃料和原材料，支撑了经济的发展。（4）固定资本投资大大增加，1950—1970年，英国、法国和联邦德国的固定资本投资分别增长4倍、7倍、8.4倍，提高了整个国民经济的物质技术水平。这一时期，欧洲共同体成立，其推动作用也是不容忽视的。

（三）"滞胀"时期（1974—1982年）

所谓"滞胀"，是指经济发展停滞、高通货膨胀率和高失业率并存。1974—1975年，资本主义世界爆发了第二次世界大战后最深刻、最严重的一次经济危机，西欧也在劫难逃。这次危机成为第二次世界大战后西欧经济发展的转折点，从此转入"滞胀"时期。英国、法国、意大利、联邦德国四国1974—1982年的国民生产总值增长率仅为2%，是五六十年代的一半；通货膨胀率居高不下，英、法、意三国都达到了两位数，英国和意大利在个别年份甚至突破了20%；失业人数激增，失业率显著上升，欧共体成员国的失业率1982年达9.1%，远远高于60年代的1.7%。

"滞胀"是资本主义发展史上从未有过的新现象。其直接原因是70年代的两次石油危机的冲击，即石油输出国两次大幅度提高石油价格。这使进口石油费用剧增，国际收支严重恶化，牵动了物价的上涨。在"滞胀"的背后还有更深层次的原因，即资本主义的基本矛盾。前一个时期，各国根据凯恩斯主义加强国家对经济的干预和调节，暂时缓解了矛盾，促进了经济发展。经济的大发展使生产能力急剧扩大，大大超过市场支付能力的需求，相对过剩严重，终于在70年代爆发出来。凯恩斯主义主张推行扩张性的财政政策，加大政府的支出，包括政府直接采购、实行福利政策等，最终必然导致政府开支过大、财政负担沉重和通货膨胀的加快。此外，从60年代末起，科学技术创新进入低潮，生产技术的革新停滞，使固定资本更新减缓，投资不振。这些因素综合在一起，使西欧经济步履维艰，在"滞胀"中徘徊不前。

（四）低速增长时期（1983年至20世纪90年代初）

面对严峻的经济形势，各国政府纷纷采取对策。其核心内容是摒弃凯恩斯主义，发挥市场的调节作用，抑制通货膨胀，实现经济稳定增长。各国一改过去扩张性财政政策的做法，采取紧缩性财政政策，保持财政平衡，为此削减政府开支，特别是压缩社会福利开支。调整的另一项具体内容是推行国有企业私有化。撒切尔夫人政府率先发动私有化浪潮，将严重亏损的国有企业转变为私有，法、意等国相继效仿，企图以此减轻政府负担，激活企业活力。其他调整政策还包括调整产业结构，发展高科技产业；通过减税弱化对企业的限制；改善企业的经营环境等。

这些调整收到一定的效果，通货膨胀得到有效的抑制，联邦德国、法国、英国、意大利的通货膨胀率分别从1980年的5.4%、13.5%、18%、21.2%下降到1988年的3%、2.7%、5.2%、5%。经济有所回升，但是没有出现明显高涨的形势，1983—1988年，除意大利外，英国、法国、联邦德国的经济均以年均2%~4%的速度发展，属于低速增长。这一时期，西欧经济增长速度落后于美国和日本。

（五）温和衰退和缓慢回升时期（20世纪90年代初至今）

20世纪90年代初，经济衰退再次困扰西欧。虽然这次衰退幅度不大，但是由于西欧经济长期存在结构性问题，需求不足，再加上德国统一带来的负面影响等多种原因，使得经济回升乏力。1994年经济增长一度势头强劲，但只是昙花一现，没有能够保持下来。即使美国经济1991年走出衰退，连续6年经济持续增长，也未能带动西欧经济迅速回升。欧盟15国经济增长率1995年为2.5%，1996年为1.6%。

进入21世纪后，西欧经济处于缓慢回升时期。直到2008年一场罕见的金融危机席卷全球，西欧经济深受其害。从2007年下半年开始，西欧经济就进入本轮经济周期的下降阶段，此后受世界金融危机冲击不断恶化，在2008年陷入衰退。2008年，西欧主要国家德国、法国、英国、意大利、西班牙的国内生产总值增长率分别为1.3%、0.4%、0.7%、-1.0%、1.2%。进入2009年后，西欧经济受信贷紧缩和信心疲弱影响而继续恶化，仍处于深度衰退之中。2009年，上述5个国家的国内生产总值均有所下降，出现负增长，分别为-3.8%、-2.2%、-13.6%、-3.3%、-3.8%。其中，英国国内生产总值下降的幅度最大，经济衰退最为明显，其他4国的经济也出现不同程度的衰退。

西欧为稳定金融市场和实体经济采取了一系列措施。这些措施初见成效，加之投资和消费信心开始恢复，经济周期自身的运行规律开始发挥作用，西欧经济出现了衰退见底的现象，开始复苏。2010年，德国、法国、英国、意大利、西班牙国内生产总值均出现了正增长，增长率分别为0.4%、1.5%、0.6%、1.0%、1.2%。除了英国和西班牙外，法国、意大利、德国2010年的国内生产总值均恢复并超过了2008年的水平。

但自2009年底希腊发生主权债务危机以来，西欧多个国家相继陷入同一泥潭。与此同时，在难民危机和恐怖袭击的轮番打击下，不但西欧整体的安全局势受到了前所未有的威胁，并且也给西欧的经济复苏进程带来了更大的阻碍。

2010年9月30日爱尔兰政府宣布银行损失超过预期，由于救助本国五大银行最高可能耗资500亿欧元，预计全年财政赤字会飙升至国内生产总值的32%。11月21日爱尔兰政府正式请求欧盟和国际货币基金组织提供救助，成为继希腊后第二个申请援助的欧元区国家。11月28日欧盟和国际货币基金组织与爱尔兰达成协议，联合提供850亿欧元的援助项目。2011年初，葡萄牙主权债务市场压力大增，评级下降，4月7日政府正式提出金融援助申请，5月17日欧元集团和欧盟经济财政理事会批准，提供780亿欧元的援助。2011年7月，意大利和西班牙10年期国债收益率攀升，超过6%（主权债务危机的警戒值），欧元区债务危机开始向这两国蔓延。2014年意大利银行业不良贷款率已高达18%左右；截至2015年年底，不良贷款规模高达3 600亿欧元，占该国GDP的20%，占整个欧元区不良贷款规模的1/3。作为西欧第四大经济体，意大利在西欧经济中的地位至关重要，一旦出现债务危机，对市场的冲击力度远非希腊等国可比。欧洲债务危机愈演愈烈，西欧第二大经济体法国也开始面临债务风险，且国内严峻的安全形势更是为其商业和投资环境蒙上了阴影，制约了产业竞争力的恢复。因此，未来西欧经济的发展存在很大的不确定性。

二、西欧主要国家经济发展特点

西欧各国民族文化传统不同，经济发展的历史条件不同，因而形成了各具特色的经济发展模式，经济发展水平也存在差异。

（一）英国

英国是最早走上资本主义道路的国家，自由放任政策有着悠久的传统，而且市场经济机制非常成熟。在此基础上，第二次世界大战后逐步形成了较为完整的自由市场经济体制。这种体制并不是完全自由放任，国家对经济也进行干预，但无论在范围上还是在程度上都很有限，主要手段也是财政、货币、信贷、税收等方面的经济政策，没有明确的可实施的经济计划。国有企业在生产和财务方面自主权较大，形同于国家间接控制的公共企业。政府十分注意充分发挥私人企业在经济活动中的作用。1979年，撒切尔夫人执政后采取的政策更加强了这一趋势。英国作为老牌资本主义国家，固定资本更新明显慢于其他西方国家，科学技术研究和人才培养脱离生产实际，工业生产设备陈旧，产业结构调整迟缓，劳动生产率不高，国际竞争力不强，严重制约了英国经济的发展。与美国、日本等其他发达国家相比，英国经济发展相对缓慢，增长速度不快，1951—1980年国内生产总值年平均增长率仅为2.4%，大大低于其他发达国家，导致英国在资本主义世界经济和世界贸易中的比重下降。这种情况被称为"英国病"，长期没有得到解决。

（二）法国

法国从第二次世界大战后初期开始选择了和其他主要发达国家有所不同的经济发展模式，这就是在市场经济的基础上，大规模地全面实施国民经济计划。法国的计划化是十分突出的，1947年到20世纪90年代中期已经实施了11个经济发展计划。这些计划具有较强的针对性，是根据国民经济的状况进行科学分析后制订的，内容、目标、实施方法和范围都不相同。计划是指导性的而不是指令性的，从宏观上提出国家发展战略、目标和国内生产总值等一些指标，供企业参考，同时通过利率、税收、补贴等经济杠杆引导企业实现计划。法国之所以能够实行计划化是和国有企业比重较大分不开的。法国于第二次世界大战后初期和20世纪80年代初期两次掀起大规模国有化运动，使国有企业的产值占工业产值的20%以上，固定资本的比重达35%。国家拥有大量企业，是推行经济计划的物质基础和有效保障。

（三）德国

联邦德国总结了第二次世界大战前的经验教训，在第二次世界大战后施行了"社会市场经济"。它的创始人和主要领导者是路德维希·艾哈德。社会市场经济理论认为，纯粹的自由市场经济带来一系列弊端：垄断妨碍了竞争，使企业失去活力，无法提高效率；放任经济的波动和收入的不平等，也会对经济的发展产生不利影响。因此，需要国家进行干预，但这种干预又必须是适当的、有限的，以保证自由竞争、市场秩序和平等为原则。按照这一理论，联邦德国政府对经济活动进行了相当广泛的间接的干预，制定详尽的关于市场活动的规定，用宏观调控的方法弥补市场自发调节的不足，保护竞争，限制垄断。同时，建立相对独立的中央银行体系，不受政府和议会的干涉，以保证货币稳定、抑制通货膨胀为主要任务；建立包括医疗保险、失业保险、工伤事故保险、养老保险、社会救济在内的完善的社会保障制度。社会市场经济体制对经济的发展起到极大的推动作用，联邦德国一直保持相对较低的通货膨胀率和较快的经济增长率，在20世纪50年代中期迅速摆脱了战败国经济凋敝的状况，一跃成为资本主义世界第二经济强国，被称为"联邦德国经济奇迹"。德国后来虽然被日本取代，但仍保持第三的地位。艾哈德也被人们誉为联邦德国的"经济奇迹之父"。

（四）意大利

意大利给人的印象是一个西欧的二流大国，长期以来也确实如此。直到20世纪80年代中期，它的国内生产总值超过英国，在西方7个经济大国中的地位上升到第五位。意大利的经济很难像英国、法国、德国那样归纳为某种模式，但也有自己的特点。意大利大规模企业集团不多，而且实力难以与其他几个发达国家的大企业相比，中小企业却为数众多，无论在国内生产总值中，还是在出口产品中，都占50%以上。这些中小企业应变能力强，劳动成本低，竞争力也强，因此具有巨大的活力，支撑着意大利保持西方发达国家的地位。这不能不说是西方经济中一个奇特现象。另外，意大利南北差距悬殊，北方工业发达，繁荣先进，南方贫瘠落后，企业的密集度仅为北方的1/4，不可避免地拖累了整个国民经济的发展，这一直是困扰意大利的一个难题。

三、西欧经济一体化及其影响

西欧国家地理位置相连，经济水平相近，为了促进经济的发展，恢复和提高国际地位，增强与大国抗衡的能力，西欧国家走上了加强联合，实行经济一体化的道路。

1952年，法国、联邦德国、意大利、荷兰、比利时和卢森堡6国首先建立了煤钢共同体，在6个国家内部取消有关关税的限制，由共同体权力机构协调各国的煤钢生产。这是欧洲两大宿敌——法、德走向和解、实现西欧联合的一个重要步骤。经过几年的实践，成员国认识到，进一步加强各国经济之间的全面联结，扩大共同体协调的领域，有助于消除隔阂，促进经济发展，维护西欧的稳定。1957年6国在罗马签订了《欧洲经济共同体条约》和《欧洲原子能共同体条约》（以下简称《罗马条约》）。1958年1月1日《罗马条约》生效，欧洲经济共同体正式成立，西欧经济一体化迈出了关键的一步。1967年3个共同体的执行机构合并，统称欧洲共同体。欧共体建立了关税同盟，对外实行统一的关税政策以保护市场，对内减免关税以促进流通，有效地扩大了贸易，刺激了生产。欧共体还制定了共同的农业政策，协调农产品价格，为农业的发展提供指导和资金，保证了内部农产品的充分供应。欧共体取得显著的成就，对西欧其他国家产生了巨大的吸引力。1973年，曾经企图与欧共体抗衡的英国以及丹麦、爱尔兰加入欧共体。20世纪80年代前期，欧共体第二次扩大，希腊、葡萄牙、西班牙加入。20世纪70年代初，欧共体制订并开始实施建立经济货币联盟这一宏伟而艰巨的计划，把经济一体化引向深入。它的主要内容是实现联盟内部商品、服务、资本和技术的自由流动，发行统一的货币。经过一段时间的探索，1985年欧共体决定，于1992年年底前建立统一的欧洲大市场，实现上述所说的商品等的自由流通（这一任务已经按期完成）。1991年，欧共体又签订了著名的《马斯特里赫特条约》，决定在1999年1月1日建成欧洲货币联盟。次年，欧共体成员国又签订了《欧洲联盟条约》，欧共体演变为欧洲联盟，使经济一体化在深度和广度上大大扩展。

第二次世界大战后，区域经济一体化成为世界经济的发展趋势和重要特征。欧盟是区域经济一体化程度最高、经济实力最强、成效最显著的区域经济联盟。它既是西欧国家垄断资本主义的联合，又具有超国家的性质，成员国把本国的一部分主权让渡给联盟。西欧经济一体化加快了内部贸易的发展，使资本、劳动力、技术更合理地配置，在更大范围内协调社会生产，因而促进了劳动生产率的提高和经济的发展，增强了国际竞争能力。尽管欧盟成员国之间在维护各自国家利益方面矛盾重重，对一体化的程度和速度也意见不一，但都意识到只有联合才是西欧国家的出路。因此，西欧一体化在矛盾妥协中不断前进。到2016年11月30日，欧盟有成员国27个，总人口5亿多，其2014年的国内生产总值为18.46万亿美元，在国际社会中具有举足轻重的地位，构成当今世界多极化趋势中的重要一极。

第七章

第二次世界大战后发展中国家经济发展

第一节　第二次世界大战后发展中国家经济概述

目前，全世界发展中国家有130多个，分布在亚洲、非洲、拉丁美洲、南太平洋和地中海地区，占世界陆地面积和总人口的70%以上。发展中国家地域辽阔，人口众多，拥有广阔的市场和丰富的自然资源，还有许多战略要地，无论是从经济、贸易上，还是从军事上，都占有举足轻重的战略地位。但是，从经济发展水平来看，发展中国家同美、欧、日等发达资本主义国家存在很大差距，它们中除少数国家经济比较发达，已经进入新兴工业化国家行列外，大多数国家生产力水平低下，经济文化落后，人民生活贫困，是一个贫穷的世界。第二次世界大战后，大多数发展中国家在政治独立的基础上，经济上先后走上了独立自主、自力更生发展本国经济的道路，同第二次世界大战前相比，它们的贫穷落后面貌发生了较大改变，一部分国家获得了较大发展，因此又是一个发展的世界。今后，发展中国家的经济发展，对发达资本主义国家，乃至对整个世界经济都有着十分重要的意义。

一、第二次世界大战后发展中国家的经济特征

在独立前后的一段时期，大多数发展中国家的经济具有严重的殖民地、半殖民地经济的性质，具体来说有三大基本特征。

1.生产力水平低，发展不平衡

大多数国家在独立时，农业中基本还以手工农具为主，某些边远地区仍是刀耕火种；在工业中，手工劳动还不同程度地存在。独立之初，许多国家的人均国民生产总值还不到100美元，远远落后于发达国家，人民生活贫困。发展中国家在独立时，还都是农业国，农业人口占70%以上，工业尤其是制造业大多还处于起步阶段。国内的政治、经济、文化发展很不平衡，沿海或大城市较发达，工农业之间和

工业、农业内部不同部门也存在发展不平衡。

2.畸形的经济结构

帝国主义者根据自己的需要，强制推行"工业欧美，原料亚非拉"的世界贸易格局。在殖民地发展一两种农矿原料的生产，这类产品的生产和出口成了国民收入的主要来源，结果使大多数发展中国家的生产结构有极大的片面性、单一性。20世纪60年代末至70年代初，有69个发展中国家出口的初级产品占其全国出口总额50%以上。其中出口一种初级产品占其出口总额40%以上的国家和地区有47个，有的国家还更高些，如赞比亚的铜出口占其出口总额的90%以上。这种单一的经济结构，使发展中国家的经济发展蒙上了极大的阴影。

3.多元的社会生产关系

发展不平衡的生产力必然伴随着多元的生产关系。

（1）在农村中前资本主义生产关系占统治地位。在拉丁美洲主要是大庄园土地所有制；在北非主要是封建所有制；在撒哈拉以南非洲，甚至还存在部落土地所有制；在亚洲的印度，主要是柴明达尔租佃制；在中东的某些国家，宗教寺院经济很发达；在大洋洲的一些地区，还保留有奴隶制的残余。个体小农所有制也在不少国家存在，但一般比重很小。

（2）在那些有关国家经济命脉的生产部门中，基本上是外国资本占统治地位。

（3）在外来资本主义生产方式的刺激下，发展中国家自身的资本主义生产关系也有所发展，但民族资本的发展则受到了殖民者的重重压制。

（4）国家资本主义的生产关系也建立了起来。许多发展中国家在独立后，将部分或全部外国企业和买办企业收归国有。独立前后的生产关系结构中，前资本主义的生产关系占的比重过大是发展中国家生产力发展的巨大障碍。

二、第二次世界大战后发展中国家的经济成就

发展中国家在独立后，尽管遭遇到这样或那样的困难，但经过二三十年的努力，仍取得了相当可观的经济成就，国民经济发展迅速，在世界经济中的地位逐步提高。这具体表现在：

1.发展中国家经济增长速度超过了发达国家

1955—1970年及1970—1980年，发展中国家国民生产总值的年平均增长率分别为5.4%和5.3%，而同期发达资本主义国家国民生产总值的年平均增长率为4.7%和3.2%。全部发展中国家在世界国民生产总值中所占份额由1955年的20.7%，增加到1980年的21.5%。其中，拉丁美洲、南欧和亚洲太平洋沿岸的十几个国家和地区的增长速度更快，与上述同期相比它们的国民生产总值年平均增长率分别是6.1%和5.6%。进入80年代后，发展中国家受世界经济危机和本身的各种经济和政治因素的影响，经济出现停滞现象。据联合国贸发会统计，1981—1983年发展中

国家国民生产总值增长率分别为 1.2%、0.9%和-2.09%。1984 年开始上升到 5.4%，1985 年又回降至 4.4%。

2.发展中国家在国际贸易中的地位有了一定的改善

第二次世界大战后全球贸易不断扩大，发展中国家的出口也有显著增长，其中一些新兴工业国家和地区不仅出口的绝对额增加很快，它们在世界商品出口中所占份额也在扩大。1955 年发展中国家的制成品出口占世界制成品出口总额的 6.8%，1980 年上升为 8.1%。20 世纪 80 年代前 3 年，发展中国家进出口也不振。1984 年发展中国家出口有较大的增加，非产油发展中国家出口增长 12%，石油输出国出口增长 6%。

3.独立自主发展民族经济

发展中国家在维护本国自然资源主权，掌握自己的经济命脉，反对外国跨国公司的控制，独立自主地发展民族经济方面有了一定加强。20 世纪 60 年代以来，发展中国家在这方面所采取的做法大致有 3 种：一是很多发展中国家对外资企业采取了国有化和逐步增加在外资企业中本国股权等做法。据联合国资料显示，71 个发展中国家在 1960—1976 年共接管外资企业 1 447 家。从时间来看，1970—1976 年接管了 879 家，约占 2/3。从地区来看，撒哈拉以南非洲国家最多，为 628 家，占 43%；其次是西亚、北非和东南亚；拉丁美洲较少。从行业来看，石油采矿业占其中 1/3 以上。二是 70 年代以来，发展中国家在联合国和贸发会议范围内，在规章制度上限制外国垄断资本的非法活动，并进行必要的监督和管理。如通过与发达国家的谈判，制定了《跨国公司行动守则》《技术转让行动守则》等，以维护发展中国家的正当的民族权益。同时，在国内，为了更好地利用外资和技术，一方面采取开放政策，积极利用国外资金和技术；另一方面又在限制和监督方面采取一系列政策、法令和条例。如规定外资投资方向、股份比例、资金和利润汇出条件，提高税额和本国原料价格以及限制兼并当地企业等。三是建立各种形式的自由港、贸易出口加工区或所谓"飞地"等，更灵活地利用外资和技术，又不使国外经济势力任意影响本国民族经济。各发展中国家根据各自不同的经济和政治条件，采取不同的政策措施，取得了不同的成效。

4.通过集体的自力更生，发展和加强发展中国家的经济力量

为了反对和抵制外来控制，发展中国家之间展开互助合作，实现集体的自力更生，具有重要的现实意义。目前，发展中国家已经建立起不同类型的区域性和半区域性经济合作及一体化组织上百个。它们中有的实行区域内减免关税，有的对外统一关税。有些组织如安第斯条约组织和东南亚国家联盟，不仅进行多方面的经济合作，而且在帝国主义和霸权主义的侵略和威胁面前，这些政府还协调各自的对外政策。

三、发展中国家经济发展的问题和前景

首先，生产增长起伏不定。在20世纪70年代，前4年生产发展比较顺利，后6年有所起伏。据世界银行统计，1965—1974年发展中国家国内生产总值年平均增长率为6.2%，1974—1977年降为4.9%。80年代前3年经济进一步停滞和萎缩。1984年发展中国家经济回升但只是低速增长，与50年代增长5.1%和60年代增长5.9%相比，远未恢复到1980—1982年世界经济危机前的状况，而且回升是虚弱的。

其次，不仅与发达国家之间的贫富差距在进一步扩大，而且发展中国家内部的差距也在扩大。据世界银行统计，1976年，发展中国家人均国民生产总值仅为538美元，而发达国家为6 414美元，约等于前者的12倍。在发展中国家中，人口占56%的低收入国家，它们的国民生产总值和出口额只占发展中国家国民生产总值的15%和出口额的8.6%，人均国民生产总值仅为157美元。1981—1983年，发展中国家的国民生产总值和人均国民生产总值的增长率都低于发达国家，1984—1985年略高于发达国家，这就使两者之间的差距依然如故。同时，发展中国家之间经济发展不平衡的趋势也在加剧。80年代以来，东南亚是世界经济增长最快的地区，在其他地区出现负增长的1982年，东南亚仍保持3.6%的经济增长率，1984年东盟6国平均增长率超过6%。而拉美地区从1980—1982年连续3年都是负增长；1983年，在发达国家经济已开始复苏的情况下，拉美国家仍下降3.3%。

最后，在国际收支和外债上，大多数发展中国家都入不敷出，负债累累。20世纪70年代以来，发展中国家外债的增加是惊人的。据世界银行统计，1971年96个发展中国家的外债累计为884亿美元，1977年增加到2 852亿美元。1973年以来，发展中国家的外债每年增加300亿~400亿美元；1977年以后，每年增加500亿美元；1982年的外债总额已达7 150亿美元，其中3/4以上是中长期贷款。总数中30%是向官方借入，其中，优惠援助约占一半；60%以上是向商业银行借入的。1982年8月墨西哥政府宣布不能偿付其债务，在国际上引起债务危机的严重局面。虽然经过国际金融机构和有关国家的协商和调停，但是发展中国家的债务问题仍然无法解决，债务总额还在继续增加。据1986年世界银行报告，1985年发展中国家债务总额已达7 112亿美元。而到了2014年年底，据IMF的统计数字，发展中国家总的外债达到6.7万亿美元，负债率达到23.5%，超过了国际公认的安全线20%。尤其是拉美和加勒比海地区，负债率达到30%；撒哈拉以南非洲地区达到27%。

外债存量总额持续增加使发展中国家未来的经济发展充满了不确定因素，也给全球经济的复苏带来了一定风险。总的来说，完全悲观的论调是没有根据的，但也不容盲目乐观。

一是发展中国家的经济增长将可能是中低速增长，略高于发达国家。据IMF预测，2015—2018年发展中国家的经济增速为5%。虽然这种增长速度将略低于其20

世纪六七十年代5%~6%以及低于2003—2007年7%的经济增长率，但这个增长速度将高于同期发达国家2%~3%以及全球3%的增速。这是因为，发展中国家与发达国家相比，基数小，发展潜力较大。

二是发展中国家内部不同类型国家之间的经济发展将会参差不齐。原料初级产品出口国的经济发展在很大程度上取决于原料初级产品国际市场的需求和价格变化，由于科学技术的发展对原料初级产品的需求疲软，价格必然趋于下跌，加上世界初级产品市场现在仍被主要发达资本主义国家的跨国公司所控制，对发展中国家的经济增长将起阻滞作用。石油输出国组织成员国，由于今后一段时期内世界石油市场供大于求的状况还不会改变，石油收入很难有较大增加。有的产油国不得不收缩工业化计划，多数产油国基础设施薄弱、经济结构单一的情况还没有根本改变，今后10多年内，这些国家的经济增长速度将会低于70年代的水平。新兴工业国，特别是东南亚的新兴工业国和韩国，被认为是中期内世界经济增长前景最佳的地区，其经济增长速度将是发展中国家中最快的。最不发达国家，自然条件差，旧殖民主义的残余影响又深，工业基础薄弱，农业长期停滞。这些国家在一定的时期内，难以改变面貌，它们的经济增长很可能是发展中国家中最缓慢的，有些国家还要靠国际机构救济过日子。

三是发展中国家的经济调整将会有所进展，经济结构将会发生一些新的变化。当前，全世界都在进行经济调整。发展中国家在总结过去经验教训的基础上，也在针对自己的特点进行结构性调整。亚太地区发展中国家的调整目标是，从依靠初级产品出口转向制成品出口。而那些新兴工业化国家或地区则力求使产业升级和经济转型，向资本、技术和知识密集型的产业发展。非洲国家努力改变过去片面追求工业化的倾向，把改善和发展农业，尤其是粮食生产放在最优先地位，同时改善和发展与农业直接有关的部门，其中包括农具制造、化肥、农药、交通运输业等，整顿国有企业，鼓励发展私营企业和个体经济，扶植中小型工矿企业等。拉丁美洲在债务危机下进行的经济调整，首先是为了应付资金短缺，但这是一种紧缩性的衰退型调整。随着欧洲债务危机困局逐渐缓解，它们已将衰退型调整转向发展型调整，从而为将来逐步建立一个更加有效率、自主和平等的发展模式奠定基础。发展中国家的经济调整，目前多数还处于酝酿阶段，或只是提出了主张和要求，但对进一步实施发展中国家的经济振兴，无疑是有重要意义的。

第二节　新兴工业化国家和地区经济发展

新兴工业化国家（newly industrialized countries，NICs），是指经济发展程度介于发达国家以及发展中国家之间的国家，又称半发达国家、半工业化国家，这一名称是在20世纪70年代末期的《经济合作发展组织报告书》里提出的。总的来说，所谓新兴工业化国家，是指具有一定资本主义基础的发展中国家在较短的历史时期内克服了社会经济的落后性并在工业化进程中一定程度上接近于发达国家水平的国家和地区。例如亚洲的韩国、中国台湾、中国香港和新加坡；拉丁美洲的巴西和墨西哥；欧洲的葡萄牙、西班牙、希腊和南斯拉夫等。本节主要介绍"亚洲四小龙"的经济发展模式。

从20世纪60年代开始，亚洲的韩国、新加坡、中国台湾和中国香港先后3次承接以美国、日本为主的发达国家的产业转移，成功使其自身产业结构梯次向劳动密集型、资本密集型、资本与技术密集型产业过渡，从而步入或接近了发达经济的行列。其经济增长的速度之高、持续时间之长，在世界范围内绝无仅有。众所周知，"亚洲四小龙"的地域面积都不大，人口稠密，经济底子较薄弱，自然资源也不丰富，科技也不十分发达。它们的经济腾飞在过程和手段上有很多相似或相同的做法和经验。全面参与国际分工，走发展外向型经济的道路，是它们的共同特征。但是，这并不代表它们的经济发展模式是相同的。在政府干预经济上，中国香港开始是采取"自由经济"政策，而新加坡则早就非常重视政府对社会经济发展的干预。中国台湾和韩国虽然在政治体制、国家机器设置等方面有惊人的相似之处，但两者在经济发展的起点、阶段、重点等方面又有着很大的不同之处。另外，即便是实行出口导向型发展战略，这4个国家和地区的侧重点也不尽相同。新加坡的出口导向，主要倚重于外国投资者带来的技术创新。中国香港则主要得益于金融发展与自由贸易。而中国台湾和韩国，技术创新对经济增长起了关键性作用。中国台湾通过引进外国投资与当地企业合作的方式获得技术；韩国则着重购买成套技术设备，在此基础上进行模仿、改造、创新。所以研究"亚洲四小龙"，人们最常用的是"中国香港模式""中国台湾模式""韩国模式""新加坡模式"，而没有"亚洲四小龙模式"这种笼统的提法。

一、新加坡模式

新加坡是一个资源匮乏、面积只有700平方公里、人口500多万人的城市型岛国。其于1965年刚刚建国时，工业基础落后，失业率极高，整个国民经济水平非常低。但在短短几十年里，其经历多次经济转型后，迅速发展成为"亚洲四小龙"之一。回顾新加坡经济发展史，不难看出，差不多每10年新加坡就要进行一次经济转型。从20世纪60年代的劳动密集型产业、70年代的经济密集型产业、80年代的资本密集型产业、90年代的科技密集型产业，一直到21世纪初发展为知识密集型产业。新加坡经济转型成功有两个至关重要的因素，即政府主导和引进利用外资。

政府干预经济是件非常微妙的事，如果干预恰到好处，则能促进经济发展；如果干预不到位或过头，则极有可能成为引起经济动荡的根源。新加坡政府干预经济的成功可归功于3点：

第一，它采取的干预和调控方式是间接的，而不是直接的。比如在进行产业结构调整的时候，它一般会出台一系列税收、补贴政策，而不会以指令性规定直接干预。

第二，对于国民相对公平的法律体制是新加坡经济模式的核心之一，也是政府的重要工作重心。政府非常注重创造良好的环境，让每个公民都有一个获取公平待遇的机会。在新加坡，凡满18周岁的公民只要踏入社会，政府就会提供一套舒适的公家住房。

第三，新加坡政府的廉洁高效世界公认。据2015年透明国际全球清廉指数显示，新加坡政府在廉洁程度上世界排名第八。

除此之外，外资在新加坡经济发展中起着关键作用。据联合国贸发会议发布的《2016年世界投资报告》显示，2015年新加坡吸收外资流量为652.62亿美元，高居全球最具外资吸引力的国家及地区的第七位，且截至2015年年底吸收外资存量已达9 784.11亿美元。目前，有来自欧、美、日等地7 000多家跨国企业和科技伙伴在新加坡设立了分支机构，其中4 000余家外资企业在新加坡设立了其区域总部，并有1/3的《财富》500强企业在新加坡设立总部。引进外资，新加坡有自己一套做法。它有一个经济发展局，负责向全球推销新加坡，招商引资；还在美欧等世界各地常设招商引资机构，派驻"精英"，像间谍一样长年累月搜索、分析各类信息，走访著名企业高层，说服投资者到新加坡投资。引进外资，完善基础设施建设是基本条件，新加坡非常注重这方面的建设。新加坡针对不同行业制定不同的引资政策，并且在不同时期灵活调整政策，从而帮助本国实现产业升级和结构调整。

二、韩国模式

韩国从20世纪70年代开始进行经济转型升级，用20多年时间走过了西方发达国家100多年工业化历程，一跃从一个落后的农业国家崛起为新兴工业化国家，创造了举世瞩目的"汉江奇迹"。韩国经济转型升级的主要经验可概括为3点：

首先，大力推行企业集团化和品牌价值战略。为了实现经济增长目标，20世纪70年代起，韩国政府采取各种财政、信贷、贸易等优惠措施，扶持了一批大型企业集团，减少了资本的分散性和不节约性，提高了资本集中度。新产品开发的技术优势加上成功的外观设计，使得韩国不少产品成为世界著名品牌。韩国也已从一个典型的廉价产品制造商转变为一个高端产品创造者。

其次，优先发展"战略产业"。1972—1979年，韩国的产业政策倾向于重工业，确定了钢铁、纤维、汽车等十大战略产业，保证了产业结构从轻纺工业向重工业的顺利过渡；20世纪80年代后，国际形势发生了变化，韩国提出发展技术和知识密集型产业；进入21世纪，又把信息技术产业作为韩国的重点发展产业，并出台了"促进信息化基本计划""网络韩国21世纪"等一系列措施。目前，电子信息产品、机械产品、光学仪器等已成为韩国的主力出口商品。根据韩国《2014信息通信、放送技术振兴实施规划》，韩国政府投入11.764亿美元促进ICT领域十大技术的发展，包括第五代移动通信、智能网络、感性终端技术等，从而促使信息技术产业继续成为拉动韩国经济、创造就业机会的主要动力。纵观韩国产业发展史，韩国政府在特定阶段采取的都是有选择、有重点的产业政策。

最后，技术创新为韩国经济发展提供了不竭的动力，以技术进步为重点的创新驱动型发展模式推动了韩国核心竞争力和产业结构的提升。韩国技术创新经历了由引进消化吸收到自主创新的历程。经过多年发展，韩国形成了较为完备的以企业为主体、产学研结合的技术创新体系，企业已成为技术创新的主体。韩国政府通过制定鼓励创新的财政金融政策和法规，积极营造创新环境，支持企业、大学及研究机构等创新要素的创新活动，并且由政府出面，资助、协调、解决创新主体力所不能及的难题。

三、中国台湾模式

中国台湾在20世纪50年代后的经济发展历程中，经历了3次重大的经济转型。第一次转型在1952—1960年，由殖民经济形态转为进口替代工业发展阶段，初步实现由农业社会向工业社会转变。第二次转型在1961—1985年，重点是大力发展出口导向型经济，形成外向型经济体系。第三次转型是从1986年以来，着力把劳动密集型产业转到资本与技术密集型产业，建立更加开放的自由经济体系。20世纪80年代中期中国台湾提出以自由化、国际化、制度化为主导的转型理念，出台了一系列推动经济转型的政策措施。

中国台湾经济转型的成功靠的是技术。工业技术研究院、科技园、引进硅谷人才、风险投资及优惠政策被称为中国台湾经济转型的"五驾马车"。这"五驾马车"拧成一股绳，目的只有一个，就是中国台湾的经济转型。

成立于1973年的工业技术研究院，扮演的角色从技术引进、人才培育、信息提供、衍生公司、育成中心、技术服务到技术移转等多个方面，对于中国台湾中小企业的产业发展具有举足轻重的地位。台积电董事长张忠谋、联发科董事长蔡明介等风云人物都出自工业技术研究院，因而工业技术研究院被称为"中国台湾总经理制造机"。

1976年开始筹建的中国台湾新竹科技园于1980年正式成立，是中国台湾最著名的科技园之一，也是孕育中国台湾高技术产业发展的基地，促使中国台湾从一个低成本的制造中心成功转变成为全球创新经济的高附加值的制造中心。

除了重视本土人才的使用和培养之外，中国台湾积极吸引优秀的海外人才回台创业。新竹科技园规定允许科技人员用其专利权或专门技术作为股份投资。这一政策对激发科技人员尤其是在海外的中国台湾学子来园区创业的积极性具有重大意义。

在中国台湾的经济转型中，创投基金扮演了一个很重要的角色。早期中国台湾没有引导基金，很多产业无法发展。中国台湾相关部门拿出92亿元台币，撬动240亿元台币的社会资本，投入到产业发展中去。

另外，中国台湾地区的创业投资业之所以能够在20世纪80年代迅速起步，并于90年代蓬勃发展，得益于当局出台了税收激励政策。按照1983年出台的《创业投资事业管理规则》及相关税收政策，经核准设立的创业投资公司，除创业投资公司本身免征资本利得税之外，对投资创业投资公司满两年的股东，按所投资金额的20%抵免其个人或法人的所得税。

四、中国香港模式

作为"亚洲四小龙"之一，中国香港在1970年以来，从玩具和成衣纺织加工贸易发家，促进整个经济的繁荣。中国香港虽然地少人多，但巅峰时期外贸经济做得风生水起，外向经济积累的财富数额惊人，成就了一批资本大鳄，如李嘉诚、霍英东等。1983年起，中国香港政府启动联系汇率制度，并为高度自由的市场体系提供相对清廉的政府服务，引发国际资本纷纷入港，成就香港国际金融中心的地位。同期，香港加工制造业开始应内地改革开放的东风向内地迁移，从20世纪80年代后期开始，一时间造就了中国南部经济增长的奇迹。很多地方一直在模仿中国香港模式，但是多以失败告终，原因在于没有办法克隆中国香港高度开放的自由市场、完善的金融机制、最小政府的角色定位，以及在法制、廉政、公共服务等方面的杰出表现。中国香港的市场经济体制经过百年发展和完善，才形成了现在的自由开放型模式。

中国香港奉行自由主义经济政策，对进出口的商品货物不设关税；对商品市场、生产要素市场和劳动力市场的价格形成不加干预；对所有企业一视同仁，既不出台扶持政策，也不对企业生产决策施加任何干涉，企业拥有完全自主权。中国香港的自由主义经济政策吸引和集聚了大量来自东西方商人的资金和人才。高度依赖国际市场，中国香港形成了以本地产品出口为支柱的工贸一体化发展的外向型经济结构。中国香港收集、整理和传递信息的机构及媒体很多，除官方公布的及各种新闻媒体提供的信息外，信息还可以通过半官方机构、世界各地驻港机构、工商团体、银行、商业服务机构、公共网络等获得。这些信息量大且全面客观的信息机构，保证了中国香港个人和企业能够及时、准确、迅速而又低廉地获得市场信息。

中国香港与其他"亚洲四小龙"成员最大的区别就是奉行政府积极不干预的经济政策。中国香港公有经济微不足道，政府历来避免对自由经济的过多介入，但鉴于经济发展多样化的需要，在整体经济运转方面逐渐增强了指导性功能。一方面，通过增设有关的官方部门和兴办一批半官方机构，不断扩大非官方工商团体和私人企业之间的联系，协调经济的发展；另一方面，通过财政金融政策对经济运行进行干预和调节，并通过大规模的基础设施建设、提供各种服务和提出一些计划性建议间接地扶助和影响产业发展。

第三节　金砖国家崛起

所谓金砖国家（BRICS），是指巴西（Brazil）、俄罗斯（Russia）、印度（India）、中国（China）和南非（South Africa）这5个新兴市场国家，这5个国家的英文首字母连起来，字形和读音很像英文单词"砖"（brick）。2011年，在中国举行的金砖国家峰会引世人瞩目，不仅因为首次接纳南非作为成员，而且越来越多的发展中国家明确希望加入或成为观察员。尽管金砖国家的政治制度、社会文化、历史渊源和经济发展水平存在较大差异，但这些因素都没有妨碍它们之间的合作不断深化与扩大。事实上，在全球经济步入后危机时代，金砖国家有了更广泛的利益"交集"。这种"交集"突出表现为金砖国家经济正面临日益增多的共同机遇和挑战，从而构成深化合作的基础与动力。

一、金砖国家崛起的动因

20世纪90年代以来，新兴经济体的崛起是全球经济发展不平衡规律作用的结果。金砖国家的赶超既是全球经济发展不平衡规律作用的结果，也是内外多方面因素共同作用的结果。

（一）外部环境较好

20世纪90年代初，美国新经济蓬勃发展，促进了第二次世界大战后美国经济最长时间的快速增长，带动了全球经济新一轮空前繁荣，也为其对外投资扩张和产业转移创造了条件。美国等发达国家跨国公司在全球范围，特别是在新兴国家的广泛投资经营，推动了资源全球配置和产业全球转移，促进了新兴经济体的市场成熟、经济发展加速和产业升级。而金砖国家等正好处于改革开放的转折点，同时又具有资源优势、市场潜力和具备较好的发展基础，抓住了良好的发展机遇，进入了快速崛起轨道，并引起了全球发展格局中发达经济体与金砖国家的相对地位的变动。

（二）实施强有力的加速发展措施

金砖国家为实现高速发展战略目标，不断探索加速发展路径和模式，采取多元政策组合。

1.推进改革步伐，完善市场机制

中国、印度、俄罗斯分别自20世纪80—90年代开始了大规模的市场经济体制

改革，通过国有企业产权改革、发展中小企业、财政金融体制改革、价格机制改革、行政管理体制改革等，从计划经济模式逐渐转向市场经济模式，为经济发展释放了广阔空间。巴西在科洛尔（1990—1994年）、卡多佐（1995—2002年）总统执政时期发动了大规模私有化运动，将化肥、电信、电力和采矿等行业的国有企业出售，调整了经济结构，促进了竞争和经济发展。南非1994年政权更迭之后也进行了经济发展路线改革。

2.扩大对外开放与合作，积极利用全球化红利

中国自1978年开始对外开放，经济开放度大幅提高。对外开放提高了中国资源配置与整合、出口等能力，也极大地促进了经济繁荣和提高了人民生活水平。俄罗斯自1992年开始实施对外贸易自由化，出台并修改外资法。对外开放政策使俄罗斯的经济环境得到大幅度改善，2016年在俄罗斯境内的外国投资项目数量更是达到了欧洲国家投资吸引力排行榜历史上的最高水平，凭借205个外国投资项目，位列欧洲国家投资吸引力排行榜第七位，且FDI流量也从2015年的120亿美元升至2016年的约190亿美元，同比上升62%，成为全球吸引外资增长速度最快的国家之一。

印度从1991年开始放松限制，对外资打开大门。对外政策的放松和优化使印度吸引外资量显著上升，利用外资水平从2000年前后的每年十几亿美元大幅度增至2015年的440亿美元，高居世界吸引外资前十国家，投资领域也从IT、零售业逐渐向制造业、房地产等领域扩展转移。

1999年以前，巴西一直实施进口替代发展战略，自1999年开始实施出口导向发展战略，制定了地区出口战略和出口产品战略，将促进出口作为经济发展的新支柱。

南非在种族隔离时期实施自给自足的封闭发展政策，1994年新政府成立后，开始实行对外开放政策。

实施积极吸引外资和开放政策使金砖国家外资吸引力居于全球领先地位。根据普华永道（PwC）发布的对全球CEO的19份调查结果显示，中国、印度、巴西、俄罗斯均位居全球对外资最有吸引力的10个国家行列。在安永《非洲投资吸引力调查报告》中，虽然由于政局动荡，三大国际信用评级机构都调降了南非的评级，但是南非仍被评为全非洲吸引境外直接投资能力最强劲的国家。对外开放是金砖国家加速增长的重要引擎之一。

3.促进发展方式转变与创新发展

金砖国家基本属于粗放式发展模式，对禀赋资源优势依赖较重，资源消耗过高，技术创新贡献不足等。为此，金砖国家不断提高研发投入。除南非略低外，金砖其余四国的研发支出占GDP比重均已经达到1%或超过1%。中国研发经费迅速增加，占GDP比重从2000年前的不足1%，上升到2015年的2.07%。2008年以来，

俄罗斯重点推进科技创新，并出台刺激创新的税收政策。1998年，印度提出了"信息产业超级大国"的战略目标，使其成为世界上最大的软件生产和出口国。

4.强化政府调控，增强抵御外部冲击能力

金砖国家在对外开放中保持了政府强有力的宏观管理能力。在应对2008年全球金融危机过程中，金砖国家采取强有力的反危机干预措施使其经济在全球经济负增长背景下得以总体维持稳定。2009年，中国、印度依然分别保持了9.2%和6.8%的高增长，巴西基本没有负增长（-0.6%），南非出现了小幅度下降（-1.7%），只有俄罗斯的国内生产总值出现了较大幅度下跌（-7.8%），但俄罗斯保持了总体经济与社会稳定。2010年，中国、印度、巴西、南非和俄罗斯的国内生产总值增长率分别为10.3%、10.1%、7.5%、2.8%、4.0%。由此可见，在政府的调控下，金砖国家迅速从金融危机的影响中恢复过来。中国、印度的国内生产总值有较大幅度提高，增长率分别超过2009年增长率的1.1个百分点和3.3个百分点；巴西国内生产总值恢复并且大幅度超过其2008年水平；南非在恢复到2008年国内生产总值水平的基础上，有小幅度上升；俄罗斯虽然没能恢复到金融危机前的国内生产总值水平，但经济形势有所好转。2011年，上述金砖国家的国内生产总值增长率分别为9.5%、7.8%、3.8%、3.4%、4.3%。俄罗斯经过两年的恢复，国内生产总值超越金融危机前水平。2016年，中国、印度、巴西、南非和俄罗斯的GDP增长率分别为6.7%、7.5%、-3.6%、0.3%、-0.2%。

（三）发挥资源禀赋优势与后发优势

资源丰富是金砖国家继续快速发展的禀赋优势。除俄罗斯劳动力不足外，其余几国均为劳动力资源丰富国家。特别重要的是，金砖国家的中产阶级队伍迅速膨胀，将创造巨大的市场需求。有预测认为，发展中国家中产阶级人口占全球人口比重将从21世纪前期的55%增长到2030年的93%。中产阶级不断增长的需求，是金砖国家市场规模年均成长率达到15%的重要原因。从发展阶段看，金砖国家都积累了相当的发展基础，具有后发优势。如俄罗斯从世界超级大国解体分化而来，工农业生产、基础设施、科技、教育事业等各方面基础雄厚，为其快速发展打下了稳固基础。巴西资源丰富，早在19世纪初就已获得政治独立，和平发展时间长，在20世纪60—70年代曾经创造过增长奇迹，早就进入了工业化中等收入国家行列。中国自1978年开始改革开放后，经济发展取得了显著成就。印度自1991年改革开放以来，经济实力显著增强。金砖国家目前基本处于经济起飞阶段或者起飞—成熟过渡阶段，加上人口多、基数较小、收入水平较低、成长潜力与空间大，在科技进步方面，"干中学"后发优势明显，在一段时间内（起飞阶段以及起飞—成熟过渡段）获得较高增长率具有一定客观性和必然性。特别是中国、印度、南非处于城市化、工业化加速发展阶段，基础设施投资规模较大，对经济增长形成巨大拉动力。而基于创新基础上的经济转型升级、后工业化和现代化又是这些国家共同的长期发展任务和巨大成长机会。

（四）强化相互合作，促进共同发展

金砖国家之间经济贸易的互补性较强，俄罗斯基础科学具有优势，印度软件技术领先，巴西清洁技术、现代农业优势较强，中国有制造加工优势，南非有矿产开采技术优势等，相互合作的潜力巨大。中国和印度对原材料和能源的巨大需求，给矿产资源大国俄罗斯、巴西和南非注入资金，而后三国又反过来成为中国和印度物美价廉制造品的市场，彼此形成了较强的分工合作关系。如上所述，金砖国家在科技方面各具优势和特点。加强科技合作交流，既有利于实现金砖国家间的优势互补、共同发展，又有利于打破西方发达国家的垄断地位和技术壁垒，缩小技术差距。金砖五国扩大经贸合作，容易形成互相促进、共同发展的良性循环。

在金砖国家整体经贸恢复发展的背景下，金砖国家之间的经贸增长速度很快，这也使得金砖国家进出口总额占全球比重逐年提高，由 2006 年的 11.9% 提升至了 2015 年的 17.2%。与此同时，金砖国家相互间的贸易合作发展很快。据联合国商品贸易数据库统计数据，2000—2015 年，金砖四国（不含南非）中一国对其他三国的出口占自身出口比重为：巴西从 3.1% 提高到 21.8%，印度从 4.2% 提高到 5.4%，中国从 2.0% 上升到 5.3%，俄罗斯从 6.4% 上升到 10.1%。同期巴西、俄罗斯、印度和中国对美、日的出口占其各自总出口的比重分别下降了 13.6、0.6、9.3 和 13.7 个百分点。从 2000 年到 2015 年，巴西从中国、印度和俄罗斯 3 国的进口占其总进口的比例从 3.7% 上升为 21.7%；俄罗斯从巴西、中国和印度的进口占比从 5.6% 上升为 22.1%；印度从中国、巴西和俄罗斯的进口占比从 4.2% 上升为 18%；中国从印度、巴西和俄罗斯的进口占比从 3.9% 上升为 5.4%。金砖国家间的相互投资日益活跃。2015 年中国对俄罗斯投资迅速增长，达到 29.6 亿美元，较 2014 年增长 369.8%，是俄罗斯重要的外资来源国。印度 SAHARA、安赛乐米塔尔和塔塔集团是南非市场上的著名外企。中印投资领域从传统制造业向电信、医药、软件、新材料等新兴产业拓展，由交通环节向研发设计、销售服务等高端环节延伸。[①]

二、金砖国家合作机制的意义

金砖国家没有推行"华盛顿共识"所拥护的完全市场自由化，却依然成功实现了市场开放。金砖国家之间的合作机制宣告着这些大型发展中国家有了自己的新型选择，而并非只能采取发达国家之间的合作模式或者区域集团之间的合作模式。在后危机时代，全球经济复苏与加强全球经济治理是国际社会关注的重点，金砖国家的发展反映了国际经济金融机构和世界经济格局的变化，增加了新兴经济体和发展

---

① 林跃勤. 探索深化金砖国家经贸投资合作新途径 [J]. 中国经贸导刊，2013（8）：28-30.

中国家的发言权和代表性。

（1）适应时势的选择。金砖国家没有像欧盟成员国之间那样的法律、历史或地理联系，也没有其他经济组织成立最初所面临的共同安全威胁。这些大型新兴力量的组合会在世界舞台上大有作为，这一机制可以迫使发达国家更彻底改变它们在世界经济管理中的作用，同时也大力提升发展中国家在后危机时代对于世界经济增长的引领能力。

（2）合作与竞争并存的模式。金砖国家同时也面临着来自其他集团的竞争。东亚国家可能会成为一个统一的新兴市场集团；中国和东南亚国家联盟之间的自由贸易协定已经正式生效；同时，中国、日本和韩国建立了一个外汇储备基金用以协调其货币政策。巴西、俄罗斯和印度处于在这些集团之外。正是因为存在相对利益上的竞争，同时又具备扩大绝对利益的前景，所以共同利益、共同挑战使得金砖国家深化合作具有更加现实的意义。

（3）全球经济一体化和区域经济集团化在制度上的创新。金砖五国尽管资源禀赋不同，偶尔也会存在竞争和利益分歧，但在深化能源资源纽带和解决商品贸易纠纷方面合作更密切，这说明金砖国家不仅是新兴国家群体性崛起的必然产物，也是金砖国家自身发展的客观需要和自然选择，契合了世界发展大势，并为探索后危机时代全球性的竞争合作模式提供了重要借鉴。

三、金砖国家合作的前景

伴随金砖国家合作机制的逐渐形成，作为全球新兴经济体代表的金砖国家，其全球影响力也日益增强。

1.金砖国家应在国际事务中发挥重大作用

金砖国家合作机制建立以来，通过成员国间协调立场与采取共同行动，在国际舞台上展现了影响力，并且发挥了实际作用。金砖国家合作机制是新兴经济体经济实力日渐强大、经贸合作与经济往来不断扩大的必然产物，也是代表发展中国家利益的集团。金砖国家合作机制在二十国集团内形成发展中国家的利益诉求，统一立场和行动步调，对于加速解决全球性问题起到重要作用，尤其是在国际金融、气候变化、可持续发展等方面的共同语言，进一步凝聚了共识，在一定程度上形成了更为健康有利的国际环境，树立了新兴市场国家的整体形象。

2.本币金融合作框架开创了实质性合作的起点

为了加强各金融机构之间的合作，改善成员国之间的经济和商业关系，加强在金融、证券和其他金融机制方面的合作，支持金砖国家成员国间的商业贸易，金砖国家银行合作机制成员行于2011年4月14日在海南省三亚市共同签署了《金砖国家银行合作机制金融合作框架协议》。根据框架协议，中国国家开发银行、巴西开发银行、俄罗斯开发与对外经济活动银行、印度进出口银行、南非南部非洲开发银行5家成员行将在以下4个方面加强合作：一是稳步扩大本币结算和贷款的业务规模，服务金砖国家间贸易和投资的便利化；二是积极开展项目合作，加强金砖国家在资源、高新技术、低碳和环保等重要领域的投融资合作；三是积极开展资本市场合作，包括发行债券、企业上市等；四是进一步促进成员行在经济金融形势以及项目融资方面的信息交流。在成员国之间扩大本币结算，并进行本币融资，意味着金砖国家金融合作机制向前迈进一大步，有助于金砖国家间贸易和投资的便利化。

3.南非为金砖国家注入新活力

南非是撒哈拉以南非洲地区的重要国家，其国内生产总值约占该地区的1/3，对地区经济发展作出重要贡献。加入金砖国家将为南非与中国、俄罗斯、巴西和印度的合作提供良好机遇。吸收南非加入合作机制，使金砖四国能够进一步加强同南部非洲各国的经贸关系。很多南非公司在南部非洲国家设有分公司，地缘接近、风俗相通，它们在这些相对不发达国家投资具有信息快捷、交易成本低的优势。如果四国投资和贸易能通过南非中转，回报率将显著提高。除经济领域以外，南非加入金砖国家合作机制，将有利于五国在全球气候变化问题、联合国改革、减贫等重大全球性和地区性问题上协调立场，更好地建设一个公平、平衡的国际政治新秩序。正因为南非在多方面都是非洲大陆的代表，它的加入将进一步扩大金砖国家合作机制的国际影响力，并将成为金砖国家进入非洲的门户。

4.《三亚宣言》是未来合作的基础

金砖国家领导人第三次会晤于2011年4月14日在海南省三亚市举行，会议发表了《三亚宣言》，体现出金砖国家领导人把合作的政治意愿转化为实实在在的行动的决心。《三亚宣言》指出，金砖国家是各成员国在经济金融发展领域开展对话与合作的重要平台。应巩固金砖国家间已开展的14个合作项目，开拓4个新合作项目，并提出5项新的合作建议，形成了金砖国家未来合作的基础。

5.制度化和组织化的发展方向

目前的金砖国家合作机制比较松散，这种机制的好处在于行动自由、决策灵活，便于在具体问题上表达诉求、形成一致意见。如果金砖国家合作机制旨在解决全球性问题，就需要一个具体的执行机构来协调，才能发挥更大的作用。尽管金砖国家合作机制还不是一个国际组织，但发展前景应朝该方向努力。现有的国际多边机制或组织，也都是经历了逐渐成熟的发展阶段。从发展趋势来看，金砖国家只有设立秘书处等常设机构，才能将金砖国家之间的对话与合作制度化和组织化。

6.开放的金砖国家体系

金砖国家合作机制作为一个新兴市场国家间加强协调，以及新兴市场国家和发达国家对话的平台，其威望和作用将不断提高，会有更多的新兴市场国家向金砖国家合作机制靠拢。所以，金砖国家合作机制应该是一个开放性的机制，那些具有一定经济实力、相当人口规模、较强地区代表性和较大国际影响力的国家在条件成熟时可以加入。南非加入金砖国家合作机制后，不少发展较快的新兴市场国家对加入金砖国家合作机制表现出浓厚兴趣。金砖国家合作机制是一个非常缓慢而谨慎的过程，吸收新成员有利于提升机制的整体经济分量和影响力。但从长远考虑，夯实内部合作基础更为重要，新成员加入需要得到金砖国家合作机制所有成员的一致同意。

第八章

区域经济一体化与区域经济合作

始于2001年的WTO多哈回合多边贸易谈判在2008年两次受挫，进展缓慢。加之遭遇全球性金融危机的影响，贸易保护主义有所抬头，在WTO贸易投资自由化进程弥合重大分歧的希望渺茫、道路更加艰难之际，21世纪以来，世界各国为了加强相互间经济贸易关系，普遍热衷于缔结区域贸易协定（regional trade agreement，RTA），国际区域经济一体化正向更高层次和更广范围发展，并已成为当代世界经济发展的主要趋势之一。世界大多数国家和地区已积极参与到国际区域经济一体化进程之中，随着中国对外开放向深度发展，中国成为国际区域经济一体化的积极参与者和推动者。需要借鉴国际区域经济一体化理论，结合中国经济特点和实践经验，建立中国参与国际区域经济一体化理论体系。以下具有代表性的国际区域经济一体化理论对中国参与国际区域经济一体化具有较强的参考价值。

第一节　区域经济一体化的理论分析

一、关税同盟理论

关税同盟是区域经济一体化组织的基本形式，也是国际区域经济一体化进程的核心内容，主要研究对内取消关税和对外统一关税所引起的贸易变化。该理论一直在国际区域经济一体化理论中居于主导地位，也是最为完善的部分。关税同盟可以给参与方带来经济利益的观点在第二次世界大战之前就早已存在，这些早期的关税同盟理论为：以比较利益为基础的自由贸易可扩大各国和地区的经济利益，带来生产和消费的有益变化。关税同盟在区域内实行关税减免，从而趋向于自由贸易，这必然导致成员方的福利增加，而对于整个世界来讲，福利也是增加的。

　　真正系统地对关税同盟进行研究是在20世纪50—60年代，这一时期，国际区域经济一体化正经历第一次高潮，当时许多国家汲取第二次世界大战前贸易壁垒导致世界经济大危机的教训，纷纷建立区域性贸易集团，实现区域内的贸易自由化。1950年，美国经济学家雅各布·维纳（Jacob Viner）在其代表性著作《关税同盟理论》中系统地提出了关税同盟理论。传统理论认为，关税同盟一定可以增加成员方的福利。维纳认为，任何形式的区域经济一体化对于成员方和集团外国家和地区都将产生一定的影响，这便是区域经济一体化的效应。于是维纳指出了这些早期关税同盟理论的不确定性，区分了贸易创造（trade creation）和贸易转移（trade diversion），认为关税同盟得益与否取决于二者的最终结果，从而将定量分析应用于关税同盟的经济效应研究，奠定了关税同盟理论的坚实基础。在研究贸易创造和贸易转移效应方面，维纳主要侧重于生产效应，而忽略了消费效应。继维纳之后，米德（Meade）、维纳克（Vanek）、科登（Corden）、瑞泽曼（Riezman）等人在此基础上提出了三国三商品（3×3）模型，麦克米兰（McMillan）、麦克兰（Mclann）和劳埃德（Lloyd）对此进行了总结和归纳。如麦克米兰和麦克兰认为必须考虑商品之间的替代性和互补性，而在两种商品的模式中无法进行分析，且三种商品分析法对于关税同盟问题的探讨具有极大的优势，所以必须建立三国三商品（3×3）模型。利普赛（Lipsey）针对商品的替代性运用模型进行了理论分析，认为维纳的贸易转移不一定减少福利。关税同盟理论经过许多经济学家的补充，日益成为一种较为成熟的经济理论。

　　关税同盟理论的核心在于揭示关税同盟对成员方和非成员方所带来的不同的经济效应，但是关于区域经济一体化的效应问题，目前尚未有完善的分析方法，理论界一般把区域经济一体化的效应区分为静态经济效应和动态经济效应。

（一）静态经济效应

1.贸易创造效应

　　贸易创造效应（trade creation effect）是指关税同盟内部取消关税，实行自由贸易后，关税同盟内某成员方国内或地区内成本高的产品被同盟内其他成员方成本低的产品所替代，从成员方进口产品，创造了过去不发生的那部分新的贸易。

　　如图8-1所示，设A、B、C分别代表3个国家。纵轴P表示价格；横轴Q表示数量；S_A和D_A分别表示A国国内的供给曲线和需求曲线。P_T表示A国产品的价格；P_C表示A国进口C国产品的价格；P_B表示A国进口B国产品的价格。A国与B国组成关税同盟前，A国从C国进口商品，进口价格是P_C，加上关税P_CP_T，因而A国的国内价格是P_T。A国在P_T价格条件下，国内生产供应量S_0，国内需求量D_0，供需缺口为S_0D_0。A国通过向C国进口S_0D_0数量的商品来达到国内的供求平衡。

　　现在，我们来看A国与B国组成关税同盟所带来的贸易创造效应。A国与B国

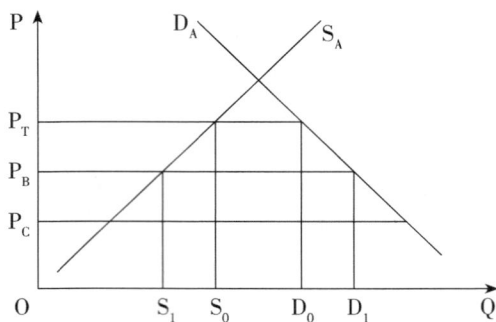

图 8-1 关税同盟的贸易创造和贸易转移效应

组成关税同盟意味着两国间取消关税，实行自由贸易，并实施共同的对外关税。虽然 C 国的成本和价格比 B 国低，但是，共同对外关税能达到这样一种效果，即从 C 国进口的加上共同对外关税后的实际价格比从 B 国进口的价格高，显然，A 国的贸易商就会从 B 国进口商品，而不会从 C 国进口。A、B 两国组成关税同盟后，由于 A 国从 B 国进口的价格 P_B 比同盟前的进口价格 P_T 要低，导致国内价格下降至 P_B 水平。在 P_B 价格水平上，A 国国内生产供应量缩减至 S_1，国内需求增加至 D_1，A 国进口 S_1D_1 量的商品来满足国内需求。把 A 国参加关税同盟前的进口量与参加同盟后的进口量相比，我们可以看到 A 国增加进口量 S_1S_0 和 D_0D_1。这部分增加的进口量就是贸易创造效应。其中 S_1S_0 为生产效应，D_0D_1 为消费效应。贸易创造效应通常被视为一种正效应。因为，A 国国内商品生产成本高于 A 国从 B 国进口的商品生产成本，关税同盟使 A 国放弃了一部分商品的国内生产，改为由 B 国来生产这部分商品。从世界范围来看，这种生产转换提高了资源配置效率。

2.贸易转移效应

贸易转移效应（trade diversion effect）是指由于关税同盟对内取消关税，对外实行统一的保护关税，成员方把原来从同盟外非成员方低成本生产的产品进口转为从同盟内成员方高成本生产的产品进口，从而使贸易方向发生了转变。我们仍以图 8-1 来加以说明。A 国与 B 国组成关税同盟后，由于 P_B 低于 P_C 与共同对外关税之和，A 国就不再从 C 国进口，而转向从 B 国进口。S_0D_0 的商品数量原由 A 国从 C 国进口，关税同盟后改为 A 国从 B 国进口，这就是贸易转移效应。贸易转移效应通常被视为一种负效应。因为，A 国从 C 国进口的商品生产成本低于 A 国从 B 国进口的商品生产成本，贸易转移导致低成本的商品生产不得不放弃，而高成本的商品生产得以扩大。从世界范围来看，这种生产转换降低了资源配置效率。

3.社会福利效应

社会福利效应（social welfare effect）是指关税同盟的建立对成员方的社会福利将带来怎样的影响。如图 8-2 所示，关税同盟建立后，A 国的价格从 P_T 下降至 P_B，

消费需求增加了 D_0D_1，获得消费者剩余 P_TCFP_B。但 A 国的价格下降导致国内生产供应缩减 S_1S_0，生产者剩余减少 P_TGHP_B。同盟建立后，A 国不能对 B 国的进口商品征收关税，因而关税收入减少 GCXW。A 国的社会福利净增加或净减少并不确定。因为福利所得的消费者剩余 P_TCFP_B 与福利所失的生产者剩余 P_TGHP_B 及关税收入中的一部分 GCVU 相抵后还剩下消费者剩余 GUH 和 CFV 两个三角形。然后，我们将这两个三角之和的福利所得与关税收入中 UVXW 福利所失的大小进行比较。如果 GUH +CFV 大于 UVXW，A 国的福利得到净增加；反之，A 国的福利净减少。那么，一国加入关税同盟后的福利在什么情况下是净增加，在什么情况下是净减少呢？一国福利变化主要受这样几种因素的影响：一是加入同盟后国内价格下降的幅度。如果价格下降幅度足够大，那么加入同盟后就能获得净增加。二是国内价格供给和需求弹性。一国国内价格供给和需求弹性越大，该国加入关税同盟后获得的消费者剩余就越多，失去的生产者剩余就越少，从而就越有可能获得社会福利的净增加。三是加入关税同盟前的关税水平。一国加入关税同盟前的关税水平越高，加入关税同盟后国内价格下降的幅度就越大，因而就越有可能获得福利的净增加。

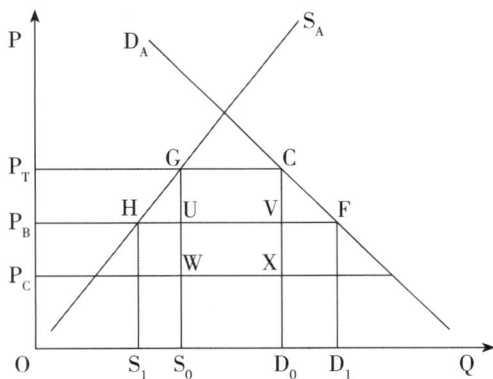

图 8-2　关税同盟的社会福利效应

4.其他静态经济效应

除了贸易创造和贸易转移两个主要的静态经济效应外，区域经济一体化的静态经济效应还包括其他几个方面，如贸易扩大效应，其是从需求方面形成的概念。此外，关税同盟建立后，可以减少行政支出，减少走私，可以改善贸易条件，加强集体谈判力量。

（二）动态经济效应

关税同盟的动态经济效应是指关税同盟对成员方就业、产出、国民收入、国际收支和物价水平会造成什么样的影响。动态经济效应主要包括规模经济效应、竞争效应和投资效应。

1.规模经济效应

关税同盟建立以后，突破了单个国内或地区内市场的限制，原来分散的国内或地区内小市场结成了统一的大市场，使得市场容量迅速扩大。各成员方的生产者可以通过提高专业化分工程度、组织大规模生产、降低生产成本，使企业获得规模经济递增效益。尽管向世界其他国家和地区出口也可以达到规模经济的要求，但是世界市场存在激烈竞争和许多不确定性，而区域性经济集团的建立则可以使企业获得据以实现规模经济的稳定市场。但有学者认为，如果成员方的企业规模已经达到最优，则建立区域性经济集团后再扩大规模反而会使平均成本上升。

2.竞争效应

关税同盟的建立促进了成员方之间的相互了解，但却也使成员方之间的竞争更加激化。参加关税同盟后，由于各方的市场相互开放，各方企业面临着来自其他成员方同类企业的竞争。在这种竞争下，必然有一些企业被淘汰，从而形成在关税同盟内部的垄断企业，这有助于抵御外部企业的竞争，甚至有助于关税同盟的企业在第三国市场上与别国和地区企业竞争。

3.投资效应

关税同盟的建立会促使投资的增加。一方面，市场容量的扩大将促使同盟内企业为了生存和发展而不断的增加投资；另一方面，同盟外的企业为了绕开关税同盟贸易壁垒的限制，纷纷到同盟内进行投资，在同盟内部设立关税工厂（tariff factory）。这在客观上增加了来自关税同盟以外的投资。

关税同盟理论是国际区域经济一体化理论中较为完善的一部分，且在欧盟等发达国家的国际区域经济一体化组织中得到了应用，但是关税同盟理论是以发达国家为基础建立起来的，所以不太适用于发展中国家。因此，发展中国家要想实现区域经济一体化，必须探寻适合发展中国家的区域经济一体化理论。

二、自由贸易区理论

自由贸易区是区域经济一体化最基本的形式，通过消除区内贸易壁垒来实现成员方之间的贸易自由化，是比关税同盟在一定程度上应用更为广泛的一体化形式。按照国际经济学的解释，自由贸易区是指两个或者两个以上的国家或行政上独立的经济体之间达成协议，相互取消关税和与关税具有同等效力的其他措施而形成的国际区域经济一体化组织。

世界贸易组织对自由贸易区的解释为：由两个或两个以上的关税领土所组成的一个对这些组成领土产品的贸易，实质上已取消关税和贸易限制的集团（《关贸总协定》其他条款规定者除外）。与关税同盟等其他国际区域经济一体化形式相比，自由贸易区有以下两个显著特征：（1）自由贸易区成员方在实行内部自由贸易的同时，对外不实行统一的关税和贸易政策。（2）实行严格的原产地规则，只有原产于区域内或主要在区域内生产的产品才能进行自由贸易。

英国学者罗布森（Robson）将关税同盟理论应用于自由贸易区，提出了专门的自由贸易区理论。与关税同盟的情况一样，自由贸易区也可以有贸易创造效应和贸易转移效应，但与关税同盟的这两种效应在实际运作中存在差异。我们用图8-3来加以说明。

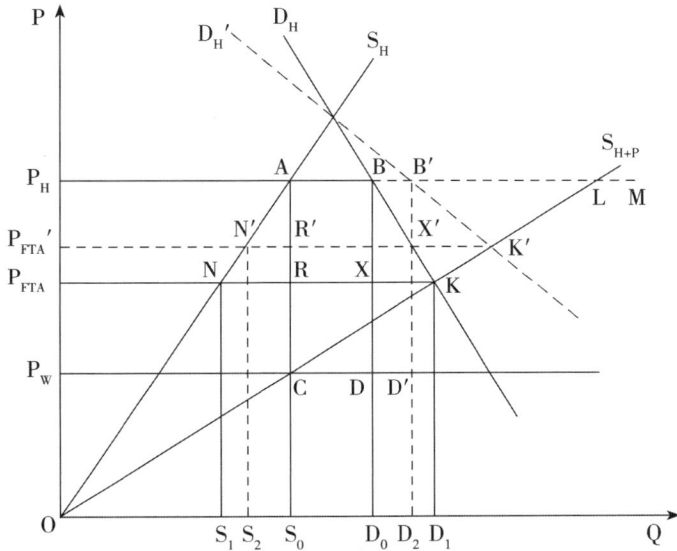

图8-3　自由贸易区的贸易效应

假设有两个国家：H国和P国。在某种产品的生产上，H国的效率比P国低。这两个国家对该产品的进口各自实施不同的关税：H国实施非禁止性关税，P国实施禁止性关税。D_H为H国的需求曲线，S_H为H国的供应曲线。S_{H+P}为H国和P国全部供应曲线。P_H是H国加入自由贸易前的国内价格；P_W是外部世界的价格。P_{FTA}是两国组成自由贸易区后的区内价格。

H国在加入自由贸易区前，从世界市场以P_W进口，征收$P_W P_H$关税后，国内价格为P_H。其国内生产供应OS_0，需求OD_0，进口数量为$S_0 D_0$。H国与P国组成自由贸易区后，只要整个自由贸易区仍为净进口方，则在H国原产于区内的产品价格就不会下降到P_{FTA}以下，同时也不会超过P_H。从H国来看，包括区内和区外产品的有效供给曲线是$P_{FTA}KLM$。该曲线与H国的需求曲线D_H一起决定了区内价格P_{FTA}。在P_{FTA}价格水平上，H国的生产供应为OS_1，消费需求为OD_1，从P国进口$S_1 D_1$数量的产品。其中，$S_1 S_0$和$D_0 D_1$是贸易创造的结果，$S_0 D_0$是贸易转移的结果。

另外需要说明的是，P国国内价格始终在P_{FTA}以下。如果P国的全部生产供应能够满足H国的进口需求，P_{FTA}就与P国的国内价格相同。若不然，P_{FTA}就会高于P国国内价格，以实现P国出口供应和H国进口需求的平衡。那么，P国向H国出口后，其国内需求如何得以满足呢？P国的做法是从外部世界进口来满足国内需求。这种贸易流向就是所谓的贸易偏转（trade deflection），原产地规则对此是无能为力的。自由贸易区给H国带来的福利效应是：获得消费者剩余 P_HBKP_{FTA}，减去失去的生产者剩余 P_HANP_{FTA} 及关税收入损失的一部分 ABXR 后，余下两个三角形 ANR 和 BXK 所表示的消费者剩余。另外，关税收入损失中另一部分 RXDC 与两个三角形所表示的消费者剩余相抵，如果前者（RXDC）小于后者（ANR+BXK），这意味着 H 国的社会福利有净所得；反之，H 国的福利有净损失。

由此看来，自由贸易区给H国带来的福利变化是不确定的。H国加入自由贸易区的贸易效应和福利效应与H国的需求曲线弹性有密切的关系。以上我们分析的是H国需求曲线为 D_H 的情形。如果H国的需求曲线为 D_H'，则区内价格为 P_{FTA}'。该价格将更接近于上限 P_H。此时，H国对本国市场的供给限度为 OS_2，国内市场需求为 OD_2，向P国进口 S_2D_2。其中，S_2S_0 和 D_0D_2 为贸易创造，S_0D_0 为贸易转向。H国福利增加或减少需比较两个三角之和（AN'R'+B'X'K'）与矩形（R'X'D'C'）的大小。H国的福利变化与关税同盟情形相似，但从P国来看，自由贸易区与关税同盟福利变化是不同的。在关税同盟条件下，P国的价格必然上升，因而会带来消费者剩余的损失和负的生产效应。然而，在自由贸易区条件下，P国的价格可以不变，就没有消费者剩余的损失和负的生产效应，而且在贸易偏转中，P国从外部世界进口还可获得关税收入。

因此，在自由贸易区条件下P国福利水平的提高肯定优于关税同盟。此外，从外部世界来看，在关税同盟条件下，外部世界的出口会减少，社会福利水平随之下降，而在自由贸易区条件下，外部世界的出口不但不会减少，反而还会增加。这样，外部世界的福利水平也可得到提升。

国际货币基金组织专家也认为：自由贸易区可以使进口方避免因单边降低壁垒而蒙受不必要的贸易转移损失。这样就可以获得区域外低成本供应来源。同时，已经实行比较自由的贸易体制或愿意放开贸易政策的成员方将不再受自由贸易区的限制。

为促进发展中国家的国际区域经济一体化，罗布森等人从发展中国家的实际情况出发，通过扩展传统国际区域经济一体化理论，提出了专门适用于南南型国际区域经济一体化的模型。南南型国际区域经济一体化模型与传统的国际区域经济一体化模型相比有其自身的特点：（1）传统的国际区域经济一体化模型是一种完全的自由贸易模型，而南南型国际区域经济一体化模型认为发展中国家的贸易保护是合理的；（2）传统的国际区域经济一体化模型不存在规模经济，而南南型国际区域经济一体化模型则强调一体化带来的规模经济效应；（3）传统的国际区域经济一体化模型是以完全竞争为前提，不存在市场扭曲，而南南型国际区域经济一体化模型是以不完全竞争为分析前提，存在市场扭曲。罗布森在规模经济和市场扭曲的经济条件下对国际区域经济一体化进行了效应分析，结论是南南型国际区域经济一体化可以给发展中国家带来益处，也就是说，可以使发展中国家分享规模经济和其他各种动态经济效应，有利于发展中国家实现工业化和经济发展目标。虽然发展中国家一直在积极推进南南型国际区域经济一体化进程，但参与国并没有获得罗布森所预期的收益，普遍认为南南型国际区域经济一体化是不成功的。刘力等（2002）通过分析亚洲、非洲和拉丁美洲等地区南南型国际区域经济一体化的实施情况，认为南南型国际区域经济一体化的绩效是糟糕的纪录。

对南南型国际区域经济一体化不成功的原因分析，较为普遍的观点是一体化组织各成员国对统一制定的措施执行不力，而刘力等人则认为，南南型国际区域经济一体化不成功的原因不在于成员国对南南型国际区域经济一体化措施的执行不力，而是南南型国际区域经济一体化自身存在无法弥补的缺陷，它基本上不具备成功的条件，提出必须由南南转为南北，认为南北型国际区域经济一体化是发展中国家的必然选择。

三、共同市场理论

关税同盟理论和自由贸易区理论是国际区域经济一体化的基本理论。它们的一个主要假设是成员方之间的生产要素是不流动的。共同市场是比关税同盟更高一个层次的国际区域经济一体化，它不仅通过关税同盟而形成的贸易自由化实现了产品市场的一体化，而且通过消除区域内要素自由流动的障碍，实现了要素市场的一体化。共同市场的概念早期出现在1956年斯巴克的报告中，但总的来说，第二次世界大战后，"共同市场"一词已被广泛使用。在共同市场中，由于阻碍生产要素流动的壁垒已被消除，使得生产要素在逐利动机驱使下，向尽可能获得最大收益的地区流动，但由于社会、政治和人类的生活习性等原因，又使得劳动力这种生产要素并不一定会因共同市场的建立而出现大规模的流动。而资本则不然，只要资本存在收益的不相等，即资本的边际生产率在不同地区存在一定的差异，那么它就会不停地流动，直到各地的边际生产率相等为止。

我们用图8-4加以说明。假设两国都只有劳动力和资本两种生产要素，并且两国的劳动力数量是既定的。图8-4中纵轴表示资本边际生产率，横轴表示资本数量，M_H和M_P分别是本国和伙伴国的边际生产率曲线。在形成共同市场之前，本国和伙伴国的资本存量分别是Q_2和Q_1^*，且资本都属于两国自己所有。此时资本在两国间不流动，假定市场完全竞争，并且忽略税收因素，那么每单位资本的收益等于其边际生产率。于是本国的总收益是d+e，伙伴国是g+i；本国的总产出是a+b+c+d+e，伙伴国是f+g+i。因而，本国的劳动的收益是a+b+c，伙伴国是f。由于本国的资本的收益率（边际生产率）低于伙伴国，因此当要素实现自由流动以后，资本将从本国流向伙伴国，直到两国的资本收益率相等为止。此时有数量为 Q_1Q_2（$Q_1^{\cdot}Q_2^{\cdot}$）的资本从本国流向了伙伴国。因此本国的产出下降为 a+b+d，其国民生产总值还要包括作为资本从伙伴国回流的 j+k。因此，本国的国民生产总值增加了 j-c。伙伴国的国内产值增加了 h+j+k，但其国民生产总值增加了 h。在此过程中，本国资本所有者所占国民生产总值的份额下降了，而伙伴国资本所有者所占的份额却上升了。

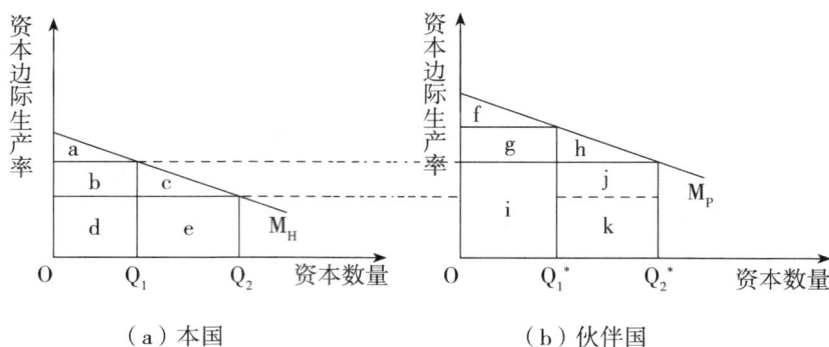

图 8-4　共同市场理论对资本的跨国流动分析

　　从静态的角度上讲，配置收益是共同市场所能产生的高于关税同盟的收益，也就是要素自由流动后经济效率提高所增加的收益。按照传统的理论，在关税同盟的基础上，通过贸易可以实现要素边际生产率的趋同，但是所需条件非常严格。现实中，诸如成员国之间生产函数的不同或生产中规模经济的存在等各种原因都表明，可以预计从关税同盟到共同市场的发展中获得更多的收益。共同市场理论主要是探讨在关税同盟的基础上消除生产要素自由流动的障碍以后成员国所获得的经济效应。当区域经济一体化演进到共同市场之后，区内不仅实现了贸易自由化，其要素可以在区内自由流动，从而形成一种超越国界的大市场。一方面使生产在共同市场的范围内沿着生产可能线重新组合，从而提高了资源的配置效应；另一方面，区内生产量和贸易量的扩大使生产可能线向外扩张，促进了区内生产的增长和发展。共同市场的目的就是消除贸易保护主义，把被保护主义分割的国内市场统一成为一个大市场，通过大市场内的激烈竞争，实现专业化、大批量生产等方面的利益。通过对共同市场理论的分析，发展出了大市场理论。丁伯根提出了比较具有代表性的说法，即消除阻碍最合理运营的各种人为障碍，通过有意识地引入各种有利于调整、统一的最理想因素，创造出最理想的国际经济结构。

　　大市场理论是从动态角度来分析国际区域经济一体化所取得的经济效应，其代表人物是经济学家西托夫斯基（T. Scitovsky）和德纽（J. F. Deniau）。这一理论以共同市场为分析基础，主要论述了国际区域经济一体化的竞争效应。大市场理论的核心思想是扩大市场是获取规模经济的前提条件；市场扩大带来的竞争加剧将促成规模经济利益的实现。西托夫斯基和德纽分别从"小市场"和"大市场"的角度分析了大市场理论的经济效应。西托夫斯基认为"小市场"的经济会出现"恶性循环"，因此建立共同市场之后，大市场的经济会出现"良性循环"；德纽认为大市场建立后，"经济就会开始滚雪球式的扩张"。

至目前为止，共同市场理论已在欧盟付诸实施，而且取得了成功，但是在南南型和南北型国际区域经济一体化中还没有得到应用，主要是因为共同市场理论的实施必须建立在关税同盟或自由贸易区的基础上，且各成员方的经济发展水平和经济发展阶段必须大致相同。

四、协议性国际分工原理

多数学者都是依据古典学派提出的比较优势原理来说明国际区域经济一体化的分工原理的，日本知名学者小岛清对此提出了疑问：光靠作为竞争原理的比较优势原理可能实现规模经济的好处吗？完全放任这一原理，是否会导致以各国为单位的企业集中和垄断，导致各国相互间同质化的严重发展，或产业向某个国家集聚的现象呢？况且传统的国际分工理论是以长期成本递增和规模报酬递减为基础的，而没有考虑到长期成本递减（以及成本不变）和规模报酬递增的情况。但事实证明成本递减是一种普遍现象，国际区域经济一体化的目的就是要通过大市场化来实现规模经济，这实际上也就是长期成本递减的问题。

为了说明这个问题，小岛清提出了协议性国际分工原理。协议性国际分工原理的内容是，在实行分工之前两国都分别生产两种产品，但由于市场狭小，导致产量很小，成本很高，两国经过协议性分工以后，都各自生产一种不同的产品，导致市场规模扩大，产量增加，成本下降。协议各国都享受到了规模经济的好处。

我们用图8-5加以说明。在实行分工之前，甲国和乙国都分别生产X、Y两种产品，A、B分别表示甲国和乙国生产X商品的成本，C、D分别表示甲国和乙国生产Y商品的成本。由图8-5可知，由于两国国内市场有限，X商品和Y商品的产量很小，导致生产成本很高。现在两国经过协商，实行协议性分工。假设X商品全由甲国生产，乙国把X_2数量的国内市场提供给甲国；同时，Y商品全由乙国生产，甲国把Y_1数量的国内市场提供给乙国。经过上述分工之后，由于市场规模的扩大，两种商品的生产成本均明显下降，达到了规模报酬递增的效果。

尽管协议各国都享受到了规模经济的好处，但是要使协议性分工取得成功，必须满足3个条件：（1）实行协议性分工的两个（或多个）国家的要素比率没有多大差别，工业化水平等经济发展阶段大致相同，协议性分工对象的商品在各国都能进行生产；（2）作为协议性分工对象的商品，必须是能够获得规模经济效益的商品；

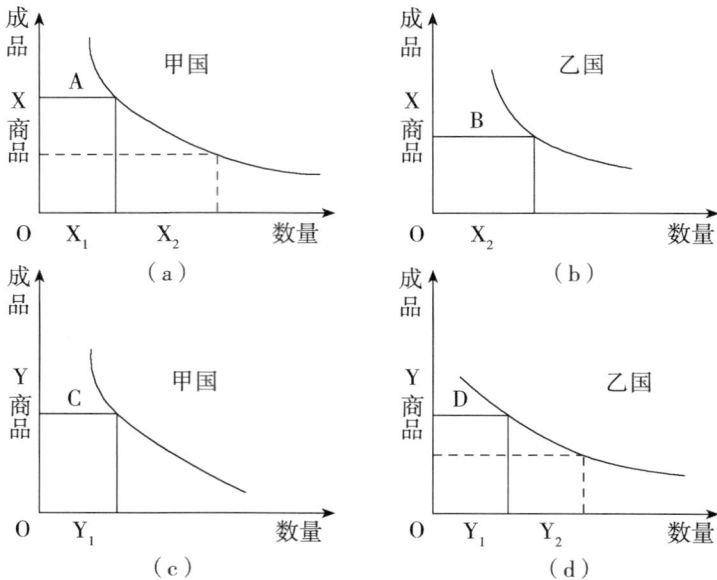

图8-5　成本递减对国际分工的影响

（3）对于参与协议性分工的国家来说，生产任何一种协议性对象商品的成本和差别都不大，否则就不容易达成协议。

因此，成功的协议性分工必须在同等发展阶段的国家建立，而不能建立在工业国与初级产品生产国之间；同时，发达国家之间可进行协议性分工的商品范围较广，因而利益也较大。另外，生活水平和文化等方面互相接近的国家和地区也容易达成协议，并且容易保证相互需求的均等增长。但是也有学者认为，通过协议性分工获取规模效益不是绝对的，因为在区域内企业生产规模已经达到最优的情况下，因国际区域经济一体化组织的建立导致生产规模的再扩大反而会因平均成本的上升而出现规模报酬递减。

五、综合发展战略理论

随着国际区域经济一体化不断加强以及发达国家区域经济一体化的成功实践，近些年来发展中国家的区域经济一体化成为人们讨论的重要话题。发展中国家和谁实行区域经济一体化以及如何实行区域经济一体化，这就是所谓的"集体自力更生理论"。该理论又分为结构主义的中心-外围理论和激进主义的国际依附理论。

中心-外围理论的代表人物是缪尔达尔（Myrdal）、普雷维什（Prebisch）和辛格（Singer）。普雷维什是最早提出中心-外围理论的学者之一，他认为世界"经济星座"由"中心"（富裕的资本主义国家）和"外围"（生产与出口初级产品的发展中国家）组成，中心国家和外围国家组成的现行国际经济体系是不合理的，它只有利于发达国家，而损害发展中国家经济的发展。缪尔达尔运用"扩散效应"和"回波效应"理论分析了现代国际经济体系对发展中国家的利益和损害，认为"回波效应"的力量超过了"扩散效应"的力量，经济发展的结果往往不是带来共同富裕，而是加剧贫富悬殊。因此他们建议发展中国家必须实行进口替代的工业化战略，打破旧的国际经济体系，以发展中国家合作的集体力量来与"中心"国家抗衡。

在对现代国际经济体系的认识问题上，比结构主义的中心-外围理论还要激进的是激进主义的国际依附理论。其主要代表人物有巴兰（Baran）、阿明（Amin）、弗兰克（Frank）、卡多佐（Cardoso）、桑克尔（Sunkel）、桑托斯（Santos）和伊曼纽尔（Emmanuel）等人。这些学者认为发达国家和发展中国家的关系是富国支配穷国、穷国依附于富国并受之剥削的支配-依附关系，因此他们认为发展中国家要实现真正的经济发展，必须进行内部彻底的制度和结构变革，彻底摆脱对发达国家的依附。

虽然上述理论对发展中国家区域经济一体化产生了重要的影响，但是普遍认为鲍里斯·塞泽尔基的综合发展战略理论对发展中国家区域经济一体化作出的阐述最有影响力。该理论的思想包括以下要点：（1）把发展中国家的国际区域经济一体化视为一种发展战略；（2）它不限于市场的统一；（3）认为生产和基础设施是其区域经济一体化的基本领域；（4）通过区域工业化来加强相互依存性；（5）强调有效的政府干预；（6）把区域经济一体化看作集体自力更生的手段和按照新秩序逐渐变革世界经济的要素。

综合发展战略理论突破了以往的国际区域经济一体化的研究方法，把国际区域经济一体化视为发展中国家的一种发展战略，不必在一切情况下都追求尽可能高级的其他一体化。它把一体化看作集体自力更生的手段和按新秩序逐渐变革世界经济的要素。另外，它考虑了经济、政治和机构等多种要素，而不仅仅从贸易、投资等层面来考虑区域经济一体化的效应。综合发展战略理论为进一步探讨发展中国家的国际区域经济一体化问题提供了参考的框架。

第二节　区域经济一体化的发展实践

WTO 成员间机制化的区域经济一体化组织的建立都必须遵守 WTO 的相关原则。尽管 WTO 统计的各区域经济组织都有自身的特点和不同的内容，但其建立和运作必须遵循 WTO 基本原则。WTO 关于区域经济一体化问题主要涉及 3 项条款：一是 GATT 第 24 条，即对关税同盟和自由贸易区的解释；二是 GATT 第 5 条，即对服务贸易自由化协定的规定；三是授权条款，即关于差别和更为优惠待遇、互惠及发展中国家进一步参与的规定。这 3 项条款共同构成在 WTO 框架内建立 RTA 的法律依据。

一、WTO框架下RTA最新分类与统计

成立于1996年的WTO区域贸易协定委员会（简称RTA委员会）对区域经济一体化组织的分类进行了新调整。从目前的状况分析，区域贸易协定分为5种形式：关税同盟（customs union，CU）、经济伙伴关系协定（economic partnership agreement，EPA）、自由贸易协定（free trade agreement，FTA）、部分范围协定（partial scope agreement，PSA）、服务贸易自由化的经济一体化协议（economic integration agreement，EIA），但不包括单向优惠的优惠贸易协定。它是指政府之间为了达到区域贸易自由化或贸易便利化的目标所签署的各类协定的统称。在WTO的统计中，最主要的是CU、FTA和PSA，而EIA一般依附于这3种模式存在，尤其是依附于FTA。从各区域经济组织的发展进程分析，建立RTA首先涉及商品贸易自由化，然后是服务贸易自由化。

WTO统计往往将涉及商品贸易自由化的RTA统计为一个FTA，将之后签署的EIA再统计为一个RTA。这是WTO在RTA建立过程中的重复统计。这种统计方式仅仅说明一个过程，不足以说明RTA的实际数量。例如，2005年生效的中国东盟货物贸易协定被统计为1个RTA，而2007年双方签署的服务贸易协定则被统计为另一个RTA。目前，WTO利用双重统计方法核算RTA的数量。

据WTO官方资料统计，截至2016年11月30日，向GATT/WTO通报并生效的RTA为430个。其中，按签署RTA的类型分，CU为29个，占6.7%；EIA为144个，占33.5%；FTA为240个，占55.8%；PSA为17个，占4%。EIA均与FTA、CU或PSA同时或先后（单独或分开）签署，因此这两类协议合并在一起共同组成自由贸易区或关税同盟等。

为了反映实际存在的RTA数量，剔除了WTO统计方法对RTA的重复计算，得到1958—2016年的RTA实际数量，见表8-1。

依据RTA增加的数量和发展的特点，可以将RTA的发展分为4个阶段：（1）1972年以前为第一阶段。该阶段仅仅签订了7个RTA。1958年由于《罗马条约》生效，欧共体建立，在此之前的RTA自然停止了实施，所以新的统计将最早的RTA计算为1958年。（2）1973—1992年为第二阶段。此阶段共20年，RTA增长的数量有限，仅仅增加了16个，平均每年新增不足1个。（3）1993—2000年为第三阶段。RTA快速增加，8年间增加了34个，平均每年增加4个。（4）2001—2016年为第四阶段。RTA数量增加到400多个。此阶段有两个明显特征：第一，欧盟2004年、2007年两次大规模东扩，致使加入欧盟的新成员与其他国家签署的RTA停止活动，欧盟两次大的扩张导致停止活动的RTA总数达58个；第二，从2001年开始，东亚国家积极参与了RTA进程。

表8-1　　　　　　　　实际存在RTA数量变化（剔除WTO统计方法的重复计算）

年份	CU	CU & EIA	FTA	FTA & EIA	PSA	PSA & EIA	EIA	累计
1958—1972	2		4		1			7
1973—1977			3		1			4
1978—1982	1				2			3
1983—1987	1		1					2
1988—1992	1		3		3			7
1993—1997	2	2	5	3	1		1	14
1998—2000	4		15		1			20
2001			8	3				11
2002			3	5				8
2003	1	1	3	6				11
2004		1	7	5	1			14
2005	1		3	6				10
2006		1	4	10				15
2007	1	1	4	5				11
2008			18	7		1		26
2009			4	16	1			21
2010	1		5	9	3			18
2011			5	10				15
2012	2	1	8	13				24
2013		1	7	11				19
2014		2		10				12
2015		1	2	5	1			9
2016			3	8	1			12
总计	17	11	115	132	16	1	1	293

资料来源　根据WTO网站数据整理所得，数据截至2016年11月30日。

二、全球 RTA 发展的基本特征

从 WTO 公布的资料分析，全球 RTA 的发展呈现出一些新特点：

（1）RTA 的合作模式打破了传统理论限制。传统的区域经济一体化理论认为，经济发展水平接近的国家间更容易建立 RTA。东扩前的欧盟与美加自由贸易区就是典型的北北型 RTA，欧盟前 4 次扩大加入的都是工业化国家。但是近些年 RTA 的发展基本上改变了这一趋势。欧盟 2005 年的第五次和 2007 年的第六次扩大加入的都是发展中国家，从而将欧盟的北北型合作模式转变为南北型合作模式。而由于墨西哥的加入，北美自由贸易区也成为典型的南北型区域经济一体化组织。

（2）RTA 的组成结构发生了变化。根据 WTO 公布的资料，自 1995 年 RTA 快速增长以来，FTA 所占比重逐渐提高，其中双边 FTA 所占比重最大，而 CU 的数量却相对较少。在即将建立的 RTA 中，FTA 所占的比重也比较大。显然，多数成员偏好 FTA 的建设，而不是 CU。FTA 模式受到各国的青睐主要是由于该模式涉及内容比较少，不采用统一对外关税，因此没有经济管理权的让渡，各成员与其他国家或地区再签订 FTA 也不受现有 FTA 的限制，因此比建立 CU 更加灵活。

（3）RTA 主要领域及承诺水平的变化。RTA 所涉及的领域日趋广泛，并且可以超越 WTO 谈判领域的限制。此外，各国或地区在 RTA 中的贸易自由化承诺水平普遍优于其在 WTO 中的承诺，这种情况被称为 WTO-plus。当然，RTA 的具体合作领域可由各成员灵活掌握，不必包括 WTO 谈判的全部内容。例如，日本在 RTA 谈判中刻意回避了国内较为敏感的农产品问题。而许多 WTO 成员在 RTA 谈判中也回避了 WTO《新加坡议题》中的竞争政策、政府采购等问题。在多数情况下，RTA 涉及的内容越来越多，但目前存在一种特殊的情况，称为 WTO-minus 准则。这一类特殊准则降低现有的 WTO 约束标准，主要是有关贸易救济的准则，即反倾销、反补贴和保障措施，如限制 WTO 的"反倾销措施"的使用等。

三、各地区 RTA 的发展特征

1.欧洲在 RTA 建设领域处于领先地位

欧盟在 RTA 建设领域的快速发展一方面是经济发展的需要，另一方面是欧洲政治发展的要求。如果说欧盟成员数量的扩张是伴随着经济和政治势力的扩张进行的，那么欧盟的 RTA 进程为欧洲在全球范围内编织了严密的 RTA 网络。目前，欧盟签订的区域贸易协定涉及的国家或地区已超过 60 个，其中包括 FTA 和 CU，这些国家多数与欧洲相邻，包括北非和西亚国家。

2.非洲推进 RTA 进程的独特方式

虽然 RTA 发展主要是以建立 FTA 为主，但是非洲却以自己独特的方式推进区域经济一体化进程。根据推进RTA模式的不同，基本可将非洲分成5个部分，其中南部、中部、东部和西部非洲都以建立CU为发展目标，而北部非洲则倾向于与欧盟发展经济联系。经过十几年的发展，撒哈拉沙漠以南非洲各国已先后建立了西非国家经济共同体、中非经济和货币共同体、南部非洲关税同盟以及东非共同体，区域经济合作的新格局已基本形成。而北非国家更加热衷于与欧洲国家主要是欧盟的经济往来，其中利比亚、摩洛哥、埃及和阿尔及利亚均与欧盟签订了FTA。上述北非国家都是非洲主要大国，由于已与欧盟建立了FTA，所以没有与其他非洲国家建立CU。

3.亚洲RTA的迅速发展

亚洲，尤其是东亚、南亚和东南亚在RTA进程中是后来者，但发展速度却比较快。鉴于亚洲经济发展的特殊情况，亚洲的FTA和FTA & EIA在RTA建设中占主要地位。从目前情况分析，亚洲建立CU的可能性很小。目前，亚洲地区的区域经济合作进程备受关注，东盟——中日韩自由贸易区（10+3），东盟——中日韩新澳印自由贸易区（10+6）的贸易自由化进程，以及APEC提议的亚太自由贸易区（FTAAP）都将有助于推进亚洲的RTA进程。

4.拉美RTA进程有别于亚洲和非洲

拉美推进RTA方式与亚洲和非洲都有所不同。亚洲目前没有建立CU的计划，主要以建立FTA为主，同时兼有EIA。而非洲以CU为主，尽管有部分CU被WTO认为是FTA，但多以发展共同的对外经贸政策为目标。拉美国家既存在CU，又积极缔结FTA，形成了独特的RTA格局。其中，墨西哥（参与46个FTA）和智利（参与50个FTA）属于世界上少数几个参与FTA较多的国家之一，表现突出。巴西、阿根廷没有参与双边FTA进程，但参与了拉美一体化协会（Latin American Integration Association，LAIA）、七十七国集团（Group of 77，G77）以及南部共同市场（Southern Common Market，MERCOSUR）3个PSA。此外，巴西还参与了发展中国家间贸易谈判议定书（Protocol on Trade Negotiations，PTN）。拉美加勒比海岛国和中美洲国家则更加热衷于建立CU。

四、RTA合作的主要领域

RTA委员会除了按不同方法统计RTA数量外，还公布了所有在WTO申报并运作的RTA的条款，这对于了解和研究国际区域经济一体化组织的发展，加强不同的RTA之间的合作，推进RTA进程，为各个国家制定自己的RTA战略提供了参考。

表8-2是全球5个RTA的主要合作领域，这5个RTA在每个大洲的区域经济合作中最具有代表性。探讨这些合作领域的发展变化一方面有利于了解RTA的内容，另一方面可以为中国建立和推进RTA进程提供参考。由表8-2可见，目前世界各国在推进RTA建设的过程中普遍根据本国经济发展及对外合作的需要选取了多

项合作领域，推进自由化。但由于各国经济利益不尽相同，在 RTA 谈判中必然会导致各方之间的冲突和博弈，甚至可能干扰区域经济一体化进程。因此，为了有效推动 RTA 谈判，实现地区贸易自由化，各方普遍采用了灵活多变的谈判策略，即选取各方具有共同利益的议题优先达成协定，然后再就其他争议问题逐步加强沟通与磨合，保证区域经济一体化进程的顺利推进。

表 8-2　　　　　　　　　　　　　　　　　　典型 RTA 合作领域比较

活动内容	欧盟	北美自由贸易区	中国–东盟自由贸易区	非洲发展共同体	南美洲共同体
1.关税	Y	Y	Y	Y	Y
2.非关税	Y	Y	Y	Y	Y
3.投资	Y	Y	Y	Y	Y
4.服务	Y	Y	Y	Y	Y
5.原产地规则	Y	Y	Y	Y	
6.竞争政策	Y	Y		Y	
7.争端解决	Y	Y	Y	Y	Y
8.知识产权保护	Y	Y		Y	
9.反倾销与反补贴		Y		Y	Y
10.政府采购		Y			
11.动植物检疫		Y		Y	
12.一般性例外	Y	Y	Y		Y
13.标准与一致化	Y	Y		Y	Y
14.海关程序	Y	Y		Y	
15.经济合作	Y		Y	Y	Y
16.劳动力流动	Y	Y		Y	Y
17.政府财政要求	Y				
18.环境保护	Y			Y	
19.国际收支	Y	Y			
20.管理权让渡	Y				Y
21.统一货币	Y				Y
22.民主体制	Y				Y
23.人权问题	Y				Y
24.社会安全	Y	Y		Y	Y
25.移民	Y				
26.统一管理	Y				
27.法律	Y				
28.消费者保护					
29.早期收获计划			Y		
30.国民待遇和最惠国待遇			Y	Y	

资料来源　根据各相关 RTA 文件和 WTO 网站公布的资料整理。

五、中国参与的 RTA 及其发展

2001年5月23日，中国正式成为《曼谷协定》成员，标志着中国推进 RTA 进程的开始。截至2016年，中国在建自贸区21个，涉及34个国家和地区。其中，已签署自贸协定14个，涉及22个国家和地区，分别是[①]中国与东盟、新加坡、巴基斯坦、新西兰、智利、秘鲁、哥斯达黎加、冰岛、瑞士、韩国和澳大利亚的自贸协定，中国内地与中国香港、澳门的更紧密经贸关系安排（CEPA），以及中国大陆与中国台湾的海峡两岸经济合作框架协议（ECFA），均已生效实施；正在谈判的自贸协定8个，涉及26个国家和地区，分别是中国与海湾合作委员会（GCC）、挪威、斯里兰卡、马尔代夫、格鲁尼亚的自贸谈判，中国与巴基斯坦自贸协定第二阶段谈判，以及中日韩自贸区和《区域全面经济合作伙伴关系》（RCEP）协定谈判。此外，中国完成了与印度的区域贸易安排（RTA）联合研究，正与哥伦比亚、摩尔多瓦、斐济、尼泊尔、毛里求斯等开展自贸区联合可行性研究，还加入了《亚太贸易协定》（见表8-3）。

中国已签署的 RTA 所涉及的主要领域包括货物贸易、服务贸易、投资、原产地规则、早期收获、经济技术合作、自然人流动以及争端解决等，而基本不涉及竞争政策、政府采购、国际收支、环境保护等项目，更不涉及人权、社会安全等非经济问题。

继成功加入 WTO 后，制定正确的 RTA 战略是中国改革开放的又一重大事件。参加 RTA 进程，有利于推进中国经济的改革开放，有利于加速与世界经济的接轨，有利于国内经营管理模式的改革。但是在积极参与区域经济合作的同时要注意以下5点：

1.制定符合中国国情的 RTA 战略

中国应就制定 RTA 战略的相关问题进行深入探讨和研究，包括贸易伙伴的选择、目标的制定、基本原则、运作机制以及合作领域等。目前，中国参与 RTA 建设急需解决的一个重要问题就是市场经济地位问题。根据《中国入世议定书》第15条"确定补贴和倾销时的价格可比性"的规定，中国在反倾销案件中非市场经济地位期限为15年。因此，承认中国的市场经济地位是与中国开展 RTA 谈判不可或缺的前提条件。

2.努力寻求建立全面的高质量的 RTA

寻求建立全面的高质量的 RTA 是中国经济与世界经济接轨的最有效途径，这一过程将有利于中国经济中的部分敏感产业部门从单一市场开始逐步开放，为其适应国际市场规则、培养国际竞争力创造宝贵的机会，避免多边贸易谈判中对所有成员共同开放所造成的巨大冲击。

---

① 此处是商务部自贸区网站的官方说法。

表 8-3   中国参与 RTA 统计

FTA 的进展	参与 RTA
已签订/实施的 FTA（14个）	1.中国内地与中国香港、中国澳门 CEPA（中国内地与中国香港 CEPA 于 2004 年 1 月 1 日生效；中国内地与中国澳门 CEPA 于 2005 年 1 月 1 日生效） 2.中国-智利 FTA（2006 年 10 月 1 日生效） 3.中国-巴基斯坦 FTA（早期收获协定于 2006 年 1 月 1 日起施行；自由贸易协定于 2007 年 7 月起实施；服务贸易协定于 2009 年 2 月 21 日签署） 4.中国-东盟 FTA（2002 年 11 月 4 日签署《中国-东盟全面经济合作框架协议》；2004 年 1 月 1 日早期收获计划实施；货物贸易协定于 2005 年 7 月开始实施；服务贸易协定于 2007 年 7 月起实施） 5.中国-新西兰 FTA（2008 年 10 月 1 日生效） 6.中国-新加坡 FTA（2009 年 1 月 1 日生效） 7.中国-秘鲁 FTA（2010 年 3 月 1 日生效） 8.中国大陆与中国台湾海峡两岸经济合作框架协议（ECFA）（2010 年 6 月正式签署） 9.中国-哥斯达黎加 FTA（2011 年 8 月 1 日生效） 10.中国-冰岛 FTA（2014 年 7 月 1 日正式生效） 11.中国-瑞士 FTA（2014 年 7 月 1 日正式生效） 12.中国-东盟（"10+1"）升级（2015 年 11 月正式签署） 13.中国-澳大利亚 FTA（2015 年 12 月 20 日正式生效） 14.中国-韩国 FTA（2015 年 12 月 20 日正式生效）
谈判中的 FTA（8个）	1.中国-海湾合作委员会（2004 年 7 月启动谈判） 2.中国-挪威 FTA（2008 年 9 月启动谈判） 3.中日韩 FTA（2012 年 11 月启动谈判） 4.《区域全面经济合作伙伴关系》（2012 年 11 月 20 日启动；中国与东盟 RCEP 谈判于 2013 年 8 月 23 日正式启动） 5.中国-斯里兰卡 FTA（2014 年 9 月启动谈判） 6.中国-巴基斯坦 FTA 第二阶段谈判（2011 年 3 月启动谈判） 7.中国-马尔代夫 FTA（2015 年 9 月启动谈判） 8.中国-格鲁吉亚 FTA（2015 年 12 月启动谈判）
可行性研究中的 RTA（6个）	1.中国-印度 RTA 2.中国-哥伦比亚 FTA 3.中国-摩尔多瓦 FTA 4.中国-斐济 FTA 5.中国-尼泊尔 FTA 6.中国-毛里求斯 FTA

资料来源　根据中国自由贸易区服务网及 WTO 网站相关资料整理，数据截至 2016 年 11 月 30 日。

3.突破中国参与RTA合作的瓶颈

农产品市场开放是中国参与RTA合作的主要瓶颈。在RTA合作中，应该充分利用WTO规则，提高农产品的国际竞争力。应采取措施加强对农业生产相关领域的商品价格控制，包括种子、化肥、水电的价格控制等，改革农村管理体制，支持农村城镇化和农业工业化，使中国与其他国家签订RTA时不再受农业的拖累。中国参加RTA的瓶颈还包括政府采购、劳工标准等其他领域。

4.加强对中国参加的RTA具体政策和实施方法的宣传

应加强对中国参加RTA的宣传，尤其是应帮助相关进出口企业了解中国签订的各RTA的内容及市场准入政策，了解各RTA参与成员对中国出口产品征收关税的变化，同时了解享受优惠关税的具体办法等，让企业真正得到实惠。

5.加强对不同RTA相同领域的应用研究，减少交易成本

有经济学家认为，世界范围内RTA的发展已形成错综复杂的意大利面碗效应。各RTA尽管涉及领域接近，但具体内容和承诺水平有很大的区别。例如，各RTA均订有原产地规则，但内容不尽相同。这一现象极有可能加大对外贸易中的交易成本。因此，比较研究各RTA同一领域承诺的差异性，并对中国参与的FTA相关内容进行必要的协调，将有利于降低交易成本。

第三节　区域经济一体化典型案例分析

一、欧洲联盟

欧洲联盟（European Union，EU）最早是由法国、联邦德国、意大利、荷兰、比利时、卢森堡6国于1957年3月签订《罗马条约》并于1958年元旦成立的，最早称为欧洲共同体。欧共体先后经过4次扩大，分别接纳了丹麦、爱尔兰、英国、希腊、西班牙、葡萄牙、奥地利、瑞典和芬兰9个国家。到1995年元旦，其成员国扩大到15个。欧共体自建立后，合作内容不断扩大，从关税同盟、共同农业政策，发展到欧洲货币体系的建立，社会和政治合作也不断加强，成为全面一体化的典型。欧共体具有明显的超国家特性，成为制度化、机制化的区域经济一体化组织模式。

在欧共体的发展史上最重要的是两个文件的签署：一个是1986年5月当时的12个成员国首脑签署的《欧洲一体化文件》，规定从1992年12月31日起，正式实行成员国之间的商品、资本、服务和人员的自由流动（这就是著名的四大"自由"），从而建成欧洲统一大市场。1992年5月，欧共体12国和欧洲自由贸易联盟7国（挪威、瑞士、冰岛、列支敦士登、奥地利、瑞典、芬兰，后面3国于1995年加入欧盟）签订协议，共同建立欧洲经济区（EEA），把统一大市场扩大为19国。

另一个文件是 1991 年 12 月 9 日到 10 日，欧共体成员国首脑在马斯特里赫特会议上草签的《欧洲经济与货币联盟条约》，并于 1992 年 2 月 7 日正式签署。该条约决定符合一定经济条件的欧洲国家将建立联盟，其主要内容是实行单一货币和建立中央银行；建立的时间最迟是 1999 年 1 月 1 日。从该条约签署起，欧共体转为欧盟。这是欧洲区域经济一体化进程中的一个新的里程碑。

欧盟建立后，其经济实力逐步增强。据统计，1996 年欧盟 15 国的国内生产总值已达 8.4 万亿美元，超过了美国 7.2 亿美元，欧盟的对外贸易（不含内部贸易）达 1.9 万亿美元，也超过了美国的 1.7 万亿美元。欧盟在实现《马斯特里赫特条约》规定目标的过程中，虽经历了不少磨难，但终于在 1999 年 1 月 1 日使"欧元"正式登场，初步实现了区域范围内的货币金融一体化。从 1999 年诞生至今，欧元已经迅速成为仅次于美元的第二大国际货币，目前已有 19 个国家加入到了欧元区，越来越多的国家将欧元作为储备货币之一。

欧盟在其发展过程中围绕以下两个问题展开了斗争。

一是法、德、英三大国对欧洲的未来各有不同的设想。法国的目的是遏制德国，消除战争根源，用集体的力量促进本国经济发展，提高生活质量，维护欧洲的民主与安全；德国作为欧洲最具实力的经济和贸易大国，对欧洲本身的繁荣和发展十分关注，认为欧盟的未来与本国的强大息息相关。法、德两国从各自的立场出发，都极力促进欧洲区域经济一体化的加强，倡导欧洲贸易自由主义和联邦主义。但法国又担心欧盟最终不是遏制德国，而是被德国所支配。英国人则认为，欧盟要保证实行自由贸易和有序的竞争，必须反对"超国家的欧洲"，担心国家主权受损。因此，欧盟的进展总要受到来自英国的阻挠。此外，欧盟中的小国也有各自的想法，这些小国并不关心欧洲在世界上的影响，它们关心的主要是从繁荣团结的欧洲得到一份好处。它们对目前欧盟中大小国家不平等的现象极为不满。

二是关于欧盟扩大的方向问题，即"南下""东进"的问题。德国主张中东欧国家早日加盟，尽快实现"东进"。奥地利、瑞典和芬兰的加入，如果中东欧国家再早日被接纳，那么德国就会成为欧洲经济的"地缘中心"，加之德国经济实力在欧洲居首位，相当于英法两国的总和，德国对欧洲政治经济的影响力可想而知。中东欧国家的尽早加盟对德国的外贸和经济发展无疑将产生重要影响。因此，德国积极推动欧盟先"东进"。正因为"东进"对德国有利，法国为了保持自己在欧盟中的政治主导作用，积极建议欧盟先"南下"，即先同地中海沿岸的国家建立伙伴关系，然后力主欧洲南部国家与北非地区建立欧洲地中海经济区。通过与北非各国建立密切的经贸关系，使法国与南欧的意大利、西班牙等国都受益，这样就可获得意大利、西班牙和北非诸国的支持，从而使法国自然成为这一地缘的中心。但由于北非各国政局动荡、经济不稳等问题的存在，使法、意等国的"南下"计划受挫。而德国对"南下"计划则表现冷淡。2001 年 6 月 15—16 日欧洲首脑会议在瑞典的哥德堡举行。会议在东扩问题方面达成一致，决定在2002年年底结束与那些已经做好准备的候选国的入盟谈判，欧盟东扩进入了一个新阶段。2004年5月1日，马耳他、塞浦路斯、波兰、匈牙利、捷克、斯洛伐克、斯洛文尼亚、爱沙尼亚、拉脱维亚、立陶宛等东欧10国正式加入欧盟。欧盟发展扩张的范围，并没有仅仅局限于欧洲，面对经济实力和国际威望不断增长与提高的亚洲，欧盟在实施"东进"和"南下"战略的同时，极力主张与亚洲国家建立日益全面和紧密的合作关系，从而制定和实施走向亚洲的新战略，并于1994年7月拟定了《走向亚洲新战略》的文件。该文件规定的目标是：建立欧盟与亚洲国家的稳定和平等的伙伴关系，充分利用亚洲国家经济高速发展所提供的机遇，加强欧洲和亚洲两个地区的经贸往来与合作。1995年又先后公布和通过了对日本和中国的新政策。1996年3月，在曼谷举行的欧亚首脑会议，决定了若干有关欧亚发展相互关系的重大事项，在欧盟发展与亚洲国家关系的进程中，具有里程碑的意义。2010年10月，欧盟与韩国签署了FTA & EIA，并于2011年7月1日正式生效。

欧盟一体化的进展和范围的扩大过程都充满了矛盾和斗争，并且2009年以来爆发的欧债危机甚至使欧盟面临解体的威胁。2016年6月英国举行脱欧公投，结果为英国将脱离欧盟，这将给欧盟造成一定冲击。虽然如此，共同的利益决定欧洲一体化是不可逆转的，它的前景是乐观的。

二、北美自由贸易区

北美自由贸易区（North American Free Trade Agreement，NAFTA）是根据美国、加拿大、墨西哥3国于1992年12月7日签订的《北美自由贸易协定》成立的一个北美地区国家之间的经济贸易组织，1994年1月1日，该协定开始生效实施。该协定的宗旨是：取消贸易壁垒；制造公平竞争的条件，增加投资机会；保护知识产权；建立执行协定和解决贸易争端的有效机制，促进三边和多边合作。该协定具体规定，在15年内分3个阶段取消进口关税及其他贸易壁垒，实现商品和服务的自由流通。协定的实施，对促进3国经贸发展起了重要作用。

北美自由贸易区建立后，美、加、墨三国协议消除相互间的关税障碍。由于墨西哥经济实力弱，美、加将允许实行普遍优惠制；三国就消除相互间的某些非关税障碍，特别是在取消农牧业和纺织业非关税限制方面，达成了协议；三国还就环保、劳工标准进行了磋商，并就环保问题达成协议。

然而，美、加、墨之间也存在一些分歧，如美国要求墨西哥放松对其石油的管制，向美开放其石油市场，墨不同意；在关于原美加汽车协定的修改问题上，也存在分歧。北美自由贸易区成立后，促进了内部贸易，但迄今经济和社会效益尚不明显。美、加、墨都抱怨自己失去了一些就业机会，并引发了1994年12月的墨西哥金融危机。3国经济发展不平衡的问题是3国之间矛盾和摩擦的主要根源。

北美自由贸易区的诞生，对拉美国家有重要的示范作用，因为这是世界上第一个由最富有的发达国家和发展中国家组成的区域经济一体化组织。这将促进美国与拉美国家的双边或多边贸易协定的谈判，为美国实现"所有拉美国家贸易自由化"、建立"美洲自由贸易区"的倡议计划，创造极为有利的条件。在建立美洲自由贸易区的问题上，主要是拉美的巴西与美国意见不一致。美国主张应加快建立这个自由贸易区的步伐，要求拉美各国尽快对美开放市场，而巴西则主张地区一体化速度不宜过快。因为各国需要进一步稳定本国经济，只有各成员国经济稳定，才能形成有效的自由贸易区。美国要求所有成员国以独立身份参加贸易区，而巴西则反对，力主以小区域贸易集团为单位加入美洲自由贸易区，这样可以在谈判中更有力量。实际上，拉美一些国家既向往加入美洲自由贸易区，期望从中得到利益，又存在极大的顾虑，认为从美洲各国发展水平、政治状况、经济实力等诸多因素看，美洲自由贸易区的建立恐于己不利。

三、亚太经济合作组织

亚太经济合作组织（Asia-Pacific Economic Cooperation，APEC）成立于1989年，成立之初是由12个亚太国家和地区组成的一个非正式论坛组织，后来发展为一支推动全球自由贸易的重要力量。亚太经济合作组织最初的成员是澳大利亚、文莱、加拿大、印度尼西亚、日本、韩国、马来西亚、新西兰、菲律宾、新加坡、泰国和美国。中国、中国香港和中国台湾（于1991年），墨西哥、巴布亚新几内亚（于1993年），智利（于1994年），以及俄罗斯、越南、秘鲁（于1998年）的加入，使APEC的成员扩大到21个。

亚太经合组织从一个默默无闻的论坛发展为世界上最重要的地区组织之一，总人口达26亿，约占世界人口的40%；国内生产总值之和超过19万亿美元，约占世界的56%；贸易额约占世界总量的48%。贸易投资的自由化、便利化和经济技术合作是亚太经合组织的两大支柱。亚太经合组织各成员以协商一致、自主自愿、灵活务实、循序渐进的方式行事，至今在促进亚太地区的稳定、安全和繁荣等方面取得了较大的进展。亚太经合组织领导人非正式会议于1993年在美国的西雅图首次举行。自1993—2016年，APEC已举行24次领导人非正式会议，主要讨论与全球及区域经济有关的议题，如促进全球多边贸易体制，实施亚太地区贸易投资自由化和便利化，推动金融稳定和改革，开展经济技术合作和能力建设等。APEC也开始介入一些与经济相关的其他议题，如人类安全（包括反恐、卫生和能源）、反腐败、备灾和文化合作等。2012年9月在俄罗斯符拉迪沃斯托克举行的第二十次领导人非正式会议以"发展的挑战"为主题，从亚太经济可持续增长、投资环境与消费市场、粮食安全等角度聚焦并研讨亚太经济发展问题。2016年11月20日，亚太经合组织第二十四次领导人非正式会议在秘鲁利马举行。中国国家主席习近平出席并发表题为《面向未来开拓进取　促进亚太发展繁荣》的重要讲话，强调要深化亚太伙伴关系，以开放谋共赢，以融合促繁荣，不断开拓进取，共创亚太发展的美好未来。

亚太经合组织是一个协商与合作机构，不具有指令职能，不搞机制化。在西雅图会议上，江泽民主席为亚太经合组织的发展归纳了"相互尊重、平等互利、彼此开放、共同繁荣"的四项原则，明确提出亚太经合组织是"磋商机构"，不搞"封闭的机制化的经济集团"。当然，自愿和自主并不是放任自流或自行其是，要有协调和义务，所以我们支持"协调的单边主义"和"共同承担义务"的原则。亚太经合组织成员差异性极大，既有发达成员，又有发展中成员，内部关系复杂，加之地域如此广阔，因此朝着地区自由化前进步伐不能过快。尤其值得注意的是，在亚太经合组织内部，存在许多矛盾、分歧和斗争。除此之外，亚太经合组织内部围绕这一区域经济组织的性质，也展开了一系列斗争。亚太经合组织的使命是消除亚太地区的贸易投资障碍，加强成员间的经济技术合作，促进亚太地区的经济繁荣。显然，亚太经合组织作为一个国际经济合作组织，不应包括政治和安全方面的内容，更不能将其变成由某个大国操纵的政治工具。但美国企图把亚太经合组织变成贯彻其意志的"新太平洋共同体"，借此主导亚太地区经济与安全两个最重要的领域。这理所当然地遭到多数成员的反对。

除上述三大区域经济组织之外，其他一些重要的区域或次区域经济组织，也有扩大和加强的趋势。拉美南方和南部非洲有的区域经济组织，发展势头也很强劲。当然，也有一些次区域经济组织由于种种原因，进展不大，成果有限，有的甚至名存实亡。

第四节　经济全球化与区域经济一体化的关系

一、经济全球化与区域经济一体化是并存的世界趋势

区域经济一体化是有关主权国家为适应经济全球化、区域化，从本国经济发展要求出发，为实现区域内外的经济合作、联合或融合而实行的制度安排。这里所讲的经济区域化通常表现为同一地区的各国互相建立和发展密切的经济贸易合作关系，是当今世界经济发展中与经济全球化并存的另一重大趋势。区域经济一体化同全球经济一体化一样，是域内各国根据自愿的原则和本地区的实际情况，签订一定的贸易协议，建立本地区的经济一体化组织，从而形成相对固定的制度的一体化经济区。第二次世界大战后，区域经济一体化组织先后建立并获得了不同程度的发展，从而形成了世界经济区域化的新现象。这些区域组织主要形态有自由贸易区、关税同盟、共同市场、经济联盟和完全经济一体化等。

二、区域经济一体化是经济全球化的一种表现形式

区域经济一体化和经济全球化作为当今世界经济两大主要趋势，两者间的关系一直是人们所探讨的问题。国内外对区域性安排的研究目前的观点有两种：一种观点认为区域性安排有利于经济全球化的发展，有利于自由贸易的发展，这是多数人的观点；另一种观点认为区域性安排在实质上造成了对其他 WTO 成员的歧视，这是少数人的观点。但自从多哈回合香港会议之后，区域性安排飞速发展，已经对WTO 的发展造成了滞胀，学术界的观点又发生了改变，认为区域性安排对 WTO 的发展造成的负面影响越来越大，对区域经济一体化现象的认识要重新评估。虽然两者产生与发展有各自特殊的原因，且在一定程度上存在客观冲突，但区域经济一体化为经济全球化提供了新的思路和途径，注入了新的活力，并促进了全球经济一体化的发展。

（一）区域经济一体化是经济全球化的发展过程中的一个必经阶段

1982 年 GATT 成员拒绝启动新一轮的多边贸易谈判，开始于 1986 年的乌拉圭回合陷入进程缓慢且旷日持久的谈判中，世界组织难以解决的农业、补贴等问题，这一切都使很多国家感到在 GATT 或 WTO 的框架下无法实现自己所期望的全球市场开放的目标。退而求其次，将在全球多边贸易与投资谈判中无法达成的协议，转向在一个范围较小的多边或双边谈判中去实现，由于地区性安排较之多边协商范围较小、差异少、利益点多、成本小，因而在一定程度上规避了经济全球化所面临的种种障碍，更具可行性、操作性，也更易成功。因此，在许多情况下，区域经济一体化是全球市场开放无法进一步发展的产物，是经济全球化发展过程中的一个初级阶段。

（二）区域经济一体化与经济全球化殊途同归

通常认为，经济全球化是以全球多边合作和统一的国际经贸规则为基础的，而区域经济一体化则是以区域性的双边或多边合作及区域性的经贸规则为基础的。从字面意义上来看，二者的确存在质的区别和明显冲突。但值得注意的是，区域经济一体化实际上是在世贸组织的框架下发展起来的。在关于解释《关贸总协定》1994年第 24 条的谅解中的开头部分中也提到，认识到此类协定参加方的经济更紧密的一体化，可对世界贸易的扩大作出贡献。该条允许区域贸易协议在坚持非歧视原则的前提下存在，在一定程度上为区域贸易的发展提供了依据的平台。同时，判断区域经济一体化究竟是否违反了非歧视原则不能仅仅静态地从概念的字面意思上去分析，而应该动态地分析区域经济一体化组织的大量涌现，最终是促进了全球自由经贸体制的建立，还是阻碍了它的建立。

[第九章]
世界经济增长周期与危机应对

第一节　经济周期理论

一、经济周期和经济波动概念的比较

（一）区别

经济波动问题是经济学研究的一个重要课题。经济波动一般指经济总量扩张与收缩变动的经济运行现象。它主要是通过经济总量（国民生产总值或国内生产总值）的变化表现出来；经济周期则是指国民经济上下波动的循环运行过程。因此，二者是两个不同的概念，经济波动概念比经济周期概念宽泛很多，经济波动可以是周期性波动，也可以是非周期性波动。

（二）联系

虽然"经济周期"与"经济波动"这两个概念不完全一致。但在相关的研究中，此两个概念往往是通用的。马克思和恩格斯认为，经济波动即资本主义经济危机。它是资本主义生产关系与生产力之间内在矛盾激烈爆发的表现，是由资本主义的基本矛盾即生产社会化与资本主义私人占有形式之间的矛盾所决定的。这种矛盾的必然存在使得危机成为周期性现象。因此，可以看出，马克思所讨论的经济波动和经济周期其实是一个概念。

一般地，在使用"经济周期"这个术语时，隐含了所有瞬时偏离确定性趋势的产出波动。另外，现代的经济周期研究技术与方法是建立在滤波等技术的基础之上的。该技术通过滤波方法，将趋势等因素过滤出去后进行研究。该方法体现了经济周期研究范围的扩大，由过去的古典型周期扩展为现代型周期。因此，可以看出，理论界并未将"经济周期"与"经济波动"这两个概念严格加以区分，而是将它们统称为"经济周期"或者"经济周期波动"。因此，在本书中，未特别指定是"经

济非周期性波动"时，"经济波动"与"经济周期"这两个词是通用的。

（三）经济周期概念的界定

第二次世界大战前，由于经济周期表现为总产量绝对量的变动过程。因此，古典经济学家认为，经济周期是经济总量的上升和下降的交替过程。1860年，朱格拉（Juglar）将经济周期定义为"重复发生的，虽然不一定是完全相同的经济波动形式"；哈耶克（Hayek）认为经济波动是对均衡状态的偏离，而经济周期则是这种偏离状态的反复出现；米切尔（Mitchell）在1927年出版的《商业循环问题及其调整》（Business Cycles：The Problem and Its Setting）一书中将经济周期定义为"经济变量水平的扩张和收缩的系列"，这是被经常引用的古典经济周期定义。

第二次世界大战后，总产量绝对量下降的现象几乎不存在了。因此，现代经济学家对经济周期的定义也发生了改变，认为经济周期是经济增长率的周期性变动。卢卡斯（Lucas）对经济周期的定义是："经济周期是经济变量对平稳增长趋势的偏离。"它的含义是，经济周期是经济增长率的上升和下降的交替过程。米切尔与伯恩斯（Burns）在1946年出版的《衡量经济周期》（Measuring Business Cycles）一书中将经济周期界定如下：经济周期是在主要以工商企业形式组织其活动的波动形态。一个周期包含许多经济领域在差不多相同的时间所发生的扩张。跟随其后的是相似的总衰退、收缩和复苏，后者又与下一个周期的扩展阶段相结合。这种变化的序列是反复发生的，但不是定期的。经济周期的长度从1年以上到10年、12年不等，它们不能再分为性质相似的、振幅与其接近的更短的周期。这个定义是西方经济学界公认的非常经典的定义。

由以上对经济周期定义的分析可以看出，不同历史时期的不同理论流派的学者对经济周期的定义是不一样的。但概括起来，古典经济周期强调的是经济总量的扩张和收缩，而现代经济周期则强调经济增长率上升与下降的交替变动。

二、经济周期理论简要回顾

（一）经济周期理论的发展历程

作为宏观经济学的一大研究领域，经济周期理论的发展遵循经济学发展的规律。在自然经济占统治地位的时期，有一些零碎的关于一些经济问题的见解和看法，但还不成体系，也没有与经济周期相关的经济思想出现。随着西方资本主义的诞生，社会生产力快速发展起来，同时出现了经济波动和经济危机现象。为了适应和驾驭这些新的经济规律并解释这些新的经济现象，经济周期理论才得以诞生。

第一次对资本主义生产方式作理论考察的是15至17世纪的重商主义，它产生的背景是西欧封建社会瓦解并向资本主义社会过渡。重商主义认为社会财富的增长表现为单纯的货币积累。晚期重商主义的贸易差额论认为，"货币产生贸易，贸易增多货币"，只有通过出超才能获取更多的金银财富，但如果国内本币过多，则会引起通货膨胀。在这个时期，没有成形的经济周期理论思想出现。

17世纪下半期至19世纪上半期是古典经济学统治的时期，以亚当·斯密为杰出代表的古典经济学派把自由竞争的市场机制看作一只"看不见的手"，这只"看不见的手"支配着社会经济活动。古典经济学派反对国家干预经济生活，提出自由放任原则。到1825年，英国爆发了资本主义历史上第一次生产过剩性经济危机，从那以后，危机大概每隔10年就会爆发一次。从19世纪末起至20世纪30年代，这个时期西方经济学中占主流地位的是以马歇尔为代表的新古典学派，他们认为供给会自动创造需求，总供给等于总需求，所以他们把这种生产过剩危机仅看作偶然出现的暂时反常现象，主张发挥资本主义制度的自我调节功能，认为不存在周期性的经济危机。

在20世纪30年代的大危机爆发前，出现了一些经济周期理论，其特点是从外生因素的角度来探讨经济波动发生的原因。对于这些西方经济周期理论，哈伯勒在1937年出版的《繁荣与萧条——对周期运动的理论分析》（Prosperity and Depression: A Theoretical Analysis of Cyclical Movement）一书中曾作过总结，将古典经济周期理论分为几类：一类是以霍特里为代表的纯货币理论，该理论把经济周期当成一种纯货币现象；一类为投资过度论，包括以哈耶克、米塞斯等为代表的货币投资过度论，以斯庇索夫、维克塞尔、汉森和卡塞尔为代表的非货币投资过度论和由制成品需求变动引起的投资过度论；除此之外，还包括心理理论、消费不足论、成本改变论和农作物收获论等类别。当然，马克思主义经济周期理论也是在这个时期出现的。马克思的周期理论是内因论，他认为经济危机产生的内在原因是资本主义生产力与生产关系间不可调和的矛盾，这种经济危机的发生是不可避免的，而引起经济周期的原因则是固定资产的更新。虽然马克思主义没有完整地解释资本主义经济周期，但其关于资本主义生产资料私有制与社会化大生产之间矛盾的论断却有着积极的意义。

20世纪30年代爆发了席卷整个资本主义世界的经济大危机，西方经济学家开始重新认识资本主义经济运行过程中的周而复始的波动现象。凯恩斯开始对当时占统治地位的古典经济理论进行猛烈的攻击，他抨击"供给自动创造需求"的萨伊定律和新古典学派的一些观点，对资本主义经济进行总量分析，提出了著名的有效需求决定就业量的理论，并指出，现代资本主义社会存在失业和萧条的原因就是有效需求不足。因此，他提出国家加强对经济的干预，并实施财政金融政策，增加公共开支，降低利率以刺激投资和消费，提高有效需求，实现充分就业，以凯恩斯这一理论为基础而形成了凯恩斯主义。从此，凯恩斯主义成为资产阶级经济学界占统治地位的流派，对主要资本主义国家的经济政策产生了重大的影响。萨缪尔森、卡塞尔、希克斯、哈罗德、多马、哥德文等都是凯恩斯主义的代表，他们提出了自己的线性或者非线性的内生经济周期模型。

20世纪60年代世界经济长期繁荣，理论界逐渐失去对经济周期进行研究的兴趣，因此，这个时期没有出现有影响的新的经济周期理论观点。第二次世界大战后，在1973—1975年爆发的第二次世界性经济危机和1980—1982年爆发的第三次世界经济危机下，资本主义世界普遍出现了经济停滞与通货膨胀并存的现象，凯恩斯政策对此无能为力。于是，80年代以来，理论界对经济周期进行研究的兴趣又逐渐高涨，曾经与凯恩斯主义进行抗争的货币学派重新抬头，供应学派、理性预期学派、实际经济周期学派等新的经济周期流派也相继出现，其从外生因素的角度来研究经济周期，都反对政府干预，并提出了对付"滞胀"的各种方法。

（二）经济周期长短与阶段划分的相关理论

根据时间长短，经济周期可以分为四种：（1）西蒙·库兹涅茨在1930年的著作《生产和价格的长期变动》（Secular Movements in Production and Prices）中，用统计资料分析了经济周期，并且提出了平均长度为20年左右的库兹涅茨周期（Kuznets Cycle）（中长周期或"长波"），认为长波的形成与建筑业的兴衰密切相关。（2）英国统计学家基钦提出了平均长度为40个月的基钦周期（Kitch Cycle）（短周期），认为短周期主要是由外生随机影响和存货变动引起的。（3）朱格拉提出了平均长度为9至10年的朱格拉周期（Juglar Cycle）（中周期），中周期是由固定资本的大规模更新引起的。（4）康德拉季耶夫提出了平均长度为50年左右的康德拉季耶夫周期（Kondratieff Cycle）（长周期），长周期是由技术发明及产业结构变动引起的。另外，马克思认为经济周期大概为10年，引起经济周期的原因是固定资产的更新，这与朱格拉周期（中周期）一致。约瑟夫·熊彼特（Joseph A. Schumpeter）在他1912年的《经济发展理论》（The Theory of Economic Development）和1939年的《经济周期理论》中都提到了技术创新与经济周期的密切联系，并把康德拉季耶夫周期、朱格拉周期与基钦周期糅合在一起，建立了熊彼特周期模型。

在经济周期的阶段划分方面，马克思认为，资本主义经济周期分为四个阶段：危机阶段、萧条阶段、复苏阶段和高涨阶段；米切尔在1927年出版的《商业循环问题及其调整》一书中认为，一个完整的经济周期要经历四个阶段：景气阶段、衰退阶段、不景气阶段与复苏阶段。而现在通常认为一个经济周期包括扩张和衰退两个阶段，这两种阶段划分法之间并没有本质的区别。

（三）经典经济周期理论简介

1.杰文斯的经济周期理论

杰文斯（William Stanley Jevons）在他1875年发表的一篇论文中提出了太阳黑子说经济周期理论。他发现10年左右会出现一次太阳黑子，而商业危机也是大概10年一次，于是，他就将这两种现象结合起来，创立了太阳黑子说经济周期理论。他认为，10年左右出现一次的太阳黑子现象会使农业歉收，而经济危机一般出现在农业歉收年，于是太阳黑子就会导致经济危机。该理论是第二次世界大战前很有影响的外生经济周期理论。该理论有其积极意义，因为在杰文斯所处的时期，农业经济占了国民经济相当大的比重。因此，社会经济的盛衰直接受农业丰收与否的影响，但直接将太阳黑子出现的周期与经济周期联系在一起，认定二者有必然联系，显然是简单而片面的。

2.凯恩斯经济周期理论

凯恩斯经济周期理论于1936年由现代英国著名经济学家约翰·梅纳德·凯恩斯在《就业、利息和货币通论》一书中提出。他认为，经济发展必然会出现一种始向上，继向下，再重新向上的周期性运动，并具有明显的规则性，这就是经济周期。在繁荣、恐慌、萧条、复苏四个阶段中，"繁荣"和"恐慌"是经济周期中两个最重要的阶段。在繁荣后期，资本家仍对未来收益作乐观的预期，但实际上这时已出现了两种情况：一是劳动力和资源渐趋稀缺，价格上涨，使资本品的生产成本不断增大。二是随着生产成本增大，资本边际效率下降，利润逐渐降低，但由于资本家过于乐观，仍大量投资，而投机分子也不能对资本的未来收益作出合理的估计，乐观过度，购买过多，使资本边际效率突然崩溃。随即资本家对未来失去信心，造成人们的灵活偏好大增，利率上涨，结果使投资大幅度下降，于是经济危机就来临了。经济危机后，紧随而来的是经济萧条阶段，此阶段资本家对未来信心不足，资本边际效率难以恢复，银行家和工商界也无力控制市场，因而投资不振，生产萎缩，就业不足，商品存货积压，经济处于不景气状态。随着资本边际效率逐渐恢复，存货逐渐被吸收，利率降低，投资逐渐增加，经济发展就进入了复苏阶段。此阶段资本边际效率完全恢复，投资大量增加，经济又进入繁荣阶段。

凯恩斯主义学派的经济周期理论是以总需求分析中的投资分析为中心来分析投资变动的原因及对经济周期的影响的。可见，凯恩斯主义学派将经济周期发生的原因从外因论转向了内因论，这有着积极的意义。

3.后凯恩斯主流派周期理论

后凯恩斯主流派周期理论的代表是萨缪尔森的乘数-加速数动态周期模型理论。在凯恩斯之后，西方一些经济学者对其理论进行了发展和完善，萨缪尔森是其中的杰出代表。由于凯恩斯在《通论》中只分析了投资变动对收入的乘数作用，萨缪尔森于1939年发表了《乘数分析和加速数原理的相互作用》一文，将收入或消费变动对投资的加速作用也引进来，通过乘数与加速数相互作用的原理，说明了经济体系中一个小的扰动引起一个大的周期性波动的原因。

4.理性预期周期理论

理性预期学派亦称新古典宏观经济学派，产生于20世纪70年代。它是向凯恩斯主义提出挑战的一个极其重要的学派，其主要代表人物是美国经济学家罗伯特·卢卡斯。理性预期学派认为，随机的货币因素的冲击导致了经济的周期波动。由于其理论观点及政策主张与货币学派有密切联系，因此它也被称为激进的货币主义或新古典宏观经济学。

5.实际经济周期理论

实际经济周期学派在理性预期学派的基础上产生。理性预期学派认为，随机的货币因素的冲击导致了经济的周期波动。而实际经济周期学派则认为，随机的实际因素的冲击导致了经济的周期波动，这些实际因素的冲击包括个人需求偏好的变化、政府需求的变化等来自需求方面的冲击，也包括技术进步带来的生产率变动、生产要素供给的变动等来自供给方面的冲击。该学派的主要代表人物有美国的基德兰德（Kydland）、普雷斯科特（Prescott）和普洛泽（Plosser）等。

（四）世界经济周期的特征

世界经济周期的研究一般分为四个阶段：第一次世界大战的战前时期（1913年以前）、两次世界大战的间隔时期（1919—1938年）、布雷顿森林体系时期（1950—1972年）、后布雷顿森林体系时期（1973年后）。布雷顿森林体系期间，经济周期的扩张期特别长，大约平均持续10年，有些扩张持续20年，而且有几个国家（如日本及联邦德国）的经济根本就不曾经历负增长。世界经济周期总体来说，扩张期变得越来越长，衰退期相对越来越短，呈明显的非对称性特征。

在对世界经济周期的特征进行具体分析时，人们发现模型经济的模拟结果和实际数据的统计结果出现了差异，这种差异被巴克斯（Backus）等人称为数量异常（quantity anomaly）和价格异常（price anomaly），表现为：各国实际产出之间的相关程度高于生产率（索洛剩余）的相关程度，各国的生产率（索洛剩余）之间的相关程度高于消费的相关程度，而模型经济显示消费的相关程度高于生产率（索洛剩余）的相关程度，后者又高于产出的相关程度；各国的实际投资和就业趋向于正向相关，模型经济则显示负向相关；实际贸易条件和实际汇率的波动性比模型经济的模拟结果要高。这里只对实际经济数据序列所反映的世界经济周期的特征进行综述，因为这是世界经济周期的真实特征。

巴克斯特和斯托克曼（Baxter & Stockman，1989）、巴克斯和基欧（Backus & Kehoe，1992）、斯托克曼和特萨（Stockman & Tesar，1992）、巴苏和泰勒（Basu & Taylor，1999）、莫辛克（Morsink，2002）等研究了世界经济周期的主要特征：（1）多国的产出总量和产出增长具有很强的正相关性。（2）多国的索洛剩余具有正相关性，但其相关程度比产出低。（3）多国的消费具有正相关性，但略低于产出的跨国相关程度。（4）多国的投资和就业具有正相关性。（5）工业化国家的衰退程度在20世纪90年代比20世纪70—80年代要轻，复苏的持续时间和前期衰退的持续时间与严重程度并没有显著的相关性，重复衰退和深度衰退已经减少。（6）1973年后（即布雷顿森林体系解体后），国家间消费和产出的相关性增强，国家间的同步衰退变得更为普遍，而20世纪90年代的世界经济衰退显示出差异，不同国家特别是经济发达国家进入衰退的时间明显不同。（7）与19世纪末期相比，近几十年所有的衰退伴随着私人固定投资的收缩，国家间的投资同步收缩，影响力更大。（8）投资的收缩对世界经济衰退有重要的作用，在世界经济的衰退和复苏中，存货的作用正在逐渐减弱。（9）国家间证券价格波动的波峰通常领先于产出的波峰，而波谷大致同步，国家间证券价格衰退的同步性比国家间经济衰退的同步性要强。（10）国家间利率波动的波峰通常领先于产出的波峰或紧随产出波峰之后，利率达到峰值前的持续上涨和经济的持续衰退有很强的正相关性。

此外，Nadenichek（2001）等对多国的进出口、贸易余额和贸易条件同产出的相关关系进行了研究，证明进出口同产出有顺周期关系，国际贸易余额同产出存在非周期关系，而国际贸易条件同产出有逆周期关系。从大量数据和历史事实中获得正确的世界经济周期的特征，必须采用合理的世界经济周期测度技术，而世界经济周期的数量分析技术为其特征（特别是特征的数量异常和价格异常）的理论解释提供了手段。

第二节　第二次世界大战后世界经济周期与危机

同第二次世界大战前比较，第二次世界大战后资本主义的再生产周期和经济危机产生了新的特点。危机的性质、主要特征、基本原因等，并没有改变，但由于第二次世界大战后资本主义经济以及世界形势发生了重大变化，从而使经济周期的发展进程，经济危机的表现形式等方面出现了以下一些特点：

一、同期性与非同期性经济危机交错发生

资本主义世界同期性的经济危机与非同期性的经济危机互相交错，而进入20世纪70年代以后，则由非同期性稳定地转向同期性。第二次世界大战前的经济危机在各个主要资本主义国家里趋向于同时爆发，具有比较明显的同期性。自1847年爆发了第一次世界性的经济危机之后，1857年、1866年、1873年、1882年、1890年、1900年、1907年、1920年、1929年、1937年爆发的经济危机，欧美各主要资本主义国家都一齐卷入，都是世界同期性的经济危机。第二次世界大战后，只有1957—1958年、1973—1975年、1980—1982年的经济危机是世界同期性的经济危机，其他各次经济危机则是非同期性的或部分同期性的经济危机。例如，美国爆发1948—1949年第二次世界大战后第一次经济危机时，西欧和日本正处于第二次世界大战后的恢复过程中，并未同时发生危机。而当西欧各国爆发1951—1952年和1964—1966年的经济危机时，美国则由于先后发动侵朝战争和侵越战争，使危机分别推迟到1953—1954年和1969—1970年才爆发。

危机非同期性或部分同期性的产生，有以下几个原因：

第一，第二次世界大战后初期，由于资本主义各国遭受战争破坏的程度不同，经济恢复的时间不同，资本主义经济周期的进程也就很不一致。

第二，局部战争，即50年代初的美国侵朝战争和60年代中期至70年代初的美国侵越战争，对各资本主义国家经济周期的进程产生了不同的影响。

第三，第二次世界大战后各国国家垄断资本主义迅速发展，但各国采取的国家干预措施并不相同，所以抵制外国经济危机影响的效果也各不相同。

第四，由于某些地区和某些国家的经济关系特别密切并存在共同利害关系，第二次世界大战后形成了一些国家垄断资本主义的地区性联盟，如欧洲经济共同体等。因此，经济危机有时在这些国家里表现出较明显的地区同期性，而不表现为世界的同期性。

然而，第二次世界大战后各国间的经济关系日益密切，资本主义世界市场空前发展，以跨国公司为代表的生产和资本国际化的趋势成为不可阻挡的历史潮流，以上这些因素终究没能阻止经济危机向世界同期性方向发展。70年代以后，连续发生了1973—1975年和1980—1982年两次战后严重的同期性世界经济危机。由非同期性向同期性转变，这就是战后经济危机发展的历史趋势。这一转变反映了经济危机严重程度的加深。在非同期性的经济危机中，未发生危机的国家还可以吸收那些陷于危机中的国家的过剩商品和过剩资本，起一定的缓冲作用。而在同期性的世界经济危机发生时，一些主要资本主义国家都陷于危机之中，谁也救不了谁，而且还互相转嫁危机，加剧了相互之间的矛盾和斗争，并使危机的时间拖长。

二、危机频繁与周期缩短

19世纪70年代初，马克思在修订《资本论》法文版第一卷时曾说过：直到现在，这种周期的延续时间是10年或11年，但绝不应该把这个数字看作固定不变的。相反，根据我们以上阐述的资本主义生产的各种规律，必须得出这样的结论：这个数字是可变的，而且周期的时间将逐渐缩短。

马克思关于周期将逐渐缩短的论断，在第二次世界大战后是否仍然有效，这是一个有争议的问题。由第二次世界大战后只发生过3次同期性的世界经济危机来看，从1957—1958年的危机起到1980—1982年的危机爆发止，23年间发生3次危机，每一个周期略长于11年；而20世纪初从1900年到第二次世界大战前夕的1937年，37年间共发生6次危机，每一个周期略长于7年。两相比较，第二次世界大战后的经济周期的确延长了。但如果把非同期的经济危机也计算在内，以美国为代表，从1948年到1980年，32年发生7次危机，每一个周期约为5年零4个月，显然又比战前大大缩短了。还要看到，1973—1975年的危机以后，只相隔4年多一点就爆发了1980—1982年的危机，这是周期缩短的最近证明。

　　危机频繁、周期缩短的首要原因是随着战后国家垄断资本主义的发展，资产阶级政府普遍加强了对于经济活动的干预。每当经济危机爆发时或将要爆发时，各国政府就在财政上和货币金融上实行扩张政策，如增加预算开支，大搞公共工程，增加货币发行量等，同时还用减免税收、降低贴现率、放宽房屋抵押贷款条件等措施去刺激私人投资和私人消费。这些措施人为地激发起新的投资需求和消费需求，暂时地缓和了生产与消费之间的矛盾、生产与市场之间的矛盾，使危机不能充分展开。这些措施，从短期来看，有时固然能够延缓危机的到来或降低危机的严重程度；但从长期来看，却进一步扩大了生产能力，加剧了生产与市场之间的矛盾，为下一轮危机的爆发埋下了祸根。危机频繁、周期缩短的另一个主要原因是技术的迅速进步，固定资本更新的周期大为缩短。各国政府为了保证垄断资本获得高额利润，还采取加速折旧等措施以刺激私人投资，这也促进了固定资本更新周期的缩短。

　　危机频繁、周期缩短，表明资本主义矛盾的激化，在国家的多方干预下，战后虽然没有发生像20世纪30年代那样的大危机，但多次危机合起来，对资本主义的打击仍然是严重的。

三、周期变形

　　从一次危机到另一次危机算是一个经济周期。危机是经济周期的起点和终点。第二次世界大战以前，整个周期分为四个阶段，这是周期运动的传统形式。当时整个周期是在国家不干预或干预较少的情况下自行运转的。

　　第二次世界大战后，在国家垄断资本主义占统治地位的条件下，由于资产阶级政府加强对经济的干预，采取一系列的反周期措施，包括在危机和萧条阶段的扩张性政策以及在复苏和高涨阶段的紧缩性政策，使周期发生了变形：危机的来势没有过去那样凶猛，萧条和复苏两个阶段的界限不清；高涨阶段经济增长乏力，有时还发生曲折和波动；从表现形式看，整个周期由危机、回升和高涨三个阶段组成，而不像过去那样由四个阶段组成。萧条阶段和复苏阶段混淆不清，不仅50年代和60年代如此，70年代、80年代初期大体上也如此。

　　如前所述，在1980—1982年的危机中，由于政府加强反危机措施，竟出现了下降—回升—再下降的W形或几次下降与回升互相交错的锯齿形。这种周期形态变化的新现象，是由周期运动受到国家垄断资本主义的严重干扰所造成的，是资本主义矛盾激化的一种表现形式。

　　经济周期的形态变化并不是否定过去四个阶段的划分，危机、萧条、复苏、高涨四个阶段仍然是周期变化的基础和前提，资本主义是在不断发展变化中，周期的形态也不可能是一成不变的。

四、经济危机的冲击力相对减弱

第二次世界大战后虽然周期缩短，危机频繁，但在各次危机中，工业生产的下降幅度都没有战前那样大。1973—1975年的危机是战后一次严重的经济危机，它使美国的工业生产下降15.3%，英国下降11.2%，法国下降16.3%，而战前比较严重的1920—1921年的危机，却使这些国家的工业生产分别下降了32%、55%和24%。至于1929—1933年那次世界经济大危机，各国工业生产下降的幅度就更大了。当时美国的工业生产下降56.6%，英国下降32.3%，法国下降35.7%。

总的来说，战后危机冲击力较小的原因是国家垄断资本主义的反危机措施阻碍了危机的展开。具体来说，有以下几个原因：

第一，固定资本投资幅度下降不大。过去危机爆发时，企业一般都中止扩大再生产的投资，甚至暂停固定资本的更新。但战后由于国家垄断资本主义的发展，资产阶级政府实行减免税收、加速折旧，以及其他各种优惠待遇，去鼓励投资，再加上科技革命不断开展，要求固定资本加速更新。因此，即使是在危机期间，固定资本投资的下降幅度也不大，从而缓和了危机的恶化。

第二，个人消费需求下降幅度较小。过去在危机期间，由于失业工人大量增加，劳动人民的收入减少，消费品的生产过剩更加严重，转而又加剧了生产资料的生产过剩，推动经济危机进一步发展。战后，由于消费信贷的扩大，社会保险制度的改进，以及工人组织程度提高、抵抗资本家降低工资的力量增强，消费的下降遇到阻力，从而减轻了危机的严重程度。

第三，以通货紧缩、银根吃紧、银行挤兑和大批倒闭为主要形式的货币信用危机有所改变。这样的货币信用危机是战前经济危机的一个重要组成部分，并大大加剧了生产过剩的经济危机。战后由于金融资本力量增强，政府采取扩张性的货币和金融政策，加强了对金融机构的控制和管理，增强了货币信用体系抵抗经济危机冲击的能力，从而减轻了经济危机的严重程度。

第四，由物价暴跌转为物价上涨。战前的危机是通货紧缩、物价暴跌，人心惶惶，造成严重的紧张局势。战后由于主要资本主义国家在货币、金融和财政上实行扩张政策，在危机期间，物价不仅不下跌，反而大幅度上涨，尽管留下了后患，却暂时缓和了危机的冲击力量。

综上所述，战后的经济危机不能充分展开，生产下降幅度不大。这一现象具有二重性：一方面可以使危机的冲击力减弱；另一方面又为危机频繁发生和周期的缩短埋下了伏笔，同时还为20世纪70年代以来的滞胀准备了条件。

五、危机期间物价上涨

如前所述，伴随着战前危机的是通货紧缩、物价暴跌。当时的一般情况是：危机阶段，物价暴跌；萧条阶段，物价在低水平上徘徊；复苏阶段，物价回升；高涨阶段，物价迅速上涨；危机再爆发时，物价又大幅度下降，如此循环往复，起伏波动。这种起伏波动受市场供求关系的周期变化和货币供应量的周期变化支配，是在国家干预较少的条件下自发运行的。战后由于国家垄断资本主义的发展，情况发生了变化，在危机期间物价不但不跌落，反而持续上涨。以美国为例，从战后到 20世纪 80 年代初，爆发了 7 次经济危机，仅前两次危机期间物价略微下降，其余的危机期间物价一律上涨：在 1948—1949 年爆发的危机中，消费物价下降了 3.1%；在 1953—1954 年的危机期间，消费物价下降了 0.75%。从 1957—1958 年的危机开始，在之后各次危机中，消费物价都在上涨，而且上涨幅度有增大的趋势。物价在 1957—1958 年的危机中上涨了 4.2%，在 1960—1961 年的危机中上涨了 4.7%，在 1969—1970 年的危机中上涨了 6.18%，在 1973—1975 年的危机中上涨了 14.5%，在 1980—1982 年的危机中，1980 年上涨了 13.5%，1981 年上涨了 10.7%。

第二次世界大战后，危机期间物价上涨的原因主要是：

第一，国家垄断资本主义的进一步发展。资本主义国家在战后大力推行赤字财政政策和扩大信用的政策。每当经济危机爆发时，它们就增加政府开支，降低贴现率和存款准备金率，结果使货币供应量不断增加，酿成严重的通货膨胀。通货膨胀改变了货币供应量的周期波动，使之不再像战前那样在危机期间大量收缩，而是继续增长，这样就形成了一种推动物价上涨的力量。

第二，私人垄断的大大加强也是引起危机期间物价上涨的重要因素之一。战后随着生产和资本的不断集中，跨部门的垄断组织——康采恩进一步兴起，主要经济部门逐渐被垄断公司集团所控制。这些大垄断公司在制定商品价格时，实行所谓"领价制"，即由最大的"领头公司"按照产品的生产费和根据"目标利润"所确定的利润量来规定产品的价格，其他公司也按这种价格去出售商品。因此，垄断价格对整个物价的影响，比战前大为加强。大垄断公司在危机爆发时，用降低开工率的办法去适应市场需求的变动，不但不降低商品价格，反而提高价格以弥补损失。

第三，战后各种阻碍投资需求和消费需求下降的其他因素，也是引起物价在危机期间上涨的重要原因。

六、经济危机愈来愈演化为金融危机

20 世纪 90 年代以前，经济危机大多发生在实体经济中，出现生产的阶段性相对过剩；但在 20 世纪 90 年代以后，危机更多表现在金融等虚拟经济领域，往往是虚拟经济领域先发生问题，然后再蔓延到实体经济，造成区域性或全球性的经济衰退，由此，危机被称为金融危机。

金融危机是经济周期运行中出现的一种金融动荡，并且这种动荡在经济生活中会引起不同程度的带有蔓延性的金融恐慌。这种金融恐慌表现为：资本外逃、外汇市场上出现抛售本国货币的狂潮、本币大幅贬值、国际储备枯竭等造成国际清偿力严重不足；国内金融市场银根紧缩，金融机构流动性严重缺乏，人们对金融机构丧失信心，大量金融机构因挤兑而接连倒闭；股市和房地产价格狂跌。

金融危机往往是综合性的，货币危机、银行危机和债务危机叠加在一起，给整个经济和金融体系带来的破坏是全方位的、持久的和深入的。金融危机可以严重破坏一个国家的银行信用体系、货币和资本市场、对外贸易、国际收支，使整个国民经济陷入瘫痪，甚至导致国际货币体系的崩溃和国际金融市场的动荡。伴随着经济的全球化、自由化和国际金融市场一体化程度的不断加深，金融危机所涉及的一系列关键因素——投机、货币扩张、资产价格上升及随后的大幅下降，以及对现金的争夺，往往会跨越一国的地理疆界，在国际发挥作用。加上金融危机所具有的传染性效应或"多米诺骨牌"效应，金融危机的影响往往是全球性的。

金融危机之所以产生，原因是多方面的：有可能是由于经济的周期性波动，也有可能是由于贸易逆差和财政赤字、外债规模超过一国承受能力、金融体系和金融监管制度不完善、国际投机资本恶意冲击等。

第三节　国际金融危机及其对中国的启示

20世纪90年代以来，世界上爆发了许多次金融危机：有单个国家的，如1994年墨西哥金融危机、1997年俄罗斯金融危机等；有区域性的，如1997年亚洲金融危机、2009年欧洲债务危机；有全球性的，如2008年世界金融危机。在本节，就影响较大的1997年亚洲金融危机、2008年世界金融危机、2009年欧洲主权债务危机进行研究。尤其是后两个，至今仍然影响着世界经济。

一、1997年亚洲金融危机

（一）亚洲金融危机产生的原因

亚洲金融危机留下的教训是深刻的。回顾亚洲金融危机，认真探讨亚洲金融危机产生的原因，对于防范金融危机具有重要的意义。亚洲金融危机的导火索是泰铢的贬值，随后横扫了20多个国家和地区，祸及全球。陷入亚洲金融危机的国家多为发展中国家，由于市场体制发育不健全，存在很大缺陷，加上政府的过度干预，从而加速了经济危机的进程。1997年金融危机的爆发是由多方面的原因引起的，本书将从直接触发因素和内在基础性因素两个方面加以说明。

1.直接触发因素

（1）国际金融市场上游资的冲击。由于汇率制度的问题，导致泰铢被严重高估，也成为国际投机商的攻击目标。全世界范围内有数以万亿计的美元游资，其中利用这些游资的对冲基金组织，一旦发现哪个国家或地区有利可图，马上会通过炒作冲击该国或地区的货币或股市，以在短期内牟取暴利。投机者们正是准确预测了泰铢贬值的趋势，大肆进出泰铢，泰国政府无法抵挡，最终放弃了固定汇率制。可以说国际游资的冲击是亚洲金融危机的源头。

（2）亚洲一些国家的外汇政策不当。它们为了吸引外资，一方面保持固定汇率，另一方面又扩大金融自由化，给国际炒家提供了可乘之机。如泰国就在本国金融体系没有理顺之前，于1992年取消了对资本市场的管制，使短期资金的流动畅通无阻，为外国炒家炒作泰铢提供了有利条件，并且实行高利率政策，以期吸引大量的短期外资，来弥补经常项目赤字，这样使金融风险加大，最终爆发金融危机。

（3）为了维持固定汇率制，这些国家长期动用外汇储备来弥补逆差，导致外债的增加。

（4）这些国家的外债结构不合理。在中期、短期债务较多的情况下，一旦外资流出超过外资流入，而本国的外汇储备又不足以弥补其不足，这时国家的货币贬值就不可避免。

2.内在基础性因素

（1）透支性经济高增长和不良资产的膨胀。保持较高的经济增长速度，是发展中国家的共同愿望。当高速增长的条件变得不够充分时，为了继续保持增长速度，这些国家转向靠借外债来维护经济增长。但由于经济发展不顺利，到20世纪90年代中期，亚洲有些国家已不具备还债能力。在东南亚国家，房地产吹起的泡沫换来的只是银行贷款的坏账和呆账；至于韩国，由于大企业从银行获得资金过于容易，造成一旦企业经营状况不佳，就会出现不良资产立即膨胀的状况。不良资产的大量存在，又反过来影响了投资者的信心。

（2）市场体制发育不成熟。一个原因是政府在资源配置上干预过度，特别是干预金融系统的贷款投向和项目。另一个原因是金融监管体制的缺失。泰国从20世纪80年代起，放松了对金融体系的管制，批准成立了许多非银行金融机构。在融资方面，这些机构具有许多优势，从而得到迅速发展。1992年年底，财务公司和证券公司的金融资产仅占金融系统的19.8%，而到1996年年底，其比例已上升到35%。上述公司将大量资金投入股票市场和房地产市场，导致了泡沫经济的加剧。韩国等国都不同程度地存在一些投资公司以各种名义进行集资、融资活动。有的国家还将资金大量投向风险大但收益高的证券、期货业，这种短期投资一旦回报率不高，或有风吹草动，就会立即撤离市场，引起金融秩序的混乱，诱发金融危机，严重的甚至会导致政治动乱和社会危机。

（3）经济和产业结构不合理。由于市场高度开放、高度一体化，技术革命发展迅速，资金比较充足，资本的扩张力增强，生产规模盲目扩大，一些商品被毫无节制地大量生产，引起结构性过剩。危机发生国过于盲目投资当时利益较大的产业，而忽略了其他产业的发展。如上所述，泰国把大量资金投向了房地产业和证券业，而对基础设施、能源、交通等重要产业的投资严重不足，经济发展缺乏后劲。投资结构的不合理又导致了整个经济结构的严重失衡，因此经济难以持续高度发展。泰国多年来投资率保持在40%以上，房地产占了很大比重，形成了房地产泡沫。这不仅减慢了经济增长的速度，而且形成了大量的银行呆账、坏账，其数额高达400多亿美元，从而加大了金融风险。另外一个典型的例子是韩国。韩国的产业结构不合理，权利集中在大工商财团手中。当然，这些财团曾为韩国经济的腾飞作出了贡献，但它们凭借政府的支持，大量从银行借款，迅速扩张自己的业务，负债程度十分严重。30家最大的财团加在一起，占了全国财富的1/3。由于负债同自有资产比率为4比1，一些财团在债务的重压下步履蹒跚，盈利少得可怜；当银行无力再提供贷款时，不得不宣布破产。而在大量资金带给大财团的同时，小企业又无法获得资金，经济活力丧失殆尽，显示了韩国经济模式的失灵。

（4）出口替代型模式的缺陷。出口替代型模式是亚洲不少国家经济成功的重要原因。但这种模式也存在三方面的不足：一是当经济发展到一定的阶段，生产成本会提高，出口会受到抑制，引起这些国家国际收支的不平衡。二是当这一出口导向战略成为众多国家的发展战略时，它们之间会相互挤压。三是产品的阶梯性进步是继续实行出口替代的必备条件，仅靠资源廉价的优势是无法保持竞争力的。

（二）亚洲金融危机的影响

亚洲金融危机的影响是深刻的，至今发人深省。当时陷入金融危机的泰国、韩国、中国台湾、新加坡、菲律宾等国家和地区，货币大幅度贬值，股市暴跌，金融机构大量倒闭，沉重地打击了国内外投资者的信心，抑制了消费欲望和消费增长，进口成本上升，削弱了进口支付能力，使长期依赖进口物资支撑投资的经济增长陷入低迷，金融危机演化成了一场经济危机，各国和地区经济增速明显放慢或出现程度不同的负增长。

中国作为亚洲的经济大国，虽然没有成为亚洲金融危机的直接受害者，但也受到了影响。受亚洲金融危机损害的国家和地区，几乎都是中国重要的贸易伙伴。而金融危机使得这些国家和地区的经济增长放缓，国际收支能力下降，进口需求减少，这必然影响到中国对这些国家和地区的出口。同时，来自危机国家和地区的直接投资减少。日本、韩国和东南亚诸国，多年来一直是中国利用外商直接投资的重要来源地。在亚洲金融危机中，它们均遭受了不同程度的损失，为保持经济稳定发展和促进经济恢复尚需大量资金。对外投资实力锐减，对外投资资金到位率下降，许多在谈项目也被搁浅，导致中国外资来源减少。

总之，金融危机加大了危机国家投资环境的不确定性，投资安全性较低。相比之下，中国政治、经济发展稳定，政府坚定地推进改革，增强了欧美国际投资者对中国经济前景的信心，而且中国市场的扩大，对欧美国际资本具有很大的吸引力，使它们更多地选择经济平稳、快速发展的中国。

（三）亚洲金融危机对中国经济发展的启示

1.经济发展要统筹兼顾

经济结构长期失衡是亚洲金融危机产生的原因之一。投资结构不合理导致一些部门生产能力过剩和泡沫经济的出现。中国在经济发展的过程中要统筹兼顾第一、第二、第三产业的发展，统筹兼顾各产业部门的发展，避免某一行业（如房地产）出现过热的局面。政府必须有计划地扩大内需，有重点地进行投资。政府投资可以吸收和带动企业参与投资，引导企业投资于政府希望其进入的领域，进而实现投资结构的合理化，并推动全社会投资需求的增长。

2.保持人民币汇率的基本稳定，完善汇率管理机制

亚洲金融危机的教训表明，在国际经济发展变化的情况下，保持固定不变的联系汇率制，弊端较多，不能有效地利用汇率政策为本国创造有利的发展条件。中国应该结合国内和国际环境的变化灵活地制定汇率政策，要适应中国国情的需要，避免出现人民币币值被高估的局面。

3.谨慎开放资本市场，有步骤地进行对外开放

亚洲金融危机的教训表明，如果一个国家在国内经济、金融体制不太健全时过早地开放资本市场，会被国际投机者钻空子，最终酿成金融危机的苦果。因此，一国开放资本市场时，要考虑国内经济、金融体制的现状，切不可盲目行动。鉴于此，中国应正确处理自力更生和对外开放的关系，在对外开放上谨慎行事、循序渐进，以避免国际游资的投机冲击，争取做到稳中求胜。

4.健全完善金融体制

纵观亚洲金融危机，各国政府对银行、金融机构的宏观管理机制脆弱，监控力度不够是通病。国内金融体制和金融监管机制是否健全，是能否抵御国际金融危机的一个重要因素。银行的呆账、坏账也是引起金融危机的间接因素，会影响金融业的稳定。因此，一方面政府应加大金融监管力度，建立健全金融体制，营造一个公平、公开、公正的充分竞争的氛围，使金融市场得以稳定健康地发展；另一方面中国国有银行也应该转变经营模式，提高贷款质量，有效控制呆账、坏账的发生。

二、2008年世界金融危机

2007年4月，美国新世纪金融公司申请破产保护，引发了美国金融市场的多米诺骨牌效应，很多金融机构不是宣布破产，就是被收购，或者被美国政府接管，美国次贷危机爆发。次贷危机逐渐向国际范围内拓展，向实体经济渗透，演变为世界金融危机。2008年世界金融危机以美国次贷危机为导火索，是20世纪大萧条以来最严重的世界金融危机，是全球历史上第一次与衍生产品市场紧密相关的金融危机。本书对这次前所未有的全球金融危机爆发的原因及一些学者关于危机成因的代表性观点进行了归纳与总结。

（一）世界货币体系的缺陷

当前的国际货币体系本质上是一种以美元为核心的信用本位制，美元具有了主权货币和国际结算货币的双重身份，其供给取决于美国本国的经济政策，因而缺乏必要的国际约束和协调机制。作为世界货币的供应国，美国可以通过超量发行美元来保持经济繁荣，并让全世界承担其美元超量发行的成本。随着金融全球化的发展，美国经济由于美元的超量对外供给，金融资产膨胀、实体经济海外转移而日渐空虚和脆弱，造成经济的严重失衡，最终导致金融泡沫的破灭及金融危机的爆发。

（二）经济运行的周期性波动

按照世界经济周期发展的逻辑，经济运行周期波动性是经济发展的基本规律之一。美国经济经过繁荣期后，已开始步入衰退期。美国宏观经济管理当局为了刺激经济增长，采取反周期的扩张性货币政策和财政政策，试图通过降息与减税的政策组合来激活美国传统的制造业，以防止总体经济的回落。为了应对美国经济衰退，美国联邦储备委员会打开了货币闸门，试图人为地改变经济运行的轨迹，遏制衰退。2001年1月至2003年6月，美联储连续13次下调联邦基金利率，利率从6.5%降至1%的历史最低水平。货币的扩张和低利率的环境降低了借贷成本，加之对未来房价持续上升的乐观预期，在利益的驱使下，形成了巨大的次贷衍生品泡沫市场。但是随着美国房地产市场的降温和加息周期的到来，次贷借款人无法按时偿还债务，引起次贷质量的严重恶化，次贷债券的评估价格随之下降，金融衍生产品价格也纷纷下跌。最后，很多对冲基金亏损严重，这时投资者"用脚投票"——赎回或清仓处理，直接导致对冲基金资金链断裂，最终引起危机爆发。

（三）实体经济与虚拟经济发展失衡

美国通过经常项目逆差用美元现金买回其他国家的产品和资源，卖出产品及资源得到美元的其他国家再用得到的美元购买美国的债券和其他金融资产。美元现金通过经常项目逆差流出美国，又通过资本和金融项目流回美国。在美元资金的循环中，美国一方面消费了别国的资源、商品、服务；另一方面又在境外留下了越来越多的美元债券和其他金融资产。

通过资本和金融项目不断回流的美元刺激了美国境内以房地产、股票、债券及其他可以反复炒作的金融资产为代表的"虚拟资本"的不断膨胀，刺激了美国虚拟经济的发展，却造成了美国实体经济的衰落。美国以制造业为代表的依托于实实在在的物质生产与服务产业的实体经济只将高端、高价的生产环节留在国内，将低端、低价的环节转移至国外。对于一个经济体来说，虚拟经济要以实体经济为基础，虚拟经济对实体经济的发展有着积极的促进作用，但虚拟经济与实体经济相脱节是十分危险的。虚拟经济一旦失去信用制度的有效制约和必要严格的监管，任其自由发展、过度膨胀，就会导致泡沫经济，不仅对实体经济产生严重的负面影响，而且也将产生一系列连锁反应，像多米诺骨牌一样，冲击整个国民经济乃至全球经济，引发经济衰退。一国脱离于实体经济的虚拟经济越庞大、越强，其抵抗金融危机的能力就越弱，在经历危机后恢复经济实力也就越困难。

（四）美国金融制度的缺陷

1.金融创新过度

金融创新是指金融领域内部通过各种要素的重新组合和创造性变革所创造或引进的新事物。金融创新在提高金融机构运行效率、增强金融产业发展能力和增强金融作用力等方面具有不可替代的作用，但同时也大大增加了金融风险，使金融业的稳定性下降，诱发金融市场过度投机。

在美国，相当多的银行迫于竞争压力，为了扩大市场份额，而突破商业银行的基本管理原则去发放房贷，并且在放贷中没有坚持 3C 原则，即对借款人特征（character）、还贷能力（capability）和抵押物（collateral）进行风险评估。金融机构的过度逐利行为缺乏约束，一些高管人员为追求个人短期的高薪酬不顾职业操守，为获取经济利益放松风险管控，运用复杂的数学模型，设计出晦涩难懂的金融衍生产品，不断放大资金的杠杆效应，交易信息不透明，造成金融风险不断积累和扩大。其中，资产证券化是一种重要的金融创新。资产证券化把原本集中于金融机构的信用风险，不只分散到了整个美国资本市场，而且扩散到全球相当比例的资本市场。

2.金融信息披露制度不完善

金融市场存在信息不对称与道德风险。作为一种新型金融创新工具，美国次贷进行了多次证券化，并运用了复杂的金融衍生产品工具，使得资产证券化的整个过程变得更加扑朔迷离，给参与主体带来认识上的困难。同时，在美国次级抵押贷款的发放中，信息披露不充分。根据美国 1968 年的《诚实借贷法》，贷款机构必须清晰地披露贷款交易的所有条款与成本，如果故意提供错误信息或未能完整地向消费者解释贷款的所有风险，就会以欺诈罪论处。但是由于激烈的竞争，在美国次级抵押贷款的发放中，贷款经纪商为增加业务量，获取更大的利润，开始有意或无意地放松对借款人的调查，并且降低贷款的标准。而贷款机构由于证券化的工具能够将风险市场化，因此对借款人的收入调查也不再那么重视；一些贷款机构或其代理人往往有意不向借款申请人充分、真实地披露有关次级抵押贷款的所有风险，有的甚至提供虚假借贷信息并通过各种手段诱骗申请人借款。而申请了次级抵押贷款的借款人并不知道他们所面临的潜在风险，一旦情况发生变化即房价下跌，这些低收入人群将无法还清贷款，其房屋将面临被拍卖的命运，生活再次陷入困境，贷款机构也因此陷入风险之中。

3.金融监管主体缺位

1999 年，美国通过《金融服务现代化法案》，改变了 65 年来美国金融分业经营的格局，实行混业经营，让商业银行能够从事全能银行的业务，而且在银行、证券和保险三大行业之间不设防火墙。虽然美国金融混业经营得以实现，但金融分业监管体制却没有得到调整，造成了监管的错位与滞后。金融监管没有跟上金融创新的步伐所导致的监管缺失成为引发美国次贷危机的另一个主要原因。美国现有监管体系机构众多，权力过于分散，监管职能相互重叠，表面上看起来每一业务领域都有专职监管机构负责监管，但如今金融业实行混业经营，金融机构多种业务交叉，金融创新业务往往同时涉及银行信贷、证券、保险、投资银行等多个业务领域，单一领域的监管往往使交叉领域出现监管真空，特别是对于涉及系统性、全局性的问题缺乏有效的监管和协调，导致监管缺失和效率低下。以负有维护美国经济整体稳定重责的美联储为例，它只负责监督商业银行，无权监管投资银行。而负责投资银行的监管方美国证券交易委员会，也只是在2004年经过艰难谈判后才获得监管权的，而投资银行的主要业务——对冲基金、私募股权投资基金等仍处于监管真空区。

金融监管部门极力鼓吹金融自由化，在金融衍生品交易上放弃了监管，导致金融衍生工具的泛滥。金融评级机制在此次危机中也出现了严重失误。美国次贷危机中第三方风险表现得尤为显著，特别是信用评级公司扮演了极其重要的角色。在结构性衍生信贷市场中，由于信息高度不对称，投资者严重依赖于评级公司的报告作出决策。信用评级机构对整个宏观经济的错误判断和对次贷市场过分乐观的估计，给投资者带来了巨大的风险。美国信用评级机构主要存在评级机构监管缺失，信用评级机构和证券发行人、承销商之间存在严重利益冲突和信用评级行业由于缺乏竞争导致道德风险等问题。

（五）新自由主义经济制度的推行

新自由主义思潮与金融危机的形成密不可分。所谓新自由主义，是一套以复兴传统自由主义理想，以减少政府对经济社会的干预为主要经济政策目标的思潮。由于20世纪70年代的美国经济滞胀危机，美国政府于20世纪80年代初期开始推行新自由主义经济政策，其内容主要包括：减少政府对金融、劳动力等市场的干预，推行促进消费、以高消费带动高增长的经济政策等。客观而言，新自由主义改革的确取得了一定的成效，如通货膨胀率下降、经济增长率回升、失业形势得到一定缓解等。但任何理论都有其存在的现实基础，而现实是在不断发展变化的。超出新自由主义政策的适用范围，必然会给社会带来难以估量的威胁和破坏。经过近30年的发展，美国经济形势发生了巨大的变化：大量金融证券机构置国家经济安全于不顾，利用宽松的环境肆意进行投机，并因此获取了巨额的利润，导致投机过度，虚拟经济膨胀，严重损害市场稳定的基础，产生严重的泡沫风险。美国政府没有意识到美国已经变化了的经济状况，过于迷信自由经济理论，最终导致次贷危机的发生。同时，负有维护全球金融安全和稳定职责的IMF，将主要精力放在发展中国家和新兴市场国家的金融风险上，而忽视了对国际金融秩序拥有更大影响的发达国家，特别是主要储备货币发行国——美国的经济和金融稳定状况的监管，未能发挥预警作用，而且在危机发生后应对措施也不够。

自由经济制度是资本主义制度的基本特征，也是美国成为世界超级强国并维持其霸权地位的要素之一。否定自由经济制度就等于否定整个资本主义制度的根基，坚持自由市场经济对美国来说更具现实意义。可以预见，美国不会因金融危机放弃自由经济模式。

（六）中国责任论

西方某些学者提出"中国责任论"，认为中国和其他国家的高储蓄率助长了美国的过度消费和资产价格泡沫的形成，并声称以中国为首的亚洲国家的高贸易顺差才是本次金融危机爆发的根源。前中国人民银行研究局局长张健华（2009）认为这种观点经不住深究。2008年世界金融危机是在全球经济发展不平衡的基础上爆发的，但事实上，美国的经济政策、金融监管的多重失误是造成危机的根本原因。从宏观层面来看，美国的经济政策只关注了其国内问题，而忽视了美元作为国际货币应承担的责任，最终酿成了此次危机。2000年美国网络经济泡沫破裂，2001年发生"9·11"事件、2002年美国大公司财务造假案被揭露，阿富汗和伊拉克两场战争导致美国政府开支及赤字不断扩大，国际资本开始撤离美国。为了刺激经济发展，阻止国际资本外逃和经济基本面的恶化，美国宏观经济管理当局采取扩张性货币政策和积极的财政政策的同时，又采取了主动性的货币贬值政策，以阻止可能发生的资本外逃。这样的政策组合使美国原本已经过度依靠消费拉动的经济结构进一步失衡，导致了美元的泛滥和在全球范围的流动性过剩，但是美国经济基本面并没有改变。结果，在实体经济缺乏投资空间和全球流动性过剩双重压力的作用之下，找不到投资机会的过剩资金便开始大量涌入房地产部门和衍生金融市场，资产价格过高引发的财富效应又进一步刺激了美国的过度消费，从而引发了全球性的资产泡沫。

（七）贪婪人性论

美国理查德·比特纳（Richard Bitner）在其著作《贪婪、欺诈和无知——美国次贷危机真相》一书中将金融危机看作华尔街的贪婪人性与自由主义市场精神合流导致的结果，认为华尔街贪婪的人性助长了美国享乐主义，并为享乐主义打开了便利之门，更为华尔街的金融精英们编织了一个搜罗财富的巨网。这种观点得到美国舆论的一致认同：金融衍生产品的开发，是商人的贪婪；铸币权的滥用，是帝国的贪婪；透支借贷寅吃卯粮，是消费者的贪婪。华尔街精英们在自由主义的市场精神中开动自己所有的创造力，炮制了惊人的、现在看来也是十分荒谬的各类金融工具，以此实现个人财富和价值的最大化。华尔街不仅仅创造了这些谁也不能理解的衍生工具，而且极大地使用资本杠杆工具，以放大金融交易，从而大大地放大自己在金融交易中的各类回报。华尔街几乎不受约束的贪婪，既迎合了美国人超前消费的欲望，更满足了华尔街精英无限制放大自身价值、攫取巨大财富的需要。而让华尔街精英荒谬手法得逞的，则是美元的国际货币地位以及美国自由主义的市场精神。

（八）金融危机是美国文明的危机

岳川博（2009）认为美国的文明造就了美国的繁荣；美国精神与价值观的堕落铸成2008年世界金融危机。《独立宣言》的核心是其政治哲学——民主与自由的哲学，这个哲学的基础是关于人的价值观念。基于"民主与自由"的价值立场，《独立宣言》宣告了政府及政治的基本原则，也是其法律、经济管理的根基和渊源。200多年来，上述观念支撑了美国的持续繁荣。美国的次贷危机首先昭示美国人精神和价值观的堕落。美国持续200多年的繁荣、稳定以及在全球霸主地位的确立，极大地鼓舞了美国人的自信心，美国人在原始自信的基础上变得更加自信，以至于过了头。美国过度的自信使美国人认为自己可以超越现实的财富能力，而通过透支消费永远享受高质量的生活。美国作为一个新大陆以及一个冒险家和开拓者的乐园，在美国的历史上始终洋溢着一种乐观向上和创业、创新的精神，但这种精神也日渐消退，代之而起的是享乐主义、自由主义和个人主义的价值理念和生活方式。由于美国人不加节制地消费，造成了极大的资源消耗和浪费，严重透支了美国的国家财富，而美国这个国家则利用美元的全球货币地位，透支着全球的财富。因此，美国次贷危机的本质是美国享乐主义价值观以及不负责任的全球资源和财富掠夺行为的结果。一个可怕的后果是：很难想象美国能够支付它所欠下的全球债务，如果美国以其金融崩溃的方式冲抵全球债务，不仅全球经济会受到重创，而且会使全球国家信任关系毁于一旦。因此，毫无疑问，美国金融危机就是美国文明的危机，美国已成为全球经济的破坏者，也是全球信任关系的破坏者，也必将是人类文明的破坏者。

三、2009年欧洲主权债务危机

2009年10月，希腊新任首相乔治·帕潘德里欧宣布，其前任隐瞒了大量的财政赤字，希腊2009年财政赤字占GDP比例将超过12%，是欧盟允许的3%上限的4倍多，随即引发市场恐慌。截至同年12月，三大评级机构纷纷下调了希腊的主权债务评级，希腊的债务危机随即愈演愈烈。但金融界认为希腊经济体系小，发生债务危机的影响不会扩大。然而，欧洲其他国家也开始陷入了危机，包括比利时这些外界认为较稳健的国家及欧元区内经济实力较强的西班牙，都预测未来3年预算赤字居高不下。希腊已非危机主角，整个欧盟都受到了债务危机的困扰，并且危机在不断蔓延。德国等欧元区的龙头国都开始感受到危机的影响，因为欧元大幅下跌，加上欧洲股市暴挫，整个欧元区正面对成立11年以来最严峻的考验。希腊财政部长称，希腊在2010年5月19日之前需要约90亿欧元资金以度过危机。5月10日凌晨欧盟成员国财政部长批准 7 500 亿欧元的希腊援助计划，以避免危机蔓延。但 2011 年 6 月，欧元区第三大经济体——意大利的债务问题使危机再度升级。这场危机不像美国次贷危机那样一开始就来势汹汹，但在其缓慢的发展过程中，随着产生危机国家的增多与问题的不断出现，加之评级机构不时的评级下调行为，已经成为牵动全球经济神经的重要事件。欧洲主权债务危机的爆发固然有全球性金融危机冲击的因素，但更重要的还是来自危机国家自身的原因。

（一）欧洲主权债务危机爆发的深层次原因探析

1.对周期性较强产业的过度依赖导致国民经济在危机面前显得异常脆弱

希腊、西班牙、爱尔兰等欧洲国家过于依赖受危机影响严重的周期性产业。如希腊经济主要依靠旅游业、造船业、文化业和农业，其中旅游业占比在 20% 以上。国际金融"海啸"袭来，希腊经济遭受严重打击，特别是旅游业，2009 年希腊旅游收入比 2008 年锐减 12 亿欧元。西班牙的支柱产业主要有房地产和旅游业，在 2008 年世界金融危机爆发后，房地产价格大幅下滑，房地产空置率居高不下，房地产业风险凸显；其另一支柱产业——旅游业，因前几年旅游资源被过度开发，在金融危机强力冲击下迅速萧条，目前一些度假地的酒店入住率还不足 50%。爱尔兰是一个以农业为主要产业的国家，国际金融危机对其农产品出口带来严重冲击。各国为应对危机，提振经济，纷纷采取大规模的财政刺激措施，加上财政收入锐减，财政赤字和政府债务水平普遍大幅上扬。2009 年希腊、西班牙、爱尔兰财政赤字占 GDP 的比重分别达到 15.4%、11.1%、14.3%，2010 年上述国家这一数值分别为 10.5%、9.2%、32.4%。虽然希腊与西班牙国家财政赤字占 GDP 的比重有所下降，但仍远高于欧盟允许的 3% 上限，爱尔兰的财政赤字状况不仅没有得到缓解，反而加剧了。2011 年，3 国公共债务占国内生产总值的比例分别为 165.3%、68.5% 和 108.2%，也均接近或大幅超过欧盟规定的 60% 的上限。此外，2010 年葡萄牙财政赤字占 GDP 的比重达到 9.1%，就连欧元区以外的英国，其财政赤字占 GDP 的比重都超过了 10%，达到 10.4%。欧盟中有 22 个国家财政赤字超标。这些国家的不良财政状况成为市场看空欧元的重要原因。

2.畸形的收入分配制度积累了大量危机隐患

第二次世界大战之后，欧洲各国纷纷建立了以高福利为特色的社会收入分配制度和社会保障制度。一是从工资水平上看，欧洲各国以高工资著称，就连希腊这样一个在欧洲较为贫穷的国家，社会工资水平一直在高速增长。尽管 GDP 增速始终徘徊在 1%~2%，希腊的实际工资增速却一直高于 5%，在 2008 年达到 8%——高于欧盟国家平均水平 4 个百分点。二是从社会福利方面看，各国建立了包括儿童津贴、病假补助、医疗、教育、住房、失业救济、养老保险、殡葬补助等各类福利制度，涵盖社会生活的各个方面。特别是对失业人口的巨额补助，成为拖累政府财政的重要因素。如希腊的失业率常年在 10% 左右，这在欧洲地区并不算最高的，但对于一个底子相对薄弱的国家来说，失业救济给其带来了沉重的压力。在德国，一个失业人员在失业后的第一年之内可以拿到15个月的救济金，约合原在业期间收入的60%以上；从第二年开始虽然只有12个月，但养活自己完全没有问题，导致一些"宁可失业也不愿就业"的群体出现。而希腊人至今仍享有世界上最昂贵的养老金体系。退休工人享有退休前收入的96%，养老福利即使在经济合作与发展组织的30个最富有国家里也名列前茅。失业人口多，也限制了政府的税收收入的增加，希腊的总体税收一直维持在GDP的40%，多年没有提高，而支出却在逐年增加。这种财政收入勉强维持与工资福利持续攀升的状况形成了鲜明的对比，畸形的收入分配制度给政府财政带来的压力愈来愈大，危机风险隐患不断积聚。

3.欧元单一货币制度的先天缺陷使其在危机应对上处于更加被动的位置

毋庸置疑，对欧元区各个国家来讲，单一货币制度有着降低成本、提高贸易便利性、促进区域经济一体化的优势。但这种单一货币制度也存在一些先天的缺陷：

第一，欧元区各国在充分享受统一货币低成本的同时，也让渡甚至丧失了货币政策的独立性和主动权。因为欧元区国家实行统一的货币政策，意味着不论穷国、富国，财政状况和进出口形势如何，都将实施"一刀切"的货币政策，特别是秉承德国等国家"盯住通货膨胀"的单一货币政策，崇尚"无通货膨胀的经济增长"模式，这使得希腊等国享受到近10年的低廉借贷成本，维持了较高的经济增长，但同时也掩盖了其生产率低但劳动成本高等结构性问题。同时，单一货币政策与各国政府各自为政的财政政策必然产生不可调和的矛盾。在2008年世界金融危机爆发之际，陷入危机的国家无法因地制宜地执行货币政策，进而无法通过本币贬值来缩小债务规模和增加本国出口产品的国际竞争力，只能通过紧缩财政、提高税收等压缩总需求的办法增加偿债资金来源，这使得原本就不景气的经济状况雪上加霜。

第二，在单一货币制度和欧洲经济一体化的背景下，一国主权债务危机往往会通过"传染"效应向其他国家扩散。事实上，2009年4月的爱尔兰危机，就开始引起国际市场的关注；到10月份希腊政府宣布巨额财政赤字后，市场更是被悲观情绪笼罩，各大评级机构纷纷下调希腊信用等级。而作为单一货币区，欧元区内任何成员出现问题，都有可能对整个欧元区产生溢出效应而波及其他国家，从而影响到欧元区的整体经济稳定。

第三，在危机救助机制方面，在欧盟现有法律框架下，欧洲中央银行不能对成员国进行救助，这在危机期间难免加剧市场看空欧元和欧元区经济前景的冲动。在欧元区内部，德国、法国等发达国家在救助希腊和本国利益之间艰难权衡，虽然希腊有向IMF寻求援助的想法，但遭到欧盟反对，认为这将可能损害到欧元区信誉和欧元地位，因此危机救助面临"两难"的选择。但之后，经过长时间的讨价还价后，欧盟终于明确了对希腊的援助机制，并与IMF联手援助希腊。

4.国际市场投机行为在欧洲主权债务危机中起到推波助澜的作用

市场投机行为往往打着"创新"的旗号，通过金融衍生品等渠道，牟取利益。2001年希腊加入欧元区时，由于不符合《马斯特里赫特条约》规定的"公共赤字占GDP的比重不得突破3%、公共债务占GDP的比例不能超过60%"两个关键标准，美国著名投资银行高盛集团为希腊政府设计出了一种"货币掉期交易"的方式，为希腊政府掩盖了一笔高达10亿欧元的公共债务，不会在希腊的公共负债率中表现出来，从而使希腊在账面上符合了欧元区成员国的标准，高盛集团因此收到希腊高达3亿欧元的佣金。然而，高盛集团深知希腊通过这种手段进入欧元区，其经济必然会出现隐患，最终出现支付能力不足的问题。为了防止自己的投资落空，高盛便向德国一家银行购买了20年期的10亿欧元信用违约互换（CDS），以便在债务出现支付问题时由承保方补足亏空。随着货币掉期交易到期，希腊的债务问题逐渐暴露出来，随即欧元下跌、希腊评级降低、融资能力下降、成本剧增（借贷利率高出一般新兴国家两倍以上）。由于希腊金融状况的恶化，对希腊支付能力承保的CDS价值翻番上涨，高盛集团从中再次牟利。在危机的发生与蔓延过程中，国际市场投机行为的"推手"作用不容忽视。

（二）欧洲主权债务危机给全球经济和金融带来较大冲击和风险

1.恐慌情绪快速蔓延，欧洲乃至全球金融市场受到较大冲击

希腊等欧洲国家主权债务危机爆发后，市场恐慌情绪迅速蔓延。市场出于对希腊及欧元区主权债务的担忧，纷纷看空欧元，导致欧元兑美元汇率快速下跌，自2009年11月底的1.51一直下滑到2010年3月19日的1.35的心理关口，短短3个月时间里，欧元兑美元汇率已经下跌近10%。与此同时，欧洲央行的量化宽松政策以及美元的走强进一步加剧了欧元的贬值。2015年12月31日，欧元兑美元的汇率已降至1.0926。没有加入欧元区的英国也未能独善其身，2009年英国财政赤字占GDP比例达到11.4%，2010年这一比例略下降为10.4%，几乎与希腊的10.5%相当。而随着英国脱欧公投的公布，国际评级机构纷纷下调了对英国的信用评级，这也造成了英镑的快速跳水。此外，由于"金融传染"机制的作用，国际上其他金融市场也饱受拖累。汇率风险的不断上升，使欧元遭到大肆抛售，这也造成了欧洲股市的持续下跌。如自2014年4月携5年期国债"回归"国际金融市场之后的18个月里，希腊股市深跌70%。可见，债务危机所带来的影响仍在欧洲持续发酵，经济发展的非均衡性仍使得欧洲经济的复苏进程举步维艰。

2.欧洲国家融资成本上升，或引发全球经济刺激措施延迟推出

欧洲主权债务危机的爆发使国际社会产生对欧洲国家因日益高涨的财政赤字而导致债务违约风险的巨大担忧，对其政府的信誉和偿债能力的信任度锐减，纷纷减持相关国家的国债，或是买入CDS，以对冲债券违约风险。与此同时，对债务问题严重国家的担忧使得公司债的投资者也利用CDS等衍生品对冲违约风险。这导致希腊、葡萄牙等欧洲国家国债收益率大幅攀升。过高的国债利率不仅大大提高了这些主权国家的政府融资成本，而且也增加了原有债务的偿还压力，让缩减赤字的财政紧缩措施实施起来更加困难。同时，由于一国的国债利率大多与企业债券利率走势一致，如果国债利率大幅飙升，企业的融资成本也将随之上升，从而给实体经济带来强烈的紧缩效应。而企业的困境将进一步传导给金融机构，欧洲银行业不良资产大幅上升，股价大幅下降。如自2015年1月至2016年7月，德意志银行的股价从40美元下跌到12美元左右，意大利裕信银行的股价从5欧元跌至1.7欧元等。这在很大程度上限制了欧洲的信贷扩张能力，从而推升了其社会融资成本。因此，在欧洲经济一体化的背景下，欧元区债务危机必然引发连锁反应，拖累欧元区各国乃至整个欧盟经济复苏。更有甚者，在当今世界经济全球化的浪潮下，欧洲主权债务危机会对全球投资者和决策者的信心带来打击，从而给刚刚复苏向好的世界经济发展蒙上一层阴影。

3. 欧洲主权债务危机对中国的直接影响有限，但仍须引起高度关注

总体上看，欧洲主权债务危机对中国的直接影响十分有限。这主要基于以下几个方面的判断：其一，由于中国对欧洲的出口主要集中在一些发达大国，希腊、西班牙、葡萄牙等并非中国的主要出口市场；其二，中国在欧洲特别是希腊、葡萄牙、西班牙、爱尔兰等国的投资数额非常小；其三，出现债务危机的都是经济规模不大的国家，其经济总量占欧元区经济的比重还不到10%，而且在欧元区以外，主权债务发生问题的英国总体债务水平不是很高，其公共债务额在2015年占GDP的81%，远低于欧洲五国（葡萄牙、意大利、爱尔兰、希腊、西班牙）的债务水平，在主要西方国家中处于中等水平。此外，英国债务具有可持续性，还债压力不是很大，且信用度仍然较高。关键在于，英国不受欧洲统一政治体的约束，可以通过发展经济和增加税收来解决债务问题，也可以通过英国央行印发钞票来弥补债务缺口，因此不太可能引发全球经济的"二次探底"。

但是欧洲五国的债务危机会对欧盟的整体发展造成一定影响，从而给中国带来一定的间接影响。欧洲一些最大的银行在希腊、葡萄牙、西班牙等国都有不少的投资和业务，债务危机势必影响到这些投资，进而影响到欧元区乃至整个欧洲的稳定；同时，欧盟鉴于经济一体化"同生共荣"的角度考量，对于希腊等国的主权债务危机采取了相应的救助措施，提供了援助，给欧盟带来了一定的负担。由于欧盟是中国第一大贸易伙伴，它受欧债危机影响而呈现出的经济发展疲软，势必影响中国对欧盟的出口。据统计数据显示，2009年，中国对欧盟出口总值达2 362亿美元，在出口额中占比为19.66%。由于欧洲主权债务危机的爆发，欧洲国家的购买力受到了一定程度的影响，中国一些地区出口欧洲国家的企业开始受到影响。欧洲主权债务危机爆发后，由于欧盟国家债务危机的不确定性，特别是对发生危机的地区出口很可能出现收不到款的情况，我国对欧出口增长受阻。据国家统计局公布的数字，2015年，中国对欧盟出口同比下降8.1%，在出口额中占比下降了17.7%。又据中国出口信用保险公司浙江分公司数据显示，2016年1—6月，由于部分欧洲企业经营及财务状况不稳定，买方信用风险增加，浙江企业对于欧洲地区报损案件明显增多，且金额远超其他洲别，占报损总额的43%。同时，欧元的持续贬值对于中欧贸易的影响巨大，中国对欧出口产品成本增加，在欧洲市场上的竞争力就会削弱，这些负面影响不容忽视。

（三）欧洲主权债务危机对中国的几点启示

1.财政收支和政府债务管理必须坚持审慎原则

希腊等欧洲国家的财政赤字和公共债务是IMF安全底线和欧盟财政守则所规定水平的3~4倍，不论在发达国家还是新兴市场国家都是非常危险的，因而出现危机并不奇怪，中国必须引以为鉴。据中国财政部公布的资料显示，2009年财政赤字占GDP比重低于3%，总债务占比不足20%，远低于国际警戒线的60%；2010年中国财政预算收支差额大体是1.05万亿元，财政赤字占GDP比例控制在2.8%左右，政府债务控制在30%以内；2011年全国财政预算赤字9 000亿元，低于2010年的1.05万亿元，财政预算赤字占GDP的比重也由2010年的2.5%下降到2%左右。由此可见，中国财政赤字占GDP的比重始终控制在国际警戒线3%以内，总体是可控的。但是，在国际经济谨慎复苏的背景下，中国必须未雨绸缪，继续坚持财政收支和债务管理的审慎原则，特别是加强地方政府债务管理，在经济刺激和宏观稳定上找准平衡点，稳步推进收入分配改革，同时切实把握好经济刺激政策推出的时间和力度。

2.加强和改善外汇储备多元化管理

外汇储备作为一国经济金融实力的标志，是弥补国际收支逆差、稳定本国汇率以及维护本国国际信誉的重要物质基础。截至2016年年底，我国外汇储备规模为30 105.17亿美元，且在外汇储备的结构上，以美元计价的资产占据了绝对的比例。由于美元2015—2016年较为强势，因此今后一段时间保持较多的美元储备是适合的；但从长远来看，美元复苏缺乏内在动力，实际购买力有可能进一步下降。适当降低美元比重，提高非美元货币比重将是未来外汇储备结构的必然变化趋势。

当前，中国在尝试推进外汇储备多元化的过程中，不妨考虑在欧元处于低位的时候，择机将外汇储备中的部分美元资产转换成欧元资产，如德国、法国等欧元区经济强国的国债。一方面中国与欧元区的经济合作日益密切，加大欧元资产占比有利于推动双边经贸关系的进一步深化发展；另一方面有利于分散资产组合，化解长期储备资产风险。同时，从国家战略的高度，循序渐进地利用一定的外汇储备投资黄金、国外股权资产，购买国外资源、专利权等，兼顾外汇储备的安全性、流动性和收益性，逐步实现外汇储备多元化和保值增值的目标。

3.积极参与区域乃至国际货币事务

首先，中国要遵循渐进原则，稳步推进人民币国际化的进程。截至2016年9月，中国已与越南、蒙古国、朝鲜、俄罗斯、老挝、尼泊尔等33个国家签订了双边货币结算与合作协议。随着加入SDR，人民币名正言顺地成为国际货币基金组织180多个成员的官方使用货币，在很大程度上提升了人民币的国际认可度。在此基础上，可以积极主导亚洲货币合作，创建亚洲货币基金、亚洲货币单位和亚洲汇率机制，逐步提升人民币的影响力并使之成为区域内的主要货币，实现人民币亚洲化。我国还可以利用欧元信誉危机，积极推动与以欧元部分结算贸易的国家如伊朗、委内瑞拉等在双边贸易中使用本币结算，并继续扩大人民币同其他国家和地区的货币如日元、泰铢、新加坡元等的互换合作，以增加人民币的国际使用量和覆盖面。

其次，要积极参与和推动金融监管的国际合作。加快金融监管的国际合作进程，联合其他国家应对和加强国际对冲基金的监管，打击国际投机行为。在全球范围内，建立一个行之有效的统一合作监管模式，以抵御国际投机资本的负面冲击。例如，应该在全球范围内建立《金融衍生品交易透明度条约》，实现金融衍生产品交易合同的透明化。

4.调整和优化出口结构

出口企业应时刻做好应急准备，未雨绸缪，将可能出现的损失减到最小。首先，出口企业要密切关注进口国的经济状况和社会稳定的情况，如果局势出现恶化，在签订出口订单时就要采取更加谨慎的态度，可以考虑在进口国以外的其他地区开辟出口市场。其次，出口企业要灵活运用即期结算、货币多样化结算、套期保值、远期结售汇、出口信用保险等金融工具，将汇率波动和因国外进口商信用下降导致的风险降到最低。最后，出口企业要习惯在危机中生存和发展，就是要通过自主创新、兼并重组等手段进行企业的战略调整，练好内功，不断提升在国际市场的核心竞争力，建立并保持自身在国际市场独特的持续竞争优势，这才是积极应对一切危机的根本所在。

第四节　后危机时代世界经济格局的特点及中国的对策

一、后危机时代世界经济格局的特点

随着各国经济的复苏，金融危机似乎已经逐渐远去，后危机时代来临。所谓的后危机时代是指经济危机缓和后，出现的一种比较平稳的状态。但这种状态只是相对而言的，因为危机的根源还没有消除，危机也没有真正地结束，影响依旧存在。在这样的环境下，世界经济的格局将呈现出以下特点：

1.改革旧的金融体系或重建新的金融体系

2008 年世界金融危机的爆发，暴露了当今的国际金融体系存在的许多缺陷和不足，使改革或重建一个新的金融体系势在必行。在后危机时代，是选择欧盟所主张的将现行的金融体系全面否定，推倒重来；还是选择新兴经济体所倡导的实施全面改革，其最终结果还要取决于经济、政治力量之间的博弈。在危机的压力下，尽管 G20 峰会已经加快了金融体系的改革进度，但在后危机时代，改革能否真正持续下去值得关注。

2.新兴经济体增长态势强劲

尽管在短期内，世界的经济格局不会发生根本性的变动，但在后危机时代，新兴经济体的强劲增长态势一定会对世界经济的格局产生强烈的冲击。第一，快速崛起的新兴经济体使世界经济重心"由西向东"转移，特别是亚太地区对全球经济的推动作用更加明显。第二，新兴经济体的内需活力逐渐形成，对欧美经济的依赖程度不断下降。随着新兴经济体实力的增强，必然会加快世界经济的多元化发展，彻底改变世界经济格局。另外现行的世界金融管理体系所存在的弊端，在金融危机面前已暴露无遗，发展中国家，尤其是新兴的大国都要求对体系进行重建，希望得到与其实力匹配的地位。虽然发达国家完全主导的局面已有所突破，但其在全球经济管理体系中依然拥有主导地位。随着经济复苏，它们对世界经济秩序深度调整的动力势必会有所下降，在后危机时代，建立一个公平、公正、包容、合理的国际经济秩序，将是一个曲折的过程。

3.固有的"共生模式"受到影响

20 世纪 80 年代，国际贸易和投资不断发展，由于国家间的资源优势不同，逐渐形成了以澳大利亚、OPEC、巴西为代表的资源国开采原料，出口给制造和消费国，原材料的价格是影响这些国家经济增长的主要因素；中国、韩国、日本、印度等生产国加工制造后，再卖给消费国，外需成为这些国家经济增长的主要因素；欧盟、美国等消费国占据着世界经济体系的主导地位，拥有着"规则"制定权，币值变动是它们调节经济的关键。其中，消费国的平稳增长是这个分工体系稳定运行的关键，而金融危机正是打破了这种秩序，影响了"从资源国到生产国再到消费国"这个发展模式的连续性。虽然金融危机的阴霾已经过去，但其后出现的后危机时代对固有的"共生模式"依然存在影响。

二、中国应对策略探讨

（一）针对后危机时代的制度改革

2008 年世界金融危机是由美国次贷危机所引起的，它是一场发生在美国，因次级抵押贷款机构破产、投资基金被迫关闭、股市剧烈震荡引起的风暴。它的爆发根源是美国的金融体系问题。这次危机为中国如何处理金融制度中存在的弊端提供了启示。首先，要对金融监管环节进行改革。美国这次危机发生的一个主要原因就是在金融监管领域的缺失。"金融大鳄"乔治·索罗斯在接受采访时指责金融危机爆发的主要原因是政策制定者放任市场，并让其自动调节。这告诉我们，市场虽然能很好地调节经济，但也不能过度依赖市场本身的调节，政府要从宏观上把握形势，在保证"无形的手"的作用充分发挥的同时加强监管，建立风险的预警机制和相应的规章制度。其次，次贷危机所引起的经济危机，是由于投资公司、对冲基金、银行业、保险公司等相互联系链条中产生了问题。因此，在日后的金融体制改革中，要建立一种混业监管体制。混业监管体制是把某一个国家的金融业（投资公司、对冲基金、银行业、保险公司）作为一个统一的整体进行管理。同时，混业监管体制也能对这个链条中的各部分进行层层监管，实现从点到面的撒网式管理。随着经济全球化进程的加快，中国需要建立适应全球化的监管制度，以应对世界经济全球化所带来的问题。最后，要变革激励制度。这次危机的另一个重要原因是金融机构投机的过度，过度重视经济效益，从而忽视了社会效益。因此，应将社会效益引入金融体系的考核机制，改变以往只重视经济效益的理念，变革金融管理观念。

（二）针对后危机时代的增长方式转变

美国次贷危机引发了世界性的金融危机，而金融危机又影响了中国的实体经济，中国经济的增长速度出现了下滑。由于中国出口导向型的经济模式，虽然金融开放程度并不高且相对滞后，但仍然受到了金融危机的较大影响。众所周知，投资、消费、出口是拉动国家经济增长的"三驾马车"。如果出口占GDP的比率过高，这个国家的经济模式就被称为出口导向型模式。出口导向型是指政府各级组织和整体社会资源，全面优先分配并支持商品外贸，包括学习国际市场、产品、服务、设计及制造、物流、售后服务等。可以看到，出口导向型经济有利于突破国内狭小范围的限制，为闲置的资源或剩余产品提供出路，让国内的生产资源得到合理的分配和充分使用，这样既提高了资源的使用效率，也给整个国家带来了更多的经济效益。中国连续几年的贸易顺差和丰富的外汇储备就是在这种发展模式下取得的。通过扩大出口能使出口行业得到巨大的经济效益，增强其国际竞争力。这种模式建立在国际市场需求能支持中国经济高速发展的基础上。但当经济危机爆发时，国际市场对中国产品的需求出现萎缩，不能支持中国出口，中国的企业由于没有了市场，需求不足，必然会缩小经营，甚至破产。所以说，出口导向型的经济模式所潜藏的危机在金融危机爆发时暴露了，从而影响了中国经济持续、快速发展。因此，中国必须转变经济增长模式，扩大内需，有效地利用中国广阔的内部市场。

（三）针对后危机时代的企业出口战略

世界金融危机的爆发给中国的许多出口企业造成了沉重的打击，尤其是纺织品和玩具生产企业。在深受金融危机影响的同时，这些企业还承受着来自国内信贷、汇率、成本和税收调整的多重压力，许多纺织企业到了生死存亡的境地，玩具企业也屡屡因产品质量问题遭遇产品召回。企业缺乏长远的规划，是其陷入困境的主要原因。因此，出口企业应该制定长期的发展战略与目标，这样在短期内遇到问题时，便可以根据长期发展战略作出相应的调整，从容应对。如前述纺织品和玩具企业，以往生产的主要是低附加值的产品，这种以低附加值产品为主的结构使企业在遭遇国际市场需求不足的情况下常常经营难以为继。因此，出口企业应从长远着眼，进行产品转型，从生产低附加值的产品转移到生产高附加值的产品上来，从而调整产品结构。这就需要出口企业通过加大研发投入，研制新产品，从而提高产品附加值。虽然 2008 年世界金融危机给中国出口企业带来了很大的影响，但是通过总结经验、反思不足，作出相应调整，出口企业依然具备保持并不断提高国际竞争力的基础。

第十章

世界经济发展热点与发展趋势

第一节　世界经济热点问题

一、针对全球气候问题的关注与博弈

一直以来，全球的气候与环境问题是世界各国关注的焦点。2009年年底在丹麦召开的哥本哈根会议对全球气候危机、主要国家的中期减排目标、发展中国家减排行动、全球减排的金融和技术支持、全球适应气候变化的治理机制等议题进行了磋商。由于各国利益难以协调，发达国家主控会议，会议达成的《哥本哈根协议》并不具备法律约束力，正式的全球减排框架并未建立。虽然会议的结果令人失望，但是哥本哈根会议引起了对气候变化问题的大讨论，为各国在应对气候变化、节能减排及发展低碳经济等方面提供了表达诉求的舞台，最终协议也维护了《联合国气候变化框架公约》《京都议定书》确立的"共同但有区别的责任"原则，就发达国家实行强制减排和发展中国家采取自主减排行动作出了安排，并就全球长期目标、资金和技术支持、透明度等焦点问题达成广泛共识，从而对世界经济的发展产生深远影响。面对全球气候变化与生态恶化的严重形势，改变经济发展方式，调整产业结构和能源结构，发展低碳经济，建设低碳社会，走低碳发展道路，将成为世界共识。在这一共识的基础上，发达国家势必要争夺低碳经济的主导权和话语权，各方关系将发生深刻调整，从而导致世界经济出现新的发展趋势。

（一）全球气候问题对世界经济的影响

1.发达国家和地区将加快社会发展模式转型

低碳经济是一种新型发展模式，是21世纪人类最大规模的环境革命，也是一场深刻的经济社会革命。未来，作为低碳经济的倡导者和先行者，发达国家和地区必然会加快从传统的消费型社会向资源节约型和环保节能型社会的转型。全球这种

高度资源消耗型经济发展模式和生活方式将为发达国家所摒弃。制定和践行低碳标准，把低碳作为一种社会责任，限制高碳产品消费和进口很可能成为发达国家实现转型的重要措施。节能环保、开发可再生能源将成为发达国家最优先考虑的目标。有关气候变化的危机意识、低碳经济和减排概念将深入人心，新的经济增长方式和新的生活方式将成为主流，这也将成为发达国家对外输出的新理念。美、欧、日、加、澳等都已不同程度地实施了自愿减排，尤其是欧盟地区，环境保护已经走在了美国的前面。2005年欧盟即建立起统一的减排框架，涵盖能源、钢铁、水泥、陶瓷、造纸等行业，并不断扩大。在哥本哈根会议上，欧盟总量减排的承诺比美国作得更大。虽然哥本哈根会议没有达成什么实质性的减排协议，但是欧盟完全可能自己践行总量减排，走在世界的前面。可以预见，未来欧盟经济将会以低碳经济为主，对于石油等能源的消耗将逐步减少，欧盟也将以此作为争夺和提升世界话语权的依据。

2. 新的贸易投资机会将被催生

低碳产业链不仅涵盖清洁能源、节能环保等新兴产业，带来环境效益和经济效益，还延伸到制造、建筑、交通、物流、销售等传统领域，通过转变经济发展方式，突出低消耗、低排放、高附加值的新技术和现代服务业的发展。这种发展模式会从政府层面扩展到实体经济层面，并通过相关技术和服务的需求的扩大带来良好的经济前景和就业机会，从而产生巨大的贸易投资机会。因此，在后危机时代，低碳经济将逐渐成为全球结构调整的重要驱动力，也将是引领经济复苏的重要增长点。

欧盟在2014年5月批准向名为"生命"的环境计划基金注资2.8亿欧元，以支持225个环境保护与气候变化方面的工程项目。中国政府要加大投资，加快建设以低碳排放为特征的工业、建筑、交通体系，到2020年，中国新可再生能源投资总额要达到2 680亿美元。2013年4月，俄罗斯政府通过俄能源部制定的《2013—2020年能源效率和能源发展规划》。根据该规划，到2020年俄罗斯单位国内生产总值能源消耗将比2007年降低13.5%，原油加工深度平均提高至85%。为实现该规划在"节约能源和提高能源效率""能源发展和现代化""石油工业发展""天然气工业发展""煤炭工业重组和发展""再生资源使用发展""国家规划实现保障"等方向的相关国家项目，计划投入28万亿卢布预算外资金和6 670亿卢布预算资金。印度政府制订计划，采取补贴政策加大对新能源的支持力度，并由国家投资和建立国家能源基金来资助新能源技术开发。

发达国家和新兴发展中大国在低碳经济方面作出的努力及这种努力产生的巨大需求，将会在相关产业和产品中产生巨大的现实和潜在的贸易投资机会，低碳经济相关领域将成为世界上众多投资者的核心投资理念。

3. 碳减排国际合作潜力巨大

近些年来，全球碳排放交易蓬勃发展，成为获利巨大的新兴贸易领域。2005

年生效的《京都议定书》形成的"碳排放权交易制度"，促进了发达国家和发展中国家通过开展合作减排温室气体的共同行动。2008年全球碳排放交易额达到1 263亿美元，比2005年增长近11倍，其中欧盟排放交易框架下成交近31亿吨二氧化碳当量，交易额为919亿美元。发展中国家通过清洁发展机制（CDM）参与国际碳排放交易。截至2015年年底，中国在CDM执行理事会成功注册的CDM项目达到3 806个，成为全球CDM项目的最大供应国。印度从2008年4月开始进行碳交易，2012年建立了印度节能交易计划，针对印度国内的水泥、钢铁等行业实施强制性的减排交易策略。同时，印度推出了欧盟减排许可期货。通过清洁发展机制，一方面发展中国家可以获得资金和技术，实现可持续发展；另一方面，发达国家通过碳交易异地购买减排指标，可帮助其实现自身的减排任务。尽管全球碳排放交易市场仍处于分散状态，但各国已经认识到建立统一市场对降低经济成本、促进全球减排的重要性。同时，在碳交易市场的发展中，全球性的碳基金、碳信贷、碳保险、碳证券、碳期货等一系列创新金融工具的发展将成为今后一段时期的发展重点，这需要各国在相关制度和标准建设上的协调与努力。碳减排的国际合作领域将不断扩大和深入，新的合作发展空间将被不断拓展。

4.碳关税可能成为影响国际贸易的新保护主义

欧美等发达国家在碳减排方面有技术、有实力、有利益。为保持国内产业竞争力，发达国家一直试图把气候变化与国际贸易联系起来，对不量化减排国家的出口产品征收碳关税。2009年6月，美国就通过了《清洁能源安全法案》，提出要对机电等产品征收碳关税，拟迫使中国等发展中国家按其要求进行减排。由于发达国家并不真正担心发展中国家实施报复措施，是否出台碳关税的核心考虑因素仍是国内政治、经济需要，且当前各国的主流政治力量均倾向于对未承担减排义务的国家实施"碳关税"。因此，从长期看，发达国家必然会在碳关税问题上达成一致，并更有能力对进口产品联合采取边境限制措施。

碳关税形式上具有合法性，以GATT的一般性例外原则作为其法律依据，使得实施碳关税贸易具有法律上的合理性，并通过立法使碳关税取得形式上的合法性。碳关税在实施对象上具有歧视性，发达国家进口的高碳商品既有来自发达国家之间的贸易，又有来自于像中国、印度这样的发展中国家的贸易，然而"碳关税"征收对象只是包括中国在内的发展中国家，对象设定上带有歧视性。碳关税影响面具有广泛性，碳关税矛头将直指高二氧化碳排放产品，造纸、钢铁、水泥、化肥及玻璃制品业等产品的出口会直接受到冲击，其影响力还将覆盖到所有这些行业的上游供应商，甚至整个供应链，包括化工、五金、包装等其他行业。

碳关税实质上是以美国为首的发达国家基于本国利益考虑而采取的有损广大发展中国家利益的贸易保护措施，这不仅违反了WTO的基本规则，也违背了《京都议定书》确定的发达国家和发展中国家在气候变化领域"共同而有区别的责任"原则和"历史责任"原则，是戴着"绿色帽子"的新保护主义。如此，它们不仅能够通过本已形成的本国低端制造业外移，将其应承担的减排责任和成本转嫁给发展中国家，并且能够通过减排技术转让、减排设备出口和进口关税等手段获取利益，进而又能从一定程度上推广低碳减排理念，促进全球低碳经济发展，一举三得。因此，在后哥本哈根时代，国际碳关税实施的可能性加大，新的贸易保护主义将不可避免地形成。

5.战略性新兴产业国际竞争趋于激烈

低碳经济势必成为各国尤其是发达国家发展战略的主攻方向。作为低碳经济涵盖的范畴，以节能环保、信息技术、新能源、新材料、生物医药和生物育种等为主体的战略性新兴产业成为各国竞相发展的重点。目前，世界上大多数国家和地区都制定了鼓励清洁能源、信息技术、新材料、节能环保产业发展的政策，全力抢夺未来的产业制高点和核心竞争力。在全球化的世界经济体系中，一国一旦在某一领域形成竞争优势，必然会依托这一优势制定有利于自身的行业标准、产品标准，塑造新的国际分工格局。占领低碳经济先机的发达国家更是有可能凭借先行者的产业优势对发展中国家形成制约，使之陷入"经济发展—能源短缺，气候变化—国际分工利益受损—发展受挫"的轨道。无论是发达国家还是发展中国家都认识到，如果不能迎头赶上低碳经济的步伐，很可能在新一轮国际分工中被边缘化，成为国际规则的被动接受者。因此，与低碳经济密切相关的战略性新兴产业将成为各国竞相发展和争夺的重点，争取国际资源的重点配置，获得高新技术，拓展新兴产业国际市场发展空间，将成为后哥本哈根时代新兴产业的竞争重点。

（二）中国面临的挑战

全球气候问题受到普遍关注。减排和发展低碳经济的博弈势必对中国这样一个高排放的制造业大国带来多方面的挑战。

1.中国应对气候变化压力加大

根据《哥本哈根协议》，减排目标、对新兴经济体的减排核查、对发展中国家的资金援助和技术转让等是会谈的核心内容，也是主要的分歧所在。在上述每个议题上，中国都面临着巨大的挑战。例如，在减排目标上，发达国家要求中国等新兴经济体制定绝对减排时间表，遭到坚决拒绝。尽管中国正在实施的国家节能减排措施成果显著，但仍应当看到，中国的绝对排放量也在快速增长。1990—2007年，中国的温室气体排放量几乎增加了两倍。根据世界资源研究所发布的数据，2013年，中国成为全球温室气体排放量最大的国家，且较2012年增长了4.3%，高于前十大排放国排放量增长的2.2%。这不仅为中国带来经济增长方式转变和结构调整的巨大压力，也客观上成为发达国家对中国施压的重要理由，同时成为对全球气候变暖充满恐惧的部分发展中岛国和非洲国家附和发达国家并指责中国的重要理由。可以预见，在未来的国际谈判中，由于绝对排放量的不断增加，中国势必面临来自西方发达国家和其他发展中国家的越来越大的压力。

2.中国出口增长将受到阻碍

美、欧发达经济体碳关税出台的可能性加大。但就目前的技术标准，征收碳关税无法达到一个统一的客观标准，如在定义与进口产品"同类"或"竞争性"的国内产品、在定量判断出口国与进口国减排措施的差异等方面。因此，碳关税的出台必然带有很强的随意性。尽管近年来中国出口产品的市场结构已经多元化，但对发达国家市场的依赖性仍然较大。2015年，中国产品对美出口占到出口贸易总额的18%，对欧盟出口占15.7%。一旦开征碳关税，势必会对中国的出口造成不小的影响。一方面对于少数有能力达标的企业，因减排技术研发和设备的投入的增加，产品价格上涨，价格优势削弱，出口减少；另一方面对于大部分企业来说，因资金、技术等方面的限制，产品碳排放不能达标，碳关税即意味着出口成本上升，在某国或某一地区市场份额的下降和封闭。这将严重阻碍中国出口保持较快的增长水平，甚至使中国出口出现下降。据美国智库分析，如果美、欧发达经济体每吨二氧化碳征收30美元关税，相当于对中国出口全部制造产品加征26.1%的关税，将使中国制造业出口下降20.8%，国民福利下降3.7%。在各新兴发展中国家中，中国受冲击的幅度最大。一旦美、欧发达经济体在碳关税上有所动作，其他发达国家必然迅速仿效，采取集体行动，并裹挟很多发展中国家加入，引发"羊群效应"。而中国作为最大的排放国，在内需尚未完全启动，国内整体营商环境有待改善，出口在相当一段时间内仍是促进经济增长的重要动力的情况下，出口增长压力的增大，必然最终导致国民经济增长受到影响。

3.中国制造业及相关产业链可能面临较大冲击

中国现在正处于工业化、城镇化加速发展的重要阶段，经济增长和居民生活水平的提升要求制造业有一个相当长的高速发展期。在低碳减排技术没有实质性突破的情况下，制造业高速发展必然导致能源消费的增长幅度加大，再加上中国人口众多等因素，必将使中国温室气体的排放量在一定时期内居高不下。在中国2020年单位GDP二氧化碳排放量要比2005年下降40%~45%的减排承诺压力下，制造业的发展势必会受到一定程度的冲击，尤其是中国化工、有色金属、钢铁、造纸等二氧化碳排放量最多的行业，这些行业未来面临着效益和碳排放量的结构平衡问题。更为重要的是，碳关税全面实施的可能性的加大将对中国制造业的出口带来较大冲击，从而对中国高碳制造业带来严重影响。据联合国能源署分析，碳关税的全面实施将使中国制造业平均降幅达到3%~6%，能源密集型行业失业率上升1%~2%。假设碳关税征收水平为每吨二氧化碳征收30~60美元，则相当于提高中国制造业出口成本的3%~8%。而据商务部对中国计算机、通信设备、工程机械、家电等15个机电产品重点行业调研显示，这些行业的平均利润率普遍在3%~6%，如果出口成本提高3%，多数行业出口企业利润将减少一半以上，部分中小制造企业将面临亏损和倒闭。制造业面临的冲击显而易见，同时，碳关税的危害还将覆盖到制造业的上游供应商，甚至整个供应链，若没有可替代的产业出现，而仅仅是单纯地淘汰现有的高能耗、高排放产业，很可能会造成产业链的断裂。

4.中国威胁论的影响面扩大

由于中国经济的高速增长，中国成为世界上能源消耗大国，也是二氧化碳排放量最大的国家。发达国家不断向其他发展中国家灌输所谓"中国气候威胁论"，即中国的发展是以牺牲其他发展中国家甚至小岛国的利益为代价的，是造成世界气候变化的重要因素，致使这一论调目前在国际上颇有市场。中国是排放大国，是经济强国，许多国家对中国减排的期待增大，要求中国承担更大的责任。中国已经被推上国际社会的前台，成为矛盾漩涡的中心，回旋余地减小，外交政策战略只会面对更高的挑战。许多发展中国家对中国作为发展中国家的身份认识越来越模糊，以至于中国作为发展中国家而提出的减排目标在国际社会的反应低于预期，维护发展中国家内部团结的任务更加艰巨。由此可见，中国实施开放经济战略的外部环境变得更加复杂，直接影响中国企业"走出去"，影响中国对外交流活动的开展。

（三）中国面对世界减排问题与低碳经济发展博弈的对策

总的来说，实现节能减排和低碳社会是一个光明的未来，后哥本哈根时代使得各国对这一光明未来的追求更加迫切。对中国而言，通向低碳社会的道路并不一帆风顺。在对待碳减排和低碳经济的问题上，我们既要避免过多承担责任而制约未来经济发展，又要避免过于谨慎小心而错失发展贸易与投资的良机。正视后哥本哈根时代的世界经济形势，把握低碳时代脉搏，勇于面对挑战，从国际、国内两个层面采取对策推动中国经济社会向更高层次发展。

1.加强外交合作，扩大碳减排回旋余地，增强话语权

一是要加强与发展中国家的合作。加强与印度、巴西和南非等发展中大国的协调配合，善于利用欧美的差异和分歧化解减排压力；强调发展中国家历史排放较少、经济增长较快、制造业比重较大、人均排放量较低等现实情况，反对"一刀切"的量化减排；在有关低碳减排的国际舞台上，善于利用"离岸排放"等新概念，指出发达国家进口和消费高排放产品，同样对碳减排负有责任，应将减排量在生产国与消费国之间合理分配，反对将气候变化与贸易问题挂钩，倡导以人均碳消耗量和历史累积排放量为基准的新型碳减排责任标准，以反制美欧等发达国家提出的"碳关税"政策；支持给予最不发达国家和气候脆弱国家更优惠的待遇，如不承担任何减排或限排义务、在适应和减缓气候变化上获得发达国家甚至包括发展中大国的资金技术援助等，加强发展中国家阵营的团结，以便共同应对来自发达国家的压力。

二是要加强与发达国家的务实合作。（1）要争取发达国家在新能源、节能减排领域与中国的合作和援助力度的加大，尽快缩短与发达国家的技术差距。（2）研究推行量化减排和参与全球减排交易的利弊得失，通过参与国际规则制定为自己争取更多的回旋余地和利益补偿。（3）在建设国内碳交易市场方面加强与发达国家合作。中国的碳交易市场，尤其是作为其主要载体的环境交易所，应加强与世界主要交易平台的合作，采取吸引外资参股的方式建设，借鉴国外先进碳交易市场流程来构筑交易平台，与国际接轨，争取更多国际碳交易基金的参与，培育碳交易市场的外部需求。

2.促进经济增长方式转变，加强低碳产业国际合作

在资源限制、国际局势的双重影响下，中国应进一步加快推行经济增长方式的转变，充分发挥自身优势，研发低碳技术，继续大力发展新能源、环境产业，提高能源利用效率，适时对国内高能耗产业强制减排，在关键领域有所突破。例如，加快特高压电网和智能电网建设，掌握先进的发电技术、洁净煤技术和智能电网技术；推动重点耗能工业技术改造和中小型工业企业工艺改革和技术改造，提升工业设计、生产、销售等环节的信息化水平等；进一步提升现代服务业在产业部门中的比重，减少经济发展中的整体能耗；注重转变中国外贸增长方式，调整中国目前技术含量、环保标准和附加值都比较低的出口产业结构，提高出口产品质量、档次和附加值，严格限制"两高一资"产品出口，建立以出口企业为主导、政府助推投资和多渠道筹集资金的绿色外贸碳基金，主要用于促进低碳技术和零碳技术的研发及其在出口企业的应用，提高出口企业产品的国际竞争力；继续鼓励外资参与传统产业的改组改造，吸引外资投向高端制造、新能源、节能环保等产业；促进发达国家对中国的低碳技术转让，实现国外引进与国内自主创新相结合；鼓励和支持有条件、有实力的企业赴境外开展投资并购，抢占低碳产业全球竞争的制高点，获取低碳领域关键技术和人才，构建以我为主、对我有利的国际分工格局。

3.研究制定和完善国内碳排放税制度

积极探索具有中国特色的碳税路线图，稳健推进中国征收碳税试点工作。根据WTO禁止双重征税规则，如果中国对企业开征碳税，发达国家将不能对中国出口产品再次征收碳关税。因此，在国内征收碳税，一方面可消除发达国家征收碳关税的借口，另一方面可将税收收益留在国内。虽然中国企业短期内会面临成本上升压力，但从中长期和整体范围看，可以将碳税收入用于支持国内企业节能减排改造，促进新能源的利用和技术开发，提高企业竞争力，实现产业结构调整升级和经济增长方式的转变。此外，还应研究如何利用碳税增加应对发达国家碳关税的政策工具，包括向出口企业返还节能减排成本，对受损企业给予过渡性补贴等。

4.探索适合中国的碳交易市场模式

开展建立国内统一碳交易市场的可行性研究，碳减量的估算、核定以及碳排放源识别等方法的研究。国际上对于产生碳排放交易的基础要素能量转换过程及相互作用与影响等问题，尚未取得令人满意的研究成果。建议开展气候变化经济学研究，建立碳交易循环能源模型、国际碳交易动态综合评估模式和外贸出口与碳减排经济关联模型等量化的研究，以此通过 CDM 排放权交易，探索适合中国的碳交易市场模式。鼓励金融部门与产业部门合作，及早地建立起碳基金、银行贷款、碳保险、碳证券等一系列以创新金融工具为组合要素的中国特色碳金融体系，进一步加大中国政府清洁发展机制基金和中国民间绿色碳基金的筹集力度，以承接更大的碳交易国际市场份额。

5.推动流通领域节能减排，倡导"绿色"消费

鼓励流通企业进行自主技术改造或采用合同能源管理，提高能源使用效率；顺应互联网、物联网和传感网快速发展的趋势，以信息化带动流通领域节能减排，并发挥流通领域对产业链上下游的引领作用，带动和支持供应商和生产商"绿色"生产，引导消费者"绿色"消费；顺应需求结构变化，出台有针对性的消费促进政策，对居民购买节能产品、建设节能住宅等给予更大支持；继续推行节能产品认证和能效标识管理制度，使低能效产品逐步退出市场；建设公共信息平台，为居民选购高能效产品提供服务；加强宣传教育，在全社会形成低碳消费的风气和意识；建立低碳消费的信息披露制度等。

二、人民币汇率贬值

2010 年 6 月 19 日，在金融危机对中国的影响逐步消退之际，中国人民银行发言人对外宣布重启人民币汇率形成机制改革。在此之前，美国次贷危机引发的全球金融危机造成世界范围内货币金融体系大幅动荡，中国在 2008 年至 2010 年 6 月期间实质上回归了盯住美元的汇率制度，保持人民币兑美元汇率水平稳定在 1 美元兑 6.8 元人民币左右。这一措施有效地维护了中国汇率体系在金融危机蔓延时期的稳定，一定程度上屏蔽和缓解了国际金融危机通过汇率渠道对中国的冲击。但在后危机时期，重新盯住美元的弊端再次显现，中国货币当局重新启动"汇改"，以推进人民币汇率的市场化进程。"汇改"重启后，人民币双向波动特点逐渐显现，尤其是自 2016 年下半年开始，在国际、国内综合因素的驱动下人民币汇率贬值明显。那么，人民币汇率这种贬值趋势的波动特征如何影响中国宏观经济？究竟哪些因素导致了人民币汇率的贬值趋势？这些因素是否将长期作用于人民币汇率？为应对这些贬值因素，中国政府应如何进一步推进"汇改"？上述一系列问题是中国政策当局和学界一直关注的问题，关系到中国以何种节奏和步骤推进人民币汇率形成机制改革，以应对未来国际金融体系错综复杂的局面。

（一）人民币汇率的走势及经济影响分析

自 2010 年 6 月人民币"汇改"重启后，外汇市场迅速作出了反应，人民币汇率随后表现出明显的双向波动特点。人民币兑美元汇率开始逐步小幅升值，并且在中国宏观经济强劲增长的数据一再出台、美国宏观经济复苏乏力的背景下，人民币汇率升值有加速的态势。特别是在标普下调美国国债信用评级后，人民币汇率更是屡创新高。2014年，人民币年平均汇率达到了6.1428的峰值，这是人民币汇率自2005年"汇改"以来的最高水平。但随着2016年经济体制改革逐渐进入深水区，周期行业"去产能"、金融体系"去杠杆"带来的经济减速风险和实际利率上升，很多对中国经济前景的悲观者愈发信心不足。而美国经历了大选之年，美联储启动加息周期，美元兑换世界主要货币都经历了显著升值，并引发美元资本回流。两方面因素叠加，直接造成了2016年下半年人民币兑美元8%左右的贬值，较大的贬值压力引发了政府和学界一些人士的担忧。

人民币适度的贬值对于我国货物出口有一定的刺激作用。我国近些年提出供给侧改革和"一带一路"战略，都是针对国内产能过剩的。所以，人民币贬值对于钢铁、煤炭等长期积压的商品是利好。不过，外需才是影响中国外贸波动的最重要因素，而全球经济仍然处在复苏期，外部需求仍疲软，因此人民币贬值的出口带动效应并不明显；人民币贬值预期会进一步增加资本外流压力，导致资金从国内市场转移到海外市场，增加股市下行压力；同时，随着进口成本的增加，我国许多企业的经营成本骤增，从而削弱了其盈利能力。可见，面对当前的贬值趋势，我国应加快制定应对之策，从而实现趋利避害、扬长避短，以合理有效的政策性思路和工具来应对未来人民币波动的新变化，维护我国经济的稳定发展。

（二）人民币汇率贬值压力形成的经济因素及政策因素

外汇市场中投资者对人民币贬值预期的强化存在多重原因，主要可以归结为以下几个方面：在新常态背景下，经济增速换挡回落，下行压力持续增大，这在一定程度上导致了国内市场信心减弱，资本流出速度加快，而流入速度减缓，从而形成了人民币的贬值压力；美国经济已走出金融危机泥潭，加之特朗普在基础设施投资与减税政策上的承诺，使得美国通胀预期上升，美元已步入加息通道。中美利差的持续收窄也成为引起人民币汇率2016年下半年出现快速贬值局面的重要因素。

1.中国经济发展增速放缓是人民币汇率贬值压力形成的根本动因

中国经济经历了30多年的高速增长后步入新的运行轨道，经济增速换挡回落，从高速增长转换为中高速增长，进入新常态。经济新常态着眼于经济结构的对称态及在对称态基础上的可持续发展，而不仅仅是GDP、人均GDP增长与经济规模最大化，中国经济增长模式已经开始由依靠工业和制造业的发展模式向依靠服务业及消费拉动转型。2013年中国GDP增速达到7.7%，2014年降到7.3%，而到2015年，中国GDP增速更是跌破7的大关，为6.9%，是1990年以来的最低值。与此相对应，美国经济近年来整体向好，复苏步伐稳健，加之特朗普总统要大规模减税和增加基础设施投资，这就意味着会使用更加扩张的财政政策。中美经济形势的对比使得我国资本外流加大，而美国的资本回流增加，从而造成了人民币近期对美元的持续走弱。

2.中国外汇储备持续减少，直接引致人民币汇率贬值压力的累积

外汇储备是以美元为单位计算的，大多是人民币之外的别国国债、证券等资产；外汇储备减少势必会导致人民币总供应量的增多，货币多了就会导致供应大于需求，人民币过剩而贬值。中国央行数据显示，中国2016年9月末外汇储备报31 663.80亿美元，创2011年5月以来新低，连续3个月下降。作为调节国际收支和稳定货币汇率的重要工具，外汇储备持续减少造成了我国金融风险的进一步增加，并增大了人民币贬值的预期以及国际资本的流出。为了稳定人民币汇率预期，避免形成持续性贬值趋势，未来外汇储备将存在进一步减少的可能，从而使我国干预外汇市场的能力被进一步削弱，进而引致人民币贬值预期的累积，形成恶性循环。因此，净化投资环境、营商氛围，从而稳住人民币汇率预期才是应对外汇储备急剧下降、缓解人民币汇率贬值压力的治本之策。

3.中美货币政策背离，造成跨境资本外流，加剧贬值压力

美国经济在全球一枝独秀，且随着特朗普承诺主政后要加大基础设施投资与减税力度，美国通胀预期上升。2016年12月15日，美联储宣布将联邦基金利率目标区间上调25个基点，到0.5%~0.75%的水平，同时上调贴现率0.25个百分点至1.25%。同时，美联储官员表示2017年可能会分3次加息，进一步将利率上调0.75个百分点。2017年3月16日，美联储宣布加息25个基点，联邦基金利率目标区间从0.5%~0.75%调升到0.75%~1%。2017年6月15日，美联储宣布加息25个基点，联邦基金利率目标区间上调至1%~1.25%，这也是其自2015年年底以来的第四次加息。

与美国现状不同，由于我国经济步入新常态，经济增速放缓，通胀率走低，为了保证经济的增长，中国的货币政策一直较为宽松。同时，由于我国经济面临的下行压力依然较大，通胀率受需求不足和大宗商品价格下跌影响继续低位徘徊，未来货币政策宽松的预期仍较为强烈，未来中美两国间的利差仍可能继续收窄，由此将对人民币汇率构成持续的贬值压力，尤其在美联储加息时点前后。

（三）保持人民币汇率基本稳定的政策建议

2016年下半年人民币汇率的贬值趋势由国内外多重因素导致，而这些因素也将导致人民币汇率在一定时期内维持这一贬值趋势，从而对中国推进对外开放战略形成较大的阻碍。在此背景下，稳定汇率水平、控制汇率波动区间将有利于中国经济的内外部均衡，符合中国经济的长期发展目标。据此，中国中央银行应继续稳步推进人民币汇率形成机制改革，秉持"主动性""渐进性""可控性"原则，主动选择汇率调控的时机和幅度，使人民币汇率逐步向均衡水平校正，同时央行还可以通过增加人民币汇率的灵活性，实现汇率的双向波动，消除人民币汇率的单边贬值预期。此外，中国政策当局还应当积极运用汇率工具，实现宏观经济调控目标。具体建议如下：

（1）控制汇率波动区间，避免在国际压力下被动贬值。在当前形势下，现在人民币对美元汇率的贬值程度远远没有到要重新实行严格的外汇管制的地步，中国政府并不需要对人民币汇率一次性进行大幅调整，而应根据国内宏观调控目标的需要，确定汇率调控的时机和幅度，避免在国际压力下被动贬值。

（2）加强人民币汇率弹性，实现人民币汇率"双向波动"，以应对外汇市场上的汇率贬值预期。央行在外汇市场的干预行为应着力实现人民币汇率"双向波动"，消除汇率单边贬值的预期。同时，加强对跨境资本流动的管理，密切监控短期资本的流动，并加强在资本和金融项目下的汇兑管理，限制外汇的支出水平，从而缓和我国外汇储备的流失程度，进而缓解人民币对美元的贬值压力。

（3）进一步完善人民币汇率形成机制，提升人民币的国际地位。以人民币加入国际货币基金组织特别提款权货币篮子为契机，进一步扩大人民币在国际范围内的支付能力与价值储藏功能，提升人民币的国际地位，从而不断增强国际市场主体对人民币的使用偏好、对中国货币政策的信任以及驾驭国内外复杂金融系统的信心，进而实现人民币汇率走势的止跌回升。

（4）经济的快速可持续发展是汇率和资本流动最重要的基本面。只有保持经济中高速增长，才能吸引境外资本的合理流入，改变资本的过度外流，最终促进人民币汇率走向基本稳定。面对新常态下经济增长速度的逐渐回落，我国应从提高供给质量出发，推进结构调整，加快化解过剩产能，鼓励创业创新，培育经济新增长点，促进产业升级，保持并提升国际贸易的竞争优势，从而进一步弱化人民币的贬值预期。

三、跨太平洋伙伴关系协定

《跨太平洋伙伴关系协定》（Trans-Pacific Partnership Agreement，TPP）的前身是《跨太平洋战略经济伙伴关系协定》（Trans-Pacific Strategic Economic Partnership Agreement），是由亚太经济合作组织成员中的新西兰、新加坡、智利和文莱等四国发起，从2002年开始酝酿的一组多边关系的自由贸易协定，原名为亚太自由贸易区，旨在促进亚太地区的贸易自由化。TPP是APEC框架下的部分国家签订的具有约束力的制度性安排，逐渐演变为亚太地区建立自贸协定的一种现实途径，并于2009年和2010年成为APEC领导人非正式会议关注的焦点。在美国、新加坡、澳大利亚等国的极力推动下，TPP范围有扩大之势。但2017年1月23日，美国总统特朗普在白宫签署行政命令，美国正式退出《跨太平洋伙伴关系协定》，这也意味着有着"21世纪贸易协定"之称且经济规模达到了全球经济总量的40%的巨型自贸协定就此搁浅。

（一）TPP发展过程、动向和实际影响

1.发展过程及近期动向

2005年7月，智利、新西兰、文莱和新加坡签署了《跨太平洋战略经济伙伴关系协定》；2006年5月1日，《跨太平洋战略经济伙伴关系协定》对新西兰和新加坡生效，对智利和文莱生效的时间分别为2006年11月8日和2009年7月1日，包括货物贸易的市场准入和相关规划，其中最为核心的内容是关税减免，即成员90%的货物关税立刻免除，所有产品关税将在12年内免除；2008年2月美国宣布加入，并于当年3月、6月和9月就金融服务和投资议题举行了3轮谈判；2008年11月，APEC会议期间，澳大利亚与秘鲁宣布加入《跨太平洋战略经济伙伴关系协定》谈判，并与新西兰、新加坡、文莱、智利、美国5个现有谈判方签署谅解备忘录；2009年11月，美国正式提出扩大跨太平洋伙伴关系计划，澳大利亚和秘鲁同意加入。美国借助TPP的已有协议，开始推行自己的贸易议题，全方位主导TPP谈判。自此，《跨太平洋战略经济伙伴关系协定》更名为《跨太平洋伙伴关系协定》，开始进入发展壮大阶段；2010年，马来西亚和越南也成为TPP谈判成员，使TPP成员数量扩大到9个；2010年3月15日，《跨太平洋伙伴关系协定》首轮谈判在澳大利亚墨尔本举行。参与谈判的共有8个成员：美国、智利、秘鲁、越南、新加坡、新西兰、文莱和澳大利亚。此次谈判涉及关税、非关税贸易壁垒、电子商务、服务和知识产权等议题。美国主要强调的内容包括推动清洁能源等新兴行业的发展，促进其制造业、农业以及服务业的商品与服务出口，并强化对美国知识产权的保护。

经过9轮谈判，2011年11月12日，美国宣布TPP"P9"协议纲要文件谈判完成，拟进一步磋商，实现协议法律文本的签订。TPP谈判进程之紧凑、进展之迅速使得TPP的国际影响力迅速提升。2012年10月8日，墨西哥经济部宣布，墨西哥已完成相关手续，正式成为TPP第10个成员；2012年10月9日，加拿大宣布正式加入TPP；2013年3月15日，日本首相安倍晋三正式宣布日本加入TPP谈判，成为TPP第12个成员。

2015年10月5日，TPP 12个成员在美国佐治亚州亚特兰大举行的部长级会议上达成基本协议。2016年2月4日，12个成员在新西兰奥克兰正式签署了《跨太平洋伙伴关系协定》。TPP尚需经过正式签字和各成员国内法律程序才能真正生效，因此协定能否顺利生效尚不确定。

但TPP还没等到发挥"功效"，美国即宣布要退出。美国总统特朗普2017年1月23日签署行政命令，正式宣布美国退出TPP。按照规定，TPP将在所有12个成员批准60天后生效。若12个成员在TPP正式签署两年后仍未能全部通过协议，则TPP需要获得至少6个成员的批准才可能生效，并且这6个国家的GDP总和要占到全部TPP国家GDP总和的85%。而美国一国的GDP就约占TPP成员GDP总和的

60%，因此美国的退出使该协定将难以真正生效，也使得TPP未来的发展充满了未知。

2.实际影响

（1）随着TPP成员的增加，其对亚太地区的贸易态势产生一定影响。2008年，新加坡、文莱、智利和新西兰4国的GDP总量分别为1 928亿美元、146亿美元、1 815亿美元、1 357亿美元，总计约为5 246亿美元，较全球排名第20位的沙特（5 283亿美元）还要少近40亿美元。而整个APEC框架下的21个成员国（包括上述4国）经济总量约为32 4081亿美元，TPP国家所占比例不到1.62%。这种经济规模难以在亚太地区或者APEC框架内取得重要影响。同时，TPP 4个发起国中，新加坡以转口及旅游经济为主；文莱和新西兰主要依靠矿产资源出口；智利除矿产出口外，将渔业作为其支柱产业。可以看出，上述国家的工业基础薄弱，经济结构不均衡，综合实力有限，不可能在亚太地区或APEC框架内发挥引领作用。但随着美国、日本等经济实力强国的加入，TPP可能对亚太地区经贸格局产生一定的影响。作为世界第三大经济体，日本加入TPP谈判后，TPP经济规模约达27万亿美元，占全球经济总量的四成左右。这将对全球贸易体系、贸易规则以及地缘政治带来深刻影响，也将对各项自贸区谈判进展带来冲击。

（2）具有一定启示作用，带动亚太其他国家在APEC框架内进行多边自贸谈判。自2005年TPP倡议发起到协定生效，前后历时仅一年，反映出新西兰、新加坡、智利和文莱4国的迫切要求。因为这4个国家经济外向型明显，自贸协定可以帮助4国削减交易成本，扩大出口贸易量及贸易范围。在这种利益关系模型的启示下，亚太其他外向经济特征明显的国家如澳大利亚、秘鲁、越南等均表现出浓厚的兴趣，并先后宣布加入TPP谈判，成为TPP的成员。

（二）TPP潜在意义及各方态度

1.潜在意义深远，为亚太区域经济合作模式提供了新的演变机制

（1）TPP是唯一涉及太平洋两岸的多边自贸协定。据亚洲开发银行数据，截至2015年年底亚太地区有215个自贸协定，还有数十个正在谈判之中。其中，较为突出的有北美自贸区、东盟以及2010年启动的东盟-中国自贸区。然而，在这些自贸协定中，双边协定占绝大多数，多边协定较少。TPP是唯一涉及太平洋东西两岸，连接亚洲、澳洲及南美洲的多边自贸协定，虽然贸易量有限，但结构性意义突出。

（2）为亚太新兴经济体的经贸合作提供了现实的平台。随着亚太新兴经济体的不断发展和壮大，加强区域经贸联系、推动合作共赢已成为其未来重要的发展诉求，而TPP恰好提供了一个高标准的区域经济合作平台，不但有力地推动了亚太区域经济一体化进程，并且对于全球经贸合作起到了一定程度的示范作用。通过区域性的多边协定，双边之间不同的技术法规与标准认证等得以更好地相容，从而在减轻了双边协议管理负担的同时，进一步放大了现有双边协定的影响，促进了更大范围内的贸易与投资自由化的发展。

（3）TPP仍具有一定的发展潜力。虽然美国已宣布退出TPP，但剩下11国的经济总量仍占到全球的16%，且在越南河内举行的亚太经合组织会议期间达成了以TPP-11的形式继续推进这项多边自由贸易协定的基本共识，并愿意接纳其他经济体加入这个潜在自贸区。可见，现存的TPP仍对依赖外向型经济的国家拥有不小的吸引力，并且脱离了美国的控制，TPP将减少严苛条款的限制，从而有利于谈判进程的有效推进。因此，如果谈判进程重启，TPP仍拥有较好的前景，具备了一定的做大做强的潜力。

（4）TPP将为APEC框架内实现自贸协定提供一种现实路径。2009年APEC峰会上，新加坡总理李显龙表示，"像推动TPP这样的重要举措，对APEC保持致力于实现亚太自贸区这一目标的势头非常重要"。目前来看，TPP具有相当的开放性，如果在此基础上进行扩大，甚至与区域内其他自贸区合并，极有可能成为建立亚太自贸区的现实路径。

2.各方对TPP的态度

（1）美国。

2008年全球金融危机之后，亚洲作为世界经济重心变成了现实。2016年，中国是第二大经济体，日本位列第三，印度位列第七，东盟的一些国家的经济发展势头也非常好。可以预见，在今后很长一段时间里，亚洲将一直维持其世界经济增长重心的地位。这就决定了美国的战略西移。改革开放以来，中国与东盟国家的经济贸易关系迅速发展，尤其是在建立了中国–东盟自由贸易区之后，中国和东盟经贸关系进入了一个黄金时期。此外，日本、韩国、印度、澳大利亚、新西兰5国与东盟的FTA谈判也基本完成。2015年"10+3"区域内贸易已占各国外贸的15%，发展潜力巨大。美国却完全置身于上述进程之外，有被边缘化的危险，这令美国倍感压力。加入TPP成为美国"重返亚洲"的关键一步，是美国建立以其为主导的横跨太平洋的亚太经济合作体系，并由此建立美国主导的亚太自贸区进而赢得全球战略优势的突破口。因此，美国奥巴马政府对TPP持积极态度，将其作为"重返亚太"战略的重要组成部分，热衷于TPP谈判，并试图在其中起主导作用。虽然TPP最终于2016年2月成功签署，但自特朗普参与总统竞选以来，其始终对美国参与TPP持强烈反对态度，并于宣誓就职的第三天便签署行政命令，正式宣布美国退出TPP。他认为退出TPP是基于"美国优先"的核心原则，转向有利于美国的双边贸易协议可以将更多的工作机会引入美国，促进美国"再工业化"。

（2）日本。

日本希望在探索建立亚太自贸区问题上取得实质进展。日本认为建立亚太自贸区有多种方式：一种是在"10+1""10+3"和TPP的基础上吸纳、合并其他国家或者自贸区，通过区域扩展建立亚太自贸区；另一种就是各方根据服务、投资等具体领域进行谈判，为将来构建亚太自贸区进行技术准备，即通过领域预先合作为整体合作打下基础。2013年日本首相安倍晋三正式宣布加入TPP谈判时表示：受人口老龄化、长期通胀等因素制约，日本经济和社会陷入自我封闭，加入TPP将对日本整体经济产生积极影响，符合日本的利益；美国主导的TPP谈判已有两年，现在是日本加入TPP谈判"最后的机会"，事关日本百年大计，机会不容错失。日本越早加入谈判，越能参与和引领新自贸规则的制定。日本评估了加入TPP对日本经济的影响，认为加入TPP将使日本实际国内生产总值增加0.66%，约为3.2万亿日元（约合333亿美元）。日本起初对加入TPP持观望态度，最终出于自身利益考虑作出加入TPP的决定。

加入TPP以来，日本一直对推进TPP持积极态度。即使面对美国总统大选结果带来的变数，日本仍孜孜不倦地继续推进TPP。日本执政党于2016年11月10日力排众议在众议院强行表决批准了该协定。日本首相安倍晋三于2016年11月17日与特朗普会晤，期望可以转变其关于TPP的态度。日本对TPP的积极态度主要源于TPP达成可能给其带来的巨大效益。

（3）东盟。

作为一个整体，东盟起初对于美国高调宣布加入TPP并未作出积极回应。新加坡、文莱和马来西亚肯定很期待TPP对本国经济的促进，但新加坡希望能将非经济因素的影响最小化，马来西亚仍然坚持"东盟轨道"的优先地位；菲律宾和越南将TPP放在一个战略性高度，菲律宾将其视为加强与美同盟关系、全面提升国力的一个重要部分，越南则将其视为推动本国全面改革的主要动力；泰国和印尼对政治和非政治因素都很重视，担心TPP影响东盟的凝聚力，不过由于两国经济发展水平不同，泰国对加入TPP比较积极，印度尼西亚则相反；缅甸、老挝、柬埔寨还没有将加入TPP提上讨论日程。

总体而言，东盟国家对TPP十分积极。首先，正式加入TPP谈判的东盟国家已有4个且颇具分量，即新加坡、文莱、越南和马来西亚，在经济同质性很强的东盟中，将会形成加入TPP的结构性压力。其次，基于竞争性自由化考虑，印度尼西亚、菲律宾和泰国均公开表达了加入TPP的意向。最后，TPP对尚未表示加入意愿的国家吸引力颇大。缅甸、老挝、柬埔寨3国都在努力发展经济，亟须从发达国家获得市场、投资和技术支持，它们也在积极寻求加入多边自由贸易机制。另外，美国近年来在下湄公河地区非常活跃，采取各种措施改善和发展与缅甸、老挝、柬埔寨等国的关系，若条件相对成熟，美国可能会对其发出加入TPP的邀请。

但随着美国的退出，东盟对于TPP的态度也发生了转变。已加入TPP的东盟成员如越南、马来西亚等均已开始考虑暂时放弃TPP，转向推进现有区域合作机制RCEP的谈判。以印度尼西亚、缅甸等为代表的尚未加入TPP的东盟成员也因美国的退出而对TPP的热衷度下降。

（4）中国台湾地区。

美国宣布加入 TPP 谈判后，中国台湾地区即表示，TPP 已经作过修订，对 APEC 成员持开放态度。因此，中国台湾在此之前就已经作过积极争取。中国台湾认为，目前 TPP 处于发展中的第一阶段，即从 4 个成员发展为 12 个。中国台湾希望在该阶段结束后即加入谈判，参与 TPP 的第二阶段建设。但是，中国台湾也面临着一些困难，如需要 TPP 4 个发起国一致同意，此外，还被要求发动其他国家和地区共同加入谈判。

（三）TPP 的发展趋势

第一，亚太各国均表示欢迎多种形式的多边自贸协定，这为 TPP 的发展提供了广阔的发展空间。第二，多哈回合谈判和茂物目标尚待时日，而亚太自贸区的建立却有着急迫的要求，特别是在后危机时代，如何建立扩大区域共同市场，拉动区域内部需要，保持经济持续和内生性增长，是亚太国家面临的重要问题。这为 TPP 的进一步发展提供了内在动力。第三，APEC 成员已经在该框架外进行了多轮自贸谈判，取得了现实成效，开辟了 APEC 框架外自贸协定与 APEC 并行不悖的局面，进而为 TPP 在亚太地区与其他自贸区共生共容创造了外部环境。第四，美国、澳大利亚、秘鲁、越南、马来西亚、墨西哥、加拿大和日本的加入将进一步增加其广泛性。特别是美国的加入彻底改变了其力量构成，从此前占 APEC 经济总量不到 1.62% 的份额迅速提升至 48.2%（按 2008 年 GDP 数额计算约为 156 212 亿美元），总体规模将与北美自贸区（按 2008 年 GDP 数额计算约为 170 376 亿美元）相当。在美国退出 TPP 后，其余 11 国的经济总量也达到了 26.6%。第五，在未来 TPP 11 国的坚持推动下，TPP 成员数量有可能进一步增加，成为事实上的亚太自贸区。

与此同时，美国的退出也在很大程度上削弱了 TPP 的吸引力，使其未来发展困难重重，前景黯淡。TPP 可能的发展趋势如下：（1）美国退出后，日本仍坚持不懈推进 TPP，并替代美国成为该协定的主导者。但受美国退出影响，TPP 成员的经济总规模大幅缩水，即使 TPP 得以维系，也很难实现"高标准""全覆盖"的最初愿景，难以发挥应有的效应。（2）特朗普转变对 TPP 的强硬态度，与其他成员国一道重新启动 TPP 谈判，这意味着对现有"高标准""全覆盖"协定的抛弃。基于"美国优先"原则，特朗普将更倾向于采取贸易保护措施，最大限度地将工作机会和产业带回美国境内，不可能在如此广泛的领域让渡利益。（3）面对美国的退出，其他成员推动国会（议会）批准 TPP 的动力不足，未能满足 TPP 落实所需的最低要求，TPP 最终流产；以 RCEP 为代表的其他贸易合作机制在亚太地区发挥主导作用。

（四）对 TPP 的几点思考

1.对东亚区域经济一体化进程构成新的挑战

2006 年，APEC 峰会确定了建立亚太自贸区的长远目标。然而由于亚太地区经济体数量较多，包括了世界前三大独立经济体和主要的新兴经济国家（地区），经济多样性、不均衡性表现突出，再加上 APEC 的非约束性特点，在该框架内建立涵盖所有国家的制度性安排面临诸多困难。中国－东盟自贸区的启动标志着东亚在经济整合方面迈出了务实的一步，也为未来的亚太多边自贸协定带来希望。但是，新加坡、文莱（甚至包括越南）等东盟成员却力求以 TPP 作为实现亚太自贸区的初始合作框架，并极力邀请美国、澳大利亚加入，从而对现有的亚太贸易关系格局产生重大影响，更对中国倡导的以"10+3"为主渠道的东亚经济一体化构成挑战。对此，中国应当予以密切关注，及时跟踪亚太其他经济体的态度及参与动向，为中国政策调整提供有力依据。

2.中国应坚持开放合作，以不变应万变

中国是一个新兴经济大国，自加入 WTO 后，经济发展快速提升，中国经济与世界经济的融合度不断加大。中国经济的外向型要求其加入更多的多边自贸协定，以获得相对均衡的贸易优惠。作为世界上最大的发展中国家，中国市场对各国也极为重要，并成为包括 TPP 成员在内诸多国家无法忽视的合作伙伴。TPP 成员中的智利、新西兰、新加坡、秘鲁、澳大利亚与中国达成自由贸易协定，日本、澳大利亚、新西兰、文莱、马来西亚、新加坡、越南等7国参与包括中国在内的 RCEP 谈判。即便如此，如果 TPP 最终得以生效，中国将被排斥在优惠适用之外，考虑到 TPP 成员占世界经济40%的总体规模，由此产生的贸易创造与贸易转移效应将使中国在多边贸易中处于不利地位。而如果 TPP 最终不能生效，考虑到 RCEP 参与国占世界经济31%的总体规模，其很可能成为亚太地区的主导贸易机制，而中国将在其中发挥日益重要的作用。因此，面对 TPP 未来发展的不确定性，中国不应盲目乐观，而应坚持开放合作，以自身自贸区建设的"不变"应对 TPP 未来不确定性及全球化和经济一体化可能趋势的"万变"，逐步打造全方位开放的新格局，构筑起立足周边、辐射"一带一路"、面向全球的自贸区网络。这将不仅有利于国内经济发展，也将为中国日后参与全球经贸合作和其他区域贸易机制积累经验与有利条件，获得更大的主动权、更多的话语权。

四、中国入世以来的成就、问题与展望

中国自2001年加入世界贸易组织以来，进入对外贸易跨越式发展的时期。中国积极参与全球化进程，吸收外资水平不断提高，对外经济合作步伐明显加快，与世界经济实现共同发展，经济发展和各项改革取得重大成就。

（一）巨大成就

1.货物贸易规模居世界第一位，服务贸易规模居世界第二位

中国贸易规模迅速扩大。2002—2010年，中国货物进出口总额累计157 287.8亿美元，其中出口总额为85 187.8亿美元，进口总额为72 099.9亿美元，分别是1978—2001年的3.8倍、4.0倍、3.6倍。10年间，中国进出口贸易年均增长

21.6%，其中出口年均增长21.9%，进口年均增长21.4%。2010年中国货物进出口总额达到29 728亿美元，是2001年的5.8倍。中国贸易规模相继超越英国、法国、日本和德国。2010年，中国贸易规模仅次于美国，居世界第二位；2013年首次超越美国，跃居世界第一大货物贸易国。持续3年世界第一之后，2016年中国的进出口货物贸易额被美国反超。中国出口规模逐年扩大，从2001年的世界第6位上升到2010年的世界第一位，占全球出口的比重由2001年的7.3%提高到2010年的9.6%。从进口看，中国国内市场进一步国际化，进口规模从2001年的世界第6位上升到2010年的第2位，成为仅次于美国的第二大国际市场。2016年，全球货物贸易出口额为15.5万亿美元，下降3.3%，进口额为15.8万亿美元，下降3.2%；中国出口额为2.1万亿美元，占全球份额13.2%，进口额为1.6万亿美元，中国连续8年保持全球第一大货物贸易出口国和第二大货物贸易进口国地位。

在货物贸易不断发展的同时，中国的服务贸易在入世之后也快速发展。2010年，中国服务进出口（按国际收支口径统计，不含政府服务，下同）总额达3 624.2亿美元，是2001年719亿美元的5.0倍。其中，服务出口为1 702.5亿美元，是2001年329亿美元的5.2倍；服务进口为1 921.7亿美元，是2001年390亿美元的4.9倍。2010年，中国服务出口居世界第4位（前3位依次为美国、德国、英国）；进口居世界第3位（前两位依次为美国、德国）。2016年，中国服务贸易总额达到6 575亿美元，规模居世界第2位。

2.中国贸易结构进一步优化

入世以来，中国贸易平衡状况经历了由扩大到逐步平衡的发展历程。中国平均关税从2001年的15.3%降到了2016年的9.8%。中国还进一步简化进口管理，完善进口促进体系，提高贸易便利化程度，基本取消了进口配额管理，分批取消了大量税目商品的自动进口许可证管理。进出口格局由较大顺差转变为渐趋平衡，货物贸易顺差在2008年达到2 981亿美元历史高点后开始回落，2009年下降到1 957亿美元，2010年进一步减少到1 831亿美元，2016年为439亿美元。

（1）进出口贸易方式发生积极变化。2001—2015年，我国一般贸易进出口年均增速达到56.6.7%，超过加工贸易27.7%的年均增速。2015年，一般贸易进出口达21 388.9亿美元，比2001年增长9.5倍，占进出口总额的比重由2001年的44.2%提高到54.1%；加工贸易进出口为12 447.9亿美元，比2001年增长4.2倍，占进出口总额的比重由2001年的47.4%下降到31.5%。

（2）进出口商品结构进一步优化。从出口方面看，2015年，工业制成品出口为21 709.7亿美元，占出口总额的比重由2001年的90.1%提高到95.4%；机电产品、高新技术产品出口分别为13 107.2万亿美元和6 552.1亿美元，占出口总额的比重分别由2001年的44.6%和17.5%提高到2015年的57.6%和28.8%。从进口方面看，先进技术、设备、关键零部件进口持续增长，大宗资源能源产品进口规模不断扩大。2015年，机电产品、高新技术产品进口分别达到8 061.4亿和5 480.6亿美元，分别是2001年的2.3倍和2.8倍；非食用原料与矿物燃料、润滑油及有关原料两大类商品进口占进口总额的比重由2001年的20.3%提高到24.3%。这不仅满足了国内经济发展的需要，而且对遭遇金融危机的全球经济回稳和复苏作出了巨大贡献。

（3）出口市场和进口来源地进一步多元化。中国和主要贸易伙伴欧盟、美国、日本等国家和地区的进出口虽然快速增长，但和东盟、金砖国家及非洲、拉美地区的进出口增长更快，主要贸易伙伴在中国总贸易规模中的比重逐渐下降，贸易区域更加平衡。2015年，欧盟、美国是中国前两大贸易伙伴，但中国对其市场依赖程度明显下降。2015年，中国对欧盟、美国双边贸易额分别为5 648.5亿美元、5 583.8亿美元，分别是2001年的7.3倍、6.9倍。两大贸易伙伴双边贸易额合计占中国进出口总额的比重为28.4%，比2001年的30.8%下降2.4个百分点。中国对东盟、俄罗斯、印度、巴西、南非等新兴市场的开拓取得较大进展。东盟成为中国第三大贸易伙伴。2015年，中国对东盟双边贸易额为4 721.6亿美元，是2001年的11.3倍，占中国进出口总额的比重由2001年的8.2%提高到11.9%；对印度双边贸易额为716.2亿美元，是2001年的19.9倍；对俄罗斯双边贸易额为680.6亿美元，是2001年的6.4倍；对巴西双边贸易额为715.8亿美元，是2001年的19.3倍；对南非双边贸易额为460.4亿美元，是2001年的20.6倍。同时，与其他贸易伙伴贸易往来发展较快，对拉美和非洲进出口占比2015年也分别达到6%和4.5%。

3.利用外资的规模和质量全面提升

中国吸收外资已从以弥补"双缺口"为主转向优化资本配置、促进技术进步和推动市场经济体制的完善，从规模速度型向质量效益型转变，利用外资实现新发展，规模和质量得以全面提升。

自2008年以来，中国利用外资规模一直稳居全球前三。自入世以来，中国外商直接投资累计达到12 911.7亿美元，年均增长11.3%，全球排名由2001年的第6位上升至2015年的第3位，并连续24年位居发展中国家首位。即使在受国际金融危机冲击较为严重的2009年，中国外商直接投资仍然超过900亿美元，降幅远远低于全球平均水平。2010年，中国外商直接投资突破1 200亿美元，达到1 262.7亿美元，是2001年的2.7倍。一份联合国报告显示，2016年中国吸收了创纪录的1 390亿美元外商直接投资，在美国和英国之后居世界第3位。

利用外资方式多样化。"十一五"期间，中国继续稳步实施合格境外机构投资者（QFII）制度，允许符合条件的境外机构投资者投资境内证券市场，促进境内证券市场开放。截至2016年5月30日，合格境外机构投资者共有273家，投资额度合计810.98亿美元，允许外资以并购方式参与国内企业改组改造和兼并重组。2006年颁布了《关于外国投资者并购境内企业的规定》，外资并购政策和环境进一步改善。

利用外资产业结构优化。外商投资产业构成显著改善，第三产业投资比例大幅度提高。2001—2015年，第三产业外商投资金额所占比重逐步提高，由2001年的23.9%上升至2015年的61.1%；第二产业所占比重则逐步下降，由2001年的74.2%下降至2015年的31.4%；第一产业所占比重有所增加，2001年为1.94%，2015年为7.9%。特别是第一、第三产业吸收外资投向现代农业、商贸服务和民生服务领域的明显增多。第二产业中，电子信息、集成电路、家用电器、汽车制造等技术和资本密集型产业继续发展，新能源、新材料、生物医药、节能环保等行业的外资日益形成规模，相关产业的核心竞争力也有了明显提升。截至2015年年底，跨国公司在华设立的研发中心已超过2 400家，外资质量明显提升，科技带动效应显著增强。

4.对外投资逐年扩大

入世后，中国深入实施"走出去"战略，对外投资合作取得新发展，"走出去"的规模和效益进一步提升。即使受到国际金融危机的严重影响，对外投资、对外经济合作仍实现逆势上扬，为促进国民经济平稳、较快发展发挥了积极作用。2007—2015年，中国非金融类对外直接投资流量年均增长56.2%，并于2015年达到了1 456.7亿美元，创下了历史新高，超过日本成为全球第二大对外投资国。

对外投资的领域不断拓宽，对外投资的层次和水平不断提升，呈现出市场多元化发展态势。截至2015年年底，中国2.02万家境内投资者共设立对外直接投资企业3.08万家，国别已覆盖188个国家和地区。对外投资方式也由单一的直接投资向跨国并购、境外上市等多种方式扩展。截至2016年2月23日，国家外汇管理局共批准132家合格境内机构投资者，境外投资额度共计899.93亿美元。这一制度拓宽了境内机构和个人的境外投资渠道，使之在全球范围内配置资产和管理风险。与此同时，对外经济合作驶入良性发展的快车道，已形成一支门类比较齐全、具有较强国际竞争力的队伍，业务范围向技术性较强的领域不断扩展，经济效益和社会效益明显提高。对外承包工程连年实现新突破。2001年对外经济合作完成营业额121.39亿美元，2015年超过1 500亿美元，达1 540.7亿美元，是2001年的12.7倍。

自入世以来，中国积极拓展双边经贸关系，加快实施自由贸易区战略，不断深化多边经贸合作。截至2016年年底，中国已与104个国家签订了双边投资协定，与美、欧、日、英、俄等均建立了经济高层对话。中国与五大洲的22个国家和地区建设14个自贸区，已签署14个自贸协定，其中已生效12个。中国在推动多哈回合谈判和贸易自由化的进程中发挥建设性作用，逐步进入多边贸易体制的核心圈。特别是自贸区的建设，对中国应对国际金融危机、实现对外贸易平稳和较快增长发挥了积极作用。通过发展自贸区，中国对自贸伙伴双边贸易快速增长，双边贸易额明显扩大，并有效化解和减少了中国与自贸伙伴的贸易摩擦。2015年，中国与14个自贸伙伴（包括东盟、巴基斯坦、智利、新加坡、新西兰、秘鲁、哥斯达黎加、韩国、澳大利亚、瑞士、冰岛、中国香港、中国澳门、中国台湾）的双边贸易额达到15 994.9亿美元，已占中国进出口总额的40.5%。

5.对外贸易对经济增长和社会进步作出巨大贡献

从净出口看，中国货物和服务净出口占国内生产总值的比重明显上升，由2001年的2.1%上升至2015年的3.4%。在2007—2009年达到7.5%~8.8%。

从工业生产看，中国工业出口交货值持续快速增长，2015年达到118 581.8亿元，是2001年的7.3倍。此外，持续增长的进口，不仅为中国经济的发展提供了充足的原料、燃料和生产设备，也为人民生活的改善提供了丰富的物质和精神产品。

入世以来，中国市场经济体制建设进程明显加快，开放型经济体系基本形成；参与经济全球化有了相对稳定的制度保障；WTO倡导的贸易自由化为改革的继续进行提供了外在动力和制度保障。入世后，中国综合国力大幅度增强，国家影响力全面提升；对外经贸关系发生了实质性改变，多边贸易在WTO规则的引领下平稳运行，经济安全形势明显好转；参与全球治理的能力大幅度提升；社会法律意识、规则意识建设效果显著。

（二）需要关注的问题

1.中国外贸粗放型发展模式没有实现根本改变，不利于经济持续、稳定发展

入世以来，中国的外贸依存度（货物进出口总额与GDP之比）明显偏高。2001年，中国外贸依存度为38.5%，2006年达到64.9%，之后有所降低，2015年达到35.7%。这种产品大进大出式的经济发展模式，主要特点就是从国际上获取中国紧缺的资源，利用中国丰富的劳动力资源，加工形成产品后再出口到国外。改革开放以后，中国利用国际、国内两个市场是经济发展的必然，但也要看到，这种传统的经济发展方式在很大程度上依赖于中国的廉价资源和廉价劳动力。中国人均资源本来就少，资源利用率又低，再输出一部分资源，还通过产品加工造成更大的环境污染，这种状况必然不可持续。入世以来，这种方式不仅没有改善，反而有所强化。由于中国出口产品中很大一部分属于资源密集型的初级产品和低附加值、低技术含量的工业制成品，这种模式一方面导致出口商品对资源的过度依赖，资源利用率很低；另一方面也导致了对资源的掠夺性开采和对环境的破坏，造成了严重的资源浪费、环境污染及发展后劲的削弱。不仅如此，大进大出的模式也不利于中国经济平稳、较快发展。

2.中国外贸发展不平衡，贸易顺差过大，极易引发贸易摩擦

入世以来，中国贸易规模不断扩大，同时，贸易顺差也逐年扩大，2005年开始超过1 000亿美元，2015年更是达到了5 930亿美元。虽然中国进口增长很快，2001—2015年累计增长达590%，但出口增长更快，2001—2015年累计增长达755%。虽然中国外贸顺差不断扩大，但随着国内经济下行压力的进一步扩大以及中美利差的进一步缩小，中国外汇储备不断缩水，人民币贬值的压力不断加大。国内需求的不足以及人民币的持续贬值使得未来中国高顺差格局将延续，从而极易引发新的贸易摩擦。

3.中国对外贸易发展环境进一步趋于恶化

从国内环境看，近年来，随着劳动力、土地等要素成本持续上涨，中国传统出口竞争优势有所弱化，而新的竞争优势尚未形成，导致部分出口订单和产业向周边等新兴经济体转移。2010年，中国在美国、欧盟劳动力密集型产品进口市场中的份额分别达到50.6%和47.9%，2015年分别降至47.1%和43.6%，而中国周边的一些新兴经济体在美、欧市场份额持续上升。近几年，中国新兴产业、新型商业模式出口较快发展，大型成套设备等资本品出口好于总体，但与发达国家相比，竞争力仍存在差距，短期内难以弥补传统优势产品出口低迷的影响。从国际环境看，世界经济增速始终徘徊在较低水平。发达国家居民消费和企业投资缺乏增长动力，市场需求偏弱。新兴经济体受到内生增长动力不足和政策空间有限的双重制约，经济下行压力不断加大，市场需求普遍萎缩。同时，大宗商品价格和主要货币汇率大幅震荡，贸易保护主义抬头，地缘政治风险上升，也给全球贸易的企稳回升带来了重重阻碍，从而使中国对外贸易发展面临更加严峻复杂的外部环境。

4.中国贸易规模的扩张过于依赖加工贸易，出口产品的档次及附加价值低

中国在入世之后迅速成为全球重要的产业转移目的地，加工贸易扩张迅速。加工贸易出口从2001年的1 474.3亿美元增长到2015年的7 977.9亿美元。虽然中国一般贸易出口已实现了对加工贸易的超越，但目前加工贸易出口占比仍然较高。而在加工贸易中，外资企业出口占据主导地位，中国能够得到的利益非常有限，大部分利益都被欧美发达国家的跨国公司获取。2001年以来，外资企业出口额始终占据中国总出口规模的50%上下，2006年曾接近60%，之后虽有所降低，但2015年外资企业出口额仍然占中国总出口规模的44.2%。即使属于高新技术产业中的加工贸易也是从事劳动密集型加工组装环节，附加值不高，国内采购率较低，利用进口原材料、零部件加工生产后出口，与国内经济的联系并不紧密。

（三）展望

展望未来，中国将继续实施互利共赢的开放战略，进一步提高对外开放水平。在对外贸易保持稳定增长的同时，对外贸易结构优化升级也将进一步推进。在国内经济结构调整加速推进、经济增长新动能不断积聚、对外开放支持政策力度加大等因素的共同作用下，我国的对外贸易发展状况将得到进一步改善，并随着世界经济复苏态势渐趋强化，我国外贸在国际市场所占份额将进一步提升，发展前景较好。

第二节　世界经济发展趋势及中国的战略对策

全球化是当前国际经济发展的基本特征，随着更多国家逐步融入经济全球化，

国际经济正在经历一场深刻变革。在这个过程中，尽管国际经济总体上持续看好，世界各国也都面临产业结构调整、技术创新加速、人口结构变化和资源与环境压力等共同问题，但各国之间特别是发达国家与发展中国家之间也存在复杂矛盾。发展中国家特别是新兴市场国家在世界经济中扮演越来越重要的角色，但发达国家仍然决定国际经济发展的基本趋势。作为世界上最大发展中国家，中国市场化改革不断深化，对外开放不断扩大，国内外因素之间互动关系也不断增强。国际经济对中国正反两方面影响并存，并不断扩大，怎样抓住机遇，规避风险，促进中国经济社会稳定健康发展，是一个具有重大意义的战略问题。

一、世界经济的主要发展趋势

1.国际经济伴随全球化进程普遍走好，但其发展趋势仍为发达国家所主导

20世纪90年代以来，中国、俄罗斯和东欧地区实施市场化取向的改革，使市场经济体制的覆盖范围更为广阔，商品和要素在国际的流动更为便捷，各国之间经济更加融合；GATT实现了向WTO的转化，国际投资、国际贸易和国际金融之间交互作用加深；作为经济全球化过程中的产物，西欧、北美、亚太地区区域一体化有了新的发展，尽管在短期内可能影响经济全球化的速度，但从长期来看将促进经济全球化的深化。由于发展中国家经济增长速度普遍高于发达国家，贫困人口无论是绝对数量还是占总人口比例都将大大降低。尽管发展中大国的经济地位逐步上升，发达国家的相对比重也有所下降，但其经济规模仍将有较大增长，以美国为首的发达国家在国际经济发展趋势中依然起主导作用。

2.产业结构面临剧烈调整，各国之间及国内收入水平分化

经济全球化必然加速产业分工，并在世界范围内进一步细化；跨国企业以国际视野进行资源配置和市场营销，各个国家都在发挥自身优势的基础上进行产业转移和结构调整；随着经济全球化的深入发展，产业结构调整无论在深度上还是广度上都比过去任何时候剧烈。产业分工推动了货物贸易，并进而促进了服务贸易的长足发展，流入新兴市场国家的FDI大量增加，一些发展中国家也逐步成为FDI的重要来源国。中国、印度和巴西等新兴经济体在纺织业、制造业和农业等方面将获得更大发展，而具有灵活性的发达经济体将转向具有更高生产率的产业。由于不同国家的收益程度存在很大差异，全球经济失衡仍将是国际经济面临的突出矛盾和严重挑战，各国之间经济分化也将更加明显，很多国家特别是发展中国家的内部收入差距将扩大，国际经济关系和国内经济问题将更加复杂甚至走向尖锐。

3.技术进步速度逐步提高，企业及国家之间技术创新竞争激烈

从横向看，消费者需求日益个性化；从纵向看，产品更新换代更加迅速，这不但要求技术具有灵活性，而且要求其具有创新性。技术创新及其应用将不断提高劳动生产率，扩大生产可能性边界，特别是在国际化产业分工中，通过使用更高技术

向价值链上端移动可获得更多的利益。一些过去被认为是高技术的（如IT），现在可能只是最基本的技术；一些过去被定位在低技术含量的行业，现在却需要高技术进行装备。这种向高技术转变的趋势不仅发生在发达国家，而且同样出现在发展中国家。技术发展的发散型模式给试图通过技术引进实现技术追赶带来了难度，甚至使企业及国家之间的技术差距越来越大。特别是由于技术优势总能转化为经济利益，各个国家及其企业都尽其全力实施技术控制，以防止先进技术的外溢或扩散。为避免由于技术差距而产生的经济差距，只有在引进消化吸收的基础上着眼于自主创新，才能在激烈的竞争中占有先机。

4.人口结构产生重大变化，高素质劳动力供给日益趋紧

世界人口增长主要发生在发展中国家，而发达国家人口增长趋缓。发达国家由于生活质量、环境保护和医疗条件都比较高，人口老龄化问题将日益突出，一些新兴经济体也同样受人口老龄化困扰，但大部分发展中国家的人口年龄总体上仍将保持年轻。人口城市化也将加速，特别是新兴经济体，城镇化速度更快。人口结构的重大变化，不但会改变各国储蓄、投资和劳动力的供需状况，而且还将加快国际跨国移民、国际投资和国际贸易。人口迁移的类型发生了较大的变化，与工作相关的短期移民数量在OECD国家中大幅增加，各国对高素质劳动力的竞争也比以往任何时期都要激烈。

5.资源消耗量越来越大，环境保护承受巨大压力

全球经济增长对环境和资源的压力越来越大，不断增长的需求对关键性资源（如能源）的供给和价格产生很大的影响。经济持续增长、人口和高能耗产业的快速增加，使许多国家能源需求大增，特别是来自发展中国家的能源消费由于城市化和工业化进程的加快而增长较快。环境的不利影响仍将继续，并逐步成为制约经济增长的瓶颈，加深控制和管理经济增长对环境资源的不利影响是未来面临的一大挑战。在各种环境和资源问题当中，能源与气候变化是比较突出的，在可预见的相当长的一个时期内，还不可能找到彻底解决的办法。由于能源对于石油的依赖性还很大，石油资源的竞争趋于激烈，更危险的是世界富含油气区地缘政治不稳定性加剧。环境问题表现出跨国性、灾难性和认识上的差异性等特征，特别是发达国家与发展中国家在治理环境问题上具有不同的利益要求，从而各自的努力程度也截然不同。

二、中国应对未来国际经济发展变化的战略对策

1.主动融入经济全球化进程，促进中国经济快速增长

最大限度地发挥经济全球化对于中国经济增长的促进作用，就要积极融合到经济全球化的进程中去，主动出击，抓住经济全球化的契机。不管我们采取什么样的态度，经济全球化都是一个必然趋势，消极应付只能丧失时机，而积极融入则能因

势利导，为我所用。积极创造供需条件，提升产业竞争力；充分利用国际产业结构调整，优化中国产业结构；积极发挥国际资本、技术以及各种自然资源在中国经济建设中的作用；开拓国际市场，改善中国经济增长的供需结构和环境，提高中国产业竞争力；坚持不懈地在各种国际经济组织规则的制订中体现中国的利益诉求。世界贸易组织、国际货币基金组织和世界银行等在经济全球化进程中的作用越来越明显，中国在这些组织中的地位也越来越高，我们要在加快体制改革、适应国际经济活动规则的同时，积极参与其活动，特别是要参与其规则的制订。

2.提高中国宏观经济的稳定性，增强应对国际经济波动的缓冲能力

尽管国际经济发展的总体趋势是加速增长，但在这个过程中将会在不同时期、以不同方式产生不同程度的经济波动，因而在新的世界经济格局下保持宏观经济稳定将更为艰难。我们要坚持对宏观经济实施干预。即便是发达国家在经济全球化过程中也在不断增强经济干预，中国作为一个发展中国家更加不能盲从经济自由化，而要积极发挥以财政、货币政策为主的调节手段，减少经济活动中的不确定性，加强公共财政的可持续性，确保中国在全球化过程中的经济安全。发达国家总是力图使经济全球化向沿着有利于自己利益的轨道发展，从而把经济全球化进程中的风险转嫁到广大的发展中国家，中国只有采取措施保障金融、资源和产业安全，才能规避风险，并从中获取更多的利益。尽可能缩小国内居民收入差距。发展中国家在其经济发展过程中必然扩大收入差距，在经济全球化背景下，这种差距将进一步拉大，只有使中国居民在此进程中普遍受益，才能创造一个良好的发展环境，才能为积极融入经济全球化进程提供政治和社会基础。

3.积极实施创新型国家建设，推动经济增长方式转变

在发展过程中，粗放型增长与集约型增长内在地并存，没有单纯绝对地采用一种方式，以哪种方式为主应根据具体约束条件进行选择。当前必须实现由粗放型增长到集约型增长的转变。中国资源人均拥有量远远低于世界平均水平。在工业化初期，主要表现为经济约束，粗放型增长实为无奈，而目前处于工业化中后期，主要表现为资源和环境约束，因此，集约型增长是必然趋势。经济增长方式转变必须依靠科学技术。经济增长方式从粗放型增长转向集约型增长，就是用更少的资源和能耗得到更多的产出，而其最终由科学技术水平决定。中国科技进步贡献率低，关键和核心技术受制于人的现象比较普遍，因此，要建立以企业为主体、以市场为导向、产学研相结合的技术创新体系，提高自主创新能力，加快经济结构战略调整，实施创新型国家建设，逐步进入创新型国家行列。

4.普遍提高劳动者技能，为中国经济发展提供充足的人力资本

随着越来越多的产业包括高技能行业将暴露在全球竞争之下，劳动者必须提高自身适应性，不断学习新的技能，并能够在不同产业和企业间转换工作。首先，努力实现教育公平，普遍提高劳动者的技术、技能。实现教育公平是一个重要前提，不但在年限上要进行九年制义务教育，而且要在结构上提供多样化的选择。其次，把中国人口资源优势转化为人力资本优势。尽管中国人口基数很大，但中国人口素质并不高，在当前技术水平日新月异的发展过程中，终身学习是提高人力资本的关键，因而必须保证每个人都具有学习提高技能的机会。最后，改善全体公民的健康状况。中国目前的人均医疗支出水平还较低，个人所承担的比例还较高。中国对一些新型传染疾病还不能完全控制，因而必须增加公共卫生支出，提高医疗支出水平。

5.完善环境治理框架，实现中国经济可持续发展

经济全球化就其实质而言是全球利益和资源的重新分配。发达国家的经济扩张与言行不一，发展中国家的生存压力和无能为力以及两类国家的矛盾冲突是全球和环境困境的主要根源，因此，正视现实、寻求合作、遏制贪欲、各执其责是人类面临的现实选择。中国当前资源和环境矛盾突出。中国已进入工业化、城镇化加快发展的阶段，这个阶段往往也是资源和环境矛盾凸显的时期，而靠过量消耗资源和牺牲环境维持经济增长是不可持续的，要避免以环境为代价实现经济增长。中国的环境问题已迫在眉睫，不但威胁到经济的发展，而且威胁到居民的健康。中国要在引进资金、产业转移和产品进口等方面加强环境保护，不能以牺牲环境利益为条件换取经济的增长；积极寻求国际合作，共同解决环境问题。面对存在经济利益差别、实力强弱悬殊的主权国家，目前还没有一个超越所有主权国家之上的超级机构来协调、解决全球环境问题，唯一可行的办法就是各主权国家在相互信任、相互谅解的基础上进行合作，特别是发达国家与发展中国家之间，中国作为发展中大国，不但要积极参与环境治理的国际协调，而且要在合作框架中体现发展中国家的利益，以使发达国家能在其中担负更多的责任。

参考文献

［1］ LEONTIEF W. Structure of the world economy ［J］. The American Economic Review, 1974, 64（6）: 823-834.

［2］ WALLERSTEIN I. The modern world system Ⅰ ［M］. New York: Academic Press, 1974, 1980, 1989.

［3］ WALLERSTEIN I. The modern world system Ⅱ ［M］. New York: Academic Press, 1974, 1980, 1989.

［4］ WALLERSTEIN I. The modern world system Ⅲ ［M］. New York: Academic Press, 1974, 1980, 1989.

［5］ AMIN S. Class and nation: historically and in the current crisis ［M］. New York: Monthly Review Press, 1980.

［6］ CHASE-DUNN C K. Global formation: structures of the world-economy ［M］. Oxford: Basil Blackwell, 1989.

［7］ MOKYR J. The lever of riches: technology creativity and economic progress ［M］. Oxford: Oxford Univeristy Press, 1990.

［8］ KRUGMAN P. Geography and trade ［M］. Cambridge, MA: MIT Press, 1991.

［9］ ROMER P M. Endogenous technological change ［J］. Journal of Political Economy, 1990, 98（5）: 71-102.

［10］ HELPMAN E. Endogenous macroeconomic growth theory ［J］. European Economic Review, 1992, 36（2/3）: 237-267.

［11］ LIPSEY R G. Sources of continued long-run economic dynamism in the 21st century ［C］ // MICHALSKI W, et al. The future of the global economy: towards a long boom? Pairs: OECD Publication, 1999: 33-76.

［12］ PUNZO L F. Cycles, growth and structural change ［M］. London: Routledge, 2001.

［13］ 徐采果. 世界经济概念及世界经济学研究对象 ［J］. 世界经济文汇, 1987（3）: 17-21.

［14］ 胡石其. 世界经济学的现象、理论与体系 ［J］. 湘潭师范学院学报: 社

会科学版，1988（2）：44-48.

　　［15］吉尔平．国际关系政治经济学［M］．杨宇光，译．北京：经济科学出版社，1989.

　　［16］褚葆一，张幼文．世界经济学基本原理［M］．北京：中国财政经济出版社，1989.

　　［17］钱纳里，鲁宾逊，赛尔奎因．工业化和经济增长的比较研究［M］．吴奇，王松宝，等，译．上海：上海三联书店，上海人民出版社，1995.

　　［18］张幼文．世界经济学［M］．上海：立信会计出版社，1999.

　　［19］熊彼特．经济发展理论［M］．何畏，易家详，张军扩，等，译．北京：商务印书馆，2000.

　　［20］李琮．世界经济学新编［M］．北京：经济科学出版社，2000.

　　［21］王怀宁．经济全球化的研究与世界经济学的发展——评《经济全球化论丛》［J］．世界经济，2000（6）：74-75.

　　［22］林季红．世界经济学的研究对象和研究方法刍议［J］．云南财贸学院学报：经济管理版，2001，15（4）：5-6.

　　［23］谷源洋，林水源．世界经济概论［M］．北京：经济科学出版社，2002.

　　［24］季铸．世界经济导论［M］．北京：人民出版社，2003.

　　［25］池元吉．世界经济概论［M］．北京：高等教育出版社，2003.

　　［26］庄宗明．世界经济学［M］．北京：科学出版社，2003.

　　［27］陈凤英．世界经济发展的新特点与新趋势［J］．现代国际关系，2006（3）：21-26.

　　［28］弗里德曼．世界是平的——21世纪简史［M］．何帆，肖莹莹，郝正非，译．长沙：湖南科学技术出版社，2006.

　　［29］程极明．世界经济格局的新变化［J］．国际经济评论，2007（1）：47-49.

　　［30］朱乃新．世界经济的增长、结构变化与"全球失衡"［J］．现代经济探讨，2007（2）：5-10.

　　［31］杨丹辉．世界经济发展的新趋势及其对我国产业安全的影响［J］．国际贸易，2008（1）：37-42.

　　［32］沈大勇，王火灿．多哈回合的进展、困境及其原因探析［J］．世界经济研究，2008（11）：29-34.

　　［33］朱启松．多哈回合谈判评析［J］．对外经贸实务，2009（1）：88-90.

　　［34］陈松洲．多哈回合谈判屡陷困境的原因及其前景探析［J］．对外经贸实务，2009（6）：39-42.

　　［35］宋玉华，叶绮娜．后危机时代世界经济再平衡及其挑战［J］．经济理论与经济管理，2010（5）：73-80.

［36］万怡挺. 多哈回合谈判主要成果评析［J］. 国际经济合作，2011（1）：77-82.

［37］董银果，尚慧琴. WTO 多哈回合：各方分歧、受阻原因及前景展望［J］. 国际商务研究，2011，32（3）：29-36.

［38］孙振宇. 中国入世十周年之际的回顾与展望［J］. 国际经济评论，2011（4）：114-123.

［39］盛斌，钱学锋，黄玖立，等. 入世十年转型：中国对外贸易发展的回顾与前瞻［J］. 国际经济评论，2011（5）：84-101.

［40］鲁旭. 国际碳关税理论机制与中国低碳经济发展［D］. 北京：中共中央党校，2014.

［41］李翀. 人民币汇率近期贬值的原因、影响、走势及应对方法［J］. 深圳大学学报：人文社会科学版，2017，34（1）：123-129.

［42］张慧智. 特朗普新政下的东亚区域经济合作挑战与展望［J］. 山西大学学报：哲学社会科学版，2017（3）：172-181.